A CONSPIRAÇÃO LAVA JATO

o jogo político que comprometeu o futuro do país

CONTRACORRENTE

Luís Nassif

A CONSPIRAÇÃO LAVA JATO

o jogo político que comprometeu o futuro do país

2ª Impressão

AVARÉ
2024

CONTRACORRENTE

Travessa Vergílio de Araújo Valim, 167
CEP 18707 815
www.editoracontracorrente.com.br
contato@editoracontracorrente.com.br

EDITORES
Camila Almeida Janela Valim
Gustavo Marinho de Carvalho
Rafael Valim
Walfrido Warde
Silvio Almeida

EQUIPE EDITORIAL
COORDENAÇÃO DE PROJETO: Erick Facioli
PREPARAÇÃO DE TEXTO E REVISÃO: Beatriz Duarte Lopes
REVISÃO TÉCNICA: Amanda Dorth
DIAGRAMAÇÃO: Pablo Madeira
CAPA: Maikon Nery

EQUIPE DE APOIO
Carla Vasconcelos
Regina Gomes
Nathalia Oliveira
Geovanna Sales

Dados Internacionais de Catalogação na Publicação (CIP)
(Câmara Brasileira do Livro, SP, Brasil)

Nassif, Luís
A conspiração lava jato : o jogo político que comprometeu o futuro do país / Luís Nassif. -- Avaré, SP : Editora Contracorrente, 2024.

Bibliografia.
ISBN 978-65-5396-204-0

1. Brasil - Política e governo 2. Ciência política 3. Lavagem de dinheiro - Brasil 4. Mídia 5. Notícias falsas I. Título.

24-220003 CDD-320.1

Índices para catálogo sistemático:

1. Lava Jato : Corrupção : Ciências políticas 320.1
Eliane de Freitas Leite - Bibliotecária - CRB 8/8415

@editoracontracorrente
Editora Contracorrente
@ContraEditora
Editora Contracorrente

Ofereço este livro às mulheres da minha vida, Eugênia, as filhas Mariana, Luiza, Beatriz e Dora e às netas Clara e Catarina. À sempre presente dona Tereza. E à Gabriela e o Vinicius, o filho que Deus me deu, por intermédio da Eugênia, e depois levou.

SUMÁRIO

PARTE VIII - A CONTRAVENÇÃO E O FINANCIAMENTO DA ULTRADIREITA

PARTE IX - O DOJ E AS TÉCNICAS DA ANTICORRUPÇÃO

PARTE X - A GEOPOLÍTICA DA ANTICORRUPÇÃO E O PAPEL DA LAVA JATO

AGRADECIMENTOS

Agradeço ao empenho da brava equipe do *Jornal GGN*, ao companheirismo permanente de minha irmã Lourdes e da Cintia Alves e Patrícia Faerman que me acompanham desde o início do *GGN*. Finalmente, a Wilson Ramos Filho, o Xixo, cujo projeto O Museu da Lava Jato me inspirou a escrever este livro.

Este livro é um balanço da guinada que dei em minha vida profissional quando, em 2005, saí da Folha de São Paulo e passei a me dedicar às novas formas de comunicação.

Nos anos 80, defendi a classe média, especialmente em temas ligados à aposentadoria e ao financiamento habitacional. No final da década, ao mercado financeiro, com a criação da Agência Dinheiro Vivo, primeiro veículo de informação digital real time do país.

Nos anos 90, me concentrei em temas ligados à reconstrução da economia nacional, defendendo teses de modernização da gestão, de definição de novos modelos de país, chamando a atenção para temas como ciência e tecnologia, papel das pequenas empresas, do capital financeiro quando direcionado para atividades produtivas. E, principalmente, entendendo o desenvolvimento como um fenômeno sistêmico.

Paralelamente, me insurgi contra os linchamentos de imprensa, como Escola Base, Bar Bodega, CPI dos Precatórios.

A partir da Internet, dediquei-me a muitos temas, mas, especialmente, ao chamado jornalismo investigativo, tentando entender a avalanche de irracionalidade que atingiu o mundo ocidental, o Brasil, com o desmonte gradativo de todos os avanços conquistados no pós-Constituinte.

O que ocorria com a imprensa, o Ministério Público, as explosões populares, a polarização política e jurídica, os abusos nos processos jurídicos, a conspiração do impeachment, tudo isso compunha um fenômeno abrangente.

Meu grande desafio foi tentar entender o todo, levantar as principais peças de um jogo muito mais amplo do que as erupções que chacoalharam a jovem democracia brasileira. E, agora, com o acesso a fontes internacionais, muitas delas passando ao largo dos grandes grupos internacionais de mídia.

Este livro traz um resumo dos principais fatos e personagens que levaram o país a um suicídio institucional inédito.

PREFÁCIO

O Direito traiu a justiça, que traiu a verdade, que traiu a política, que traiu a democracia. E, apesar do 8 de janeiro, a conspiração contra o Brasil segue em curso.

A sociedade brasileira experimentou, ao longo dos últimos vinte anos, um dramático processo de traição de valores e princípios que, pela extensão e complexidade, talvez nunca venha a ser totalmente compreendido.

Juristas críticos dos anos 80 e 90, mobilizados em denunciar o neoliberalismo na implantação da Constituição de 1988, foram incapazes de prever o que estava por vir. Estávamos longe de prever a combinação de agressivas estratégias jurídicas e midiáticas oportunizada pelas sucessivas crises econômicas, em especial a mais recente financeirização de espectro total, que regateou direitos e esvaziou o conteúdo social da Constituição ao tempo que atribuiu ao sistema de justiça o estamento de poder punitivo.

Seguindo "primaveras" de outros países, também o Brasil sofreu golpes que desarticularam as políticas públicas e as instituições estatais. Grande parte das regras de proteção social e participação política foram suprimidas ou extintas, abrindo espaço para a instalação de mecanismos austeros e autoritários de administração da economia e da política. A fórmula jurídica que viabilizou tais ilegalidades, condensadas em partidos políticos e midiáticos, tem sido estudada, ao lado da estratégia do lawfare ou guerra jurídica, como "Direito Penal do inimigo" ou processo penal de exceção.

Essas e outras constatações fazem parte das denúncias que atravessam o presente livro. Como um rio caudaloso, por vezes espraiado ou percorrendo afluentes e córregos, a trama contada por Luís Nassif é rebuscada, cheia de personagens e fatos pesquisados ao longo de 25 anos de trabalho e, apesar das torrentes de informações, segue o leito e desagua num oceano de conspiração como obra de uma elite oportunista e entreguista.

Apoiado na preceptora alegoria do jogo de xadrez, o autor detalha a estratégia das peças centrais com habilidades únicas: a mídia, os partidos políticos, os ministros do Supremo Tribunal Federal na vitrine da TV Justiça, as corporações públicas representadas pela Controladoria Geral da União, a Advocacia Geral da União e o Ministério Público Federal. Também pontua fatores e fenômenos considerados decisivos para entrelaçar as estratégias, como o efeito Murdoch e o "jornalismo de esgoto", a financeirização da Faria Lima, a vaidade e a coação de ministros e procuradores, o Mensalão como caixa de pandora judicial, o *impeachment* forjado e a Operação Lava Jato como mãe das farsas, todos fenômenos imbricados a alimentar o ovo da serpente da extrema direita no Brasil.

Em cada partida de xadrez narrada pelo jornalista, aparecem personagens citados com nome e sobrenome. Ninguém é poupado quando pode explicar parte da trama, sejam ministros, presidentes, colegas de profissão ou agentes internacionais. Mesmo que nem tudo possa ser provado – o que não é função do jornalista – é preciso admitir que os elementos apresentados são verossímeis, instigantes e bem fundamentados, e servem de pista para o que aconteceu ou alerta do que ainda está por vir. Nesse ponto, todos sabem que a integridade do trabalho de Luís Nassif é diretamente proporcional à quantidade de ataques judiciais e ameaças que recebeu simplesmente por exercer a profissão.

Quero destacar, entre tantas, duas mensagens transversais que chamam a atenção como alerta para um país que se respeita. A primeira é a identificação dos jogos de poder nesses arranjos visando atacar o projeto de desenvolvimento do Brasil como potência. Não por acaso são alvo da Lava Jato ou derivações os Correios, a Petrobras, a Eletrobras, BR Distribuidora, a Biobrás, a Embraer, o BNDES e as chamadas campeãs nacionais, as Universidades e os Institutos Federais, as empresas e os funcionários públicos em geral, os sindicatos, o INCRA, isso sem falar nos acordos de leniência, as prisões e delações abusivas e os métodos coativos contra empresários e empresas privadas. O *modus operandi* do combate à corrupção no Brasil, com nefastas consequências econômicas soberanas, é um "case" que precisa ser estudado pela chamada justiça de transição nos aspectos da memória, verdade, justiça e reparação, e só então perceberemos o risco de atribuir poderes quase ilimitados às corporações judiciais.

É curioso que o grupo de juristas pela democracia, do qual faço parte em diferentes frentes, sempre esteve ocupado em denunciar as armadilhas jurídicas do *impeachment* e da Lava Jato nos aspectos procedimentais e processuais, isso muito antes da Vaza Jato e das informações da Operação Spoofing, mas nem sempre era evidente o comportamento da mídia, os paralelos com os vazamentos seletivos, os alvos empresariais igualmente seletivos e os setores internacionais beneficiados. É neste aspecto que o jornalismo investigativo com ênfase na questão nacional cumpre um papel extraordinário e complementar, com forma de denunciar as fraudes jurídicas e revelar a geopolítica da anticorrupção ao tempo em que identifica propósitos no comportamento anômalo de delegados, procuradores, juízes e escritórios de advocacia.

É constrangedor perceber como foram ingênuos os agentes públicos – aqueles com poder de mando à época – ao deixar passar tão sutil ingerência. Em nome do suposto combate à corrupção sistêmica e transnacional, e usando atributos de transparência criados nos próprios governos Lula e Dilma, um bando de delinquentes investidos em cargos públicos surrupiou competências dos poderes Executivo e Legislativo para trair fragorosamente interesses nacionais: o Brasil paralisou setores, desinvestiu, destruiu milhares de empregos e atrasou sua vocação de potência econômica. Os estudos do Dieese-CUT citados no livro estão aí para demonstrar, e não sabemos se, com o fim do modelo das forças-tarefa, as instituições estatais serão capazes de resistir a novas especulações jurídicas e extraterritoriais, agora de olho nas ambições ecológicas e socioambientais do Brasil como modelo para o mundo. O lawfare verde vem aí e aparentemente estamos muito vulneráveis.

A segunda mensagem transversal, que se ramifica em várias direções nos subcapítulos, é a chegada da extrema direita ao poder como parte do grande pacto das elites contra o Estado e contra o Partido dos Trabalhadores. Se é verdade que o 8 de janeiro "foi por pouco", um quase-golpe evitado pela resistência de setores democráticos contra o militarismo de extrema direita, também é verdade que esses mesmos setores neoliberais que defenderam a lisura do processo eleitoral em 2022 comemoraram a saída forçada de Dilma e a prisão política de Lula.

Sem preocupações com o amanhã, vendilhões de todas as bandeiras negociaram tudo no período Temer-Bolsonaro: armas, loterias, cassinos, caça-níqueis, dos setores da construção civil e da energia elétrica, do óleo e gás e o pré-sal. Não seria perda de tempo dedicar ainda maior atenção às arapucas do período Temer, ao arcabouço de desregulação, revogação, desestatização e privatização que, seguindo a cartilha do ultraliberalismo mundo afora, foi implementado no dia seguinte ao afastamento de Dilma Rousseff.

Essas são algumas das mensagens oblíquas entre tantas nesta obra riquíssima em detalhes e que se torna de consulta obrigatória para quem deseja entender a Lava Jato e os males contra o Brasil. Nada parece escapar ao trabalho apaixonado de Luís Nassif no exercício de um jornalismo consequente e insubmisso, muito menos as críticas ao jornalismo atemorizado, subserviente e desinformado que prevalece em meio a um mercado cartelizado e ameaçador.

Já dizia outro Luís também apaixonado pelo Brasil, o jusfilósofo argentino igualmente insubmisso Luis Alberto Warat, que "só os apaixonados contestam, protestam, procuram a transformação. As paixões não cegam; elas iluminam, utopicamente, o destino do ser apaixonado. A paixão é o alimento da liberdade". Que o nosso Luís Nassif, também poeta, escritor, compositor, pai, avô, companheiro, bandolinista, estudioso da música brasileira, economista e jornalista, siga apaixonado por tudo o que faz.

CAROL PRONER

Advogada, professora, fundadora da Associação Brasileira de Juristas pela Democracia – (ABJD) e estudiosa dos temas de lawfare e guerras jurídicas.

LAVA JATO: A OPERAÇÃO QUE NÃO TERMINOU

À Guisa de Prefácio

Existe um Brasil antes e um Brasil depois da Operação Lava Jato. Quando começou o Julgamento do Mensalão, escrevi que o Brasil seria AM-DM (Antes e Depois do Mensalão), porque ali se iniciou uma espécie de treinamento para o lawfare que viria mais tarde. O Mensalão pode ser entendido, assim, como um "esquenta" para a Lava Jato.

Refletir sobre os dez anos passados desde o início da Operação é tentar entender como o país foi cooptado por um pequeno grupo de agentes, que – com intenções escusas e de cunho eleitoral – manipularam a opinião pública e fizeram milhões de brasileiros acreditarem que Sérgio Moro e seus asseclas "salvariam" o Brasil da corrupção. Uma espécie de jus-messianismo com pés de Curupira.

Em março de 2014, foram deflagradas as primeiras movimentações da Operação Lava Jato, atos que resultariam em impactos nunca vistos anteriormente no cenário político e jurídico brasileiros.

Muita coisa aconteceu e ainda estamos dimensionando o tamanho do buraco em que o país se meteu. Sérgio Moro e Deltan Dallagnol – juiz e membro do Ministério Público – usaram a Lava Jato como meio de instrumentalização do sistema judiciário brasileiro, que em dado momento se mostrou conivente com as ações daqueles dois agentes públicos.

O lawfare instituído pelo grupo de Curitiba, sem precedentes, configura o maior ato de corrupção institucional da história do sistema de justiça brasileiro. O magistrado que ordenou a prisão do então candidato à Presidência da República – que, vale lembrar, estava em primeiro lugar isolado nas pesquisas eleitorais – foi nomeado Ministro da Justiça pelo opositor do candidato preso. É como se o árbitro da final de um campeonato, depois de marcar um pênalti dois metros fora da área, fosse contratado pelo time beneficiado para ser seu diretor de esportes. Existe, em toda a história brasileira, caso de corrupção judicial mais claro e evidente do que esse? Houve um momento em que o índice de pudor chegou a zero, tamanha a dimensão da razão cínica instituída no país.

Sob o pretexto de combater desperdícios e desvios de dinheiro público, a Operação causou mais desastre do que benefício à economia brasileira. Isso hoje é fato histórico. Jornalistas como Luiz Nassif apontaram desde o início para esse fenômeno. A Lava Jato resultou na destruição de 4,44 milhões de empregos entre 2014 e 2017 e reduziu o Produto Interno Bruto (PIB) em 3,6% no mesmo período.[1] Não se trata de retórica, mas sim de uma realidade evidenciada por estudos sérios desenvolvidos em instituições como UFRJ e UERJ. Empresas gigantescas, dos mais diversos ramos, tiveram um prejuízo na monta de 142 bilhões de reais. O total do

---

1 MÁXIMO, Wellton. "Lava Jato destruiu 4,44 milhões de empregos, aponta estudo". *Agência Brasil*, mar. 2024. Disponível em: https://agenciabrasil.ebc.com.br/economia/noticia/2024-03/lava-jato-destruiu-444-milhoes-de-empregos-aponta-estudo. Acessado em: 10.04.2024.

prejuízo ao Brasil, segundo entrevista do então Procurador-Geral da República, Augusto Aras, foi de mais de 400 bilhões de reais.

Isto é: a perseguição não ficou limitada apenas ao CPF, mas também ao CNPJ, erro crasso em um país que depende de uma força industrial e da geração de empregos para movimentar a economia. Exatamente por estender os crimes para o CNPJ das empresas, Moro responde processos judiciais que buscam responsabilizá-lo.

O prejuízo não foi apenas de ordem financeira ou estrutural, mas de ordem política e cultural. Portanto, a Lava Jato atingiu o simbólico das relações sociais. Sérgio Moro e Deltan Dallagnol representaram a ascensão da antipolítica no cenário nacional. Um movimento que, além de tudo, é contraditório, pois levantam a bandeira de candidatos *outsiders* – de fora do metiê político – para conduzi-los precisamente aos cargos públicos antes tão criticados. Pregam a "morte" dos políticos, mas defendem que seus candidatos deveriam estar lá. Isso criou um cenário de retórica vazia na política brasileira. Pautas realmente importantes, como economia e educação, desaparecerem do debate público para dar lugar ao pânico moral desorientado e a pautas de costumes moralistas. O resultado foi a ascensão política de personagens que, se não fosse pela onda do lavajatismo, não se elegeriam nem para síndico do seu prédio.

O ovo da serpente foi o Mensalão. O livro de Luís Nassif, que tenho a honra de prefaciar, com o sugestivo título de *Conspiração Lava Jato – O jogo político que comprometeu o futuro político do país*, bem identifica os objetivos e as consequências do Mensalão. Ali foi o ensaio orquestrado para o ato principal da Lava Jato, com o nítido objetivo de subverter a ordem política e colocar no lugar pessoas "de fora do meio corrupto". Por planejamento ou por contingência, Sérgio Moro preparou o terreno para a ascensão ao poder de um deputado do baixo clero que, ao longo de décadas na Câmara, não havia apresentado mais do que dois projetos – já que sua função era cuidar dos interesses corporativos da caserna. Esse deputado virou Presidente da República.

O auge da atmosfera da "antipolítica" no Brasil foi, não por coincidência, também o auge pessoal do personagem Moro, festejado com prêmios internacionais e ovacionado em shows de rock, como da banda Capital Inicial, enquanto tocavam o velho *hit* "Que País é Este" da Legião Urbana. Moro atingia o seu "*nirvana*". De fato, cabe a indagação: que país é esse? É o país em que Dallagnol ganha dinheiro fazendo palestras (muito bem cobradas, por sinal) sobre o processo em que atuava. Que país é esse? É o país em que um juiz federal pede demissão após atuar diretamente em processos que resultaram na quebra de grandes empresas e depois se torna um associado – regiamente remunerado – de uma firma norte-americana encarregada da recuperação de uma das companhias falidas. Faz lembrar da anedota sobre o dono de borracharia que tinha por hábito pavimentar a rua com pregos, 100 metros antes da entrada de seu estabelecimento.

A primeira parte do "plano" foi concluída por meio da eleição de Bolsonaro, com Moro saindo da magistratura para ocupar o cargo de Ministro da Justiça do principal beneficiário da atuação do ex-magistrado.

Todavia, no meio do caminho tinha uma pedra. E tinha uma pedra no meio do caminho, como dizia o poeta. Graças ao vazamento de conversas entre procuradores e magistrados, foi possível ter acesso ao "Lado B" da Lava Jato. Existiu um conluio, com nítidos objetivos de perseguição, para tirar de cena figuras importantes da política nacional, principalmente Lula. Isso tem nome: lawfare – o uso político do Direito contra um alvo pré-determinado.

Apesar de muita luta, foi preciso que a parcialidade do ex-juiz Sérgio Moro fosse exposta em rede nacional por meio de reportagens do *Intercept Brasil*. Isso correu paralelamente à atuação incansável de um grupo de juristas (por todos, o Grupo Prerrogativas) que, desde o início, denunciou firmemente o embuste.

Uma das frentes de combate foi a presunção da inocência, que foi fundamental para a libertação de Lula. Foram três anos de batalha. Como sabemos, Lula não foi libertado por *habeas corpus* e, sim, por intermédio do cumprimento das ADCs 43,44 e 54. Interessante é que, segundo pesquisas de então, mais da metade dos causídicos brasileiros eram "contra" a presunção da inocência – pois, diziam, ela "gerava impunidade". Sobre isso, cansei de fazer a alegoria: se fossem médicos, estariam fazendo passeatas contra os antibióticos!

Com as denúncias, a pandemia de 2020 e o caos do Ministério da Saúde, a Operação começou a cair em descrédito. A forte ironia decorreu do fato de Bolsonaro "decretar" o fim da Operação por "não haver mais corrupção".[2]

Em 15 de abril de 2021, depois de sístoles e diástoles, o plenário do Supremo declarou a suspeição de Moro e referendou a anulação dos processos contra Lula. O ano seguinte culminou com a eleição do Presidente Lula para cumprir seu terceiro mandato como Presidente do país. Sérgio Moro, em contrapartida, foi eleito senador e Deltan foi eleito deputado federal. Os planos da Operação Lava Jato tiveram sucesso, em grande parte, como se vê. Apesar de posterior cassação do mandato de Deltan, a luta pela deslegitimação da atuação político-partidária (uma das condições de possibilidade para a democracia liberal) tomou forma e proporção nunca vistas. A Lava Jato acabou – o lavajatismo, não.

Por meio deste breve relato cronológico da Operação, podemos compreender melhor o surgimento e consolidação dos fenômenos políticos e sociais "paridos" pelo lavajatismo, quais sejam: o bolsonarismo e o ódio à política. Tudo isso atingiu seu ápice no dia 8 de janeiro de 2023. Difícil esquecermos o que ocorreu naquele dia na Praça dos Três Poderes em Brasília. Escrevi à época:

---

2 G1. "Bolsonaro diz que 'acabou' com Operação Lava Jato porque governo 'não tem mais corrupção'". *G1*, 7 out. 2020. Disponível em: https://g1.globo.com/politica/noticia/2020/10/07/bolsonaro-diz-que-acabou-com-a-operacao-lava-jato-porque-governo-nao-tem-mais-corrupcao.ghtml. Acessado em: 10.04.2024.

> O dia 8 foi pior do que os episódios do Capitólio dos EUA. Aqui, foram os três palácios. Depredados. Quebraram, roubaram. Tinham granadas. E armas. A imitação saiu pior que o molde.
>
> Simbolicamente mostrou a vergonha nossa ao mundo. Terroristas (uso no sentido comum, político-sociológico do conceito) escoltados pelos guardas do DF. O Brasil vai ganhar o prêmio IgNobel. Vergonha nacional que se torna internacional. Papel de ridículo no palco do mundo.[3]

O 8 de janeiro foi a coroação da versão tupiniquim da onda neopopulista iliberal, tão em voga internacionalmente, e que se estabeleceu no senso comum brasileiro por conta dos desmandos e das perseguições instrumentalizadas por agentes corrompidos do Judiciário e Ministério Público, visando a ascensão política de *outsiders* messiânicos sedentos de desejo por carreiras de políticos profissionais. Tanto quanto Moro e Deltan são sintomas de um punitivismo seletivo, fruto de um Direito que não pensa criticamente e é pessimamente ensinado nas faculdades. Bolsonaro, por sua vez, jamais poderia ter a pretensão de se tornar o supremo mandatário do país se não fosse por obra da ação deletéria do lavajatismo.

Relembro sempre do filme "Argentina, 1985" – um exemplo dado pelos nossos vizinhos de América do Sul sobre como tratar o passado e o perigo de elegermos líderes "de barro". Como no Brasil, os agentes da ditadura cívico-militar nunca foram devidamente punidos em razão da Lei de Anistia. Nunca chegamos a enfrentar nossos fantasmas. Isso autoriza aventureiros e irresponsáveis a levantarem bandeiras pedindo "intervenção militar" ou a volta do AI-5. Despiciendo lembrar os acampamentos na frente dos quarteis no final do ano de 2022.

---

3 STRECK, Lenio Luiz. "8/1/2023: o dia da infâmia para não ser esquecido! 'Nunca más'!" *Consultor Jurídico*, 10 jan. 2023. Disponível em: https://www.conjur.com.br/2023-jan-10/lenio-streck-812023-dia-infamia-nao-esquecido/. Acessado em: 10.04.2024.

O balanço da Operação pode ser resumido em uma frase dita pelo Ministro Gilmar Mendes: "A Lava Jato terminou como uma organização criminosa".[4] Abuso de autoridade, desvio de dinheiro e violação de direitos fundamentais. Tudo isso associado à falência de muitas empresas que sofreram perseguição judicial, resultando em imenso prejuízo econômico e social para o país.

Subscrevo. Fui um dos primeiros a denunciar Moro e Dallagnol. Para os lidadores do Direito, ficou uma lição: quem acha que juiz deve decidir conforme sua consciência em vez "conforme à lei e à Constituição", deve refletir sobre o legado de Moro.

Se fizermos uma "ligação direta" da Lava Jato com o 8 de janeiro, veremos que escapamos por um fio. O protagonismo do Supremo Tribunal compõe inexoravelmente essa história. O Tribunal, que em um primeiro momento chegou a vitaminar o lavajatismo (como ocorreu, por exemplo, com a virada jurisprudencial de 2016 – que acabou com a presunção da inocência para decisões de segundo grau), procedeu com uma reviravolta, conformando uma maioria, ainda que apertada, para desconstruir o legado antijurídico da Lava Jato e retomar a presunção da inocência, fenomenologia que se consolidou com a anulação de diversos processos em face das ilegalidades cometidas por Moro e por outros atores.

Para setores da comunidade jurídica e do espectro político localizado na direita e na extrema direita da sociedade, o Supremo Tribunal se transformou em um poder que exorbitou e continua exorbitando de suas funções, em face da continuidade do "Inquérito das Fake News", sob relatoria do Ministro Alexandre de Moraes, que serve de guarda-chuva até mesmo para os processos que dizem respeito ao 8 de janeiro.

---

4 PODER 360. "Lava Jato terminou como organização criminosa, diz Gilmar Mendes". *Poder 360*, mar. 2024. Disponível em: https://www.poder360.com.br/justica/lava-jato-terminou-como-organizacao-criminosa-diz-gilmar-mendes/. Acessado em: 10.04.2024.

Porém, nos cabe perguntar: o que veio antes disso, para forçar o Supremo Tribunal Federal a lançar mão do regimento interno como instrumento de democracia defensiva? Porque, críticas pontuais à parte, persiste o fato de que foi esse o tênue fio que efetivamente segurou a democracia brasileira em sua hora mais sombria desde 1988. Não é possível compreender nada do que aconteceu sem atentar para o fato de que tudo começou com as séries de ataques sistemáticos sofridos pelo STF e por outras instituições republicanas ao longo do governo Bolsonaro – sem qualquer resposta adequada por parte da Procuradoria Geral da República. Não esqueçamos que, muito antes do 8 de janeiro de 2023, multidões pediam abertamente o fechamento do Supremo Tribunal e até a prisão arbitrária e aleatória de seus integrantes. Mesmo assim, o Ministério Público se quedava calado e omisso.

O que fazer quando a Corte Suprema de um país sofre ataques reiterados e as instituições não a protegem e se quedam omissas aos ataques antidemocráticos? Isso é o que chamam de *Contempt of Court* (traduzido literalmente como desprezo ao tribunal). Por isso o Supremo Tribunal fez valer o regimento interno e agiu de ofício para estancar os ataques e punir os responsáveis. Medida drástica para situações drásticas.

O Tribunal nunca erra? Sim, evidenciei diversas vezes os erros cometidos pelos ministros ao, por exemplo, relativizarem a presunção de inocência e a coisa julgada. Contudo, uma Corte de Justiça precisa ser respeitada como um dos pilares do Estado Democrático de Direito, como marco civilizatório da sociedade. Se a Constituição estabelece o STF como guardião último do sentido das normas constitucionais, a mutilação da Corte é sinônimo de mutilação da própria democracia nos moldes da ordem político-jurídica vigente. Simples (e complexo) assim. Lembremos do livro *O Senhor das Moscas*, quando a concha é quebrada e a barbárie é permitida. Existem limites que não podem ser ultrapassados, como ocorreu com os atos do 8 de janeiro e as conspirações palacianas para golpear o poder legítimo. O STF não agiu de ofício como uma medida autoritária, mas foi obrigado a isso em resposta a uma longa sucessão de fatos e omissões institucionais – cujos antecedentes datam de 2014, das primeiras medidas da Lava Jato.

Diante de tudo isso, qual é a importância do livro de Luís Nassif para a história brasileira recente? O título funciona como um enunciado performativo. Lendo-o, já se compreende o fenômeno: *A Conspiração Lava Jato – O jogo político que comprometeu o futuro político do país.* Venho chamando de constrangimento epistemológico o papel exercido pela literatura crítica. É o dever daqueles que podem expressar ideias em papel e lutam para mostrar que – ainda – existem fatos e não apenas narrativas.

Pois o livro de Luís Nassif faz um exercício de constrangimento político àqueles que usam da máquina pública como caminho para interesses pessoais. O premiado jornalista traz a público, mais uma vez, a sua voz crítica – que, espero, venha a alcançar as mãos e mentes de cada cidadão brasileiro. Para que, devidamente aprendidas todas as lições em retrospecto, possamos bradar em alto e bom som: nunca mais!

O que o autor generosamente nos oferece com este livro é uma reconstrução detalhada da história política nacional das últimas duas décadas, bem como das relações (nada gratuitas, frise-se) existentes entre movimentos neopopulistas e iliberais internacionais e seus desdobramentos locais (ou equivalentes tupiniquins) no cenário brasileiro.

Nassif nos mostra que uma retrospectiva dos fatos à luz da geopolítica indica, à toda evidência, que nada houve de orgânico nas tramas executadas em nome “do povo” e do “combate à corrupção”. Houve, isso sim, muita articulação e atuação calculada, em muitos níveis, em prol de interesses muito bem estabelecidos e visando alvos muito bem definidos.

Do ovo da serpente do Mensalão ao canto da sereia dos encantos da Lava Jato que seduziram até mesmo a Suprema Corte, passando pelas conspirações da midiocracia contra a democracia e pela ascensão dos movimentos evangélico-neopentecostais e pela "normalização" do lawfare por expressiva parte da comunidade jurídica, o livro de Nassif faz um rescaldo epistêmico disso tudo e mostra como sobrevivemos. A pergunta talvez em aberto seja: a conspiração terminou?

Assim como a ditadura militar foi a noite que durou 21 anos, a Lava Jato pode ser a Operação que (já) durou 10 anos. Resta saber se acabou.

A escrita é a garantia contra o fracasso da memória. Isso aumenta a importância do livro de Luís Nassif. Palavra é uma pá-que-lavra. Cava fundo. Sabemos o que o elenco de pretensos super-heróis da Lava Jato e seus derivativos fizeram nos verões passados. Contra isso, a memória e a consciência hão de lavrar. Cavar. Fundo.

Boa leitura.

LENIO STRECK

Da Dacha de São José do Herval, do alto da Serra Gaúcha, no outono de 2024, quando a brisa que sobe a montanha fazendo música nas folhas dos liquidambars que se preparam para o inverno, para a pauliceia de Luís Nassif.

INTRODUÇÃO

Os historiadores, cientistas políticos, talvez consigam explicar, no futuro, o que levou uma nação ao suicídio. Não foi uma mera Operação, conduzida por um juiz medíocre de Curitiba, assessorado por procuradores e delegados inescrupulosos.

Foi um movimento teratológico, impulsionado inicialmente pelos grupos de mídia, mas que abarcou todas as instituições, todos os setores relevantes da institucionalidade nacional. Foi um suicídio coletivo.

Os fenômenos interligados

Precursor do bolsonarismo, e muito mais amplo do que a Lava Jato em si, o lavajatismo tem vários ingredientes, a soma de vários fenômenos interligados, da revolução das comunicações ao avanço da ultradireita e de setores da área do crime organizado, cada qual com seus objetivos, mas todos procurando ocupar espaço em uma sociedade que se despedaçava.

À medida em que os alicerces da velha ordem eram derrubados pela crise da financeirização e pela desorganização da informação – provocada pelas novas tecnologias –, abriu-se espaço para todo tipo de vírus oportunista. Houve um redesenho total das disputas políticas, no plano das nações, dos partidos políticos, das corporações públicas, em uma luta selvagem acelerada pela desregulação econômica.

A destruição dos Estados nacionais transformou-se em um objetivo que juntava do Pentágono aos bilionários do Partido Democrata, da ultradireita do Partido Republicano às máfias do jogo, das armas, da mineração, milícias e mercado não aceitando mais nenhuma forma de contenção de seus abusos.

Este livro é um trabalho jornalístico, não uma tese acadêmica. Mas traz um conjunto de informações apuradas ao longo dos últimos 20 anos, e que constam dos arquivos do Jornal GGN. Foram dados levantados no fragor das batalhas empreendidas, uma luta sem quartel que começa em 2005, com o pacto entre os grupos de mídia, e só termina com as eleições de 2022 e com a tentativa de golpe de 8 de janeiro.

Mesmo não sendo um trabalho acadêmico, procurei escapar da armadilha das simplificações, de tratar cada tema como um evento isolado, com uma só causa e um só efeito. Há um conjunto de personagens centrais e outro de agentes oportunistas, que serão analisados no decorrer do livro. E, no final do processo, um país que perdeu a visão de futuro.

Os atores internos centrais

Mídia

No final dos anos 1990, os grupos de mídia entram em violenta crise econômica e, sem estratégia para enfrentar a quebra de barreiras representada pelos novos meios de comunicação, resolveram ganhar protagonismo político: "nós somos a verdadeira oposição", dizia Roberto Civita, o pai do modelo, seguindo o exemplo do australiano Rupert Murdoch. Teve início um período de jornalismo de esgoto, uma arma de guerra que estuprou todos os princípios jornalísticos, democráticos, plantou o ódio e contaminou irreversivelmente a democracia brasileira.

Partidos políticos

Tudo começou quando um partido de esquerda, o PT, movimentou-se para o centro-esquerda, a social-democracia. Tinha como trunfo instrumentos da social-democracia que faltavam ao antigo aspirante, o PSDB, como sindicatos, movimentos sociais e um líder popular de expressão. E foi bem-sucedido em suas políticas sociais.

Por outro lado, a financeirização empreendida a partir do governo Fernando Henrique Cardoso, a morte de lideranças históricas, como Mario Covas e André Franco Montoro, a ascensão de duas lideranças inescrupulosas, como José Serra e Aécio Neves, afastou cada vez mais o PSDB de qualquer veleidade programática. Sob FHC, Aécio e Serra, principalmente quando a popularidade de Lula bateu recordes, o PSDB tornou-se cada vez mais um partido de única bandeira: o "delenda PT", indo a reboque da mídia.

Mas o governo Lula não logrou romper com as políticas de austeridade implantadas por FHC. Foi um governo de acomodação, com políticas sociais compensatórias.

Supremo Tribunal Federal

Com suas armas preferidas – os ataques aos recalcitrantes e lisonja aos que aderiam – a mídia passou a direcionar as ações do Supremo, processo acentuado pela imprudência dos julgamentos televisionados e pela transformação de ministros em celebridades.

Ministros dignos foram submetidos a escrachos; ministros indignos a aplausos televisivos; medíocres saudados como grandes poetas ou frasistas. E, com cenoura e chicote, o Supremo foi sendo moldado aos novos tempos de incúria.

Tinha-se, portanto, um partido que trocou a social-democracia pelo discurso de ódio, uma mídia que pretendia se tornar o poder político para se salvar, e um Supremo passando a atuar sem os limites impostos pela Constituição.

Mas não ficou nisso. O vírus inicial espalhou-se por todos os poros da República.

As corporações públicas

A partir dos governos do PT, as profissões de elite do setor público passaram a ser prestigiadas com salários elevados. A nova elite do funcionalismo abdicou da missão de servidor público para assumir o espírito dos CEO. Como CEOs públicos, puderam frequentar cursos superiores, cursar MBAs, ganhar bolsas de suas instituições para estudar fora. Agora, queriam seu naco de poder.

Essa onda de protagonismo foi se espalhando pelo setor civil armado do Estado, as corporações com poder da caneta. O aprimoramento dos sistemas de controle – como o Tribunal de Contas da União, Controladoria Geral da União, Ministério Público Federal – criou entidades de poderes ilimitados, especialmente depois que a campanha em torno da Lava Jato oficializou a máxima de todo poder aos Catões.

As corporações militares

Com o vácuo institucional, as Forças Armadas entraram no jogo, através do seu comandante, general Villas Boas e do pleno apoio ao futuro candidato Jair Bolsonaro. Houve infiltração da ultradireita olavista, facilitada pelo histórico militar de anticomunismo e pelo espaço que os militares ganharam para se apossar de cargos públicos. No governo Bolsonaro, o Exército comportou-se como um Centrão armado.

Os neopentecostais

O desmonte da Teologia da Libertação, ainda nos anos 80, o estímulo ao neopentecostalismo, a partir do Relatório Rockefeller de 1969, promoveu mudanças profundas na periferia, tornando os evangélicos peças políticas relevantes, com um discurso substancialmente moral e um trabalho eficaz de atendimento às demandas de seu público.

Nos anos seguintes, os evangélicos passariam a ser atores políticos relevantes.

O PT

O julgamento do "Mensalão" marcou o início desse jogo macabro, de falsificação diária de notícias, de fabricação diuturna de escândalos e de manipulação de provas.

Lula venceu a primeira rodada de golpe pela maneira como enfrentou a crise de 2008, que o alçou à condição de político mais popular do planeta.

Durante algum tempo o país ressuscitou a autoestima dos tempos de JK. O modo de ser brasileiro, as políticas sociais, o *soft power*, a liderança diplomática sobre os países do sul Global, o avanço diplomático-econômico na África, Oriente Médio, o sucesso do etanol e do agronegócio, a mediação de conflitos no Oriente Médio, tudo apontava para o nascimento de uma nova Nação.

Lula foi vítima do próprio sucesso. De um lado, ganhou força política momentânea imbatível. Sem perspectivas de conquistar a presidência, a oposição passou a acelerar a conspiração no mesmo processo que levou a UDN a articular o golpe de 1964.

De outro lado, incensado mundialmente, Lula confiou desmedidamente na sua intuição política e desarmou-se. Mesmo após a experiência do Mensalão, descuidou-se nas indicações para ministros do Supremo e renunciou a qualquer tentativa de influenciar até poderes sob responsabilidade da Presidência – como a Polícia Federal, a indicação do Procurador Geral da República. Foi terrivelmente imprudente na negociação de cargos na Petrobras.

Mais que isso, cometeu dois erros fatais: na indicação da sua sucessão e ao desistir de concorrer nas eleições de 2014.

O caos

Aberto o caminho do vale-tudo, a partir do "Mensalão" todos os pecados foram permitidos. Ministros do Supremo Tribunal Federal concordaram em participar de armações grosseiras sobre grampos, ministros que assumiram como legalistas se encantaram com a nova onda, jogaram a Constituição no lixo e saíram rodando a baiana. Tudo isso perante um governo petista desarmado, inepto para enfrentar as disputas do poder.

Qualquer bobagem era motivo para explosões de escândalo de baixíssimo nível – quinquilharias, como a tapioca comprada com cartão corporativo, o perfil da jornalista alterado na Wikipédia, até factoides óbvios, como invasão das FARCs, dólares de Cuba em garrafas de rum e outras obscenidades que marcaram para sempre a mídia brasileira.

O suicídio do reitor da Universidade Federal de Santa Catarina foi a síntese macabra das libações da Justiça, obra conjunta de uma delegada da Polícia Federal, um procurador do Ministério Público Federal, uma juíza da Justiça Federal, um interventor indicado pela Controladoria Geral da República e uma algazarra inicial em favor da Operação, seguido de um silêncio sepulcral da mídia.

Até hoje uma imprensa invertebrada, medrosa, foi incapaz de conferir ao episódio a gravidade de que se revestia, para não atrapalhar a estratégia do "delenda quem pensar diferente" ou simplesmente para não ir contra a onda.

Quando sobreveio a queda nas cotações de commodities, perdendo-se o bônus político dado pela economia, o país estava nas mãos honestas, sinceras, mas inexperientes e autossuficientes de Dilma Rousseff.

Não houve condições de reorganizar a resistência política. O ovo da serpente da ultradireita foi gerado nesse período e, mesmo após as eleições de 2022, mantém-se como ameaça constante ao futuro do país como Nação.

E agora, José? A noite chegou, o monstro surgiu, o custo dessa irresponsabilidade pode ser contabilizado no próprio número de mortes evitáveis do Covid, fruto do negacionismo do Frankenstein político que emergiu do cemitério em que foram enterradas as instituições e as esperanças de construir uma Nação digna.

O interregno bolsonarista deixou de herança a ultradireita espalhada por todos os rincões do país, um Congresso inteiramente dominado pelo Centrão, um Banco Central capturado pelo bolsonarismo e pelo mercado e Forças Armadas sem nenhum compromisso com a legalidade democrática. E o país tornou-se alvo fácil para todas as investidas externas e internas, de agentes armados com os novos instrumentos da guerra digital.

E agora, Brasil?

VEA

PARTE I

O PAPEL DA MÍDIA

Nesta parte mostra-se como a guerra cultural levou a uma manipulação da linguagem jornalística, daí para a deformação de princípios, tendo como alavanca o combate ao "politicamente correto". E, na sequência, à adulteração das interpretações da lei, impondo-se através do efeito manada que caracteriza a cobertura jornalística. Inaugura-se a era do Direito Penal do inimigo.

Finalmente, a parceria da mídia com organizações criminosas, visando obter informações contra o PT.

Abro o livro com o capítulo "O papel da mídia", porque o jornalismo de ódio, inaugurado em 2005, pela revista Veja, foi o ponto de partida para a desconstrução do sistema de informações, pelo início do Direito Penal do inimigo e pela desarticulação dos valores civilizatórios construídos a partir da redemocratização.

O ponto de partida foi o chamado Mensalão, uma criação midiática, em conluio com o Supremo.

XADREZ DA MANIPULAÇÃO DA LINGUAGEM, DOS FATOS E DAS LEIS

A base de toda sociedade democrática é a informação. Sobre a base da informação, formam-se os conceitos. Dos conceitos nascem os pactos. Os pactos se consolidam em leis. Das leis, derivam os contratos e a Constituição, que define as regras do jogo político. É esse ciclo que garante a convivência civilizada de opostos, as eleições, a alternância de poder e a construção da democracia, impedindo abusos e selvageria.

Essa é a expressão final do termo segurança jurídica e da consolidação dos princípios civilizatórios.

A subversão da linguagem foi o ponto inicial da guerra cultural inaugurada pela direita e acolhida pelos grupos de mídia.

A partir de 2005, a corrupção de informações e conceitos tornou-se tão ampla e disseminada, que criou um normal jurídico, onde a exceção tornou-se regra. Foi a peça inicial da guerra cultural perpetrada pela ultradireita, que, no final da linha, levaria ao bolsonarismo.

Ponto de partida – a era dos factoides soltos

A primeira trinca no sistema de informações ocorreu com o pacto entre os grupos de mídia, proposto por Roberto Civita, da Editora Abril, inspirando-se no australiano-americano Rupert Murdoch.

Os princípios do pacto eram a formação do cartel e, sem contraditório, a disseminação de todo tipo de factoide, de notícias falsas, por mais inverossímeis que fossem, usando as redes sociais para espalhar e acreditando no poder sempiterno da repetição. O objetivo final da mídia era se tornar um poder, e não apenas um aliado do PSDB.

Ali encerrou-se um ciclo em que houve relativa competição entre os veículos, e respeito à informação, além do acatamento das teses legitimadoras, impedindo a disseminação de notícias falsas.

Sem o apoio de uma fonte diária de fatos, o modelo era alimentado pela parceria com organizações criminosas, como a da *Veja* com o bicheiro Carlinhos Cachoeira – responsável pela maioria das capas da revista no período – com a indústria de dossiês associada, que emerge com o caso Lunus de José Serra e que se torna elemento central da disputa política brasileira.

As eleições de 2006 e 2010 marcaram o coroamento dessa excrescência. A busca de factoides a qualquer preço gerou as peças símbolos do período: a escandalização da tapioca comprada com um cartão corporativo pelo Ministro dos Esportes Orlando Silva. Ou a denúncia de que um servidor da Casa Civil havia comprado os serviços de vinte bailarinas – e bailarina era um tipo de vaso ornamental para flores.

Segundo passo – o julgamento do Mensalão

Com o Mensalão, o sistema ganha musculatura, porque o julgamento passou a garantir um fluxo continuado de fatos com viés claro.

A ênfase inicial no julgamento, por parte da mídia, deveu-se à tática de competir com a geração de fatos da CPMI de Carlinhos Cachoeira – que expunha as parcerias da Veja com organizações criminosas.

Em pouco tempo o fato AP 470 – do Mensalão – se sobrepôs ao fato CPMI de Cachoeira. E a mídia descobriu a eficácia da parceria com o sistema judicial, explorando episódios que garantiam um fluxo diário de fatos.

Ali houve a primeira contaminação, a primeira quebra grave no sistema judicial, fundando-se em uma notícia falsa como peça central de um julgamento relevante.

Esqueça-se o petismo e o antipetismo, as polêmicas em torno de José Dirceu, e concentre-se no fato: todo o julgamento baseou-se em uma informação falsa: o desvio de R$ 75 milhões da Visanet, sobre o qual falarei mais adiante.

Dali em diante, todo o sistema de informações do país entrou em curto-circuito. Mídia, partidos políticos, agentes do Estado, juízes passaram a tratar o fato de forma utilitária, adaptando-o às suas preferências partidárias, às suas intenções de se apossar de nacos de poder, adulterando-o se necessário através do recurso da manipulação de ênfases e de interpretações.

Antes, à falta de fluxo constante de notícias, os grupos de mídia esfalfavam-se em factoides sem nenhuma verossimilhança. Com o julgamento do Mensalão, descobriu-se o que os golpistas de 1954 sabiam: a base de toda ação desestabilizadora consiste em um evento, com geração diária de fatos e com o controle das versões pelos grupos hegemônicos de mídia. Foi assim na CPI da Última Hora, com Vargas. Foi assim na AP 470.

Terceiro passo – a campanha negativa a partir de 2010

Valeram-se desde as falsas ênfases (enfatizar o fato negativo irrelevante para ocultar o positivo relevante) até as falsificações de notícias. Na Copa do Mundo, no dia da inauguração da arena do Corinthians, a manchete de um jornal foi sobre a falta de sabonete nas pias do banheiro.

Ora, nos Estados Unidos houve o fenômeno mãe, o caso FoxNews, de Rupert Murdoch. Mas as instituições dispunham de anticorpos, seja no jornalismo referencial de outros veículos, como o The New York Times, a CNN, seja no próprio processo de formação de opinião do Parlamento e do Judiciário. No Brasil, todos os grandes veículos embarcaram no mesmo jogo do antijornalismo.

O grande problema foi quando o desvirtuamento das informações atingiu o sistema jurídico. Não apenas os fatos, mas os conceitos passaram a ser deturpados.

Quarto passo – o fator Joaquim Barbosa

Nenhum outro poder foi tão daninho à ordem jurídica e ao sistema de informações quanto o Supremo Tribunal Federal. No início, meio sutil, depois escancarando sua parcialidade, mostrou seguidamente à opinião pública que a lei, ora a lei, é apenas um instrumento para legitimar a vontade do julgador. Vai perder uma votação? Basta pedir vista por tempo indeterminado. É "inimigo"? O peso da condenação. É "aliado"? A defesa por todos os meios, jurídicos e jornalísticos. O garantista que interrompia operações contra aliados se tornava o mais iracundo punitivista em operações contra "inimigos".

A parcialidade criou uma pedagogia negativa para o público, abrindo caminho para que outros operadores da lei – juiz, procurador ou delegado – passassem a exercer o subjetivismo em favor de suas preferências políticas.

Quinto passo – a Lava Jato

Chega-se, finalmente, ao ápice desse modelo com a Lava Jato, com o uso disseminado dos vazamentos, praticados em inquéritos sob sigilo em Curitiba, na Procuradoria Geral da República e no Supremo Tribunal Federal, devidamente amarrados com a agenda do *impeachment* da Presidenta Dilma Rousseff.

Nesses momentos, instaura-se o novo normal. Não interessam as coletas de provas, indícios, evidências: vale a versão publicada. Não interessa o processo jurídico: vale o julgamento midiático. Todos os vazamentos têm objetivos políticos claros e exibição de músculos por parte de seus autores. E abandona-se definitivamente a presunção da isenção para perseguições políticas ostensivas.

Sexto passo – a campanha do *impeachment*

A campanha do *impeachment* foi mera consequência dos passos anteriores. E se tornou a comprovação mais acabada do desvirtuamento de fatos e de conceitos.

Agora não eram mais procuradores e delegados transformados em editores de jornais, nem deputados paleolíticos com seus gritos guturais e seus rituais selvagens oferecendo o *impeachment* às famílias ou às amantes. Eram também juristas, ministros do STF, ex-Presidente que aderem ao jogo, ou se eximindo ou defendendo de público a constitucionalidade do golpe, em um momento em que todos os fatos eram transmitidos em tempo real para o mundo. Por seis decretos de remanejamento de despesas, quitados no mesmo ano, jogaram-se no lixo 54 milhões de votos e assumiram interinos, sem mandato popular, comportando-se como conquistadores espanhóis empenhados em destruir a civilização anterior.

É nesse momento que o processo de desconstrução dos fatos, de livre criação de narrativas, ainda que inverossímeis, define a nova cara institucional do país, o novo normal, trazendo de volta o fantasma da insegurança jurídica e política.

O MITO DO VAMPIRO E DOS HOMENS BONS

O discurso de ódio da mídia, historicamente, sempre foi alimentado por um maniqueísmo atroz.

O Mito do Vampiro

Na dramaturgia os grupos de mídia foram buscar os medos ancestrais, o Vampiro invencível. Cada adversário político é erigido à condição de "vampiro", o vilão invencível, capaz de superar todos os obstáculos.

Em todas as matérias, escondem qualquer sinal de humanidade. Todos seus atos são reportados negativamente, como se ele fosse capaz apenas de fazer o mal. Seus poderes e influência são superdimensionados.

Desde a redemocratização, vários personagens ocuparam o lugar de "vampiro" da vez, independentemente de biografia, posições políticas ou características pessoais. Paulo Maluf foi um dos primeiros "vampiros". Depois dele, Orestes Quércia, Leonel Brizola, José Sarney, Lula, José Dirceu.

O Mito dos Homens Bons

No outro extremo, os aliados são blindados, os erros são ocultados e as virtudes enaltecidas.

Ao longo das últimas décadas, foram criados vários "homens bons", em alguns casos exigindo contorcionismos fantásticos, como Antônio Carlos Magalhães, José Serra – os dois políticos que mais ajudaram os grupos de mídia – o Ministro do STF (Supremo Tribunal Federal) Gilmar Mendes, o ex-senador Demóstenes Torres.

Antes de se tornar "homem bom", o ex-Ministro Ayres Britto foi alvo de uma denúncia pesada.[5]

---

5 LEITÃO, Matheus; SELIGMAN, Felipe; ODILLA, Fernanda. "Roriz negociou contratar genro de ministro". *Folha de S. Paulo*, out. 2010. Disponível em: https://tinyl.io/Aske. Acessado em: 19.06.2024.

TUDO COMEÇOU COM CACHOEIRA[6]

A indústria dos dossiês começou a ser montada nos anos 90. O australiano Rupert Murdoch, com o jornal *The Sun*, na Inglaterra, inaugurou a prática de se aliar a detetives particulares e grampeadores, para obter informações de forma criminosa. No Brasil, a guerra de dossiês começa com o avanço dos grupos de loteria internacionais.

O "Mensalão" surgiu a partir de um caso mal contado de uma propina de três mil reais, paga a um pequeno funcionário dos Correios. Nesse episódio surgem todas as impressões digitais de uma parceria escabrosa – da revista *Veja* e o bicheiro Carlinhos Cachoeira – responsável por todos os grandes factoides políticos dos anos seguintes.

Seguindo o exemplo de Rupert Murdoch no Reino Unido, a *Veja* passou a montar parcerias com organizações criminosas. Elas passariam dossiês de temas de seus interesses; e a *Veja* publicaria,

---

6 NASSIF, Luís. "Como funcionava a parceria Veja-Cachoeira". *Jornal GGN*, mar. 2012. Disponível em: https://qrcd.org/3cn1. Acessado em: 06.05.2024.

aumentando sua tiragem e aumentando seu poder de chantagem. E, na outra ponta, ajudando nos negócios do parceiro.

É nesse cenário de deterioração editorial que ocorre o episódio Maurício Marinho, o funcionário dos Correios filmado recebendo propinas de 3 mil reais.

Nas alianças políticas do governo Lula, os Correios foram entregues ao esquema do deputado Roberto Jefferson. Marinho era figura menor. Em determinado momento, o esquema Jefferson passou a incomodar lobistas que atuavam em várias empresas. Dentre eles, o lobista Arthur Wascheck.

Este recorreu a dois laranjas – Joel dos Santos Filhos e João Carlos Mancuso Villela – para armar uma Operação que permitisse desestabilizar o esquema Jefferson não apenas nos Correios, como na Eletrobras e na BR Distribuidora.

A ideia seria Joel se apresentar a Marinho como representante de uma multinacional, negociar uma propina e filmar o flagrante. Como não tinham experiência com gravações mais sofisticadas, teriam decidido contratar o arapongа Jairo Martins, que foi personagem constante nas sucessivas reportagens e escândalos do período.

E, aí, tem-se um dos episódios mais polêmicos da história do jornalismo contemporâneo, um escândalo amplo, do qual *Veja* acabou se safando graças à entrevista de Roberto Jefferson à repórter Renata Lo Prete, da *Folha*, que acabou desviando o foco da atenção para o "Mensalão", um caso típico de jornalismo declaratório, mas transformado em feito jornalístico pelo conspiracionismo em marcha.

Havia um antecedente nesse episódio, que foi o caso Valdomiro Diniz, a primeira trinca na imagem do governo Lula. Naquele episódio consolidaram-se relações e alianças entre um conjunto de personagens suspeitos: o bicheiro Carlinhos Cachoeira (que bancou a Operação de grampo de Valdomiro), o araponga Jairo

Martins (autor do grampo) e o jornalista Policarpo Jr. (autor da reportagem e diretor da *Veja* em Brasília).

Jairo era um ex-funcionário da ABIN (Agência Brasileira de Inteligência), contratado pelo bicheiro para filmar o pagamento de propina a Valdomiro Diniz.

Tempos depois, Jairo foi convidado para um almoço pelo genro de Carlinhos Cachoeira, Casser Bittar. Lá, foi apresentado a Waschek, que o contratou para duas tarefas, segundo o próprio Jairo admitiu à CPI: providenciar material e treinamento para que dois laranjas grampeassem Marinho; e a possibilidade do material ser publicado em órgão de circulação nacional.

Imediatamente Jairo entrou em contato com Policarpo e acertou a Operação. O jornalista não só aceitou a parceria, antes mesmo de conhecer a gravação, como avançou muito além de suas funções de repórter.

O grampo em Marinho foi gravado em um DVD. Jairo marcou, então, um encontro com Policarpo. Foi um encontro reservado – eles jamais se falavam por telefone comum, segundo o araponga – no próprio carro de Policarpo, no Parque da Cidade. Policarpo levou um mini DVD, analisou o material e atuou como conselheiro: considerou que a gravação ainda não estava no ponto, que havia a necessidade de mais. Recebeu a segunda, constatou que estava no ponto. E guardou o material na gaveta, aguardando a autorização do araponga, mesmo sabendo que estava se colocando como peça passiva de um ato de chantagem e achaque.

Wascheck tinha, agora, dois trunfos nas mãos: a gravação da propina de R$ 3 mil e um repórter, da então maior revista do país, apenas aguardando a liberação para publicar a reportagem.

Quando saiu a reportagem, a versão do repórter de que havia recebido o material na semana anterior era falsa e foi desmentida pelos depoimentos dados por ele e por Jairo à Polícia Federal e à CPI de Cachoeira.

Pressionado pelo eficiente relator Osmar Serraglio, Jairo negou ter recebido qualquer pagamento de Wascheck. Disse ter se contentado em ficar com o equipamento, provocando reações de zombaria em vários membros da CPI.

Depois, revelou outros trabalhos feitos em parceria com a *Veja*. Mencionou série de trabalhos que teria feito e garantiu que sua função não era de araponga, mas de jornalista. O único órgão onde seus trabalhos eram publicados era a *Veja*. Indagado pelos parlamentares se recebia alguma coisa da revista disse que não, que seu objetivo era apenas o de "melhorar o país".

Segundo o depoimento de Jairo:

> Aí fiquei esperando o OK do Artur Washeck pra divulgação do material na imprensa. Encontrei com ele pela última vez no restaurante, em Brasília, no setor hoteleiro sul, quando ele disse: "Eu vou divulgar o fato. Quero divulgar". E decorreu um período que essa divulgação não saía. Aí foi quando eu fiz um contato com o jornalista e falei: "Pode divulgar a matéria".[7]

O final da história

Parte da história terminou em agosto de 2007. Sob o título "PF desmonta nova máfia nos Correios", o *Correio Braziliense* noticiava o desbaratamento de uma nova quadrilha que tinha assumido o controle dos Correios.

No comando, Arthur Wascheck, que assumiu o comando da Operação de corrupção dos Correios graças ao serviço encomendado

---

7 NASSIF, Luís. "CPI do Mensalão - Depoimentos". *Site Luís Nassif*. Disponível em: https://tinyl.io/A3wF. Acessado em: 11.04.2024.

a Jairo – grampo mais publicação do resultado na *Veja*. Durante a Operação Selo, foram presas cinco pessoas, em dois Estados mais o Distrito Federal.

Segundo o jornal:

> Entre os presos estavam Sérgio Dias e Luiz Carlos de Oliveira Garritano, funcionários dos Correios, além dos empresários Antônio Félix Teixeira, Marco Antônio Bulhões e Arthur Waschcek, considerado pela PF como líder do grupo e acusado de ter sido o responsável pela gravação feita no dia em que Marinho recebia a propina.

De acordo com os investigadores, "o grupo agia como traficantes nos morros".

Segundo o delegado Daniel França, um dos integrantes do grupo de investigação:

> Havia uma quadrilha na ECT (Empresa de Correios e Telégrafos), que foi desbaratada e afastada. A outra organização tomou o lugar dela. Assim como os traficantes fazem, quando saem, morrem ou são presos, acontece a mesma coisa no serviço público. Quando uma quadrilha sai do local, entra outra e começa a praticar atos ilícitos no lugar da que saiu.

A corrupção tinha apenas trocado de mãos.

Segundo a polícia, o grupo de Wascheck vendia todo tipo de material para os Correios. De sapato a cofres, sendo que muitos integrantes do esquema eram também procuradores de outras empresas envolvidas nas concorrências. Com a análise dos documentos, que começou a ser feita, os investigadores devem chegar aos valores das fraudes. "O que posso dizer é que esse prejuízo é de milhões de reais. Dezenas de milhões de reais", diz o procurador da República, ressaltando que seu cálculo se baseia em alguns casos específicos. "Existem licitações na casa de bilhões de reais", afirma o procurador.

Na edição de 15 de agosto da *Veja*, nenhuma menção à Operação Selo. Mas uma das matérias especiais atendia pelo sugestivo título de "Porque os corruptos não vão presos":

Frágil como papel

A Justiça brasileira é incapaz de manter presos assassinos confessos e corruptos pegos em flagrante. Na origem da impunidade está a própria lei.

A reportagem fala do Mensalão, insinua que os implicados até melhoraram de vida, menciona símbolos midiáticos de corrupção (Quércia, Maluf, Collor etc.). Nenhuma palavra sobre a Operação Selo e sobre o papel desempenhado pelas reportagens de escândalo da própria revista no jogo das quadrilhas dos Correios.

Seus aliados foram protegidos.

A segunda fase do Mensalão

Supondo que o grampo tivesse sido armado por José Dirceu, Jefferson centra fogo nele, conseguindo seu afastamento do governo. O tema foi explorado até 2007. Mas a grande exploração política ocorreu a partir do início do julgamento pelo Supremo Tribunal Federal (STF) em 2012.

Naquele ano, houve um acirramento de factoides pela mídia, liderados pela revista *Veja*. Inventaram grampos no Supremo, grampos imaginários de conversas entre Demóstenes Torres e o Ministro Gilmar Mendes, teorias conspiratórias.

Nesse período, no entanto, foi aberta a CPMI de Carlinhos Cachoeira. Os áudios levantados pela Operação Monte Carlo, em

Goiás, foram incorporados pela CPMI e trouxeram revelações fulminantes contra a *Veja* e contra Demóstenes.

Constatava-se, ali, uma autêntica parceria criminosa. Cachoeira tinha interesses em setores do governo. Alimentava a *Veja* de escândalos, Dilma Rousseff demitia os acusados e os lugares eram ocupados por homens de Cachoeira.

Era nítida a atuação criminosa da *Veja*. Nas semanas seguintes, o que se viu foi um comportamento inusitado da revista. Passou a elogiar Dilma Rousseff, o relator da CPMI, demonstrando ostensivamente o pavor de Roberto Civita, especialmente depois que foi anunciado sua futura convocação pela CPMI.[8] Ao mesmo tempo, havia sinais de que os demais veículos – que costumavam repercutir todos os factoides da *Veja* – começaram a se afastar da revista.

Em abril de 2012, a revista trouxe de volta o fantasma do Mensalão, pressionando o Supremo para colocar o tema em pauta e retomar o controle da opinião pública.

A partir dali começa uma ofensiva midiática visando competir com a CPMI de Cachoeira.

Segundo a cronologia do Senado:

7 de maio: Começa a funcionar a sala que armazena os dados secretos da CPMI.

8 de maio: O delegado da PF Raul Alexandre Marques é o primeiro a prestar depoimento à CPI.

22 de maio: Cachoeira vai depor e, amparado por habeas *corpus*, decide ficar calado.

---

8 NASSIF, Luís. "CPI de Cachoeira deverá convocar Roberto Civita". *Jornal GGN*, abr. 2012. Disponível em: https://qrcd.org/3rij. Acessado em: 11.04.2024.

29 de maio: A CPI quebra os sigilos bancário, fiscal e telefônico das contas nacionais da construtora Delta.

30 de maio: CPI aprova convocações dos governadores Marconi Perillo (PSDB-GO) e Agnelo Queiroz (PT-DF), mas rejeita a convocação de Sérgio Cabral (PMDB-RJ). Três das quatro pessoas convocadas para depor nesse dia usam o direito de permanecer caladas: Cláudio Abreu, ex-diretor da Delta Centro-Oeste; Gleyb Ferreira da Cruz, apontado como laranja do grupo comandado por Cachoeira; e José Olímpio de Queiroga Neto, acusado de ser gerente da organização.

31 de maio: Demóstenes Torres comparece à CPI e prefere se calar.

Em algum dia, logo após **31 de maio**, houve um pacto entre os jornais. Logo depois, descobriram o tema capaz de nublar o escândalo Veja-Cachoeira-Demóstenes.

No dia **30 de julho**, conforme se confere no próprio *Memória Globo*,

> *Sete anos depois das primeiras denúncias e três dias antes do início do julgamento do Mensalão no STF, o Jornal Nacional leva ao ar reportagens especiais para esclarecer o surgimento e a evolução do caso, além de destacar os fatos que ajudariam o telespectador a acompanhar o julgamento.*

No dia **2 de agosto** a revista *Veja* ressuscita o tema Mensalão, sendo acompanhado por toda a mídia. Dali por diante, a pauta foi inteiramente dominada pelo Mensalão e, depois, pela Lava Jato.

A MANIPULAÇÃO PELO STF E PELA PGR

Com o Mensalão, o Supremo Tribunal Federal e a Procuradoria Geral da República entraram no jogo de poder. Houve manipulação de depoimentos, uso intensivo da mídia, decretação de sigilo em inquéritos que poderiam provar a falsificação das acusações. Ali começa a fase mais tenebrosa do STF desde o episódio de Anita Leocádio.

O Mensalão e a falsificação de provas

O Mensalão inaugurou a fase mais intensa do jornalismo de ódio.

Um dos episódios mais esdrúxulos do chamado "Mensalão" foi o inquérito contra Henrique Pizzolato, colocado pelo PT na Diretoria de Marketing do Banco do Brasil. A maneira como a Procuradoria Geral da República, com o então procurador Antônio Fernando de Souza, e o Ministro Joaquim Barbosa, relator do caso no Supremo Tribunal Federal (STF), conduziram o processo representou definitivamente a abertura da jaula, por onde sairiam depois os tigres famintos da Lava Jato.

Buscavam um roteiro que permitisse envolver o governo e, a partir daí, se valer do conceito de organização criminosa. O episódio central foi o suposto desvio de R$ 75 milhões da Visanet para a agência DNA, do publicitário mineiro Marcos Valério. A lógica "lavajatista" de Joaquim Barbosa consistiu no seguinte:

1. Tratar a Visanet como se fosse uma empresa pública, apesar de ter como acionistas, além do BB, vários bancos privados, como o Bradesco, Santander, Itaú Unibanco entre outros.

2. Tornar responsável pela conta o diretor de *marketing* do BB, Antônio Pizzolato, único quadro petista no Banco do Brasil, e sem nenhum poder de decidir individualmente as verbas do BB e, especialmente, da Visanet.

Com esses dois pontos, conseguiu criar a trama para chegar no Palácio do Planalto. A partir daí trazer a interpretação distorcida do "domínio do fato",[9] tão distorcida a ponto de gerar protestos do próprio criador do conceito, Claus Roxin. A livre interpretação em nada diferiu das "inovações penais" criadas posteriormente por Deltan Dallagnol e Sérgio Moro na Lava Jato.

Foi um escândalo maior do que a própria Lava Jato, porque perpetrado diretamente por um Ministro do STF, Joaquim Barbosa, e o próprio Procurador Geral da República, Antônio Fernando de Souza, e avalizado pelo pleno do Supremo, debaixo da campanha opressiva da mídia.

As provas falsas

Havia três provas irrefutáveis de que não houve desvio de recursos.

A primeira, um relatório da Pinheiro Neto, maior escritório de advocacia do país, atestando que os recursos foram efetivamente aplicados em campanhas da Visanet. Esse relatório foi contratado

---

9 AGACCI, Mathaus. "O uso distorcido da teoria do domínio do fato em decisões típicas de lawfare". *Consultor Jurídico*, mai. 2019. Disponível em: https://qrcd.org/48Kh. Acessado em: 06.05.2024.

para permitir à Visanet lançar os gastos como despesa. Dos R$ 75 milhões, apenas R$ 2 milhões não haviam sido comprovados.

A segunda, um laudo da Polícia Federal, com as mesmas conclusões, e que Joaquim Barbosa manteve sob sigilo absoluto durante todo o julgamento.

Os advogados dos réus limitaram-se a tentar, por vias legais, obter o inquérito da Polícia Federal. Mas Joaquim Barbosa negou durante todo o processo. Ou seja, um Ministro do Supremo negando acesso dos réus a provas, e sendo convalidado pelo pleno da casa.

O terceiro elemento foram as perícias solicitadas pela 20ª Vara Cível de Brasília.

O julgamento pela 20ª Vara Cível de Brasília

Na sentença sobre o caso, que transitou na 20ª Vara Cível de Brasília, a juíza Thaissa de Moura Guimarães, resumiu os critérios utilizados pelo STF para considerar irregulares os recursos repassados pela Visanet à agência de propaganda e manteve a condenação de Pizzolato a 12 anos.

No entanto, um laudo encomendado pela própria juíza ao perito Fernando Cesar Guarany, e pela defesa ao perito Luiz Carlos Souza e Silva, demonstravam a maneira como Antônio Fernando de Souza e Joaquim Barbosa manipularam as provas, para poder atingir o alvo político.

O primeiro ponto era que Pizzolato sequer seria responsável pela movimentação do fundo:

Segundo o laudo do perito da juíza, Pizollatto não era o "Gestor do Fundo de Incentivo", a pessoa indicada pelo banco como responsável pelas movimentações do fundo. Ou seja, um dos pontos centrais da acusação que quase derrubou um governo e preparou o caminho para o *impeachment* do segundo, era falso: Pizzolato sequer era o gestor da conta.

Segundo o laudo, Pizzolato não apenas não integrou o Comitê Gestor do Fundo de Incentivo da Visanet, como também não integrou o Comitê de Administração da Visanet.

Na resposta a esse quesito, o laudo constatou.[10]

> *De acordo com o Laudo 2828/2006-INC constante no id 39312727 – Pág. 80/122, as Notas Fiscais foram encaminhadas pelo Incentivador BB à CBPM- Visanet:*
>
> *a) NF 029061, no valor de R$ 23.300.000,00, encaminhada em 12/05/2003 pelo Gerente Executivo, Sr. Douglas Macedo;*
>
> *b) NF 033997, no valor de R$ 6.454.331,43, encaminhada em 17/11/2003 pelo Gerente Executivo, Sr. Douglas Macedo;*
>
> *c) NF 037402, no valor de R$ 35.000.000,00, encaminhada em 04/03/2004 pelo Gerente de Divisão, Sr. Léo Batista dos Santos;*
>
> *d) NF 039179, no valor de R$ 9.097.024,75, encaminhada em 18/05/2004 pelo Gerente de Divisão, Sr. Léo Batista dos Santos.*

Em nenhum momento aparece qualquer indicação de responsabilidade de Pizzolatto.

Em relação às acusações do STF, de que nenhum serviço foi prestado pela agência, pelo fato dos serviços não estarem detalhados nas propostas encaminhadas à Visanet, diz a perícia de Guarany:

> *Sim, era permitido dar encaminhamento sem a apresentação do detalhamento da proposta. Consta do formulário padrão,*

10 Disponível em: https://tinyl.io/AthT.

utilizado no encaminhamento das quatro Propostas de Ações de Incentivo (JOB), o seguinte item a ser preenchido:

Detalhamento das ações em anexo: ( ) Não ( ) Sim

A alternativa "Não" foi assinalada nos quatro casos sob exame. Ou seja, não havia detalhamento das ações em anexo.

Indagado sobre o relatório da Pinheiro Neto Advogados:

Sim, este Sumário Executivo, de 09/02/2006 (id 39312770 – Pág. 111/117), trata das despesas realizadas sob solicitação do Banco do Brasil referentes às faturas emitidas pela DNA Propaganda em 2003 e 2004, com vistas à determinação de sua dedutibilidade das bases de cálculo do IRPJ e CSL da CBMP- Visanet, com o valor de R$ 73.851.356,18.

Este Sumário apresenta 15 eventos (8 de 2003 e 7 de 2004) cujas despesas foram consideradas indedutíveis. A dedutibilidade ficou condicionada à apresentação de documentação faltante (id 39312770 – Pág. 111/117).

A perícia da 20ª Vara Federal

O perito dos acusados, Luiz Carlos e Silva, chega às mesmas conclusões.

Em relação ao pagamento dos gastos, ele diz:

As notas fiscais analisadas e validadas pela Perícia foram emitidas por empresas brasileiras notoriamente conhecidas, como a exemplo: TV Globo Ltda., TVSBT Canal 4 de São Paulo S.A., S.A. O Estado de São Paulo, Três Editorial Ltda (Isto é), Universo Online Ltda – divisão Bol, S/A Correio Brasiliense, Yahoo do Brasil Internet Ltda., entre inúmeras outras. É irrefutável que todas as notas fiscais foram validadas pela Perícia, mediante a comprovação do vínculo despesa/pagamento com os recursos do Fundo de

> *Incentivo Visanet, lembrando que esses recursos não estavam disponíveis em conta corrente de livre movimentação, se encontravam em conta vinculada da DNA Propaganda Ltda. no Banco do Brasil, em Belo Horizonte.*
>
> *Não havia dúvida, portanto, que os serviços prestados pelas inúmeras e notórias empresas, em prol dos cartões Visa/Ourocard, foram pagos com os recursos do Fundo Visanet.*

Sobre os supostos prejuízos do BB com os recursos, diz o perito:

> *A Visanet, legítima proprietária dos recursos do Fundo Visanet, informou ao Banco do Brasil que inventariou todos os documentos fiscais, planos de trabalho e comprovantes da execução das ações de incentivo e concluiu que o valor de R$ 68.259.922,34 foi utilizado em conformidade aos objetivos e premissas do Fundo de Incentivo Visanet. Quanto ao valor restante: R$ 5.591.433,84, informou que foi utilizado em campanhas cujas evidências estavam relacionadas à marca "Banco do Brasil", ao invés da marca Visa ou Ourocard ou foi utilizado em campanhas cujas evidências não foram apresentadas tempestivamente* (fls. 675-676).

Logo, é evidente que o Banco do Brasil não sofreu qualquer perda ou prejuízo.

Assim, as divergências ficaram restritas a duas contas.

A primeira, ao Bônus de Veiculação sobre eventos não ligados diretamente a veículos de comunicação. Segunda, à contabilização de R$ 849 mil, que foram gastos em 2005 mas, segundo o perito da juíza, deveria ter sido contabilizado em 2004 – portanto, um problema contábil, não de desvio.

O caso do bônus de veiculação

No meio do caminho, a tese do desvio foi provisoriamente substituída pela do Bônus de Veiculação (BV), devolução que veículos fazem às agências que encaminham campanhas para eles – comprovando que os culpados foram definidos antecipadamente e, depois, se partiu para ver em que tipo de crimes poderiam ser enquadrados. Quando se deram conta de que os bônus de veiculação eram pagos pelos veículos de mídia – seus aliados – o PGR e o relator Barbosa voltaram atrás.

Três ministros afirmaram ser lícita a destinação da verba publicitária. Dentre eles, Luiz Fux, que deixou a maioria pró-condenação por suas óbvias relações com as Organizações Globo – maior pagadora dos BVs.

O Mensalão, porque foi o ponto de partida para uma conspiração que envolveu os maiores poderes da República e atores internacionais de peso.

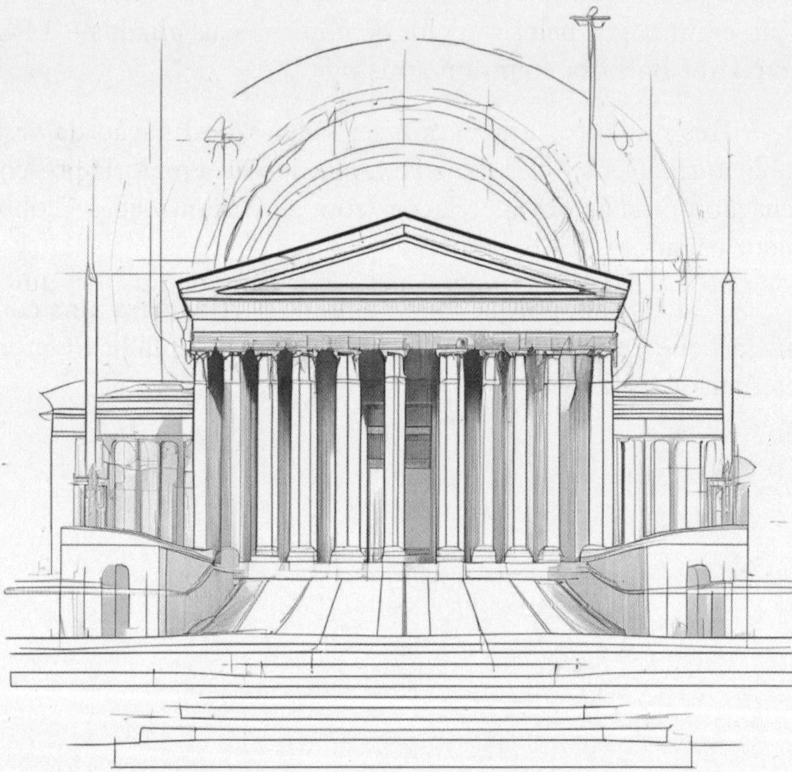

PARTE II

O SUPREMO TRIBUNAL FEDERAL

A visibilidade proporcionada pelo televisionamento dos julgamentos e, depois, pelo fator redes sociais, tornou ministros do Supremo reféns de duas estratégias da mídia: a ameaça e a lisonja. Foi o início da desmoralização da Suprema Corte. O padrão do ministro discreto, respeitador da liturgia do cargo, foi substituído por figuras alçadas à condição de influenciadores, encantados de ouvir a própria voz.

Quando o Mensalão joga foco sobre o STF, há uma busca cada vez maior pelo protagonismo e uma participação direta na conspiração que levou ao impeachment de Dilma Rousseff e à eleição de Bolsonaro.

Foi só depois dessa caminhada medieval que o STF acordou.

STF E A EXPLORAÇÃO DO MEDO E DA VAIDADE

Os efeitos da TV Justiça

Tinha-se, então, um discurso de ódio alimentado desde 2005 pela mídia, um sentimento de onipotência em relação ao que se imaginava a corrupção se alastrando, a reação política contra o PT, especialmente depois do sucesso do segundo governo Lula e um caso concreto para julgar, tentando envolver as principais figuras do governo.

Enfim, todos os ingredientes para um STF que começava a mudar seu estilo.

O fenômeno das transmissões ao vivo dos julgamentos, pela TV Justiça, provocou uma mudança inédita no Supremo. Um novo personagem era lançado no universo político, o Ministro do Supremo. Até então, o padrão de comportamento dos ministros era a discrição, o hábito de somente se pronunciar nos autos. Com a TV Justiça, tudo mudou. E ocorreu em um período em que as redes sociais trouxeram a síndrome de celebrização.

A vaidade pessoal tornou-se um elemento central na manipulação dos ministros pela mídia. Ou manipulava-se pela lisonja ou pelas ameaças.

Os primeiros sinais eloquentes dessa mudança de postura deram-se com o "Mensalão". E o primeiro e embarcar no canto de sereia da mídia foi o relator Joaquim Barbosa, primeiro negro a ser nomeado para um cargo de Ministro do STF, e com um histórico de vida extraordinário.

JOAQUIM BARBOSA, O QUE PODERIA SER GRANDE, MAS FOI APENAS MAU

Quando o *outsider* entrou no STF (Supremo Tribunal Federal), os senhores formais aceitaram com superior condescendência. O *outsider* tinha currículo, falava várias línguas, desenvolvera teses importantes sobre inclusão. Mas era *outsider.*

Não era de família de juristas, gostava do ambiente informal dos botecos, era de pouquíssimos amigos e nunca fez média na vida. Conquistou tudo na porrada, dependendo só dele.

Tinha tudo para entrar para a história, derrubando conchavos, despindo o formalismo e a hipocrisia de muitas togas, subvertendo formas de ver o mundo, trazendo para o Supremo os ares da contemporaneidade e a marca altiva de sua cor e dos que conquistaram tudo sem nunca ceder.

Mas faltava-lhe algo, uma peça qualquer no sistema emocional que o tornou uma espécie de Mike Tyson com toga, uma força gigantesca e incontrolável assombrada por mil demônios internos que o impediram definitivamente de se tornar um grande.

O que moldou esse lado emocional tosco, rude, cruel, não se sabe. As intempéries da vida costumam construir grandes caracteres; mas também modelam a crueldade, a revanche permanente.

Foi o caso de Joaquim Barbosa.

Seu mundo tornou-se uma ilha pequena, restrita, cercada por um oceano infestado de tubarões querendo destrui-lo, imaginava ele, cada gesto contrário visto como ameaça ao que ele conquistou.

Cada julgamento tornava-se uma guerra a ser vencida a qualquer preço, até com a sonegação de provas, se necessário. O tribunal tornou-se a arena povoada de gladiadores sangrentos aguardando o polegar para baixo do público para a degola final dos inimigos. E todos eram inimigos, o réu a ser condenado, o colega que ousasse discordar de qualquer posição, o advogado que rebatesse seus argumentos, o jornalista que o criticasse.

O ódio como seiva vital

Em poucas pessoas vi ódio tão visceral, a raiva como motor de todas as atitudes, um egocentrismo tão exasperado a ponto de tratar qualquer voz dissidente como um inimigo a ser aniquilado.

Joaquim Barbosa nunca usou as armas da hipocrisia, a malícia das jogadas. Como Tyson, saía de peito aberto distribuindo porradas pelo mundo. O que o movia não era a desonestidade, a vontade do poder. A busca da popularidade, sim, mas, acima de tudo, dar vazão ao ódio, sempre o ódio como seiva vital.

E esse bruto – na definição mais objetiva do termo – foi transformado em campeão branco da mídia na disputa política. Emocionalmente tosco, embarcou no jogo de lisonjas, do “menino que mudou o Brasil" – título de uma capa da *Veja* com sua foto de menino – foi usado enquanto pode.

Por toda sua vida profissional, exercitou o duplo jogo de quem se formou nas guerras da vida e na formalidade de um poder hierárquico. Enfrentava o mundo jurídico intimidando comportamentos formais com a truculência desmedida das discussões de rua e de botecos; e se impunha junto aos amigos de praia com a condescendência dos que subiram na vida, mas não esqueceram as origens.

Acima de tudo, contava com o consentimento da mídia, enquanto serviu.

Com tal poder, passou a quebrar dogmas, mas da pior forma possível, atropelando direitos, protocolos mínimos de boa educação, sendo agressivo até o limite da boçalidade em um ambiente eminentemente formal.

Os juristas que domaram a besta

Coube a dois juristas de extrema afabilidade desmontar a besta.

Um deles, Celso Antônio Bandeira de Mello, o doce Bandeira, unanimidade no mundo jurídico por sua firmeza cortês, pespegou-lhe na testa a definição: "É um homem mau".

Outro, Luiz Roberto Barroso, o homem dos salões cariocas, que ainda era o dr. Jekyll, antes de ser apossado pelo Mr. Hide do lavajatismo.

E aí, começaram a desmoronar as estratégias emocionais que Joaquim Barbosa penosamente construiu para enfrentar os rapapés maquiavélicos do mundo jurídico e a rudeza dos botecos.

No mundo jurídico, a truculência deixou de intimidar. Passou a ser tratada com uma impaciência cada vez maior de seus pares. Nos bares, em lugar de aplausos, passou a ser perseguido por vaias. No Supremo, sua única influência era sobre Luiz Fux, o que não é recomendação.

Aos poucos, os grupos de mídia perceberam que Barbosa tornara-se uma carga inútil, pesada, a vitrine onde estava exposta a parcialidade do julgamento da AP 470.

Restava-lhe o apoio da malta, aquela parcela mais desinformada da sociedade que aplaude linchamentos, defende a Lei de Talião, se regozija com a penalização de qualquer bode expiatório. E, no contraponto, as vaias da selvageria que despertou no lado oposto. Dos dois lados do balcão, o homem mau só conseguiu trazer à tona os piores sentimentos dos admiradores e dos críticos.

A cena final

Quanto mais se isolava, mais Joaquim Barbosa radicalizava as arbitrariedades.

Ganhou sobrevida graças a mudanças nos procedimentos do STF que impediam impetrar *habeas corpus* contra decisões do Presidente da casa, uma iniciativa do ex-Presidente César Peluso supondo que jamais a presidência seria ocupada por pessoa desajustada.

As arbitrariedades foram tão ostensivas que um gesto totalmente fora das regras – do advogado de José Genoíno, Luiz Fernando Pacheco, invadindo uma sessão do STF para questioná-lo – não mereceu uma condenação sequer dos ministros da casa. Pelo contrário, estimulou a defesa de Marco Aurélio de Mello, porque sabendo ser ato de absoluto desespero, de quem via leis e procedimentos jurídicos atropelados pela insanidade de um julgador.

E aí o poderoso Joaquim Barbosa pediu aposentadoria e se afastou da AP 470 procurando se vitimizar, dizendo-se alvo de manifestos políticos e de ameaças do advogado. Saiu no momento em que o STF iria colocar um fim em suas arbitrariedades.

Do *Jornal Nacional* mereceu uma nota seca, que surpreendentemente terminou com uma frase do advogado que o enfrentou: "Agora, o Supremo poderá voltar a julgar com isenção". De seus pares, não mereceu nada, nenhuma saudação.

Saindo, passou uma enorme sensação de desperdício, em relação ao que poderia ter sido na renovação do STF.

Ficou apenas a imagem de um homem mau e sem grandeza, que nem na hora da saída mirou a história: seu objetivo único, em um primeiro momento, era se vingar de um advogado que ousou enfrentar a sua ira.

PARTE III

A CHANTAGEM SOBRE O SUPREMO

Ponto pouquíssimo explorado da Lava Jato e do *impeachment* foi o jogo de chantagem sobre os ministros da corte. Ao se exporem à opinião pública, tornaram-se presas fáceis de chantagistas, através de dossiês que, em geral, não expunham crimes, mas permitiam a exploração do escândalo.

Na parte anterior, mostramos como a grande conspiração contou com a adesão da mídia associada ao crime organizado. Aqui mostramos outra arma a que recorreram os conspiradores: a chantagem.

CÁRMEN LÚCIA, ACIMA DE QUALQUER SUSPEITA

Expostos à opinião pública, tornando-se celebridades, os ministros passaram a se tornar vulneráveis a toda sorte de chantagens, em geral em torno de *fake news* e meias verdades. Submetendo-se à onda, ganhavam imunidade inclusive contra suspeitas graves.

Foi o caso da Ministra Cármen Lúcia.

Peça 1 – como a mídia blinda aliados

Uma das piores consequências da transformação do combate à corrupção em bandeira ideológica foi a blindagem proporcionada aos aliados do golpe. Procuradoria Geral da República, Ministério Público, tribunais, grupos de mídia montaram um acordo tácito: só repercutem denúncias produzidas pelo sistema. E o sistema se fecha em defesa dos seus.

Provavelmente por conta desse pacto, a Ministra Cármen Lúcia, depois Presidenta do STF (Supremo Tribunal Federal) foi poupada, quando se descobriu que adquirira por R$ 1,7 milhão uma mansão em Brasília avaliada em R$ 3 milhões. O dono original era o doleiro Fayed Traboulsi. Nos registros do cartório figurava Andréa Filipe Ramos, casada com Alexandre Ribeiro, sócio da Carlinhos Cachoeira.

A denúncia só saiu em *blogs*. Nos jornais, mereceu uma nota piedosa da Coluna do Anselmo, no dia 27 de janeiro de 2015:

> Armação ilimitada
>
> A Ministra Cármen Lúcia, da turma do STF que vai julgar os envolvidos na Operação Lava Jato, pode estar sendo vítima de uma armadilha às vésperas desse julgamento histórico.
>
> É que circula a história que ela comprou uma casa em Brasília, avaliada em R$ 3 milhões, por R$ 1,7 milhão. A dona do imóvel era Andréa Felipe Ramos Chaves. Ela seria casada com Alexandre Ribeiro, apontado como sócio do bicheiro Carlinhos Cachoeira.

O recado foi bem captado. Vítima da tal "armação ilimitada", a Ministra não renunciou à mansão. Mas, nos meses seguintes, se tornaria uma incansável lutadora pró *impeachment*. E uma frasista incomparável. Como no voto em que definiu a prisão do senador Delcídio do Amaral, em que cunhou a frase clássica: "O escárnio venceu o cinismo".[11]

Peça 2 – o caso do Pipeline

Além da mansão ilimitada, Cármen Lúcia tornou-se protagonista de um dos mais obscuros processos que passaram pelo STF (Supremo Tribunal Federal): o caso das Pipelines.

---

11 BRÍGIDO, Carolina. "Cármen Lúcia sobre prisão: 'o escárnio venceu o cinismo'". *O Globo*. Disponível em: https://qrcd.org/47FL. Acessado em: 06.05.2024.

Antes, um pequeno histórico do tema:

Quando montada a Organização Mundial do Comércio (OMC), em 1994, foram criados vários acordos multilaterais, entre eles o Acordo TRIPS, para propriedade intelectual. O TRIPs definia um padrão mínimo de proteção, ampliando a patenteabilidade para todos os campos tecnológicos.

O acordo foi negociado durante a Rodada Uruguai do Acordo Geral de Tarifas e Comércio (GATT) e entrou em vigor em 1º de janeiro de 1995.

No Brasil, o TRIPS foi incorporado à legislação nacional pela Lei n. 9.279, de 14 de maio de 1996, o primeiro dos atos obscuros do então Ministro da Saúde José Serra.

Em um dos episódios mais mal explicados do período, incluiu a patente Pipeline nesses acordos. Foi um dispositivo temporário aceitando depósitos de patentes em campos tecnológicos não reconhecidos anteriormente pelo Brasil, do qual o principal beneficiário foi o setor farmacêutico.

Pela porta escancarada entraram 1182 pedidos de patentes, dentre os quais vários medicamentos essenciais para a saúde pública e que já eram de domínio público.

Aliás, essa história precisa ser recuperada.[12]

Foi uma esbórnia. A lei permitia, inclusive, o depósito de pedidos mesmo fora do período de prioridade e não exigia exame técnico do pedido no Brasil, bastando a decisão favorável no país de origem da patente. Entraram todos os inventos não contemplados no Código de Propriedade Industrial brasileiro que vigorava até

---

12 HASENCLEVER, Lia; LOPES, Rodrigo; COSTA CHAVES, Gabriela *et al.* "O Instituto de Patentes Pipeline e o Acesso Amedicamentos: Aspectos Econômicos e Jurídicos Deletérios à Economia da Saúde". *Revista de Direito Sanitário*, São Paulo, vol. 11, nº 2, jul./out. 2010.

então. O Acordo TRIPS permitia um período de transição. Mas nem isso foi aproveitado.

Até então, por não reconhecer patentes de medicamentos, tinha sido iniciada uma produção nacional de antirretroviral (ARVs), os medicamentos contra AIDs. Essa produção, além de melhorar as pesquisas internas, barateara substancialmente os medicamentos.

Com a nova lei, a produção nacional foi interrompida. Foi o caso do Lopinavir/Ritonavir (Abbott), Abacavir (GlaxoSmithKline – GSK), Efavirenz (Merck), Nelfinavir (Roche) e Amprenavir (Vertex).

No período José Serra ampliou-se a utilização de remédios patenteados, com a incorporação nos protocolos do Ministério da Saúde do Nelfinavir, em 1998, e do Efavirenz, em 1999. Tudo isso ocorreu no mesmo período em que Serra montou um enorme lobby em favor da norueguesa Nordisk, acabando com a Biobrás, fábrica de insulina nacional.

Pouco foi feito posteriormente.

Em 2005, foi declarado o interesse público do medicamento Lopinavir/Ritonavir. O passo seguinte seria a licença compulsória. Isso não ocorreu e o governo acabou assinando um acordo bilateral com a Aboot, com redução ínfima dos prcços.

O monopólio assegurado pela Pipeline prejudicou tratamentos internos durante toda a década de 2000. Muitas vezes os tratamentos foram interrompidos por problemas na importação.

Peça 3 – a ADIN apresentada no STF

Em fins de 2007, a Federação Nacional dos Farmacêuticos (FENAFAR), em nome do Grupo de Trabalho sobre Propriedade Intelectual da Rede Brasileira pela Integração dos Povos (GTPI/Rebrip), apresentou na Procuradoria Geral da República um trabalho demonstrando a inconstitucionalidade da Lei do Pipeline.

No dia 24 de abril de 2009, foi protocolada a Ação Direta de Inconstitucionalidade,[13] proposta pela Procuradoria Federal dos Direitos do Cidadão contra os artigos 230 e 231 da Lei Federal n. 9.279 de 14.05.1996.

No parecer da PGR, levantavam-se aspectos conceituais sobre patente:

> *O direito fundamental não é do inventor, que tem apenas direitos de natureza patrimonial, mas sim da coletividade, a um desenvolvimento tecnológico que venha ao encontro de suas reais necessidades. Parte final do inciso XXIX do art. 5º da Constituição. Patente e a interpretação restritiva dos monopólios. Privilégio que não pode ignorar os princípios vetores da ordem econômica. O requisito da novidade atua para compatibilizar as limitações naturais das patentes com o acesso público ao conhecimento. Aquilo que se encontra em domínio público não pode ser'objeto de apropriação singular. Patente e novidade são indissociáveis. A tutela da patente, dada pela Constituição, não perde de vista a novidade, seja porque constitutivo da própria noção de patente, seja porque equivalente ao de invenção. Mecanismo das patentes pipeline permitiu aos detentores de patentes no exterior, relativas a produtos, substâncias e processos até então não patenteáveis – já em domínio público –, o direito de aqui registrá-las.*

Em pouco tempo, candidataram-se vários *amicus curiae* – assistentes do autor no processo – comprovando a relevância do tema. Entraram a Associação Brasileira de Sementes e Mudas, a Associação Brasileira das Indústrias de Química Fina, Biotecnologia e suas Especialidades (Abifina), a Conectas, a Associação Brasileira das Indústrias de Medicamentos Genéricos, a Associação Brasileira Interdisciplinar de AIDS, Médicos sem Fronteira,

13 Disponível em: https://qrcd.org/47CB.

Federação Nacional dos Farmacêuticos, Instituto Brasileiro de Defesa do Consumidor, Grupo de Incentivo à Vida, Grupo de Apoio à Prevenção da AIDS no Estado do RS, a Agência Nacional de Vigilância Sanitária e a Fiocruz.

Na outra ponta, em defesa da Lei do Pipeline, a Interfarma, representante dos laboratórios internacionais, tendo como Presidente e principal lobista Antônio Britto, ex-governador do Rio Grande do Sul.

Nas ações no Supremo, foi apresentado um levantamento meticuloso dos efeitos do Pipeline na saúde pública. "O Instituto de Patentes Pipeline e o Acesso a Medicamentos: aspectos econômicos e jurídicos deletérios à economia da saúde"[14] preparado por especialistas da Fiocruz, da Universidade Federal do Rio de Janeiro, da ONG Médico Sem Fronteiras.

Apenas no caso da aquisição de retrovirais entre 2001 e 2006, os prejuízos foram os seguintes:

Medicamento	**Período de aquisições coberto**		**Quantidade do medicamento comprado**	**Preço/unidade* (U$$)**	**Valor total (U$$)**
Abacavir Sol.Oral	2/28/2002	7/26/2007	17,395	46.3	805,358.50
Abacavir 300mg	8/5/2004	6/29/2006	5,069,220	2.56	12,977,203
Amprenavir Sol.Oral	3/23/2001	8/8/2006	17,636	102.64	1,810,159.04
Amprenavir 150mg	3/23/2001	8/8/2006	9,206,280	0.85	7,825,338.00
Efavirenz 600mg	3/11/2024	5/2/2006	91,900,012	2.16	195,504,026
Efavirenz 200mg	2/2/2024	5/2/2006	33,161,751	1.06	35,151,454.06
Efavirenz sol. Oral	3/4/2024	5/2/2006	74,129	32.5	2,431,431.20
Lopinavir 133/33mg	2/22/2002	3/27/2006	203,981,880	1.4	285,574,632.00
Nelfinavir 250mg	3/5/2024	5/11/2007	256,728,580	0.62	159,171,719.60
Ritonavir sol. oral	4/24/2003	4/24/2003	13,347	96.97	1,294,258.59
Total	3/23/2001	7/26/2007			705,545,614.11

---

14 HASENCLEVER, Lia; LOPES, Rodrigo; COSTA CHAVES, Gabriela *et al.* "O Instituto de Patentes Pipeline e o Acesso Amedicamentos: Aspectos Econômicos e Jurídicos Deletérios à Economia da Saúde". *Revista de Direito Sanitário*, São Paulo, vol. 11, nº 2, jul./out. 2010.

Em 10/03/2010 o processo já estava concluído nas mãos da relatora. Mas não foi a julgamento. Devido à gravidade do tema, que envolvia remédios essenciais, foi pedida uma liminar, também rejeitada por Cármen Lúcia.

Em parecer, Soraya Lunardi, da Unesp, e Dimitri Dimoulis, da Escola de Direito de São Paulo da FGV estranharam a decisão:[15]

> No caso pipeline, não foi tomada decisão sobre o mérito e mesmo o pedido de liminar, sobre tema de evidente repercussão para as finanças públicas (compra de remédios), permaneceu sem resposta. Na contramão dos objetivos de agilidade e de segurança jurídica, o Supremo ignorou os pedidos e convalidou a decisão do legislador com seu silêncio. *Qui tacet, consentit.*

O termo significa "quem cala", consente. De fato, como a Lei estipulava prazo de 20 anos de validade para as patentes, se houvesse muito demora, o prejuízo já estaria consumado.

Durante todo o ano de 2011 o processo foi movimentado apenas duas vezes, no comunicado da renúncia ao mandato de um certo Sebastião dos Reis Júnior. Em 2012, ficou paralisado. Em 2013, alguns despachos aceitando os *amicus curiae*. E continuou dormindo na gaveta da relatora Cármen Lúcia durante 2015.

Peça 4 – o último ato de Cármen Lúcia

Desde o início havia críticas à maneira como Cármen Lúcia conduzia a ação.

No STF, apenas nos casos penais, de prisão, há a obrigação de pautar os habeas corpus. Nos demais casos, o relator tem pleno

15 LUNARDI, Soraya; DIMOULIS, Dimitri. "O custo social da inércia do STF: Réquiem da ADI 4.234". *Jota*, jul. 2017. Disponível em: https://qrcd.org/47CC. Acessado em: 11.04.2024.

domínio do caso. Cabe a ele, e apenas a ele, decidir quando o relatório está pronto. Depois disso, ao Presidente da casa pautar para votação.

Apenas no dia 28/06/2018, a relatora Cármen Lúcia resolveu concluir o relatório e a Presidente Cármen Lúcia programou o julgamento.

No dia 8/08/2018 a Interfarma manifestou interesse na sustentação oral. O calendário de julgamento foi publicado no dia 14/08/2018.

À esta altura, já haviam vencido todos os prazos de validade dos Pipelines – 20 anos. Poderia ser um julgamento inútil.

No dia 23/08/2018 Cármen Lúcia recebeu em audiência no Salão Nobre do STF a diretora jurídica da Interfarma, Tatiane Schofield, e Gustavo de Freitas Nobre. Na conversa, é possível que tenha sido informada de consequência não previstas do julgamento. Caso o Supremo considerasse inconstitucional a Lei do Pipeline, o país poderia cobrar retroativamente dos laboratórios os 5% de *royalties* remetidos para suas matrizes por 20 anos.

Seja lá o que conversaram, nos dias seguintes Cármen Lúcia retirou da pauta a votação da Lei do Pipeline. O *GGN* entrou em contato com sua assessoria, que informou não haver nenhum plano de incluir o tema novamente na pauta de julgamentos.

Não foi a única medida de Cármen Lúcia beneficiando os associados da Interfarma.

Conforme o *GGN* revelou,[16] em 2016, a Interfarma montou um enorme lobby em favor da judicialização da saúde. Havia a

---

16 NASSIF, Luís. "Cármen Lúcia e o jogo para beneficiar grandes laboratórios, por Luís Nassif". *Jornal GGN*, set. 2018. Disponível em: https://qrcd.org/3s3c. Acessado em: 12.04.2024.

suspeita de que, por trás das ações judiciais, criara-se uma verdadeira indústria para a venda de medicamentos de alto custo.

Segundo dados do Ministério da Saúde, 80% das ações eram propostas pelo mesmo escritório de advocacia, comprovando a existência de uma articulação. Foram acusações graves. O Ministro Ricardo Barros afirmou:

> Há convênios de laboratórios fabricantes com laboratórios de análises clínicas, e este laboratório fabricante paga o de análise para fazer um exame que comprove a necessidade daquela pessoa ter o medicamento que ela fabrica, que vira uma decisão judicial.

O Ministério Público de São Paulo identificou a compra de medicamentos para hipercolesterolemia homozigótica, doença rara, a um custo de mil dólares o comprimido. Segundo o Secretário da Saúde de São Paulo, David Uip, "em 30 dias são 30 mil dólares. Isso custou R$ 36 milhões ao Estado e na absoluta maioria não havia sequer a indicação da doença", disse. "Os médicos ganhavam para prescrever", afirmou.[17]

Cármen Lúcia, que adiou por anos um julgamento que poderia reduzir o custo dos medicamentos, tornou-se uma verborrágica defensora dos direitos dos doentes: "Estamos aqui para tornar efetivo aquilo que a Constituição nos garante. A dor tem pressa. Eu lido com o humano, eu não lido com o cofre", disse. "O que o juiz fala quando a gente discute (o tema) é que há uma judicialização da saúde. Não. Há a democratização da sociedade brasileira, do cidadão que até a década de 1980 morria sem saber que tinha direito à saúde e que podia reivindicar esse direito. Como juíza, o meu papel é garantir esse direito", afirmou.

---

17 UIP, David; SANTOS, Renata. "WhatsApp, Justiça e saúde". *Folha de S. Paulo*, 05 set. 2016. Disponível em: https://tinyl.io/AqzJ. Acessado em: 19.06.2024.

Em dezembro de 2015,[18] deu o voto de desempate para garantir votação aberta no processo de *impeachment*. Em março de 2016,[19] premiada pelo Globo com o "Gente que faz", sustentou que não havia golpe em curso. Eleita Presidenta do STF, foi a mais implacável dos juízes, manipulando a pauta do Supremo de maneira inédita.

Um dia a blindagem acaba. E será possível saber quais as razões que levaram Cármen Lúcia a atuar dessa maneira em favor dos laboratórios internacionais e contra o SUS e os doentes do SUS.

Peça 5 – a frasista Cármen Lúcia

Durante o julgamento do *impeachment* de Dilma Rousseff, pelo menos uma vez Cármen Lúcia se viu ante uma representação contra o Ministro Gilmar Mendes. E refugou, demonstrando receio de entrar em área de alto risco.

Há um profundo desvio no sistema de Justiça, de só convalidar denúncias provenientes da velha mídia. Cria-se um desequilíbrio monumental, beneficiando grupos de interesse em temas políticas, empresariais ou penais. Caso tivesse manifestado o menor pendor de votar contra o *impeachment* de Dilma, esse conjunto de fatos, divulgado no Jornal Nacional, teria sido mais que suficiente para detonar Cármen Lúcia.

Como descrever suas contradições? Talvez recorrendo às suas próprias palavras.

---

18 LIMA, Bruno. "Cármen Lúcia desempata votação e diz que não cabe votação secreta em rito de *impeachment*". *R7 Notícias*, dez. 2015. Disponível em: https://qrcd.org/3s3d. Acessado em: 12.04.2024.

19 FAERMANN, Patricia. "Cármen Lúcia, em prêmio de O Globo, diz que não há golpe". *Jornal GGN*, mar. 2016. Disponível em: https://qrcd.org/3s3e. Acessado em: 12.04.2024.

> Na história recente da nossa pátria, houve um momento em que a maioria de nós, brasileiros, acreditou no mote segundo o qual uma esperança tinha vencido o medo. Depois (...) descobrimos que o cinismo tinha vencido aquela esperança. Agora parece se constatar que o escárnio venceu o cinismo.[20]

20 BRÍGIDO, Carolina. "Cármen Lucia sobre prisão: 'o escarnio venceu o cinismo'". O *Globo*. Disponível em: https://qrcd.org/47FL. Acessado em: 11.04.2024.

A CHANTAGEM SOBRE LUÍS ROBERTO BARROSO

Parte do clima persecutório da Lava Jato, com reputações sendo assassinadas, prisões desnecessárias sendo implementadas, em nome de uma genérica luta contra corrupção, a suspeita espalhando-se por todo o país, os receios com grampos, a derrubada da autoestima nacional deveu-se a ele, Luís Roberto Barroso, o Ministro do Supremo que mais assumiu o papel de vingador.

Se Barroso se desmanchou apenas com as críticas ao seu "negro de primeira linha" – o elogio racista a Joaquim Barbosa, que repercutiu negativamente na imprensa –, o que ocorreria se a imprensa passasse a explorar os episódios abaixo, se ele se tornasse vítima da mesma sanha Macarthista que ele próprio estimulou?

Até 2014, Barroso era um ministro legalista. Inclusive negando a abertura de uma comissão de *impeachment* na Câmara, contra a então Presidenta Dilma Rousseff. O jogo mudou quando um grupo de ultradireita de Curitiba divulgou um dossiê, com informações sobre sua vida econômica e a de sua sogra, e dois colunistas da

Veja – Reinaldo Azevedo e Augusto Nunes – desfecharam ataques desqualificadores contra ele.

O caso BHS

Trata-se de uma construtora de propriedade de Detta Geertruce Van Brussel Telles, sogra de Barroso, de nome BHS/Beehive.

A construtora é especializada em reformas de prédios, na construção de mansões e tem algumas construções de edifícios.

Com esse histórico, trabalhou para a ICN Itaguaí Construções Navais braço do *Grupo Odebrecht* para o programa PROSUB, do submarino nuclear e para o BTG Pactual.

Detta entrou para a sociedade da empresa em 2012, junto com Sandra Murat. Na época dos ataques de *Veja* morava em Brasília, na casa onde morava Valdemar Costa Neto, na época do Mensalão. A casa pertence a Antônio Carlos Osório Filho, dono da Capital 1, grande tomador de financiamentos da Caixa Econômica Federal.

A *offshore* em Miami

Tereza Cristina Van Brussel Barroso, sócia e esposa de Luís Roberto Barroso, em 9 de junho de 2014 abriu a *offshore* Telube Florida LLC em seu nome de solteira. Quem montou a *offshore* foi um conhecido operador brasileiro em Miami, com problemas na justiça brasileira, de codinome Barbosa Legal.

O imóvel fica na Ilha Key Biscayne, avaliado em US$ 3 milhões e é o sonho de todo brasileiro deslumbrado com Miami.

Com o nome de casada, Tereza é sócia do marido na LRBT Empreendimentos e na Chile 230 Participações.

Além disso, Barroso responde ainda por duas empresas, a Casa da Cultura Jurídica do Rio de Janeiro e o Instituto de Direito do Estado e Ações – Ideias.

Os assassinatos de reputação

Desconsidere as acusações acima. Provavelmente as operações do Ministro e seus familiares estão dentro dos limites flexíveis dos negócios privados. A *offshore* é apenas uma maneira esperta de defesa contra o fisco, típica do pensamento de Barroso e seu meio social – embora ele costume apresentar como prova da malandragem brasileira a empregada doméstica de um amigo, que não quis o registro para poder acumular os benefícios do Bolsa Família.

Pode causar dúvida o fato de a *offshore* estar no nome de solteira de sua esposa e sócia. Como o fato de o pai ser advogado de um processo milionário da Eletronorte.

Mas, provavelmente, se fosse dada a palavra ao Ministro, haveria explicações plausíveis para cada acusação, inclusive a informação se a esposa registrou todos os repasses à *offshore* no Banco Central. "Acusações", como o nome do proprietário da casa em que reside a sogra de Barroso, não teriam a menor relevância ou significado.

Essas acusações foram veiculadas por sites de direita – coincidentemente sediados em Curitiba – com algumas informações obtidas diretamente do site da Receita Federal – e repercutidas em *blogs* da revista *Veja*, na fase mais expressiva do jornalismo-esgoto da revista e quando Barroso ensaiava alguns voos de independência jurídica.

A intenção política era óbvia. A notícia do site curitibano era encimada por uma foto do ministro e pelos versos:

Meu boi Barroso,
Meu boi Pitanga,
O teu lugar

É lá na canga
Na canga do PT

Logo em seguida à divulgação dessas "denúncias", Barroso votou pela prisão após condenação em segunda instância, tornou-se um templário implacável contra a corrupção e em defesa da flexibilização do Estado de Direito, o principal alimentador – por seu cargo de Ministro do Supremo – da sanha persecutória que tomou conta do país.

O agressor de Barroso

Em 23/08/2016, a repórter Cintia Alves trouxe informações precisas sobre a campanha movida contra Barroso.[21]

> Desde o final de 2015, quando encabeçou uma discussão no Supremo Tribunal Federal que fez a maioria da Corte invalidar a comissão especial do *impeachment* da Câmara contra Dilma Rousseff, o Ministro Luís Roberto Barroso virou alvo preferencial de uma série de textos publicados no site "Vetorm.com".
>
> O sítio já abordou a existência de uma *offshore* nos Estados Unidos em nome da esposa de Barroso, a renovação de um contrato entre a Eletronorte e o escritório de advocacia do pai do ministro, a relação de pessoas de sua família com empresas investigadas pela Operação Lava Jato, entre outros temas que, em tese, denotam falta de "ética e imparcialidade" por parte do magistrado.
>
> Nas últimas semanas, contando com o apoio dos blogueiros da *Veja*, o portal praticamente passou a fazer campanha para que Barroso fosse expulso do STF por ter "favorecido" Dilma ou, no mínimo, impedido de tomar qualquer decisão

21 ALVES, Cintia. "O homem por trás dos ataques virtuais ao ministro Barroso". *Jornal GGN*, ago. 2016. Disponível em: https://qrcd.org/47CJ. Acessado em: 11.04.2024.

> no âmbito da Operação Lava Jato. Em alguns textos, há pedidos diretos para que ele se declare "suspeito". Todas as publicações saíam sem a assinatura de um responsável pelas informações.
>
> Com ajuda de um especialista em *web*, o *GGN* descobriu que o Vetorm.com – ou Vetor Mil Documento e Informação – estava hospedado na cidade de Davis, na Califórnia (EUA). O registro foi feito em setembro de 2012, com apoio do servidor de DNS da Oi Soluções Empresas, em nome de Ari Cristiano Nogueira.
>
> Ari Cristiano Nogueira é ex-Assessor Parlamentar do Deputado Federal licenciado Valdir Luiz Rossoni (PSDB), então Secretário-Chefe da Casa Civil do Governo do Paraná. Segundo os dados levantados pela reportagem, Ari morava em Curitiba, capital federal da Lava Jato.
>
> Ari virou destaque na Gazeta do Povo e outros jornais quando foi denunciado por procuradores estaduais por integrar uma lista de funcionários fantasmas que Rossoni cultivava na Assembleia Legislativa do Paraná desde a década de 1990. O prejuízo aos cofres públicos passou da casa dos R$ 700 mil. Em maio passado, o tucano teve R$ 2,3 milhões em bens bloqueados em função do processo.

Em agosto de 2013, ano das manifestações contra o reajuste das tarifas de transporte público coletivo, André Barrocal, repórter da Carta Capital, revelou que Ari Cristiano Nogueira usava o codinome Ary Kara para convocar grupos de direita para atos que ficaram conhecidos como "Operação Sete de Setembro".

> Até junho de 2012, [Ari] era assessor do presidente do partido no Paraná [Rossoni], como contratado na Assembleia. Deixou o gabinete para trabalhar na campanha à reeleição do então prefeito de Curitiba, Luciano Ducci, que concluía o mandato herdado em 2010 do atual governador do Paraná, o tucano Beto Richa (PSDB).

Contra Ari consta na Procuradoria Regional Eleitoral do Rio de Janeiro uma condenação por usar a ONG Brazil No Corrupt – Mãos Limpas, da qual é proprietário, para fazer propaganda irregular e atacar adversários dos Deputados Jair Bolsonaro e Flávio Bolsonaro. Era o embrião dos futuros gabinetes do ódio. Em 2011, essa mesma ONG foi usada para criar nas redes sociais uma campanha contra o PT no julgamento do Mensalão. Um dos atuais alvos do site era o então Deputado Federal Wadih Damous (PT), defensor de Dilma no *impeachment* junto a OEA (Organização dos Estados Americanos).

A escalada contra Barroso

O *GGN* levantou as principais investidas contra Barroso desde dezembro de 2015, quando o STF decidiu, a partir do julgamento da ADPF 378, que a comissão especial do *impeachment* eleita sob voto secreto, em sessão liderada por Eduardo Cunha (PMDB), era inválida, entre outros pontos. Foi um verdadeiro massacre:

22/12/2015 – Augusto Nunes, na *Veja*, chamou Barroso de "vigarista". Citou matéria do Portal Vox e um vídeo da sessão do STF sobre o rito do *impeachment*, afirmando que o ministro escondeu deliberadamente um trecho do regimento interno da Câmara que permite o voto secreto em eleições internas. Resultado da discussão no Supremo fez a Câmara criar uma comissão especial do *impeachment*. Juristas criticaram Barroso por intervir nas competências do Legislativo e levar os demais ministros a erro.

Na mesma semana, outro colaborador da *Veja*, Reinaldo Azevedo, em programa de rádio disse que tinha "nojo" de Barroso,[22] e perguntou ao ministro se ele "está pensando que o País é o seu grupinho em Ipanema, Copacabana ou Leblon". Também

---

22 FICHA SOCIAL 10. *Reinaldo Azevedo humilha ministro Barroso, do STF, ao abordar impeachment*: "Tenho nojo!" 6 mai. 2024. Disponível em: https://qrcd.org/3o60. Acessado em: 06.05.2024.

defendeu o *impeachment* de Barroso no Senado. “Supremo não existe para fazer julgamento de mérito das coisas. Vai catar coquinho!”, disparou.

A partir daí, Barroso mudou. Em um primeiro momento, deixou de lado o garantismo. Em um segundo momento, passaria a surfar nas ondas da Lava Jato.

AYRES BRITO, O QUE GARANTIU SUA IMAGEM À CUSTA DA IMAGEM DAS VÍTIMAS

O ex-Ministro do STF (Supremo Tribunal Federal) Ayres Britto é o principal responsável pela Lei de Direito de Resposta que ele critica na *Folha*.[23]

A entrevista ocultou a questão de que, hoje em dia, Ayres trabalha para grupos e associações de mídia. No STF sempre defendeu os interesses desses grupos.

Pior: assumiu essa posição depois de denúncias sobre uma suposta articulação entre ele e seu genro oferecendo proteção a políticos encrencados com a Lei da Ficha Limpa.

Ayres foi um dos primeiros defensores da aplicabilidade da Lei de Ficha Limpa no STF. Havia uma votação envolvendo

---

23 FOLHA DE SÃO PAULO. "Lei do Direito de Resposta é hostil à liberdade de imprensa, diz ex-ministro". *Folha*. Disponível em: https://qrcd.org/47CL. Acessado em: 12.04.2024.

o ex-governador do DF, Joaquim Roriz. Um advogado, genro de Ayres, procurou o candidato e se ofereceu, mediante um preço exorbitante, para ser contratado. Seria a maneira do sogro declarar-se impedido e não participar da votação, abrindo possibilidade de Roriz não ser condenado.

O próprio Roriz divulgou um vídeo com a denúncia e os jornais repercutiram.

Nas semanas seguintes, Ayres Britto tornou-se o mais radical defensor dos interesses da mídia. Foi o principal artífice do fim da lei da imprensa, acabando com o direito de resposta. Protagonizou vários seminários em que a liberdade de imprensa era apresentada como um valor absoluto.

Na presidência do CNJ (Conselho Nacional de Justiça) criou um grupo especialmente para defender grupos jornalísticos eventualmente sob a pressão de algum juiz mais severo. Fez o mesmo na OAB (Ordem dos Advogados do Brasil).

Para liquidar com a Lei de Imprensa, valeu-se de um estratagema malicioso: tratou a lei como fruto do regime militar e, portanto, draconiana. Deixou de lado o fato de que o Direito de Resposta, previsto em lei, nada tinha de draconiano e se constituía na única defesa, ainda que bastante frágil, dos atingidos pela mídia.

Quando questionado sobre o direito de resposta, limitava-se a um sofisma: era um direito constitucional, portanto continuava valendo. De nada valeram os alertas de Marco Aurélio de Mello que, se fossem suprimidas as formas de se buscar o direito, ele se tornaria de difícil aplicabilidade.

No mesmo período, Ayres montou um grupo no CNJ (Conselho Nacional de Justiça) composto por representantes da ABERT (Associação Brasileira de Empresas de Rádio e Televisão) e da ANJ (Associação Nacional dos Jornais) visando exclusivamente coibir ações consideradas severas demais contra grupos de mídia.

XADREZ DA CONSPIRAÇÃO QUE RESULTOU EM BOLSONARO

Avalista da democracia brasileira, poder que, no governo Bolsonaro, impediu o golpe militar de Braga Neto, antes disso o Supremo Tribunal Federal foi o principal responsável – ao lado da mídia – pelo movimento que levou à desestruturação das instituições brasileiras, ao desrespeito à Constituição e à ascensão de Bolsonaro ao poder.

Foi o articulador principal de um golpe que visava colocar o PSDB no poder, através da candidatura de Aécio Neves.

O golpe falhou exclusivamente pelas trapalhadas do então Procurador Geral da República Rodrigo Janot, quando pensou estar em seu momento de glória, com a delação da JBS permitindo pegar o Presidente interno Michel Temer e o campeão branco Aécio Neves. As ações não tiveram desdobramentos, como aquelas que atingiam José Serra. Mas comprometeram definitivamente a candidatura de Aécio Neves e de qualquer possibilidade do que é chamado de terceira via.

Com Aécio fora do jogo, sem uma alternativa sequer de candidatura, o poder foi entregue às milícias de Bolsonaro, aliadas ao poder militar.

Vamos por partes para entender essa trama.

Peça 1 – o mito da invencibilidade do PT

Lula perdeu as primeiras eleições presidenciais pós-ditadura. Depois, venceu em 2002 e 2006 e saiu em 2010 como o mais popular Presidente da história. Encerrada a fase Lula, a candidata do PT, Dilma Rousseff, venceu em 2010 e começou o governo com altos índices de popularidade.

Ao mesmo tempo, o PSDB desmilinguiu-se com a desastrada campanha de José Serra em 2010, mas, principalmente, pela incapacidade de desenvolver uma estratégia, depois que Lula trouxe o PT para a social-democracia.

A única saída passou a ser ir a reboque da mídia na exploração do antipetismo, do Direito Penal do inimigo e do discurso golpista – processo que se acelerou com o "Mensalão". Personagem central dessa trama foi o Ministro Gilmar Mendes, que transformou um possível crime eleitoral em trama contra a democracia, deflagrando o processo do "delenda PT".

O desfecho seriam as eleições de 2014, com Dilma Rousseff enfraquecida por uma gestão sem rumo e um amplo isolamento político em relação ao Congresso e ao próprio Supremo. No segundo turno, porém, a rejeição a Aécio Neves superou a rejeição a Dilma, que foi reeleita. A partir dali, foi dado o sinal para o golpe.

O primeiro sinal foi do próprio Aécio, falando em manipulação das urnas no discurso de derrota. E antecipando o tema futuro do *impeachment*, ao pretender transformar as contas de Dilma em crime de responsabilidade.[24]

A segunda foi o julgamento das contas de campanha de Dilma e do PT pelo Tribunal Superior Eleitoral.

Peça 2 – a armação no TSE

Logo após as eleições, conversei com um ministro de alta corte, que me alertou: "Fique atento que já começou o terceiro turno. A tendência será cassar a vitória de Dilma com base no relatório de prestação de contas do Tribunal Superior Eleitoral".

Em uma daquelas coincidências memoráveis, o então Presidente do TSE, Dias Toffolli, "sorteou" a relatoria dos dois julgamentos – das contas da campanha de Dilma e das contas do PT – que caíram com o mais figadal adversário do governo: Ministro Gilmar Mendes.

Havia um histórico, que merece ser relembrado.

Toffolli guardava uma enorme mágoa da Dilma, pelo fato de tê-lo deixado esperando de pé, em uma sala, para uma reunião – ele já Presidente do TSE (Tribunal Superior Eleitoral). Por aquela época, havia vencido o mandato de Ministro do TSE, o de Henrique Neves, e Dilma nem tratou de preencher com a nomeação de um novo ministro. Na época, com José Eduardo Cardoso no Ministério da Justiça, deixou em aberto vagas no Tribunal Regional Federal-3, de São Paulo, e demorou a decidir sobre vagas no Supremo.

Em suma, o clima no TSE – e na Justiça em geral – era francamente desfavorável a Dilma.

---

24 NASSIF, Luís. "A brincadeira do *impeachment* e os desvios de Aécio". *Jornal GGN*, nov. 2014. Disponível em: https://tinyl.io/AGf4. Acessado em: 11.04.2024.

— "Vocês precisam fazer alguma coisa", me dizia o Ministro, referindo-se, com o "vocês", ao pequeno grupo de blogs que faziam o contraponto à grande mídia.

— Mas, Ministro, somos apenas jornalistas. Por que não avisa o governo, o Ministro José Eduardo, a Presidente?

E ele, desanimado:

— Lá, não adianta.

A relatoria das contas seria do ministro que saía, Henrique Neves, representando a advocacia. Pelas regras do TSE, a relatoria deveria ficar com seu substituto. Não havendo nomeação, o Presidente Dias Toffoli procedeu a sorteios e os dois processos – o das contas de Dilma e as do PT – ficaram com Gilmar.

No dia 17 de novembro de 2014, o Ministério Público Eleitoral – representado por Eugênio Aragão – questionou a relatoria de Gilmar Mendes.[25] Segundo o artigo 16, "em caso de vacância de uma cadeira de ministro, seus processos devem ser redistribuídos para outro da mesma 'classe'" – no caso de Neves, teria de ser um jurista. Segundo essa regra, Mendes, que representava o STF, não poderia ser relator do caso.

Um trecho do documento dizia:

> O Ministério Público Eleitoral requer que seja reconsiderada a decisão impugnada, a fim de que se proceda à redistribuição do processo, com o seu encaminhamento ao ministro substituto da classe a que pertencia o relator original.

25 FOLHA DE SÃO PAULO. "Ministério Público Eleitoral questiona relatoria de Gilmar de contas de Dilma". *Folha*. Disponível em: https://tinyl.io/AGOd. Acessado em: 12.04.2024.

Na peça, Aragão citou que a relatoria de Mendes feria o princípio do juiz natural de cada processo. Isto porque, se o caso Neves fosse reconduzido, o caso teria dois relatores de classes diferentes. "O que importaria em violação do princípio do juiz natural, consagrado no art. 5º da Constituição Federal", afirma o agravo.

No dia 8 de dezembro de 2014, a revista Veja[26] noticiava que técnicos do TSE pediam a rejeição das contas de Dilma. Em outra matéria,[27] apontava que Gilmar via "fortes indícios" de irregularidades na campanha de Dilma.

De minha parte, mesmo com uma arma de baixo calibre, denunciava diariamente as manobras que pretendiam a cassação da chapa de Dilma antes da posse. Foram artigos diários mostrando como avançava o golpe do terceiro turno, de início visto com incredulidade até por quadros do PT.

No dia 9 de dezembro, véspera da votação das contas, publiquei o artigo "Para entender a estratégia de Gilmar-Toffoli no TSE"[28]

> O relatório do corpo técnico do *TSE* (*Tribunal Superior Eleitoral*) apontou meramente problemas formais nas contas de Dilma Rousseff e do PT.
>
> Ocorre o seguinte: devido aos riscos de notas fiscais falsas, boletos bancários fraudulentos, é lento o trâmite para pagamento de serviços prestados.

---

26 VEJA. "Técnicos do TSE pedem rejeição de contas de campanha de Dilma". *Veja*, dez. 2014. Disponível em: https://tinyl.io/AGQg. Acessado em: 12.04.2024.

27 CASTRO, Gabriel. "Mendes detecta 'fortes indícios' de irregularidades em doações para Dilma". *Veja*, dez. 2014. Disponível em: https://tinyl.io/AGf8. Acessado em: 12.04.2024.

28 NASSIF, Luís. "Para entender a estratégia Gilmar-Toffoli no *TSE*". *Jornal GGN*, dez. 2014. Disponível em: https://tinyl.io/AGQh. Acessado em: 12.04.2024.

> O comitê recebe a Nota Fiscal, comprova se houve prestação de serviços e, depois, efetua o pagamento.
>
> Essa demora provoca alguns problemas formais. Por exemplo, a NF é emitida no período contemplado pelo primeiro balanço parcial. Mas o pagamento é efetuado apenas em data posterior, entrando na segunda parcial.
>
> Não se trata de sonegação ou de recebimento de dinheiro não contabilizado, mas de uma questão eminentemente formal. Fundamentalmente é isso o que consta do relatório.
>
> Informações que correm no *TSE* é que a intenção dos técnicos era a de recomendar medidas formais de punição ao PT, como a suspensão por alguns meses do recebimento do fundo partidário. São essas as conclusões que passaram a ser exploradas
>
> Mas teriam sido convocados por Gilmar Mendes, que – segundo um membro do TSE – teve um "piti" e deu-lhes uma dura no sentido de mudar as análises sobre os problemas formais, qualificando-os como "faltas graves".

Tudo caminhava para o desfecho previsto pela minha fonte. Mas dia 10 de dezembro de 2014, o TSE votou pela aprovação das contas, com ressalvas, inclusive com o voto de Gilmar.[29] Com essas ressalvas, não se consumou naquele momento o golpe pós-eleitoral, mas deixou uma espada de Dâmocles sobre o pescoço de Dilma, que foi invocada várias vezes por Gilmar em 2015.

No seu voto, Gilmar passou recibo, com ataques pesados contra o *blog* e expressou, candente:

> Certamente quem lucrou foram os blogs sujos, que ficaram prestando um tamanho desserviço. Há um caso que foi demitido da Folha de S. Paulo, que criou uma coluna

---

29 FAERMANN, Patricia. "TSE aprova contas de Dilma e Gilmar ataca o Blog". *Jornal GGN*, dez. 2014. Disponível em: https://tinyl.io/AGf9. Acessado em: 12.04.2024.

> "dinheiro vivo". Chegou a se criar um golpe de impeachment paraguaio. Um blog financiado por dinheiro público, meu, seu e nosso! Precisa ser contado isso para que se envergonhe. Um blog criado para atacar adversários e inimigos políticos! Mereceria do Ministério Público uma ação de improbidade, não solidariedade.

Minha resposta, na época:[30]

> Por Luís Nassif
>
> Não vou responder a Gilmar pelas seguintes razões:
>
> 1. Ao contrário da sessão do *TSE*, esse blog preza a compostura e não se vale do espaço para disputas pessoais. Continuarei criticando Gilmar em todas suas posturas antirrepublicanas (continuarei preservando o elogio solitário que fiz ao seu papel no CNJ, no mutirão carcerário), mas não exporei meus leitores a brigas de boteco. Respeito mais meu blog do que Gilmar respeita o *TSE*.
> 2. Como discutir com um Ministro do Supremo que, da tribuna de um poder institucional (o *TSE*) acusa um blog de se valer de poder institucional? Só falta Gilmar recorrer a algum jurista alemão para justificar esse contrassenso.
> 3. Finalmente, devido ao fato de que críticas de Bolsonaro e de Gilmar engrandecem os criticados.

Posteriormente, Gilmar entendeu os riscos da escalada golpista e se transformaria em uma das âncoras principais na defesa da democracia.

---

30 FAERMANN, Patricia. "TSE aprova contas de Dilma e Gilmar ataca o Blog". *Jornal GGN*, dez. 2014. Disponível em: https://tinyl.io/AGUd. Acessado em: 12.04.2024.

Peça 3 – as decisões sucessivas

Dali até as eleições de 2018, houve uma atuação persistente e pró-ativa do STF para convalidar o *impeachment* de Dilma e impedir a candidatura de Lula. Ainda tinha em mente consumar o golpe pró-PSDB.

A prisão após julgamento em 2ª instância

Em 5 de fevereiro de 2016, o Supremo Tribunal Federal (STF) iniciou o julgamento do *Habeas Corpus* (HC) 126.931, que questionava a constitucionalidade da prisão após condenação em segunda instância. Era um movimento anticonstitucional – justamente partindo da corte que tem como missão principal a defesa da Constituição.

A Constituição Federal de 1988 trata do trânsito em julgado em diversos artigos, principalmente nos incisos XXXVI e LVII do art. 5º:

> Inciso XXXVI: A lei não prejudicará a coisa julgada.
>
> Inciso LVII: ninguém será considerado culpado até o trânsito em julgado da sentença penal condenatória.

Trânsito em julgado é quando uma decisão judicial se torna definitiva, ou seja, não cabe mais recurso contra ela. Isso significa que a decisão é irrecorrível e deve ser cumprida. Isso só ocorre após o julgamento em 3ª instância.

O resultado provocou reações indignadas, como do grande penalista César Roberto Bittencourt: "Em dia de terror, Supremo rasga a Constituição no julgamento de um HC".[31]

A decisão se deu por maioria de sete a quatro, sendo vencidos os Ministros Rosa Weber, Marco Aurélio, Celso de Mello

---

31 BITENCOURT, Cezar Roberto. "Em dia de terror, Supremo rasga a Constituição no julgamento de um HC". *Jusbrasil*, 2016. Disponível em: https://tinyl.io/AGUj. Acessado em: 06.05.2024.

e Ricardo Lewandowski. Posteriormente, Rosa Weber votaria contra seu entendimento no julgamento que poderia garantir a libertação de Lula.

O atropelo da Constituição se deu no mesmo contexto em que o STF reconheceu os poderes investigatórios do Ministério Público, curvando-se ao clamor popular decorrente do pacto entre MPF e a Rede Globo, nas manifestações de 2013.

A "presunção da culpabilidade" se tornaria, dali para frente, peça central para os abusos da Lava Jato, sancionados pelas decisões da 8ª Turma do TRF-4.

O STF não apenas atropelou a Constituição, permitindo a "presunção da culpabilidade" sem o amparo sequer de uma emenda constitucional, como atropelou outro princípio sagrado, o da **irretroatividade da lei.** Este princípio está previsto no artigo 5º, inciso XXXVI, da Constituição Federal Brasileira, que diz: "a lei não prejudicará o direito adquirido, o ato jurídico perfeito e a coisa julgada".

A prisão de Lula

A prisão do ex-Presidente Luiz Inácio Lula da Silva em 2018 gerou diferentes reações no Supremo Tribunal Federal (STF).

– **Ministro Marco Aurélio Mello:** Considerou a prisão como "um retrocesso civilizatório".

– **Ministro Celso de Mello:** Criticou a decisão do Juiz Sergio Moro e a classificou como "um espetáculo de humilhação pública".

– **Ministro Ricardo Lewandowski:** Afirmou que a prisão era "um golpe contra a democracia".

Outros ministros defenderam a legalidade da prisão:

– **Ministro Luiz Fux:** Afirmou que a prisão era "uma decisão judicial que deve ser respeitada".

– **Ministra Cármen Lúcia:** Disse que "a lei deve ser cumprida para todos".

– **Ministro Dias Toffoli:** Declarou que "o Supremo Tribunal Federal não é um Tribunal de exceção".

A censura às entrevistas de Lula

Em 2018, o Supremo Tribunal Federal (STF) proferiu decisões controversas sobre entrevistas do ex-Presidente Luiz Inácio Lula da Silva durante o período eleitoral.

Em 28 de setembro de 2018:

– O Ministro Luiz Fux concedeu liminar suspendendo a entrevista de Lula à *Folha de S. Paulo*, atendendo a pedido do Partido Novo. Fux argumentou que a entrevista poderia causar desinformação aos eleitores, violando o princípio da isonomia.

Em 3 de outubro de 2018:

– O Presidente do STF, Dias Toffoli, manteve a proibição de entrevistas de Lula até o plenário da Corte analisar a questão definitivamente. Toffoli citou a decisão de Fux e a necessidade de garantir a isonomia nas eleições.

Em 4 de outubro de 2018:

– O Ministro Ricardo Lewandowski concedeu *habeas corpus* preventivo a Lula, autorizando entrevistas, mas com restrições. Lewandowski determinou que as entrevistas não poderiam ser feitas na sede da Polícia Federal e que Lula não poderia fazer declarações sobre o processo judicial que o condenou.

Em 5 de outubro de 2018:

– Toffoli suspendeu a decisão de Lewandowski, mantendo a proibição de entrevistas. Toffoli argumentou que a decisão de

Lewandowski gerava insegurança jurídica e que o plenário do STF deveria analisar a questão de forma colegiada.

Em 10 de outubro de 2018:

– O plenário do STF, por maioria, decidiu manter a proibição de entrevistas de Lula durante o período eleitoral. A decisão foi tomada por 6 votos a 5, com os Ministros Marco Aurélio Mello, Celso de Mello, Rosa Weber, Luiz Fux, Cármen Lúcia e Dias Toffoli votando a favor da proibição. Os Ministros Ricardo Lewandowski, Gilmar Mendes, Edson Fachin e Alexandre de Moraes votaram contra a proibição.

Peça 4 – os algoritmos do Supremo

Na época, a profunda coincidência, de todos os temas contrários ao governo ou de interesse do PSDB caírem com Gilmar Mendes, gerou desconfianças em relação aos algoritmos do STF.

2 de outubro de 2014[32]

Direito de resposta do PT contra a revista *Veja*, às vésperas das eleições presidenciais.

Caiu com Gilmar que obviamente nega.

13 de novembro de 2014[33]

O Presidente do TSE (Tribunal Superior Eleitoral) Dias Toffoli, quatorze horas depois do final do mandato do Ministro Henrique Neves, decidiu distribuir seus processos, sem aguardar a nova indicação pela Presidente da República. Dentre milhares

32 Disponível em: https://www.jusbrasil.com.br/noticias/gilmar-mendes-suspende-concessao-de-direito-de-resposta-ao-pt-na-veja/143150807.

33 NASSIF, Luís. "Armado por Toffoli e Gilmar, já está em curso o golpe sem *impeachment*". *Jornal GGN*, nov. 2014. Disponível em: https://tinyl.io/AGQk. Acessado em: 15.04.2024.

de processos, dois centrais – sobre a prestação de contas do PT e de Dilma – caíram com Gilmar. Segundo o post do *GGN*, "entre 7 juízes do TSE, a probabilidade dos dois principais processos de Neves caírem com Gilmar era de pouco maia de 4%.

3 de dezembro de 2015[34]

O PT entrou com recurso questionando a abertura do processo de *impeachment*. O recurso foi sorteado e caiu para Gilmar Mendes. Após o sorteio, o PT desistiu por não ver nenhuma possibilidade de conseguir algum voto favorável de Gilmar, em qualquer matéria. Gilmar reagiu e pretendeu penalizar o PT[35] pela desistência, fazendo uma candente defesa do juiz natural (aquele que é sorteado de forma imparcial):

> Ninguém pode escolher seu juiz de acordo com sua conveniência, razão pela qual tal prática deve ser combatida severamente por esta corte, de acordo com os preceitos legais pertinentes.

17 de março de 2016[36]

Relatoria do HC para impedir a posse de Lula. Caiu com Gilmar Mendes. Que obviamente concedeu e suspendeu a nomeação de Lula como Ministro-Chefe da Casa Civil de Dilma Rousseff, última tentativa do governo para segurar o golpe. Aproveitou para taxar o PT de organização criminosa.

---

34 BULLA, Beatriz. "PT desiste de recurso no STF após Gilmar se tornar relator". *Estadão*, dez. 2015. Disponível em: https://tinyl.io/AGQl. Acessado em: 15.04.2024.

35 CONSULTOR JURÍDICO. "Gilmar Mendes impede recuo do PT e mantém processo de *impeachment*". *Consultor Jurídico*, dez. 2015. Disponível em: https://tinyl.io/AGQm. Acessado em: 15.04.2024.

36 OLIVEIRA, Mariana. "Gilmar Mendes suspende nomeação de Lula como ministro da Casa Civil". *G1*, mar. 2016. Disponível em: https://tinyl.io/AGQn. Acessado em: 15.04.2024.

11 de maio de 2016[37]

Inquérito 4246 contra Aécio Neves, em função da delação do ex-senador Delcídio do Amaral. O inquérito foi protocolado em 03/05/2016, distribuído por prevenção ao Ministro Teori Zavascki e no dia 11 de maio de 2016 sorteado para Gilmar Mendes. Inquérito 4244, também contra Aécio Neves. Da mesma maneira, caiu por prevenção para Teori e no mesmo dia 11 de maio foi redistribuído por sorteio para Gilmar Mendes, que decidiu pelo arquivamento.

27 de junho de 2017

Inquérito 4428, contra José Serra e Aloysio Nunes, em função da delação da *Odebrecht*. Em 16 de março de 2017. Inicialmente foi para Edson Facchin, por prevenção. No dia 27 de junho de 2017 foi redistribuído para Gilmar Mendes. Arquivado.

23 de junho de 2017[38]

Relatoria de novos inquéritos contra Aécio Neves. O sorteio entregou o caso a Gilmar.

Peça 5 – a construção da narrativa

A primeira hipótese é que, de fato, foram coincidências. Afinal, seria inimaginável supor que os sorteios do STF pudessem ser manipulados por quem quer que seja.

---

37 CIDADE VERDE. "Gilmar Mendes será relator de segundo pedido de inquérito contra Aécio Neves". *Cidade Verde*, mai. 2016. Disponível em: https://tinyl.io/AGQo. Acesado em: 15.04.2024.

38 GULLINO, Daniel. "Gilmar Mendes é sorteado relator de inquérito contra Aécio". *O Globo*, jun. 2017. Disponível em: https://tinyl.io/AGQp. Acessado em: 15.04.2024.

Mas imagine que, mesmo assim, houvesse uma investigação, só para sanar as suspeitas. O primeiro passo do nosso inspetor Clouseau seria investigar o algoritmo que comanda os sorteios.

O algoritmo leva em conta a quantidade de ações distribuídas aos ministros no período, separadas por classe de ação. A compensação não é sequencial. Desse modo, pode ocorrer a distribuição de mais de uma classe de ação para o mesmo ministro.

Haveria três maneiras de direcionar os processos:

Maneira 1 – Uma das hipóteses que aventei aqui seria o Supremo ter uma espécie de especialista em algoritmo, que analisaria antecipadamente as probabilidades de cada sorteio, de maneira a saber em qual rodada o inquérito x cairia com o ministro y.

Maneira 2 – a manipulação ocorreria se o responsável pela distribuição tiver acesso ao algoritmo da distribuição. Algo fácil de comprovar pois o acesso fica registrado.

Maneira 3 – um especialista desenvolver um sistema que ficasse de fora do algoritmo, mas que permitisse incluir o(s) nome(s) dos ministros a serem sorteados. Ou seja, o único ponto de contato seria a área de alimentação de nomes. E seria suficientemente flexível para permitir colocar apenas UM ministro no sorteio.

Das três possibilidades, a mais eficiente seria a 3.

No caso da **Maneira 1**, envolveria muitas pessoas, até o Presidente do STF, responsável pela distribuição dos casos. Inviável.

Na **Maneira 2**, haveria vestígios das interferências a não ser que... se valesse da **Maneira 3**.

Um conhecedor do sistema criaria uma camada acima do algoritmo, para poder incluir o nome que quisesse no sorteio.

Peça 6 – o fim do grande campeão branco

Toda essa arquitetura se esboroou quando o ex-PGR Rodrigo Janot julgou ter encontrado seu momento de glória: a delação da JBS atingindo o Presidente interino, Michel Temer, e Aécio Neves.[39]

A blindagem de Aécio tinha sido nítida em vários episódios, especialmente nos relacionados com os esquemas de Furnas[40] e da construção do centro administrativo de Minas Gerais. A blindagem a José Serra surgiu quando não se levaram adiante informações da delação da Odebrecht.[41]

A delação da JBS engripou quando foram analisadas as gravações entregues pelos irmãos Baptista e se descobriram algumas que haviam sido esquecidas no celular, incriminando o Procurador Marcelo Miller.

No mar de trapalhadas que se seguiu, houve a prisão temporária de Andréa Neves, irmã e principal estrategista de Aécio, jogando ao mar a última candidatura viável do PSDB.

A partir daí, estavam escancaradas as portas para a eleição de Jair Bolsonaro. Havia apenas um obstáculo pela frente: a eventual candidatura de Lula. Mas o STF tratou de inviabilizá-la, certamente ainda acreditando no potencial do candidato Geraldo Alckmin.

O primeiro passo foi a votação de uma liminar para impedir que Lula fosse preso por Sérgio Moro. A liminar foi rejeitada por 6x5. Votaram pela manutenção da prisão de Lula os Ministros

---

39 NASSIF, Lourdes. "Michel Temer e Aécio Neves na delação da JBS". *Jornal GGN*, mai. 2017. Disponível em: https://tinyl.io/AGVZ. Acessado em: 15.04.2024.

40 FAERMANN, Patricia. "Lava Jato não quis saber sobre acusação de lobista contra Aécio e Furnas". *Jornal GGN*, mar. 2017. Disponível em: https://tinyl.io/AGVY. Acessado em: 15.04.2024.

41 NASSIF, Luís. "Xadrez das delações da Odebrecht". *Jornal GGN*, ago. 2016. Disponível em: https://tinyl.io/AGVd. Acessado em: 15.04.2024.

Edson Fachin, Alexandre de Moraes, Luiz Roberto Barroso, Rosa Weber e Luiz Fux. Como houve empate, o voto de desempate foi da Presidenta do STF, Cármen Lúcia.

Em 31 de agosto de 2018, o Supremo Tribunal Federal (STF) julgou a liminar impetrada pela defesa de Lula, para suspender a decisão do Tribunal Superior Eleitoral (TSE) que indeferiu seu registro de candidatura à presidência da República nas eleições de 2018.

Por 6 votos a 5, o STF negou a liminar e manteve a inelegibilidade de Lula.

O voto de Luís Roberto Barroso foi um dos mais controversos do Tribunal. E teve um impacto significativo no cenário político brasileiro, influenciando o resultado das eleições de 2018.[42]

A partir dali o STF escancarou as portas do país para a entrada das milícias de Jair Bolsonaro e de militares conspiradores.

Nos anos seguintes, porém, o STF se transformaria na última cidadela contra o golpismo que ele mesmo plantou.

---

42 Disponível em: https://tinyl.io/AtCT.

PARTE IV

O PODER MILITAR

O discurso de ódio iniciado pela mídia e a guerra cultural empreendida pela ultradireita despertaram novamente o ativismo político militar. A força de paz do Haiti foi o ponto de partida, a célula inicial da conspiração.

O ativismo militar se deu, primeiro, através das guerras híbridas, que ajudaram a lastrear a candidatura de Jair Bolsonaro. Depois, através da invasão do setor público e da montagem de grandes negócios com Bolsonaro. Finalmente, no ensaio de golpismo de dezembro de 2022.

O PENSAMENTO MILITAR BRASILEIRO

Peça 1 – a irracionalidade como ideologia

Confesso que a primeira vez que ouvi Arnaldo Jabor falar em "comunismo viral", julguei que fosse apenas mais um roteiro teatral para atender à demanda da mídia por cronistas vociferantes. Ele citava Jean Baudrillard e voltaria a citar inúmeras vezes. Segundo Baudrillard,

> o comunismo, hoje desintegrado, tornou-se viral, capaz de contaminar o mundo inteiro, não através da ideologia nem do seu modelo de funcionamento, mas através do seu modelo de desfuncionamento e da desestruturação da vida social – vide o novo eixo do mal da América Latina.

Eixo do mal, ideologia viral invadindo os cérebros das pessoas, esse tipo de discurso, no entanto, começou a ser exercitado por outros cronistas do ódio, alguns se espelhando claramente em Olavo de Carvalho.

Um *paper* para discussão, do professor Eduardo Costa Pinto, do Instituto de Economia da Universidade Federal do Rio de Janeiro (UFRJ),[43] trouxe algumas luzes sobre as ideias que ajudaram a moldar a nova face do anticomunismo no Exército: a luta contra o marxismo cultural, do qual o principal expoente foi o General Sérgio Augusto de Avelar Coutinho, falecido em 2011.

A principal obra do General Sérgio é *Revolução Gramcista no Ocidente*, de 2002 e reeditado pela Biblioteca do Exército em 2010.

Peça 2 – as raízes da nova direita

Segundo o autor, as influências centrais, tanto do General Coutinho, como de Olavo de Carvalho, foi o pensamento Neoconservador Norte-Americano dos anos 1980 e 1990, "mais especificamente o ramo denominado 'paleoconsertives' com raízes fincadas no coletivismo de direita americana da década de 1920 e 1930, de oposição ao *New Deal*".

Sustentava-se no tripé pequeno governo (descentralização das funções de governo articulado com a auto governança/comunitarismo), anticomunismo e valores tradicionais (civilização ocidental e judaico-cristã).

Esse conservadorismo ressurge agora no movimento denominado de "*alt-right*", com ênfase ainda maior na guerra cultural, "pois a cultura e a moralidade americana estariam sendo destruídas". Os instrumentos de destruição seriam o multiculturalismo e o "marxismo cultural" sendo manobrado por acadêmicos, militantes, jornalistas.

Esses argumentos foram desenvolvidos após o fim da União Soviética, como forma de manter alimentada a indústria do Anticomunismo.

---

43 PINTO, Eduardo Costa. *Bolsonaro e os Quartéis*: a loucura com método. Rio de Janeiro: Instituto de Economia UFRJ, 2019.

Não por coincidência, alguns dos ideólogos eram ligados ao pensamento militar. Foi o caso de William Lind, que, em 1989, foi o primeiro a cunhar o termo de guerra de 4ª geração, que depois seria rebatizada de "Guerra Híbrida", cujo objetivo era "obter vantagens com as mudanças políticas, sociais, econômica e tecnológica em virtude do aumento da complexidade com adversários não estatais (terroristas, grupos revolucionários, etc.)".

A grande ameaça, segundo Lind, seria a ideologia do multiculturalismo, "no qual o confronto ideológico-militar se dá entre os Estados Unidos da América (e de Israel) de um lado e o MCI, Movimento Comunista Internacional (e os países islâmicos) de outro".

Peça 3 – a ultradireita brasileira

É por esses mares que singra o barco do General Coutinho. De acordo com Costa Pinto, para o Gal. Coutinho os socialistas e comunistas (internacionais e nacionais) estariam infiltrados no discurso do politicamente correto:

1. Nos partidos como FHC (vinculado ao fabianismo que teria como importantes representantes Soros, David Rockefeller, Bill Clinton, entre outros) e como o Lula (articulado com Fidel Castro organizados do Foro de São Paulo);

2. Nas ONGs; nas escolas e Universidades;

3. Nos meios de comunicação;

4. Nas manifestações artísticas;

5. Nos movimentos sociais (ambientalistas, movimento negro, LGBT, MST etc.).

Nas palavras de Coutinho:

> os movimentos alternativos e de minorias são estimulados ou mesmo criados pelas organizações de esquerda revolucionária

> como componente auxiliar da luta de classes (aprofundamento das contradições internas) e como elemento ativo da "desconstrução" da família tradicional e dos valores da civilização ocidental cristã.

No plano internacional, além do apoio das ONGs, se valeriam da própria Organização das Nações Unidas (ONU) para favorecer regimes nacionais de esquerda e movimentos revolucionários em países do Terceiro Mundo.

É em cima dessa barafunda teórica, que o movimento *alt-right*, e seus sucedâneos tupiniquins, conseguem transmudar movimentos pacíficos, de defesa dos direitos humanos, em ameaças revolucionárias que precisam ser combatidas no plano cultural e com repressão política.

Peça 4 – o Estado como expressão do socialismo

A visão do Estado como um instrumento de opressão – e de fortalecimento do socialismo – vem dos tempos do *New Deal*. Para o General Coutinho, o Estado de Bem Estar, implementado pela social-democracia, seria uma forma de sociedade socialista.

Segundo Costa Pinto, trata-se de uma adaptação da visão da extrema direita americana sobre os "pequenos governos". A diferença é que a visão da *alt-right* americana é da globalização, enquanto a dos Bolsonaro é da defesa da globalização e da abertura comercial.

Peça 5 – Coutinho e o pensamento militar

Costa Pinto vai buscar em entrevistas atuais de militares brasileiros, os indícios da influência do General Coutinho.

Do General Villas Boas:

> Nós vivemos um fenômeno no Brasil e também no mundo que é o advento do pensamento do politicamente correto (...) O que está acontecendo é que ele (o politicamente correto) está tão impregnado na nossa sociedade ele está fazendo com que todos pensem da mesma maneira (...). O pensamento politicamente correto se ideologiza e quando as questões são ideologizadas elas perdem a visão de resultado (...). Então quando mais temos de ambientalismo mais dano ambiental; (...) quanto mais essa preocupação racial mais preconceito temos (...). Quanto mais essa questão de gênero mais preconceito homofóbico vivemos (...) E mais essa quase ditadura do relativismo que nós estamos experimentando faz com se flexibilize todos os limites.

Do General da Reserva Luiz Eduardo Paiva:

> Uma coisa é o Haddad aqui em cima ou o Lula aqui em cima, mas quem dá a linha ideológica perigosíssima do PT está aqui embaixo. É o Zé Dirceu, era o Marco Aurélio Garcia, é o Pomar. Porque eles estão implementando no país uma revolução silenciosa que é a revolução Gramscista, ocupando espaço, mobiliando todo o estado (...).

Do General Augusto Heleno, Ministro do Gabinete de Segurança Institucional de Bolsonaro:

> Nós beiramos [o socialismo], até tentamos com o Foro de São Paulo, alguns partidos que defendiam as teses socialistas (...). Nós estivemos bem próximo disso acontecer, só que faziam uma máscara para fingir que não era, mas o caminho procurado era esse. Tanto é assim que as novas referências durante algum tempo foram Cuba e foram a própria Venezuela (...).
>
> (...) Da Intentona de 1935, passando pela luta armada de 1960, até os governos de FHC e do PT, os comunistas e socialistas continuam como o mesmo objetivo: “realizar a revolução socialista”.

Peça 6 – o projeto de Nação

Desse modo, segundo Costa Pinto, o projeto de Nação vislumbrado por setores amplos das Forças Armadas, seria pela via dos costumes, da tradição, da identidade, sob ataque comunista. Mas,

> no plano econômico, a identidade e a nacionalidade seriam realizadas pelo mercado, sobretudo pelos capitais estrangeiros (de preferências norte-americanos) que supostamente trariam a modernidade para o país. Seremos altivos na identidade cultural, mas subalternos no plano econômico.

No Portal Feb, um dos muitos *blogs* de militares, o trabalho de Coutinho era equiparado ao de um missionário

> que dedica sua vida ao resgate de almas e nações, é porque sua vocação pode levá-lo a pregar como um religioso ou discursar como um filósofo. Mas os poucos que lhes escutam e estudam suas recomendações chegarão à conclusão de que só se salva uma nação quando se estabelece no homem a consciência de sua alma e sua vinculação com o Criador. A construção de uma sociedade sadia está fundamentada na reconciliação do homem com Deus.

No Ternuma – que junta ex-militares defensores da ação dos porões na ditadura – havia movimentos de aproximação com os *blogs* de ultradireita que surgiram na época.

> *Aproximei-me, então, ainda mais do Gen Coutinho, até porque fiquei responsável por remeter ao Reinado Azevedo um exemplar do livro "A Revolução Gramscista no Ocidente". A história da maneira pela qual o General decidiu estudar Gramsci, na idade em que muitos de nós mal tem paciência para ler o jornal, dá um pouco da dimensão deste homem.*

No decorrer do governo Bolsonaro essa visão da ultradireita deu respaldo ideológico para as tentativas de golpe defendidos inclusive pelo Alto Comando das Forças Armadas.

EXÉRCITO E ABIN NA GUERRA ELEITORAL

O uso da Guerra Híbrida passou a contar com o aporte de tecnologias já disponíveis dentro dos órgãos federais especialistas em cibersegurança: o Comando de Defesa Cibernética do Exército (ComDCiber) e a Agência Brasileira de Inteligência (ABIN).

Uma polêmica aquisição de um programa israelense de cibersegurança, o CySource, pelo ComDCiber[44] tomou o noticiário em maio deste ano, após reportagem de Paulo Motoryn,[45] do Brasil de Fato, revelar as tratativas da polêmica aquisição pelo chefe do órgão, o General Heber Portella – o mesmo que foi nomeado para a Comissão de Transparência das Eleições e disseminou questionamentos sobre as urnas eletrônicas.

A reportagem mostrou que a firma tinha como um de seus executivos o analista de sistemas Hélio Cabral Sant'Ana, ex-diretor

---

44 FAERMANN, Patricia. "Como a Cibersegurança do Exército serviu para ataque de Bolsonaro às urnas". *Jornal GGN*. Disponível em: https://tinyl.io/A3eY. Acessado em: 15.04.2024.

45 MOTORYN, Paulo. "General que questiona eleições contratou empresa israelense de ex-chefe de TI de Bolsonaro". *Brasil de Fato*, mai. 2022. Disponível em: https://tinyl.io/A3ec. Acessado em: 15.04.2024.

de Tecnologia da Informação da Secretaria Geral da Presidência de Jair Bolsonaro, e tanto ele, como o diretor global de vendas da israelense, Luiz Katzap, eram tenentes do Exército até pouco mais de 5 anos atrás.

Além das ligações com a administração pública, que motivaram a abertura de uma investigação pelo Tribunal de Contas da União (TCU), o sistema é polêmico por seus objetivos. Segundo nota da empresa, haveria capacitação do Exército para "análise de malware, fundamentos de rede, respostas a incidentes cibernéticos, red team, perícia forense digital e testes de intrusão a sistemas críticos".

Conforme levantado no "Xadrez de como será o golpe da urna eletrônica",[46] não se tratava apenas de mais um negócio envolvendo militares que passam para a reserva para poder negociar com o Estado brasileiro. Uma análise dos sistemas adquiridos pela ABIN e pelo ComDCiber reforçará as táticas desses respectivos órgãos, com objetivos eleitorais, dentro dos padrões da guerra cibernética.

Os sistemas adquiridos

A ABIN teve um começo precário, em termos digitais. Com a entrada de novas pessoas, passou a se modernizar. Após 2016, o jogo digital mudou de escala, especialmente após as manifestações dos caminhoneiros em 2017. Mas a escalada começou definitivamente em 2018, o que reforçava a suspeita, manifestada por alguns especialistas, da interferência de ambas as organizações na guerra digital das eleições de 2018.

Uma análise do que existe na ABIN e ComDCiber, hoje em dia, mostra um alcance que vai muito além da missão institucional

---

46 NASSIF, Luís. "Xadrez de como será o golpe da urna eletrônica, por Luís Nassif". *Jornal GGN*, mai. 2022. Disponível em: https://tinyl.io/A3ee. Acessado em: 15.04.2024.

das Forças Armadas, de defesa do território nacional contra inimigos externos. Os detalhes, a seguir:

Pesquisa em Fontes Abertas – Solução de busca em fontes abertas em geral, mas com funcionalidades adicionais, como a possibilidade de infiltração em grupos, perfis falsos criados em redes específicas para ter acesso a comunidades fechadas e inclusão de *bots*.

O que mais chamou a atenção é a escala da aquisição. O contrato padrão permite monitorar 500 pessoas. O sistema adquirido permitia 60 milhões de perfis, 2/3 da população digital brasileira com diferentes abordagens, como monitorar perfis específicos ou termos específicos. Provavelmente foi desse sistema que saiu a lista de funcionários públicos colocados em lista de suspeitos, no governo Bolsonaro, por suas convicções políticas.[47] Bastou colocar a relação de servidores no sistema, acionar algumas palavras-chave, para listar aqueles com comentários críticos a Bolsonaro.

Transcrição de áudios e reconhecimento facial – permite transcrever áudios por mais horas e traz funcionalidades de identificação facial.

Monitoramento físico – Funcionalidades de *tracking*, com monitoramento físico de pessoas. A partir do código IMEI do celular – que é implantado em todo celular – permite rastrear as pessoas, à medida que se deslocam fisicamente. Trata-se de um *hackeamento* de uma funcionalidade normal das operadoras. Cada operadora precisa saber a localização da antena do celular para mandar o sinal e cobrar a tarifação. Esse sistema criou uma operadora de telefonia *fake* para compartilhar as informações do sistema. O sistema pode ser operado a partir de qualquer computador, e não

---

47 VALENTE, Rubens. "Ação sigilosa do governo mira professores e policiais antifascistas". *Uol*, 24 jul. 2020. Disponível em: https://tinyl.io/AtCf. Acessado em: 19.06.2024.

de terminais dedicados. Essa funcionalidade impede a identificação do servidor que opera o serviço e até abre a possibilidade de responsabilizá-lo por utilizações tratadas como indevidas.

O Geosense – Permite uma cerca geográfica em volta de um terreno. Quando algum número monitorado entra no terreno, o sistema acende um alerta. Digamos que haja um mapeamento do Instituto Lula. E uma lista ilimitada de pessoas sob acompanhamento. Qualquer uma delas que chegue no local será imediatamente identificada.

Rastreamento digital – Permite rastrear o investigado não pelo número de telefone, mas pela navegação na *internet*. A partir de seu endereço de origem, pode-se levantar todas as buscas feitas no *Google* ou em serviços específicos, inclusive em nível institucional.

O mapeamento de IPs – Tribunais, Instituições, todas têm IPs fixos. Com esse sistema, pode-se monitorar uma organização inteira. E com o tratamento do metadados, pode-se extrair todo tipo de informações. Esse sistema foi inspirado no vazamento da NSA. Uma empresa privada percebeu que poderia implementar uma parte da tecnologia. O Brasil proíbe que as operadoras divulguem os *blogs* da *internet*. Mas a empresa alega ter mapeado 93% de todo tráfego de *internet* em suas bases e fornece – ilegalmente – para seus clientes, entre os quais, a ABIN e o CDCiber.

Hackeamento **de celulares** – Também foi adquirido o sistema Pegasus, israelense, que permite invasão e *hackeamento* de celulares.

Os contratos sigilosos

Alguns dos contratos foram mantidos sob sigilo no Diário Oficial, sem aparecer o nome da empresa. Uma das soluções mais invasoras foi adquirida em dezembro de 2020. A legislação interna obriga a publicação do extrato com valor e nome da empresa. Para impedir a divulgação, o contrato foi celebrado fora do território nacional, embora com empresa brasileira. No Diário Oficial da União aparece apenas a compra, o valor, e o dia, sem menção à empresa.

Em 2021, essa mesma empresa celebrou contrato com o TSE, oferecendo serviços de segurança por valores muito baixos. Essa mesma empresa tem contratos mais antigos com a própria ABIN. Ela fechou o primeiro contrato apresentando como motivo para dispensa da licitação a segurança nacional.

As ilegalidades não param aí. A ABIN adquiriu drones. Tempos depois, esses drones começaram a sobrevoar a residência do governador do Ceará. A família percebeu, chamou a polícia que prendeu a dupla que operava os drones. Descobriu-se que eram da ABIN. A agência preferiu jogar a responsabilidade nos dois servidores.

Em outubro de 2021, uma comitiva de 7 pessoas da ABIN viajou para os Emirados Árabes, na mesma época em que Carlos Bolsonaro seguiu para lá com uma enorme comitiva. Dois meses depois, soube-se da aquisição de sistemas para monitoramento de fontes abertas.

Em país democrático, as providências óbvias seriam os procuradores do Ministério Público Federal levantarem os sistemas e definirem regras claras de uso e de garantia da privacidade dos cidadãos. Os sistemas adquiridos permitiriam um controle total sobre todas as atividades digitais internas, uma versão ampliada do chamado "Capitalismo de Vigilância" ou, para os mais antigos, dos "mil olhos do dr. Mabuse", o clássico do cineasta Fritz Lang.

O papel da Cibersegurança do Exército

Um dos pontos centrais do poder militar reside nos sistemas de inteligência, como mostrou reportagem de Patricia Faerman, no Jornal GGN.[48]

No período Bolsonaro houve uma ampla invasão de militares em cargos civis. E, principalmente, o controle da inteligência estratégica do país como o Gabinete de Segurança Institucional e a própria ABIN (Agência Brasileira de Inteligência), incluindo a Inteligência e Defesa Cibernética do Exército.

O comando cibernético

O Comando de Defesa Cibernética (chamado de ComDCiber) foi criado em 2016. Antes, havia o CDCiber, o Centro de Defesa Cibernética do Exército, criado em 2010. O ComDCiber também integra a estrutura de regimento interno do Exército, mas é formado por militares das três armas – Exército, Marinha e Aeronáutica.

O ComDCiber tornou-se o principal órgão militar de inteligência cibernética, servindo tanto às Forças Armadas – que são um órgão do Estado – quanto ao Ministério da Defesa, que é um órgão de governo. Atua com tecnologias, desenvolvimento, pesquisas, acompanhamento e fiscalização de sistemas em todos os níveis, principalmente em setores estratégicos.

---

48 FAERMANN, Patricia. "Como a Cibersegurança do Exército serviu para ataque de Bolsonaro às urnas". *Jornal GGN*. Disponível em: https://jornalggn.com.br/xadrez-ultradireita/ciberseguranca-do-exercito-para-ataque-de-bolsonaro-urnas/. Acessado em: 19.06.2024.

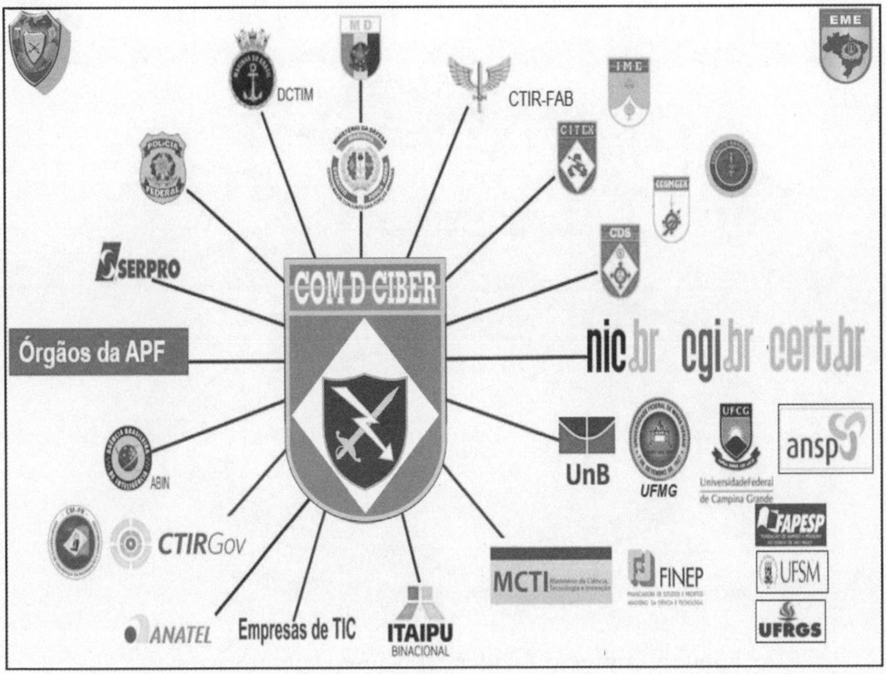

Fonte: Congresso Acadêmico sobre Defesa Nacional

A imagem acima foi exposta no 15º Congresso Acadêmico sobre Defesa Nacional,[49] em agosto de 2018. A apresentação informa que o ComDCiber tem papel direto no nível operacional do que chamam de Guerra Cibernética e no nível estratégico junto ao Ministério da Defesa. Em uma terceira camada, também mostra atuar a nível político, junto à Presidência da República.

49 GOVERNO FEDERAL. "Artigos e palestras do 15º Congresso Acadêmico sobre Defesa Nacional". *Ministério da Defesa*, jun. 2020. Disponível em: https://tinyl.io/A3dn. Acessado em: 07.05.2024.

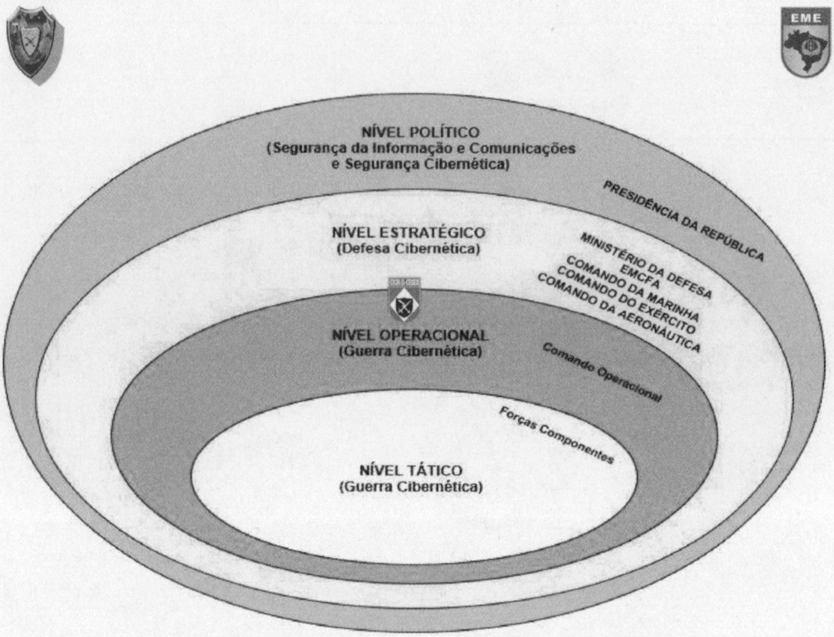

Fonte: Congresso Acadêmico sobre Defesa Nacional

Os generais

O General da Reserva do Exército Paulo Sergio Melo de Carvalho foi o primeiro comandante do ComDCiber, ainda em 2016. Nos dois anos anteriores, ele havia sido chefe do CDCiber.[50]

Na composição, Heber Portella era o comandante do Comando de Defesa Cibernética (ComDCiber), posto que assumiu em março de 2021.[51] Abaixo dele, assumiu a chefia do CDCiber o General de Brigada, Paulo Sérgio Reis Filho. E acima de Portella,

50 Disponível em: https://www.eceme.eb.mil.br/noticias-eceme-m-pt/1364-comandante-do-comando-de-defesa-cibernetica-realiza-visita-a-eceme.

51 MINISTÉRIO DA DEFESA. "Ministro participa de cerimônia de transmissão de cargo do Comando de Defesa Cibernética". *Governo do Brasil*, fev. 2021. Disponível em: https://tinyl.io/A3dv. Acessado em: 15.04.2024.

estava o chefe do Departamento de Ciência e Tecnologia, General do Exército Guido Amin Naves.

Na cadeia hierárquica do Exército,[52] acima dos órgãos setoriais está o chefe do Estado-Maior do Exército,[53] na época, General Valério Stumpf Trindade.

Entretanto, apesar dessa linha hierárquica do Exército, o ComDCiber respondia diretamente ao Ministério da Defesa, por meio da Chefia de Assuntos Estratégicos, e atuava como consultor do Departamento de Segurança da Informação, órgão de Assessoria Especial de Segurança da Informação do Gabinete de Segurança Institucional.

O GSI era comandado pelo General Augusto Heleno. Quase todos os integrantes do GSI – órgão do governo – eram militares, como o próprio assessor especial de Segurança da Informação Antônio Carlos de Oliveira Freitas, General de Brigada da Reserva do Exército.

Do Exército ao governo e ao TSE

Quando o Tribunal Superior Eleitoral (TSE) decidiu convidar um integrante das Forças Armadas para a Comissão de Transparência das Eleições, Portella foi o indicado.

Teve aval do ex-Ministro da Defesa, General Braga Netto. À época, o ministro pediu a recomendação do chefe do Departamento de Ciência e Tecnologia, Guido Amin Naves, que indicou Portella. Braga Netto defendia o voto impresso e chegou a ameaçar, em julho de 2021,[54] que as eleições só ocorreriam em 2022 se houvesse o "voto impresso e auditável".

---

52 CNEWS. Disponível em: https://tinyl.io/A3dx. Acessado em: 10.05.2024.

53 Disponível em: https://tinyl.io/A3dw.

54 NASSIF, Luís. "Xadrez de como será o golpe da urna eletrônica, por Luís Nassif". *Jornal GGN*, mai. 2022. Disponível em: https://tinyl.io/A3eE. Acessado em: 07.05.2024.

OS NEGÓCIOS DA VACINA

Era inevitável. O poder político aumentou a influência e, a partir daí, o poder absoluto levando à caça de negócios do Estado. Isso ocorreu de forma abundante em um país que não teve coragem de completar sua justiça de transição. Mesmo antes de Bolsonaro, mas acentuando-se enormemente em seu período, houve um amplo espaço para todo tipo de negócios com militares da reserva e da ativa.

Xadrez do cabo das vacinas

Senah Secretaria Nacional de Assuntos Humanitários
@Gerarvidanova

Reverendo Amilton Gomes em visita ao quartel da Marinha em Brasília faz parceria com o projeto terceiro tempo (crianças carentes) !

9:12 AM · 12 de out de 2020 · Twitter for iPhone

Foi uma extravagância quando a mídia divulgou a história do cabo da Polícia Militar de Minas, Luiz Paulo Dominguetti, que se apresentou no Ministério da Saúde oferecendo 400 milhões de vacinas da Astra Zeneca. Dizia representar a distribuidora americana, Davati Medical Supply.

Parecia impossível qualquer relato que colocasse lógica naquela loucura.

Peça 1 – os antecedentes

O Presidente Jair Bolsonaro é denunciado pelo deputado Luiz Miranda, seu antigo apoiador, acusado de não ter tomado providências em relação a denúncias de irregularidades na compra de vacinas. Segundo Miranda, Bolsonaro teria manifestado seu descontentamento com Ricardo Barros, líder do governo, e pessoa que indicou o principal suspeito, o diretor de Logística do Ministério. Mas não tomou nenhuma atitude.

Miranda denunciou o caso para a mídia. Nos dias seguintes aumentou a fervura do caso e Ricardo Barros entrou na linha de fogo.

Peça 2 – o cabo que vendia vacinas

De repente, aparece o cabo Dominguetti, da Polícia Militar de Minas Gerais, em uma sucessão de episódios de aparente falta de nexo – mas que têm uma lógica que será contada ao longo desse capítulo.

1. Um PM que não consegue sequer pagar o aluguel, com um salário de R$ 7.500, procura o alto comando do Ministério da Saúde oferecendo 400 milhões de doses da vacina Astra Zeneca. Já é estranho. O preço de US$ 3,00 por vacina é mais estranho ainda.

2. Mesmo assim, foi recebido pelo alto comando do Ministério da Saúde em um almoço em Brasília. Lá, teria sido feita uma

proposta de propina de um dólar por cada vacina oferecida. Ou seja, os membros da Saúde acreditavam na proposta.

3. O cabo rejeita a proposta de propina e sai da reunião. Qual o seu trunfo para rejeitar algo que poderia resolver sua vida para sempre? Obviamente a percepção de que tinha um trunfo maior nas mãos.

4. Tempos depois dá uma entrevista à *Folha* denunciando o pedido de propina. Antes que a informação fosse apurada, é sumariamente demitido o diretor de logística do Ministério da Saúde, Roberto Ferreira Dias, indicado pelo líder do governo Ricardo Barros, uma medida de interesse dos Bolsonaro. Como pode cair um diretor com base em uma denúncia de difícil verossimilhança?

5. O cabo é convocado pela CPI e, durante seu depoimento, apresenta um áudio de conversa do deputado Luiz Miranda com o representante da Davati Medical Supply. Depois, se descobre que era um áudio falso, de uma conversa antiga, anterior às vacinas.

Peça 3 – as redes sociais e a universalização dos golpes

Os jornalistas mais antigos – como eu – lembram-se bem dos golpes periódicos que sacudiam os incautos, em torno de pirâmides. Teve a pirâmide das cartelas de ouro, do boi gordo, da avestruz. Bem antes, a pirâmide dos sapatos de Franca, dos LPs.

Quando surgiu a Telexfree, o quadro clareou. Há no país grupos de golpistas que se conhecem e periodicamente se juntam para determinados golpes, atuando como franquias dos golpistas.

Com a *internet* e as redes sociais, esse modelo tornou-se muito ágil. O episódio Telexfree, por exemplo mostrou uma rede internacional de franqueados, que atuaram contra brasileiros nos Estados Unidos, França e Portugal.

Em geral, os estudos de segurança focam as grandes quadrilhas de drogas. Deve ter algum estudo sobre as redes de punguistas eletrônicos, mas não conheço.

É em cima dessa rede que se organiza a tal Davati Medical Supply. Trata-se de uma distribuidora do Texas de propriedade de um tal Herman Cardenas.

Seu jogo consistia no seguinte:

1. Identificava parceiros em países, capazes de vender para governos federais ou municipais ou para grupos específicos.

2. O intermediário se apresentava como seu representante e conseguia cartas de intenção dos compradores.

Há duas hipóteses sobre o que fazia com as cartas de intenção. O mais provável é que juntasse os pedidos e, com base neles, convencesse alguma fabricante de terceira linha a fornecer vacinas.

Em fevereiro, tentou aplicar esse golpe no Canadá.[55] Procuraram vender vacinas da AstraZeneca para a Federação das Nações Soberanas do Canadá, por US$ 21 milhões. Houve alertas do governo para o golpe.

---

55 VESCERA, Zak. "Sask. government says First Nation vaccine deal doesn't look legitimate". *Saskatoon StarPhoenix*, mar. 2021. Disponível em: https://qrcd.org/49KH. Acessado em: 16.04.2024.

SASKATOON STARPHOENIX

Saskatchewan

Sask. governo diz que acordo de vacina da Primeira Nação não parece legítimo

"Saskatchewan não vê esta oferta para adquirir vacinas como legítima."

Zak Vescera
05 de março de 2021 • 5 de março de 2021 • leitura de 2 minutos • Junte-se à conversa

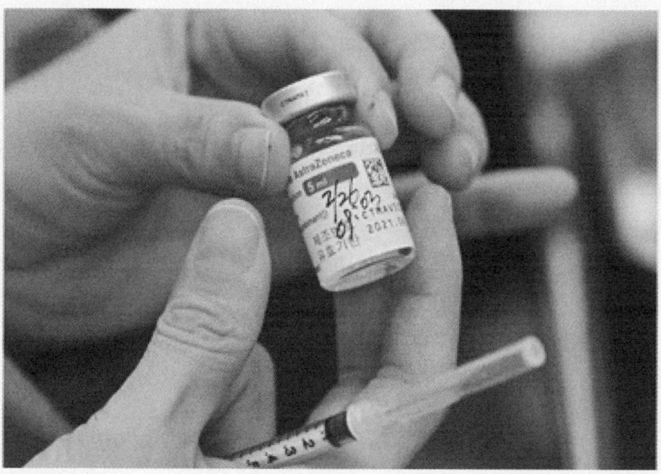

Na ocasião, a CBS, rede americana de TV, procurou Cardenas para que informasse onde conseguiria as vacinas. Respondeu de forma dúbia, dizendo ter sido contatado por um intermediário oferecendo o produto.

Peça 4 – a primeira abordagem no Brasil

No Brasil, provavelmente a primeira tentativa da Davati foi justamente com o deputado Luiz Miranda. É o que se depreende do áudio divulgado pelo cabo Dominguetti na CPI.

Dominguetti fez uma falsa denúncia – o áudio era de um período anterior ao das vacinas. Mas cometeu uma revelação não captada pela CPI: o áudio era de uma conversa mais antiga do deputado Luiz Miranda com o representante comercial da Davati no Brasil. Na conversa, falavam de vendas de produtos, não necessariamente de vacinas. Ou seja, morando em Miami, Miranda percebeu um bom espaço no Ministério da Saúde, onde já trabalhava seu irmão. Mas bateu nos dois esquemas pesados: o do diretor ligado a Ricardo Barros e dos coronéis, ligados ao general Pazuello.

Peça 5 – a segunda abordagem

Com Luiz Miranda falhando, a Davati procura o segundo caminho, a Secretaria Nacional de Assuntos Humanitários (Senah), uma organização do Distrito Federal, presidida por um bispo, o reverendo Amilton Gomes, tendo como membro ilustre Carlos Alberto Rodrigues Tabanez, de um clube de caça e tiro, especializado em armas e que deu cursos para o grupo de militares que foi par ao Haiti – comandados pelo General Augusto Heleno. Aliás, a missão das FFAAs no Haiti é ponto de partida para muitos temas pesados.

A Agência Pública divulgou reportagem minuciosa sobre as relações dessa Senah com os Bolsonaro.[56]

No dia 4 de março, o grupo foi recebido no Ministério da Saúde, presentes o reverendo Gomes e o Cabo da Polícia Dominguetti. O condutor do grupo foi um major da Força Aérea Brasileira. Teria participado também o Tenente-Coronel Marcelo Branco, assessor do DLOG (Departamento de Logística do Ministério da Saúde) na gestão de Roberto Dias.

---

56 MACIEL, Alice; FONSECA, Bruno. "Grupo evangélico fez oferta paralela de vacinas ao Ministério da Saúde e prefeituras". *Pública*, jul. 2021. Disponível em: https://tinyl.io/AtDB. Acessado em: 19.06.2024.

Em resposta ao *Estadão*,[57] Cardenas, da Davati, afirmou que a inclusão de Dominguetti foi exigência do próprio governo brasileiro. Um dos enigmas estava desvendado.

Peça 6 – o vendedor que não tinha vacinas

Mas como se concretizaria o golpe, se os supostos vendedores não tinham vacina para entregar?

O golpe já tinha sido preparado pela Medida Provisória n. 1.026, assinada em janeiro por Bolsonaro e preparada pelo deputado Ricardo Barros.

Conforme levantamento da repórter Patricia Faerman,[58] a MP previa os seguintes pontos:

- Dispensava a compra de vacinas de licitação, estendendo a possibilidade para a administração pública direta e indireta.
- Para a compra, dispensava o registro sanitário ou a necessidade de autorização temporária de uso emergencial.
- Permitia o pagamento antecipado, "inclusive com a possibilidade de perda do valor antecipado", e trazia uma série de blindagens para os vendedores, como a não penalização da empresa, em caso de não entrega, e a garantia de confidencialidade do contrato.

---

57 BULLA, Beatriz. "Empresa diz que Dominghetti foi incluído 'a pedido' em comunicações com governo sobre vacina". *Estadão*, jun. 2021. Disponível em: https://qrcd.org/49KM. Acessado em: 16.04.2024.

58 FAERMANN, Patricia. "Entenda a Medida Provisória do governo que beneficiou vendedores de vacinas". *Jornal GGN*, jun. 2021. Disponível em: https://qrcd.org/49KN. Acessado em: 16.04.2024.

- Permitia as vendas por empresas sem habilitação jurídica, facilitando a vida da Precisa, empresa envolvida em vários rolos na gestão da Ricardo Barros na Saúde.
- Possibilidade de cobrar mais pelas vacinas do que as estimativas do contrato.
- Permite a apresentação de termos de referência simplificados, evitando questionamentos maiores sobre a qualidade do produto.

Enfim, tudo preparado para o golpe, garantindo de antemão o pagamento antecipado e a não punição do vendedor, em caso de não entrega do produto. Tudo isso justificado pela carência de vacinas, situação provocada pelos sucessivos atrasos no fechamento de contratos de compra.

Para que o golpe fosse bem-sucedido, seria necessário criar o senso de urgência. E conseguiu-se atrasando criminosamente a compra oficial de vacinas, com a participação direta de Jair Bolsonaro.

Peça 7 – o desfecho da ópera bufa

Juntando todas essas peças, ficava claro o jogo:

1. Quando o vale-tudo é instaurado, desperta a cobiça de vários grupos. O primeiro procurado pela Davati foi Miranda, que já mantinha negócios com ela.

2. Ao mesmo tempo, desperta a cobiça de dois grupos ancorados na Saúde: do esquema Ricardo Barros, dominante na Saúde e dos coronéis levados pelo General Pazuello.

3. Miranda não consegue penetrar na estrutura da Saúde e denuncia o caso para Bolsonaro, que não toma nenhuma atitude.

4. Ao mesmo tempo, avança o esquema do tal reverendo Amilton, provavelmente ligado a Flávio Bolsonaro. Mas esbarra

também no esquema de Ricardo Barros na Saúde e na fome de militares incrustados na máquina por Pazuello. Ou seja, dois grupos de fora, ligados ao bolsonarismo, que tem que adoçar a mão do grupo de dentro.

5. Miranda bota, então, a boca no trombone, criando uma situação política delicada para Bolsonaro, que provavelmente já estava irritado com Roberto Dias, o diretor de logística ligado a Barros. O deputado Barros entra na linha de fogo da mídia e do Ministério Público.

6. Provavelmente, aí, os bolsonaristas perceberam que poderiam matar dois coelhos com uma só cajadada. E convocam o intrépido cabo Dominguetti. Primeiro, ele denuncia a tal propina para a Folha e é convocado para a CPI. Antes mesmo que a denúncia fosse apurada, demite-se o homem de Barros na Saúde.

Na CPI, Dominguetti tentou derrubar o segundo pino, o deputado Miranda, com a tal gravação. Foi desmentido, mas ajudou a mostrar os contatos de Miranda com a Davati.

No final da ópera, a CPI da Covid tinha nas mãos o mais trapalhão processo de corrupção da história, quatro grupos se digladiando, cada qual querendo tirar sua casquinha – os Miranda, os Bolsonaro-Senah, o esquema Barros e os coronéis de Pazuello.

Para encerrar a ópera, apagam-se as luzes do teatro e coloca-se no ar as orações de Onix Lorenzoni pregando a honestidade absoluta do governo.

As jogadas internacionais da Davati

A Davati Medical Supply LLC. aparece em negócios obscuros no Canadá. Segundo o jornal The StarPhoenix,[59] a empresa enviou uma proposta para o governo do estado de Saskatchewan, oferecendo doses de vacina Covid-19. Uma fundação local, a James Smith Cree Nation manteve contatos com a Davati, que, através de seu diretor Wally Burns, ofereceu milhões de doses de vacina da AstraZeneca.

A oferta foi recebida com desconfiança. Ouvido pela reportagem o governo do Estado confirmou a oferta e disse não acreditar que fosse genuína.

“A correspondência foi recebida após um telefonema entre o ministro e a James Smith Cree Nation, que ocorreu a pedido do JSCN para discutir questões de vacinas”, escreveu o porta-voz do conselho executivo, Matthew Glover, em um comunicado. “Saskatchewan não vê esta oferta para adquirir vacinas como legítima”.

Herman Cardenas, o agente registrado da empresa no Texas, não respondeu aos telefonemas do jornal.

Antes disso, o representante comercial da empresa procurou vender a vacina para o Conselho Tribal de Meados Lake. O conselho saiu atrás de US$ 21 milhões para adquirir as vacinas. A polícia alertou o grupo para ficar atento aos golpes que estavam sendo armados. O governo federal emitiu alertas[60] sobre possíveis fraudes. A AstraZeneca sustentou que não vendia para o setor privado.

Ouvido pela CBC News, Herman Cardenas, o proprietário da Davati Medical Supplies, com sede no Texas, sustentou que sua

---

59 VESCERA, Zak. “Sask government says First Nation vaccine deal doesn’t look legitimate”. *Saskatoon StarPhoenix*, mar. 2021. Disponível em: http://tinyurl.com/5f3hcj5z. Acessado em: 16.04.2024.

60 Disponível em: http://tinyurl.com/cjf74xp8.

empresa era um distribuidor farmacêutico legítimo com acesso a medicamentos para Covid-19, como o antiviral Remdesivir, que também era anunciado no site da empresa. Cardenas disse que foi apresentado à linha potencial de vacinas AstraZeneca-Oxford por "uma fonte muito confiável": "Não somos distribuidores da AstraZeneca. Temos acesso a pessoas que são... Ainda estamos testando esse canal para ter certeza de que eles podem entregar".

XADREZ DE TARCÍSIO, E OS NEGÓCIOS DO PODER MILITAR

A corrupção militar, no entanto, não foi inaugurada na gestão Bolsonaro. Ainda na gestão Dilma, foi dado carne aos tigres. E a figura central da esbórnia foi o futuro governador de São Paulo, Tarcísio de Freitas.

Peça 1 – a entrada no DNIT

Desde a redemocratização, duas instituições públicas se tornaram palco de corrupção e disputas políticas: a Funasa (Fundação Nacional da Saúde) e o DNIT (Departamento Nacional de Infraestrutura de Transportes), entre outros.

Como Ministro da Saúde, Serra recorreu à Funasa para grande parte de seus malfeitos. Quando se enfraqueceu, após 1999, Fernando Henrique Cardoso entregou o DNIT ao Centrão, através do Ministério dos Transportes entregue de porteira fechada a Eliseu Padilha.

Depois do Mensalão, Lula entregou o Ministério a Alfredo Nascimento Filho, que foi mantido por Dilma, no primeiro mandato.

Provavelmente para segurar a corrupção do órgão, em 2011 Dilma Rousseff demitiu Nascimento e 28 servidores do órgão. E colocou militares no comando, na presunção de que a corporação não fora contaminada pela gana de favores da política.

Para isso, aconselhou-se com o comandante do Exército, General Enzo Martins Peri, pois tinha sido diretor do Departamento de Engenharia e Construção do Exército.

Segundo nota da *Veja*,[61]

> As escolhas de Dilma foram entendidas como um recado de que há uma espécie de "intervenção" para reconstruir a imagem da autarquia, mergulhada numa onda de denúncias de corrupção no último mês.

Peri indicou para presidir o órgão o General Jorge Ernesto Pinto Fraxe, diretor de Obras de Cooperação do Exército. As licitações foram entregues a um funcionário da CGU (Controladoria Geral da União), Tarcísio de Freitas. Antes da CGU, Tarcísio foi engenheiro do Exército.

Começou ali a saga dos militares no DNIT.

---

61 VEJA. "Dilma nomeia militares para a cúpula do Dnit". *Veja*, ago. 2011. Disponível em: https://qrcd.org/49In. Acessado em: 16.04.2024.

Peça 2 – os personagens indicados

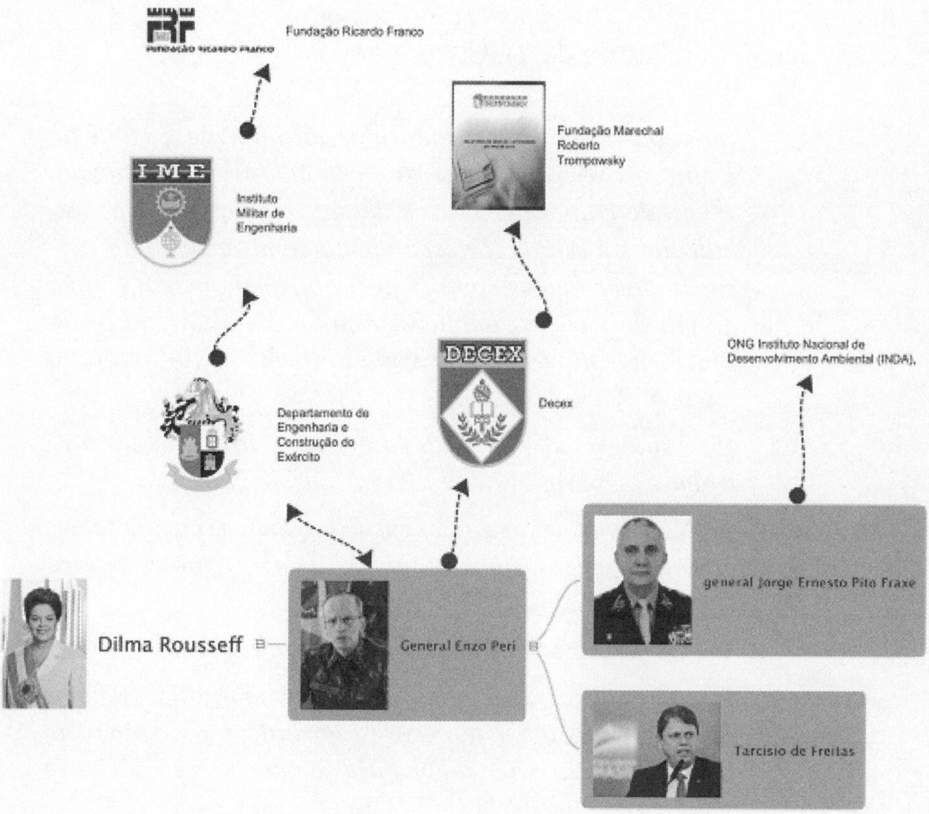

Certamente, Dilma não tinha tomado conhecimento dos estranhos negócios entre o DNIT e o IME (Instituto Militar de Engenharia), demonstrando o extraordinário amadorismo para surfar em rios coalhados de piranhas.

Em 2010 foram abertas investigações para fatos ocorridos em 2004 e 2005.

Descobriu-se uma série de contratos irregulares firmados entre duas fundações do Exército – Fundação Ricardo Franco, de apoio ao Instituto Militar de Engenharia (IME) e Marechal Roberto Trompowsky Leitão de Almeida (ligada ao departamento de educação e cultura do exército-DECEx), ambas de natureza privada.

Segundo relatório do TCU:

> *verificou-se que foram produzidos, ilicitamente, 88 (oitenta e oito) processos licitatórios direcionados à determinado grupo de empresas, através de pagamentos antecipados, indevidos e sem a correspondente comprovação da execução dos serviços contratados, objetivando-se o efetivo desvio de recursos públicos, resultando em prejuízos ao Erário no montante aproximado de R$ 11.000.000,00 (onze milhões de reais).*
>
> *1 – A maioria absoluta das empresas contratadas era controlada pelo Major Washington Luiz de Paula;*
>
> *2 – Nenhuma das empresas suspeitas aparece creditada nos estudos técnicos apresentados ao DNIT como produtos dos convênios;*
>
> *3 – Os serviços contratados não foram realizados.*
>
> *Alguns serviços especializados, como radargrametria, por exemplo, são inexistentes. Foram utilizados bancos de imagens públicos que se encontravam disponíveis em bases públicas como IBAMA e IBGE;*
>
> *4 – Diversas instituições de ensino (Universidade Federal do Pará, Universidade da Região de Joinville, etc.) foram as verdadeiras autoras dos estudos contratados por meio de termo de cooperação ou instrumento similar.*
>
> *Concluímos que houve fraude generalizada, mediante conluio entre militares e empresas de fachada controladas pelo Major Washington Luiz de Paula, para frustrar o caráter competitivo da licitação, em pelo menos 200 processos licitatórios promovidos pelo Instituto Militar de Engenharia – IME e pelo Departamento de Engenharia e Construção – DEC, no período de 2003 a 2009.*

Na época, o comandante do Departamento de Engenharia e Construção do Exército,[62] onde foram feitos os convênios com o IME, era o próprio General Peri, padrinho da indicação do General Fraxe e de Tarcísio de Freitas.

Relatório do TCU[63] acusou frontalmente o General Peri de ter beneficiado os militares com dispensa de licitação entre 2003 e 2007.

> No período em que o general Enzo esteve à frente do DEC foram assinados 27 acordos com a Fundação Ricardo Franco, que subcontratou dez empresas ligadas a militares. Todos sem licitação.

De acordo com o levantamento do portal Sportlight,[64] em uma das denúncias, o Ministério Público Federal (MPF) constatou:

> *A maioria dos atestados de capacidade técnica foi subscrito por membros do Exército, extraindo-se do estatuto da fundação ré que ela se afigura como auxiliar a um Departamento do Exército Brasileiro, o que vem a corroborar a fragilidade e inaptidão de tais documentos em comprovar sua idoneidade e inquestionável reputação ética-profissional.*

Eram as próprias fundações dando atestado de capacidade técnicas às suas próprias empresas.

---

62 MARTINS, Marco Antônio. "Comandante do Exército vira alvo de investigação". *Defesanet*, jul. 2011. Disponível em: https://tinyl.io/A3gf. Acessado em: 16.04.2024.

63 MARTINS, Marco Antônio. "TCU diz que comandante do Exército favoreceu empresas". *Folha de S. Paulo*, ago. 2011. Disponível em: https://www1.folha.uol.com.br/fsp/poder/po0908201102.htm. Acessado em: 19.06.2024.

64 DE CASTRO, Lúcio. "Desvios, fraudes e licitações arranjadas: o esquema comandado por generais que desviou milhões em verba pública". *Sportlight*, set. 2021. Disponível em: https://tinyl.io/A3gi. Acessado em: 16.04.2024.

Por seu lado, o General Fraxe estava sob investigação da CGU, por supostas irregularidades da ONG Instituto Nacional de Desenvolvimento Ambiental (INDA), criada por Fraxe para fechar contratos com o Ministério. O jornal *Valor Econômico* publicou reportagem[65] mostrando que trechos da BR-101 tiveram aditivos que elevaram o custo original em até 77%. Os aditivos foram de responsabilidade da Divisão de Engenharia do Exército, chefiada pelo próprio General Fraxe.

Peça 3 – as fundações "barriga de aluguel"

As investigações do TCU e do MPF não interromperam a escalada das fundações do Exército.

Em 2011, o MPF já identificava irregularidades nos contratos do DNIT com a Fundação Ricardo Franco. O órgão contratou a Fundação por R$ 12,6 milhões, para estudos sobre impactos ambientais e sociais dos indígenas que pudessem ser afetados pelo asfaltamento da BR0429. No entanto, descobriu-se que 50% do contrato foi pago nos primeiros 60 dias.[66] O contrato era para vigorar até outubro de 2014.

O PAC (Programa de Aceleração do Crescimento) serviu para turbinar ainda mais as fundações. Assinou um convênio de R$20 milhões com o DNIT, que permitiu contratar até funcionários administrativos, caracterizando o que se conhece no serviço público como "barriga de aluguel".

---

65 MALAGUTTI OSLLER, Marcelo Antonio. *Ciberespaço*: Instrumento Geopolítico com Implicações para o Brasil? Belo Horizonte: Instituto Meira Mattos (IMM), 2017. (Tese de Doutorado).

66 SPIGLIATTI, Solange. "MPF pede corte de repasses a terceirizados da BR-429". *Estadão*, ago. 2011. Disponível em: https://tinyl.io/A3gn. Acessado em: 16.04.2024.

Segundo o Estadão,[67]

> A Ricardo Franco também cedeu 77 funcionários ao Dnit, a título de lidar com projetos básicos e executivos de engenharia. Uma auditoria do Tribunal de Contas da União (TCU), concluída em janeiro, constatou que havia pessoal espalhado por inúmeros setores, como a Comissão de Licitação, a Auditoria Interna e até a Corregedoria.
>
> Os alocados na DG (Diretoria-Geral) realizam trabalhos de assessoria, respondendo aos órgãos de controle e filtrando pleitos parlamentares.
>
> É uma espécie de barriga de aluguel. Você usa para colocar quem quiser dentro", comparou o ministro José Jorge, do TCU, ao avaliar o caso da SEP. Segundo ele, parcerias como essa, de cooperação técnico-científica, devem ser voltadas para seus objetivos específicos.
>
> (...) Embora se trate de um pacote de serviços técnicos a cargo da fundação, a entidade admite pessoal mediante indicação da Secretaria de Portos para cargos que pouco podem contribuir para a aceleração do PAC. Entre eles, constam parentes de servidores da pasta. O decreto 7.203/2010, da Presidência, proíbe a contratação, para um mesmo órgão, de familiares de funcionários públicos, mesmo quando terceirizados.

Todos os convênios foram assinados no período de Tarcísio de Freitas à frente do DNIT.

O MPF entrou com liminar visando declarar ilegal[68] o convênio firmado entre o DNIT e o Ministério do Exército. Segundo a denúncia, mais de R$ 230 milhões foram repassados às fundações e empresas envolvidas no esquema,

---

67 FABRINI, Fábio. "Convênios para acelerar o PAC servem para contratar secretária e recepcionista". *Senado*, fev. 2012. Disponível em: https://tinyl.io/A3go. Acessado em: 16.04.2024.

68 Disponível em: https://tinyl.io/A3gp.

> *não se afigurando plausível admitir a manutenção de repasses quando a União já constatou as irregularidades e afirma ter adotado providências para fazer cessar as irregularidades, o que não é suficiente, pois o sistema que ensejou as fraudes permanece íntegro e recebendo os repasses de verbas, não havendo indicativo de que as fraudes não voltem a ocorrer, mesmo porque, diversos dos trabalhos que deveriam ter sido realizados não foram executados.*

O inquérito resultou na condenação à prisão de dois militares, o Coronel Dias Morales e o Major Washington de Paulo. Mas a tentativa de suspender os convênios foi barrada na 2ª Instância.

Segundo levantamentos do Sportlight, em cima dos dados do Portal de Transparência, a Fundação. Ricardo Franco firmou contrato com o governo federal no valor de R$ 245.866.325,27 e a Fundação Marechal Roberto Trompowsky Leitão de Almeida mais R$ 35.722.328,73.

Peça 4 – os escândalos de TIs

Não ficaram nisso os episódios obscuros da gestão de Tarcísio de Freitas no DNIT.

Em setembro de 2020, investigações da PF levantaram escândalos em contratos assinados por Tarcísio[69] quando esteve à frente do DNIT. Embora não formalmente investigado, seu nome foi citado 17 vezes no inquérito.

No DNIT, Tarcísio assinou parte dos contratos investigados na Operação Circuito Fechado, com desvios de R$ 40 milhões para Business To Technology (B2T).

---

69 MACEDO, Fausto. "Contratos assinados por Tarcísio no Dnit durante gestão Dilma entram na mira da PF". *Estadão*, set. 2020. Disponível: https://tinyl.io/A3gq. Acessado em: 16.04.2024.

> O primeiro contrato com a Business To Technology (B2T) para fornecer licenças de softwares (programas de computadores) para o Dnit foi assinado pelo atual ministro em 14 de agosto de 2012, no valor de R$ 11,7 milhões. Depois disso, mais dois aditivos, nos anos seguintes, tiveram o aval dele, elevando o negócio para R$ R$ 22,6 milhões. Segundo a PF, não há qualquer evidência de que o serviço foi efetivamente prestado e a suspeita é de que as contratações serviram de fachada para o dinheiro ser desviado.

Seguindo a PF, a Advocacia Geral da União apontou a necessidade de três providências:

1. Para que o órgão demonstrasse "a justificativa de que os preços unitários estimados" eram compatíveis com os praticados no mercado.

2. Para "apresentar pesquisa de mercado nacional".

3. Comprovar, de forma efetiva, que os preços estimados para o certame se encontravam em conformidade com a realidade do mercado, de forma a evitar qualquer prejuízo ao erário.

Conforme reportagem do Estadão:

> Os alertas aconteceram ainda em 2012, antes da formalização da licitação e da assinatura de dois aditivos com a B2T. A PF aponta que o DNIT, inclusive, "ignorou as sugestões da AGU acerca das irregularidades contidas na pesquisa de preços", por meio de um parecer dado em 13 de agosto de 2012. No mesmo dia 13 de agosto de 2012, Tarcísio assinou o contrato, sem mencionar os alertas. Justificou apenas que havia recursos para a contratação.

O inquérito registra:

> Mesmo assim (diante das irregularidades apontadas), no dia 15/10/2014, o diretor geral substituto do DNIT, Tarcísio Gomes de Freitas, e o diretor presidente da B2T, Nelmar de Castro Batista, assinaram o segundo termo aditivo do contrato nº 786/2012, no valor total de R$ 4,18 milhões, sendo que mais da metade desse valor, o total de R$ 2,631 milhões, foi destinado aos serviços de consultoria e de treinamento, serviços que podem propiciar o desvio de recursos públicos.

No governo Bolsonaro, a B2T foi acusada em compra de sistema pelo Ministro Osmar Terra, do Ministério da Cidadania.[70] De setembro de 2020, a Operação Gaveteiro foi bater em novas negociações da B2T. Além de contratos em vários Ministérios, a B2T continuava atuando no DNIT.

Em nota divulgada, o DNIT, subordinada a Tarcísio, dizia ter tomado a iniciativa de colaborar com as autoridades.[71] Mais que isso, o inquérito apontou que a *B2T* usou uma empresa de fachada para pagar as emissões e propinas. Três funcionários subordinados a Tarcísio receberam propinas. Um deles, Marcus Thadeu de Oliveira Silva, voltou a trabalhar com Tarcísio, quando foi nomeado Ministro da Infraestrutura de Bolsonaro.

---

70 FAERMANN, Patricia. "Militares criaram um 'Projeto de Nação' para 2035 nos moldes da ditadura". *Jornal GGN*, mai. 2022. Disponível em: https://tinyl.io/A3gr. Acessado em: 16.04.2024.

71 NASSIF, Luís. "Instituto Sagres, da Operação Satiagraha ao Projeto de Nação". *Jornal GGN*, mai. 2022. Disponível em: https://tinyl.io/A3gs. Acessado em: 16.04.2024.

Peça 5 – o último escândalo

No dia 26 de outubro de 2021, estourou o último escândalo do DNIT, na Operação Burolano,[72] que investiga fraudes em pregões eletrônicos para aquisição de móveis pelo órgão.

Cerca de 100 agentes cumpriram 22 mandados de busca, apreensão e sequestro de bens no valor de R$ 12 milhões. Os escândalos de referem ao período 2016 e 2017.

Pouco antes, no dia 24 de agosto, a Operação Daia, da Polícia Federal, identificou o Diretor de Infraestrutura do DNIT, Marcelo Almeida Pinheiro Chagas[73] como suspeito de participação de favorecimento irregular a uma empresa. A Justiça Federal ordenou seu afastamento. A beneficiária era a Aurora da Amazônia Terminais e Serviços Ltda.

Na época, Tarcísio informou que colaborou com as investigações.

Peça 6 – a moeda de troca com o Centrão

Na eleição de Arthur Lira para Presidente da Câmara, o DNIT teria tido papel central. Corriam informações de que parlamentares do Pará receberam cerca de R $300 milhões para obras em rodovias, como as BRs-155, 158 e 163, e no Aeroporto de Breves. Em Santa Catarina, foram R$ 80 milhões para a duplicação da BR-280. As negociações com deputados da Bahia chegaram a R$500 milhões, para duplicação da BR-101 e da BR-116 e projetos de pavimentação na BR-135 e na BR-030.

---

72 KRYPTUS. "Kryptus participa do exercício guardião cibernético 3.0". *Kryptus*, 2021. Disponível em: https://tinyl.io/A3gT. Acessado em: 16.04.2024.

73 WILTGEN, Guilherme. "ABIMDE acompanha missão presidencial aos Emirados Árabes Unidos e à Arábia Saudita e mostra a importância da indústria de defesa brasileira". *Defesa área & naval*, out. 2019. Disponível em: https://tinyl.io/A3gu. Acessado em: 16.04.2024.

Em outubro saiu a informação de um edital de licitação para a construção do contorno sul metropolitano de Maringá, que valorizaria empreendimento imobiliário de Ricardo Barros,[74] líder do governo na Câmara. A concorrência foi aberta, com valor previsto de R$ 270 milhões. Depois, o DNIT reagiu reajustando para R$ 288 milhões.

Peça 7 – o último lance

Não parou aí. Em 2011 foram lançadas as debêntures incentivadas, com benefícios fiscais para debêntures emitidas visando financiar novos projetos.

Sem qualquer explicação, Tarcísio passou a estender o benefício a projetos já lançados e amortizados.[75] Ou seja, o acionista emite uma debênture incentivada, ganha todos os benefícios fiscais, amplia radicalmente sua rentabilidade, sem precisar lançar um tijolo novo.

Não surpreende, apenas, que tenha passado incólume por todos esses episódios.

---

74 Disponível em: https://tinyl.io/A3gY.

75 PEREIRA RABELO, Thiago; MITERHOF, Marcelo. "Interpretação do Ministério da Infraestrutura desvirtua debêntures do setor". *Jota*, dez. 2021. Disponível em: https://tinyl.io/A3gz. Acessado em: 16.04.2024.

A GLOBALIZAÇÃO DA ULTRADIREITA MILITAR

A ultradireita entrou no jogo político brasileiro através de muitos braços, alguns ligados diretamente à família Bolsonaro, outros entrando através de militares.

A Operação de Paz no Haiti foi a ponte que permitiu a militares brasileiros – posteriormente incorporados ao governo Bolsonaro – montar alianças com estruturas criminosas paramilitares de outras partes do mundo.

Peça 1 – a prova que faltava

A informação de que, quando interventor do Rio de Janeiro o general Braga Netto tentou adquirir coletes de segurança de uma empresa de Miami – sem licitação – pode se constituir na mais relevante informação sobre o grupo militar que se apossou do poder através de Jair Bolsonaro.

Reforça a tese de que a eleição de Bolsonaro foi uma Operação articulada dentro das Forças Armadas por militares diretamente envolvidos com os negócios da ultradireita mundial antes mesmo de Bolsonaro surgir como presidenciável.

Vamos por partes.

Primeiro, algumas reportagens pioneiras do GGN sobre os grupos de ultradireita mundiais e Bolsonaro.

Peça 2 – os negócios de Braga Netto com a intervenção

No dia 31/12/2019, a Agência Pública divulgou uma reportagem sobre os negócios de Braga Netto no comando da intervenção militar no Rio de Janeiro.

Segundo ela, Braga Netto fechou R$ 140 milhões em contratos sem licitação. Uma das compras foram 14 mil pistolas Glock para a Polícia Militar do Rio de Janeiro. O principal divulgador da Glock passou a ser Eduardo Bolsonaro. A compra antecedeu sua campanha, mostrando que as teias estavam sendo tecidas por Braga Netto mesmo antes da ascensão de Bolsonaro.

O *Brasil de Fato* publicou reportagem mostrando acordo fechado por Braga Netto com a CTU Security, para compra de coletes de segurança, no período em que comandou a intervenção no Rio de Janeiro.

Primeiro, Braga Neto armou a compra de coletes com dispensa de licitação no valor de R$ 40 milhões. Aparentemente, a jogada foi suspensa após análise da Secretaria de Controle Interno da Presidência da República. Mas os personagens envolvidos guardam preocupante semelhança com aqueles envolvidos na tentativa de venda das vacinas Covaxin.

Vamos comparar os principais personagens e *modus operandi* de ambas as operações.

Peça 3 – os personagens da licitação dos coletes

Primeiro, mais dados sobre a tal CTU, que pretendia vender coletes a Braga Netto.

Não é uma fabricante. É uma empresa de segurança em dificuldades financeiras, que até no nome mostrava seus propósitos políticos. A sigla significa Academia Federal da Unidade de Combate ao Terrorismo.

A empresa em questão é presidida por Antônio Emmanuel Intríago Valera, o Tony Intriago,[76] um venezuelano conhecido como Tony Intríago e, agora, investigado pela participação no assassinato do Presidente do Haiti.[77]

A CTU é especializada em contratar mercenários para operações políticas Segundo a Agência Pública, ela

> foi citada nas revelações do WikiLeaks em 2015 sobre a Hacking Team, uma empresa italiana conhecida por desenvolver ferramentas de vigilância e espionagem cujos programas foram acusados de roubar senhas de jornalistas e espionar ativistas de direitos humanos em países como os Emirados Árabes Unidos e Marrocos. O vazamento do WikiLeaks mostrou que a CTU buscou a Hacking Team para tentar vender projetos conjuntos de vigilância para o governo do México, revelando interesse, inclusive, na implantação remota de softwares espiões em computadores.

---

76 BECCIOLINI NETWORK. *Nuove Rivelazioni sui Mandanti dell'Assassinio del Presidente Habitiano*. 18 jul. 2022. Disponível em: https://qrcd.org/47Dp. Acessado em: 07.05.2024.

77 CHARLES, Jacqueline; HALL, Kevin G.; DELGADO, Antonio Maria *et al.* "Colombians held in Haitian president's assassination claim ties to Miami-area security firm". *Miamiherald*, jan. 2022. Disponível em: https://qrcd.org/47Dv. Acessado em: 26.04.2024.

A imprensa americana menciona que Intriago esteve envolvido com a tentativa de invasão da Venezuela em 2020.

Peça 4 – as coincidências com o esquema Davati

Vamos às principais semelhanças entre as duas tramas:

- Compra de emergência

Tanto nos contratos da intervenção do Rio de Janeiro quanto nos da Saúde, tentou-se fugir das licitações alegando emergência. Nos dois casos, Braga Netto foi personagem central, como comandante da intervenção militar no Rio, e como Ministro-Chefe da Casa Civil e coordenador do grupo de combate ao Coronavírus. Nos dois casos, os órgãos de controle – ainda não desmontados por Bolsonaro – impediram a consumação das compras.

- Donos de empresa de segurança e academia de tiro

Segundo o Miami Herald,[78] além de vender equipamentos, a CTU é uma academia de tiro e uma agenciadora de mercenários para ações políticas. Teria participado de uma tentativa fracassada de golpe na Venezuela em 2020. Seu proprietário, Tony Intriago, é venezuelano.

Segundo a Newsweek,[79] "a CTU era uma empresa de segurança em dificuldades, "que supostamente tinha um histórico de evitar dívidas e declarar falência". Ou seja, o padrão Precisa (a empresa que intermediava vacinas) já estava presente nas compras de Braga Netto.

---

78 MAYER, Emma. "Florida Security Firm Probed in Assassination Link to Haiti President After Photo Emerges". *Newsweek*, jul. 2021. Disponível em: https://qrcd.org/47Dt. Acessado em: 07.05.2024.

79 MAYER, Emma. "Florida Security Firm Probed in Assassination Link to Haiti President After Photo Emerges". *Newsweek*, jul. 2021. Disponível em: https://qrcd.org/47Dt. Acessado em: 07.05.2024.

No caso da Covaxin, um dos personagens principais era Carlos Alberto Tabanez, proprietário de um clube de tiro e de uma empresa de terceirização, a G.S.I., que nos últimos anos conquistou R$ 20 milhões em contratos com o setor público, especialmente com o Hospital das Forças Armadas.

Desde 2019 apontamos que os Clubes de Tiro eram o principal braço armado do bolsonarismo, a partir das ligações de Eduardo Bolsonaro com o clube de tiro de Florianópolis.

Eles são peças centrais da ideologia das armas.

O Fator Haiti

Outro ponto em comum é o fator Haiti, comprovando que o núcleo original é o da força de paz do Haiti.

Em Brasília, Tabanez deu aulas de explosivos à tropa, quando se preparavam para ir ao Haiti. Já Tony Intriago tem relação umbilical com Haiti, a ponto de participar do assassinato do Presidente.

Pastores de empresas benemerentes

No caso da Covaxin, um dos principais personagens era o reverendo Amilton Gomes, atuando através de uma falsa ONG, uma empresa de nome Secretaria Nacional de Assuntos Humanitários (Senah), que faz *marketing* da benemerência, mas está aberta para negócios. É apresentada como ligada a uma tal Embaixada Mundial Humanitária pela Paz, além de se dizer parceira da ONU nas metas do milênio. Também se apresenta como especialista terapêutico, em psicologia e psicanálise.

No caso do atentado que matou o Presidente do Haiti, o principal personagem foi o reverendo Christian Shanon. do Tabernáculo Evangélico Tabarre, um haitiano de 62 anos que mora na Flórida há mais de duas décadas e que tem também uma empresa (disfarçada de ONG) de nome Operação Roma-Haiti. Ele se apresenta como médico, embora não tenha nenhum registro médico em Miami.

Segundo o Miami Herald,[80] Shanon pediu falência em Tampa, em 2013, e teve mais de uma dúzia de empresas registradas no Estado, a maioria das quais agora estão inativas.

Mas juntou recursos para alugar um jatinho e levar as duas dezenas de mercenários para o Haiti.

Em ambos os casos, os pastores mantêm relações com militares e praticam o discurso da anticorrupção.

O Miami Herald trouxe mais um implicado, que possui falsa ONG de benemerência. Trata-se de James Solanges. Segundo o jornal,

> James Solages, 35, foi um dos dois cidadãos americanos presos pelas autoridades haitianas imediatamente após o ataque ao presidente haitiano.
>
> Natural de Jacmel, Haiti, Solages morava em Tamarac antes de ser detido. Em sites pessoais e páginas do Facebook que já foram retirados do ar, Solages se descreveu como um ex-guarda-costas da Embaixada do Canadá no Haiti e graduado na Fort Lauderdale High School.

---

80 CHARLES, Jacqueline; WEAVER, Jay. “Haitian doctor with Florida connections arrested as a leader in Moïse assassination plot”. *Miamiherald*, jun. 2023. Disponível em: https://qrcd.org/49Do. Acessado em: 07.05.2024.

Solages administrava uma instituição de caridade chamada FWA SA A JACMEL AVAN INC, que ele descreveu em sua página do LinkedIn, agora desativada, como uma instituição de caridade de capacitação econômica. Ele também é o CEO registrado da EJS Maintenance & Repair, LLC em North Lauderdale.

Peça 5 – um movimento maior do que o bolsonarismo

Não há coincidências, mas um *modus operandi* que liga esquemas da ultradireita armada com falsos pastores Neopentecostais, em cima das mesmas bandeiras: interferência política para salvar a humanidade das esquerdas, ligações com Israel, montagem de ONGs para exercitar o *marketing* da benemerência.

No site da Senah, menciona-se que a tal Secretaria Nacional de Assuntos Humanitários integra uma rede mundial que atua em 18 países.

PARTE V

O FATOR RELIGIOSO

O terceiro personagem relevante desses movimentos foram os pastores Neopentecostais. Eles começam a entrar no país nos anos 70 e, a partir dos anos 80, ocupam o lugar das comunidades eclesiais de base, especialmente nas periferias das grandes cidades e junto às populações mais vulneráveis.

Com o tempo, adquiriram expressão política e se constituíram em uma das pernas principais de apoio ao bolsonarismo.

Mas as raízes desse movimento remontam ao final dos anos 60.

O RELATÓRIO ROCKEFELLER E O NEOPENTECOSTALISMO

Há dois movimentos que explicam a ascensão Neopentecostal no país – ambos ligados à geopolítica norte-americana.

O primeiro, o Relatório Rockefeller, fruto de sua viagem à América Latina em 1969.

Batizado de "A qualidade de vida nas Américas",[81] o relatório refletia o receio de Rockefeller com os movimentos populares da região, especialmente com o trabalho das comunidades eclesiais de base. Anotou que a ampliação do uso do rádio transistor que afetaria as expectativas de "milhões que ficam isolados por analfabetismo e por localizações remotas" e, sabendo que existiam modos de vida diferentes, "nunca mais se contentarão em aceitar como inevitáveis os padrões do passado". O que comprova que

---

81 LUNARDI, Soraya; DIMOULIS, Dimitri. "O custo social da inércia do STF: Réquiem da ADI 4.234". *Jota*, jul. 2017. Disponível em: https://qrcd.org/47Cc. Acessado em: 11.04.2024.

toda mudança tecnológica na comunicação desorganiza o mercado de informações trazendo instabilidade.

Um ponto positivo foi chamar a atenção para a relevância da ciência e da tecnologia no crescimento e, consequentemente, na estabilidade democrática do continente. A Fundação Rockefeller foi relevante para acelerar a biotecnologia e a pesquisa agrícola e nuclear no país.

Há trechos dedicados à Igreja Católica, com preocupações explícitas:

> As comunicações modernas da Igreja e a educação crescente têm causado uma agitação entre as pessoas que teve um impacto tremendo na Igreja, tornando-a uma força dedicada à mudança – mudança revolucionária se necessário.
>
> A Igreja pode estar um pouco na mesma situação que os jovens – com um profundo idealismo, mas como resultado, em alguns casos, vulneráveis à penetração subversiva; pronto para empreender uma revolução, se necessário, para acabar com a injustiça, mas não está claro quanto à natureza última da própria revolução ou quanto ao sistema governamental pelo qual a justiça que ela busca pode ser realizada.

Atribui-se a essa visita de Rockefeller a iniciativa americana de substituir a influência da Igreja Católica no país – especialmente o ativismo das comunidades eclesiais de base – por novas formas de religiosidade, estimulando a expansão do Neopentecostalismo no país.

Não por coincidência, as primeiras notícias sobre a nova religião aparecem na primeira metade dos anos 1970, em matéria de capa da revista *Veja*.

O ex-Ministro Eugênio Aragão chama a atenção para outro personagem:

> Importante explorar o papel do Summer Institute of Linguistics (SIL)[82] durante o governo Geisel, para trazer o pentecostalismo ao Brasil como alternativa ao catolicismo. A fachada era o trabalho missionário de indígenas, mas esse instituto se converteu no verdadeiro think-tank e ativista na importação do pentecostalismo no Brasil.

O pacto político de Reagan e João Paulo 2º

Mas a pá de cal nos movimentos eclesiais de base, deixando o campo aberto para o Neopentecostalismo, foi dado pelo Papa João Paulo 2º, em um pacto com o governo Reagan.

Principal estudioso do pacto Reagan-João Paulo 2º, Mark Riebling traz informações definitivas em seu livro *A equipe da Guerra Fria do Papa João Paulo II e Ronald Reagan*[83] com base em arquivos ultrassecretos do Conselho de Segurança Nacional, disponíveis na Biblioteca Ronald Reagan em Simi Valley, Califórnia.

> Na verdade, os documentos revelam uma corrida contínua para reforçar o apoio do Vaticano às políticas dos Estados Unidos. Revelam também um Vaticano que age politicamente, mas sempre de forma altamente espiritual.

O papel político "altamente espiritual" de João Paulo 2º para desmontar a teologia da libertação pode ser conferido no trabalho "O Vaticano e a Igreja no país"[84] de Ivo Lesbaupin, Sociólogo da Universidade Federal do Rio de Janeiro Centro João XXIII – SER.

---

82 SIL. *25% of the world's people are left out because of language-related barriers*. Disponível em: https://qrcd.org/48Ll. Acessado em: 07.05.2024.

83 Disponível em: https://qrcd.org/47TN.

84 FERNANDES, Rubem César. *Estação de Seca na Igreja*. Rio de Janeiro: Comunicações do ISER, 1990. Disponível em: https://qrcd.org/47TY. Acessado em: 07.05.2024.

> O documento de Santa Fé I, de 1980, que propunha a política norte-americana para a América Latina a ser implementada pelo governo Reagan, dizia: "(...) A política exterior dos EUA deve começar a enfrentar (e não simplesmente reagir posteriormente) a Teologia da Libertação tal como é utilizada pelo clero da Teologia da Libertação. O papel da Igreja na América Latina é vital para o conceito de liberdade política. Lamentavelmente, as forças marxistas-leninistas utilizaram a Igreja como uma arma política contra a propriedade privada e o sistema capitalista de produção, infiltrando a comunidade religiosa com ideias que são menos cristãs que comunistas".

O artigo lista algumas das intervenções do conservadorismo do Vaticano no Brasil:

• 1984 – fevereiro: o cardeal Dom Eugênio Salles suspende a Missão Canônica de Frei Clodovis Boff, que era professor da PUC desde 1978. A suspensão atinge também Frei Antônio Moser.

• Maio: inspeção nos seminários e casas de formação. O cardeal Hoeffner visita o seminário na Arquidiocese de São Paulo.

• 7 de setembro: colóquio de Leonardo Boff com Ratzinger em Roma. Depois de duas horas, a conversação é acompanhada pelos Cardeais D. Aloísio Lorscheider (Presidente da Comissão Episcopal de Doutrina da CNBB) e D. Paulo Evaristo Ams. De entrada, D. Paulo sugere que, para a elaboração do novo documento da Teologia da Libertação, deveriam ser consultados os teólogos da libertação, os episcopados onde há pastoral popular junto aos oprimidos numa linha libertadora e o documento deveria ser elaborado no Terceiro Mundo.

• Os cardeais D. Aloísio Lorscheider e D. Paulo Evaristo Arns perdem vários dos seus cargos nos dicastérios romanos.

• 1985 – 11 de março: notificação romana sobre o livro de Leonardo Boff, *Igreja: carisma e poder.* "Aí se afirma que as opções analisadas no livro são de tal natureza que põem em perigo essa doutrina da fé (...)". O teólogo acata a decisão da Congregação para a Doutrina da Fé.

• 19 de março: em visita ao Brasil, D. Agnello Rossi publica documento em que critica a Teologia da Libertação: Verdades, erros e perigos da Teologia da Libertação.

O principal ideólogo desse conservadorismo era o teólogo Joseph Aloisius Ratzinger, depois Papa Bento XVI, de curto reinado.

O jogo continuou no governo Bush.

Na biblioteca da Universidade de Princeton é possível consultar o "Documento de Santa Fé II. A estratégia americana. A política do governo Bush para a América Latina"[85] continuação no Santa Fé I.

O início é terrorista: "As Américas ainda estão sob ataque. Alertamos sobre esse perigo em 1980. O ataque se manifesta na subversão comunista, terrorismo e tráfico de drogas".

E propõe uma repressão severa às oposições:

> As forças contrárias ao desenvolvimento devem ser diminuídas o máximo possível. Esta proposta não é importante apenas porque apoia o direito dos regimes latino-americanos de estabelecer os limites constitucionais da atividade política democrática.

Havia propostas para atrair os militares, aumentar o orçamento da USIA (Agência de Informação dos Estados Unidos) e fortalecer o Escritório de Diplomacia Pública.

---

85 PRINCETON UNIVERSITY LIBRARY. "Documento de Santa Fé II. A estratégia americana. A política do governo Bush para a América Latina". *Princeton University Library*. Disponível em: https://qrcd.org/47Tb. Acessado em: 07.05.2024.

Havia propostas específicas para os sistemas judiciais, com viés claramente repressivo:

> Para realmente promover os direitos humanos, os EUA devem ajudar a fortalecer os sistemas judiciais na região. Também deve diferenciar entre grupos de direitos humanos que apoiam o regime democrático e aqueles que apoiam o estatismo.

Obviamente, ênfase total na privatização das indústrias das paraestatais:

> Os Estados Unidos devem encorajar o desenvolvimento da iniciativa privada na América Latina por meio de programas públicos e privados e fazer tentativas para acelerar a privatização das indústrias paraestatais.

E um chamamento à participação das instituições privadas:

> A opinião pública e as instituições privadas nos Estados Unidos devem se encarregar da educação da mídia e dos líderes comunitários quanto à natureza do conflito marxista-leninista adaptado pelos nacionalistas aos problemas do subdesenvolvimento. O casamento do comunismo com o nacionalismo na América Latina, porém, representa o maior perigo para a região e para os interesses dos Estados Unidos.

COMO OS NEOPENTECOSTAIS CONQUISTARAM O BRASIL

Um relatório de 2014 sobre o movimento pentecostal na América Latina, da consultoria espanhola Lorentz & Cuenca,[86] trouxe boas luzes sobre o avanço do movimento pentecostal na América Latina.

O relatório é de 2014, período em que a candidatura Marina Silva, nas eleições presidenciais, expôs pela primeira vez a relevância do voto Pentecostal.

O relatório se concentra especialmente em países como Guatemala, Honduras, Brasil e Chile, nos quais entre um terço e 40% da população trocou o Catolicismo por algumas das Igrejas Evangélicas.

86 Disponível em: https://qrcd.org/48AL.

A procedência dos protestantes

O Pentecostalismo é um amplo movimento religioso, com grande variedade de grupos com formação e práticas distintas.

Historicamente, o Protestantismo era composto pelas chamadas Igrejas Missionárias, de duas procedências.

Da Europa vieram os Luteranos (alemães), Presbiterianos (escoceses), Anglicanos (ingleses), Valdenses (franceses e italianos), Reformadores (holandeses e suíços), Batistas (galeses), Menonitas (holandeses e suíços).

Dos Estados Unidos vieram as igrejas luteranas, episcopais (Anglicanas de origem americana), Presbiterianas, Quakers, Metodistas e Batistas.

O Pentecostalismo nasceu em 1904 nos Estados Unidos, como uma reforma religiosa dentro do Evangelismo.

A primeira onda Evangélica é de 1910, com as Igrejas Assembleia de Deus, Igreja da Profecia e a do Príncipe da Paz na Guatemala.

A segunda onda é dos anos 1950, com o Evangelho Quadrangular – Cruzada Nacional de Evangelização (1953), Igreja Pentecostal "O Brasil para Cristo" (1956), Igreja da Nova Vida (1960), Igreja Pentecostal "Deus é Amor" (1961), Casa da Bênção (1964), Metodista Wesleyana (1967).

Foi uma rápida penetração. Em 1984, dos 12,9 milhões de simpatizantes do Pentecostalismo fora dos EUA, 9,9 milhões estavam na América Latina, e mais de 6 milhões no Brasil, especialmente atuando junto aos setores populares urbanos.

A onda Neopentecostal

O Neopentecostalismo nasceu dos pentecostais e dos grupos renovadores carismáticos dos anos 1950 e 1960. Começa a crescer a partir dos anos 1970.

Sua principal característica são as mudanças na doutrina, especialmente em relação ao papel do Espírito Santo, passando a dar ênfase ao fervor emocional, apelando para as emoções.

Os principais representantes são as Igrejas Salão da Fé (1975), a Igreja Universal do Reino de Deus (1977) e a Igreja Internacional da Graça (1980).

Enquanto o Pentecostalismo tinha como foco os setores populares (emigrantes internos, desempregados e setores populares), o Neopentecostalismo procurou os setores médios e altos da sociedade, universitários, profissionais liberais e empresários.

Cresceram apoiados por investimento nos meios de comunicação de massa (rádio, TV e *internet*), mas também em uma ampla infraestrutura com colégios, livrarias, cafeterias e estúdio de gravação. E administrando as igrejas com um estilo empresarial de produção e distribuição de bens religiosos.

A influência americana

O estudo lembra o Relatório Rockefeller de 1969, que sugeria o uso das igrejas como estratégia dos EUA e da CIA para deter o auge da Teologia da Libertação.

O Relatório Rockefeller se tornou uma lenda, mas é enquadrado pelo trabalho na relação das teorias conspiratórias. Mas não ignora a profunda influência americana nas primeiras investidas neopentecostais.

As novas missões protestantes, especialmente as vindas dos Estados Unidos, traziam novos rituais, baseados na conversão e no êxtase religioso. Gradativamente foram se adaptando às condições latino-americanas, em um processo de aculturamento originalíssimo.

Mas, para entender esse processo, há que se passar antes pelas mudanças socioeconômicas ocorridas, que mudaram a face do continente.

Mudanças socioeconômicas

Ao contrário do resto do mundo, a modernização da América Latina não levou a uma secularização. Aumentou o número de agnósticos e de não crentes. E houve também um retorno ao sagrado, uma busca das raízes para enfrentar a insegurança ante o novo.

Enfim, um conjunto de novas circunstâncias, uma diversidade ampla, gerando insegurança e demanda por apoio. É nesse quadro que o modelo de gestão passa a ter papel fundamental.

De um lado, a Igreja Católica, pesada, dividida entre tradicionalistas e progressistas, presa ao conjunto de símbolos da idade média. De outro, os pentecostais com modelos de gestão modernos, descentralizados e com foco no cliente.

A religiosidade latino-americana

Para se adaptar aos novos tempos, já nos anos 70, as Igrejas Latino-Americanas passaram a desenvolver um estilo próprio, libertando-se da influência norte-americana, com suas normas adaptadas ao Liberalismo do país. Cria-se um Pentecostalismo Latino, uma miscelânea religiosa emulando várias características do Catolicismo tradicional.

Enquanto o Protestantismo Norte-Americano se adaptava ao Liberalismo do país, as Igrejas Latino-Americanas recriaram as relações patriarcais das fazendas, dos colonos colocados sob o guarda-chuva protetor dos coronéis e da fé. Era o Patriarcado Colonial adaptado às condições das megalópoles contemporâneas.

Reside aí o centro das críticas dos cristãos norte-americanas ao hibridismo das religiões evangélicas na América Latina. Elas se tornaram parte genuína da sociedade latino-americana, justamente por emular características históricas do continente.

Mencionado no trabalho, Jean-Pierre Bastian ressalta que

> poderíamos dizer que nesta "hibridez" se está lidando não só com a adaptação ao mercado latino-americano, mas também com a criação de produtos originais, híbridos, que os pentecostalismos ofereceram em toda a região. Isso se nota em particular a partir da produção musical dos hinos, que de fato até os anos 70 era de origem anglo-saxão, e que a partir de então se transformou em cantos diretamente inspirados pelas tradições musicais populares endógenas. Hoje em dia, vemos se desenvolver o que estes movimentos chamam de "Ministérios de louvor", que adotam a música local, em particular o samba ou outros gêneros tropicais como a sal-sa etc. Inclusive se chamou a este tipo de expressão musical com algum tipo de anglicismo como "salsa-gospel" ou "samba-gospel".

No Brasil, as Igrejas Evangélicas mais relevante são a Assembleia de Deus, com 12 milhões de fiéis, e liderada pelo pastor Manoel Ferreira; a Igreja da Graça, liderada por Romildo Ribeiro Soares; a Igreja Universal do Reino de Deus, dirigida pelo Bispo Edir Macedo, com 1,8 milhão de seguidores; a Igreja Mundial do Poder de Deus, de Valdomiro Santiago, com 400 mil seguidores.

Vamos destrinchar um pouco o modelo de gestão adotado.

O modelo de gestão

Em cada Igreja, há uma liderança carismática como fator de coesão. Na Guatemala, é Cash Luna; em Honduras, René Peñalba, Tomás Barahona e Misael Argeñal em Honduras.

O que sustenta a expansão é a estrutura horizontal de bispos associados, através de Igrejas locais e grupos independentes ou semiautônomos, nos quais a figura-chave é o pastor. Ele é o velho coronel da guarda nacional, incumbida de abrir o guarda-chuva onde os fiéis vão se abrigar e receber segurança.

No interior de cada Igreja, a estrutura é fortemente piramidal, com suficiente capacidade, flexibilidade e autonomia para se adaptar às circunstâncias de cada região ou país.

Essa flexibilidade foi essencial para dar respostas rápidas às demandas provocadas por crises econômicas, terremotos sociais, urbanização acelerada.

Nos anos 1980, depois dos terremotos de Manágua, em 1974, e da Guatemala, em 1976, os evangélicos criaram redes de apoio.

No Brasil, os fatores que levaram à expansão das igrejas foram:

- a crise econômica do final dos anos 1970 e de toda a década dos 1980;
- o explosivo aumento da urbanização com a multiplicação das áreas marginais (favelas) onde existe tradicionalmente pouca presença do Estado e da Igreja Católica, e onde a insegurança física (roubos, assaltos, assédio das quadrilhas) e a econômica (emprego informal e poucas expectativas de trabalho) é uma constante.

Para compensar a ausência de Estado, passaram a oferecer aos fiéis apoio religioso, mas também escolas, consultórios legais, postos de saúde. Desenvolveram estratégias para combate ao alcoolismo e às drogas. Aproximaram-se das mulheres com sua defesa das famílias estáveis e combate à violência doméstica. Montaram sistemas de apoio nos presídios. Por aí, sua influência se estendeu para as organizações criminosas que, nas favelas, se tornaram peças essenciais na guerra contra as religiões afro.

Ao mesmo tempo, os neopentecostais investiram sobre a classe média alta, com a nova teologia da prosperidade, e encontros de oração em hotéis de luxo. Justificaram, pela fé, a posição dos privilegiados. Trocaram o remorso da riqueza pela predestinação divina.

O uso moderno dos símbolos

Um grande publicitário brasileiro, Roberto Dualibi, costumava associar o catolicismo ao uso de técnicas de *marketing*, a cruz, o sino, as imagens, a confissão. A renovação foi ínfima.

Já o neopentecostalismo apela para a parte irracional, sentimental e experimental dos indivíduos. Seu *marketing* se baseia em curas físicas, na promessa de prosperidade econômica, na utilização da música nas cerimônias, na ênfase na oralidade e nas práticas populares tradicionais. Segundo o trabalho, utiliza com desenvoltura as línguas autóctones (daí seu sucesso na penetração entre os setores rurais indígenas), assim como a linguagem comum para se aproximar de seus seguidores. Por aí se vê a relevância da ONG Sil, mencionada acima.

Uma de suas marcas é a construção de grandes templos. Em 2013, Cash Luna inaugurou a Igreja Casa de Deus, com capacidade para 11 mil fiéis. Mas também investem em escolas, colégios e universidades.

Sua estratégia consiste em recriar espaços de refúgio comunitário, em contraposição à crise da família tradicional. Daí se entende seu conservadorismo moral.

Segundo o sociólogo guatemalteco e pastor protestante Vitalino Similox, mencionado no trabalho:

as igrejas pentecostais se transformaram em empresas que desenvolvem estratégias de comercialização e de distribuição multilateral de bens simbólicos, religiosos. Sua hibridação se traduz na justaposição de diferentes níveis de empréstimos, que incluem o conteúdo das crenças, as formas de transmissão e comunicação, os recursos a mediações tanto arcaicas como modernas.

Os evangélicos e a política

Há muita heterogeneidade entre os evangélicos, mas com predominância dos setores mais conservadores, especialmente em temas morais. E um ativismo político cada vez mais amplo.

As primeiras incursões foram na Colômbia, durante a Assembleia Constituinte dos anos 90.

Seu partido, a Renovação Absoluta (Mira) recebeu 327 mil votos nas eleições para o Senado de 2014. E 412 mil para a Câmara, permitindo eleger três deputados.

No Chile, foram eleitos 200 candidatos evangélicos entre prefeitos e vereadores, principalmente nas regiões indígenas do Biobío e La Araucanía, em cidades como Lota, Curanilahue, Arauco, Lebu e Los Álamos. Entre eles há militantes da Democracia Cristã (DC), Renovação Nacional (RN), União Democrata Independente (UDI), Partido Pela Democracia (PPD), Partido Radical Social Democrata (PRSD), Partido Socialista (PS) e Partido Regionalista Independente (PRI).

No Brasil, os evangélicos estão distribuídos por 16 legendas políticas, e em três partidos próprios: o Partido Republicano de Brasil (PRB), o Partido Social Cristão (PSC) e o Partido da República (PR).

No Peru, o partido mais forte é o Restauração Nacional (RN) liderado pelo pastor Humberto Lay Sun. Em 1990, Alberto

Fujimori foi apoiado pelos evangélicos, que forneceram um pastor como segundo Vice-Presidente.

A primeira incursão política foi com a Frente Parlamentar Evangélica, de 2003.

Logo depois, a bancada foi atingida pelo escândalo da Máfia dos Sanguessugas, com o desvio de emendas para o bolso de cada parlamentar.

Foram envolvidos 23 integrantes da bancada, dez da Igreja Universal do Reino de Deus e nove da Assembleia de Deus.

O escândalo reduziu a participação evangélica nas eleições de 2006, mas se recuperou nas eleições de 2010.

PARTE VI

REDES SOCIAIS E OS ALGORITMOS

Paralelamente o mundo digital desenvolvia a ciência dos algoritmos, explorando os princípios expostos na psicologia de massa, estudada desde os anos 20, e que se tornaria peça central na política brasileira.

A primeira disputa digital deu-se na campanha que elegeu Barack Obama. Do lado do Partido Republicano, ensaiavam-se os primeiros algoritmos, impulsionados pela Fox News – que atuava como grande perfil das redes sociais, geradora de *fake news*. Do lado Democrata, houve a reação de jovens ativistas digitais.

O FÍSICO QUE CRIOU A CAMBRIDGE ANALYTICA

O país já mergulhara em um caos informacional quando um novo personagem entra na disputa política: os algoritmos e a manipulação das redes sociais. O mercado de opinião sofre uma reviravolta similar à dos anos 1920, com o advento da radiodifusão.

Peça 1 – o milionário recluso

A figura central no uso de algoritmos com propósitos políticos é um bilionário recluso, Robert Mercer. Deve-se a ele o sucesso da campanha de Donald Trump nos Estados Unidos, de Jair Bolsonaro no Brasil, Viktor Orbán na Hungria, Matteo Salvini na Itália, do partido Vox na Espanha, e Marine Le Pen na França.

Mercer também fundou "O Movimento", uma organização com o intuito de ajudar os partidos nacionalistas europeus em suas campanhas políticas. Além disso, como pode ser visto no documentário "Privacidade Hackeada" (de Karim Amer e Jehane Noujaim, 2019), colaborou com a campanha de Mauricio Macri na Argentina, e trabalhou para Guo Wengui, um exilado chinês bilionário que se opõe ao regime de seu país.

Nas eleições de 2016, os Mercer financiaram um super PAC (grupo de ação política) que apoiava a candidatura a Presidente de Ted Cruz pelo Texas. Depois, aderiram a Trump.

Nascido em 1946, é proprietário de um Fundo Hedge, o Renaissance Technologies. Foi um dos primeiros tecnólogos a trabalhar com inteligência artificial — High Frequency Trading, um sistema precursor de inteligência artificial, que compra e vende ações na bolsa, milhares de vezes por segundo, ganhando centavos em cada uma dessas transações.

A Renaissance é composta por pessoas formadas em ciência da computação, física, matemática e estatística. O fundo Medallion, aberto apenas aos funcionários do Renaissance, se valia de algoritmos para prever os movimentos dos investidores. Conseguiu retornos de 80% ao ano.

Recluso, Mercer começou a ser notado na campanha de Trump e na parceria com o guru da ultradireita, Steve Bannon. No início, considerava-se que fossem apoios políticos convencionais.

Um processo movido por um ex-funcionário do Fundo de Hedge, David Magerman, revelou aspectos pouco conhecidos dos Mercer, suas opiniões políticas, as conexões com Bannon e Trump e os comentários racistas. Uma declaração de Magerman soou profética: "Se o mundo soubesse o que Mercer está tentando fazer eles não aceitariam".

Peça 2 – a Cambridge Analytica

Coube a Margerman revelar a estratégia dos Mercer, o de espalhar uma ideologia compartilhada para um sistema anti-liberal e de combate aos Clinton. Incluía a Breitbart, e a ONG conservadora Citizens United.

O início da Cambridge Analítica foi a SCL Elections, adquirida por Robert Mercer em 2013. No início, se qualificava como empresa de guerra psicológica, uma forma de definir as guerras híbridas, típicas da estratégia militar. Seu nome era SCL Defense. Dizia ela: "Treinamos o exército britânico, a marinha, o exército e as Forças Especiais dos Estados Unidos. Nós treinamos a Otan, a CIA, o Departamento de Estado, o Pentágono, usando recursos para influenciar o comportamento da conduta inimigas". Trabalharam no Afeganistão, no Iraque.

O filme Privacidade Hackeada,[87] relata esses experimentos.

As primeiras incursões foram de uma empresa de nome Palantir,[88] de propriedade de Peter Thiel, cofundador do *PayPal*

---

87 PRIVACIDADE, hackeada. Direção: Karim Amer e Jehane Noujaim. 2019. 1h54min.

88 CADWALLADR, Carole. "The great British Brexit robbery: how our democracy was hijacked". *The Guardian*, mai. 2017. Disponível em: https://

e grande investidor do *Facebook*, e primeiro defensor de Trump no Vale do Silício.

Uma estagiária ouvida pelo The Guardian, relatou que ouviu "dezenas de histórias de arrepiar os cabelos, mas ainda era um momento chocante".

> Eu estava conversando com ex-funcionários da Cambridge Analytica há meses e ouvi dezenas de histórias de arrepiar os cabelos, mas ainda era um momento chocante. Para qualquer pessoa preocupada com vigilância, Palantir é praticamente uma palavra-chave. A empresa de mineração de dados tem contratos com governos de todo o mundo – incluindo o GCHQ e a NSA.

A tecnologia da Cambridge Analítica foi desenvolvida por Chris Wylis, do oeste do Canadá, proprietário da AggregateIQ.

Segundo reportagem de The Guardian, a empresa veio das profundezas do complexo militar-industrial. Participavam dela Steve Tatham, chefe de operações psicológicas das forças britânicas no Afeganistão. Segundo a reportagem, a SCL/Cambridge Analítica não foi uma *startup*, mas fazia parte do sistema de defesa britânico. Recentemente, um ex-comandante do centro de operações do Corpo de Fuzileiros Navais dos Estados Unidos, Chris Naler, entrou na Global, parceria do grupo SCL. Em suma, o modelo foi criado por contratantes militares utilizando táticas militares.

Steve Bannon tornou-se Vice-Presidente da Cambridge Analytics.

Como declarou uma fonte ao The Guardian, "Não é uma consultoria política", disse David.

---

qrcd.org/47CP. Acessado em: 07.05.2024.

> Você tem que entender que esta não é uma empresa normal de forma alguma. Acho que a Mercer nem se importa se ganhar algum dinheiro. É o produto de um bilionário gastando enormes quantias para construir seu próprio laboratório de ciências experimentais, para testar o que funciona, para encontrar pequenas lascas de influência que podem influenciar uma eleição. Robert Mercer não investiu nesta empresa até que ela executou vários pilotos – testes controlados. Este é um dos cientistas da computação mais inteligentes do mundo. Ele não vai gastar US$ 15 milhões em besteiras.

Em 2013, um dos conselheiros da campanha republicana de 2012,[89] Mark Block, colocou Alexander Nix, CEO da SCL, com Mercer, gestor de fundos e proprietário da Breitbart. Foi acertado um investimento inicial de US$ 15 milhões, que daria origem à Cambridge Analytica. Nix tornou-se o CEO da nova empresa e Steve Bannon ganhou uma participação. Imediatamente conquistaram 44 clientes dos Estados Unidos, apoiados por Bolton, além de três candidatos presidenciais, Ben Carson, Ted Cruz e, finalmente, Donald Trump.

Peça 3 – o laboratório em Trinidad

Assim que Mercer adquiriu a SCL, a empresa foi contratada por ministros de governo em Trinidad e Tobago. Encomendaram um programa de micro-direcionamento para o partido do governo. A AggregateIQ – a mesma empresa do *Brexit* – foi contratada para construir a plataforma de segmentação.

Documentos analisados pelo Observer mostraram que se tratava de proposta para capturar o histórico de navegação dos cidadãos, gravando conversas telefônica e aplicando o processamento

89 PASTERNACK, Alex; WITT, Jesse. "Before Trump, Cambridge Analytica quietly built 'psyops' for militaries". *FastCompany*, set. 2019. Disponível em: https://qrcd.org/47CQ. Acessado em: 07.05.2024.

de linguagem natural aos dados de voz gravados. Montaram com esse material um banco de dados da política, com pontuações para cada cidadão em sua propensão a cometer crimes.

Trinidad foi o primeiro projeto da SCL usando *big data*, antes da empresa ser adquirida por Mercer. As figuras-chave desse modelo foram o psicólogo de Cambridge, Aleksandr Koganb, Chris Wylis, Mark Gettleson, especialista em grupos focais e Thomas Borwick, filho de Vitória Borwixk, parlamentar conservador de Kensigton.

Uma reportagem do Observer levantou ligações da SCL e da Cambridge Analítica com Rússia, Lituânia, Letônia, Ucrânia, Irã e Moldávia. Levantamento da Fast Company mostrou que, mesmo antes de trabalhar para a Cambrige Analytica, a SCL desenvolveu um conjunto de técnicas para o Ministério das Relações Exteriores britânico, a Defesa do governo da Noruega, para a Arábia Saudita, para o 15º Grupo de Operações Psicológicas do Exército Britânico. E consolidou ligações com conselheiros de segurança nacional de Donald Trump, Michael Flynn e John Bolton.

Peça 4 – a teoria do choque

Tamsin Shaw, professora associada de Filosofia da Universidade de Nova York, pesquisou o financiamento das forças armadas dos EUA e o uso de pesquisas psicológicas para uso em tortura, uma tradição que que vem desde os anos 1940, quando dois psicólogos alemães adaptaram a terapia dos choques terapêuticos para táticas de tortura.

Segundo ela,

> a capacidade dessa ciência de ser usada para manipular emoções está muito bem estabelecida. Esta é uma tecnologia financiada por militares que foi aproveitada por uma plutocracia global e está sendo usada para influenciar as eleições de maneiras que as pessoas nem conseguem ver, nem

> percebem que está acontecendo com elas. Trata-se de explorar fenômenos existentes como o nacionalismo e depois usá-los para manipular as pessoas à margem. Ter tantos dados nas mãos de um bando de plutocratas internacionais para fazer o que quiserem é absolutamente assustador. "Estamos em uma guerra de informação e bilionários estão comprando essas empresas, que são então empregadas para trabalhar no coração do governo. Essa é uma situação muito preocupante.

Incluía a Breitbart, a publicação de Steve Bannon e a ONG conservadora Citizens United.

> Nigel Farage, presidente do Partido Brexit é ligado à Cambridge e associado a Bannon pelo menos desde 2012, quando Bannon montou o Breitbart em Londres, em 2014. Bannon achava que a Inglaterra era fundamental para sua guerra cultural.

A PSICOLOGIA DE MASSAS

Em um pequeno livro de Sigmund Freud – *Psicologia de Massas* – está o roteiro mais preciso para a tecnologia dos algoritmos e da criação de ondas de linchamento. Certamente foi o ponto de partida para a Cambridge Analytics montar sua estratégia de influenciar as massas.

Na idade média, as massas surgiram no bojo das Igrejas, contra os ateus. Na Revolução Francesa, as massas derrubaram um regime. A partir da criação da mídia corporativa, os movimentos de massa passaram a influenciar – e a serem influenciados – pelos jornais, rádio e TV.

Que fenômeno é esse em que as inteligências inferiores trazem para seu nível as inteligências superiores, em que os indivíduos abdicam de seus valores, raciocínio, para se integrarem ao clamor das massas?

Trata-se de um fenômeno que pega a todos, do mais bronco ao mais preparado. Do monstro das ruas, do movimento de gado, não escaparam Ministros do Supremo, procuradores, jornalistas conceituados, advogados, militares, todos irmanados em um discurso de ódio, tratando de surfar nas ondas e igualando-se às piores bestas feras da sociedade.

Como pode-se conferir, o cimento que une as massas são os sentimentos mais baixos, o ódio, a força.

Alguns trechos do livro:

Sobre a provisoriedade das massas

A massa psicológica é um ser provisório constituído por elementos heterogêneos que por um momento se ligaram entre si, exatamente como por meio de sua união as células do organismo formam um novo ser com qualidades inteiramente diferentes daquelas das células individuais.

Sobre as certezas cegas

A massa é extraordinariamente influenciável e crédula; é desprovida de crítica; para ela, o improvável não existe. Ela pensa por imagens que se evocam associativamente umas às outras, tal como ocorre ao indivíduo nos estados do livre fantasiar, e nenhuma instância razoável afere sua correspondência com a realidade. Os sentimentos da massa são sempre muito simples e muito exagerados. Assim, a massa não conhece nem a dúvida nem a incerteza.

Sobre o afeto como elemento aglutinador

Bem, mas o mais notável e ao mesmo tempo o mais importante fenômeno da formação de massas é a intensificação da afetividade produzida em cada indivíduo. Pode-se dizer, de acordo com McDougall, que sob outras condições os afetos dos seres humanos dificilmente chegam ao nível que podem atingir numa massa, e, na verdade, é uma sensação prazerosa para os participantes entregar-se dessa maneira tão ilimitada a suas paixões e, enquanto isso, desaparecer na massa, perder a sensação de sua delimitação individual.

(...) É evidente que esta ação é algo como uma compulsão de imitar os outros, a permanecer em harmonia com o grande número. Os sentimentos mais grosseiros e mais simples têm maiores probabilidades de se difundir dessa maneira numa massa.[90] Esse mecanismo de intensificação afetiva ainda é favorecido por algumas outras influências que emanam da massa. Esta causa no indivíduo a impressão de um poder irrestrito e de um perigo invencível.

Sobre as formas de sugestionar

Ora, observações bastante cuidadosas parecem provar que um indivíduo mergulhado por algum tempo no seio de uma massa ativa logo se encontra – devido a emanações que dela se desprendem ou a alguma outra causa desconhecida – num estado particular que muito se aproxima da fascinação que acomete o hipnotizado sob a influência do hipnotizador (...).

"Portanto, as principais características do indivíduo que se encontra na massa são as seguintes: desaparecimento da personalidade consciente, predomínio da personalidade inconsciente, orientação dos pensamentos e dos sentimentos na mesma direção por meio da sugestão e do contágio, tendência à execução imediata das ideias sugeridas. O indivíduo não é mais ele mesmo; tornou-se um autômato desprovido de vontade".

Na multidão, todo sentimento, todo ato são contagiosos, e isso em grau tão elevado quando o indivíduo muito facilmente sacrifica o seu interesse pessoal ao interesse coletivo.

Sobre o sentimento de poder

"A primeira dessas causas consiste em que o indivíduo na massa, pelo mero fato da quantidade, adquire um sentimento de poder invencível, que lhe permite entregar-se a instintos (Triebe) que, sozinho, necessariamente teria refreado. Ele terá ainda menos motivos para se refrear quando se considera que, devido ao caráter anônimo

---

90 PASTERNACK, Alex; WITT, Jesse. "Before Trump, Cambridge Analytica quietly built 'psyops' for militaries". *FastCompany*, set. 2019. Disponível em: https://qrcd.org/47CQ. Acessado em: 07.05.2024.

e, por conseguinte, irresponsável da massa, desaparece inteiramente o sentimento de responsabilidade que sempre detém os indivíduos".

Sobre a degradação civilizatória

(...) Há muito já afirmamos que o núcleo da chamada consciência moral é o "medo social".

(...) "Além disso, pelo mero fato de pertencer a uma massa organizada, o ser humano desce vários degraus na escala da civilização. Em seu isolamento, era talvez um indivíduo culto; na massa, é um bárbaro, isto é, um ser instintivo [Triebwesen]. Possui a espontaneidade, a violência, a ferocidade e também o entusiasmo e o heroísmo dos seres primitivos". Le Bon ainda se detém de maneira especial na diminuição da capacidade intelectual que o indivíduo experimenta ao se fundir na massa.

(...) McDougall tampouco contradiz a tese da inibição coletiva da inteligência na massa. Ele afirma que as inteligências inferiores arrastam para seu nível as superiores.

Ela respeita a força e se deixar influenciar apenas mediocremente pela bondade, que para ela significa apenas uma forma de fraqueza. No fundo completamente conservadora, ela tem a mais profunda aversão a todas as novidades e progressos, e um respeito ilimitado pela tradição.

Para julgar corretamente a moralidade das massas, temos de considerar que na reunião dos indivíduos da massa todas as inibições individuais são anuladas e todos os instintos cruéis, brutais e destrutivos, que dormitam no indivíduo como restos dos tempos primitivos, são despertados para a livre satisfação dos impulsos.

Sobre as *fake news*

E por fim: as massas nunca conheceram a sede da verdade. Elas exigem ilusões, às quais não podem renunciar. Nelas, o irreal sempre tem precedência sobre o real; aquele as influência com quase tanta força quanto este. Elas têm uma tendência evidente a não fazer qualquer distinção entre ambos.

(...) A massa é extraordinariamente influenciável e crédula; é desprovida de crítica; para ela, o improvável não existe. Ela pensa por imagens que se evocam associativamente umas às outras, tal como ocorre ao indivíduo nos estados do livre fantasiar, e nenhuma instância razoável afere sua correspondência com a realidade. Os sentimentos da massa são sempre muito simples e muito exagerados. Assim, a massa não conhece nem a dúvida nem a incerteza.

Sobre a perda da individualidade

Os impulsos [Impulse] aos quais a massa obedece podem, segundo as circunstâncias, ser nobres ou cruéis, heroicos ou covardes, mas em todo caso são tão imperiosos que o interesse pessoal não se fará valer, nem sequer o interesse da autoconservação.

(...) Tal massa é: extremamente excitável, impulsiva, passional, inconstante, inconsequente, indecisa e ao mesmo tempo disposta a ações extremas, acessível apenas às paixões mais grosseiras e aos sentimentos mais simples, extraordinariamente sugestionável, leviana em suas reflexões, violenta em seus juízos, receptiva apenas às conclusões e aos argumentos mais simples e mais incompletos, fácil de conduzir e de comover, desprovida de consciência de si, de respeito por si e de sentimento de responsabilidade, mas disposta a se deixar arrastar pela consciência de sua força a todas as atrocidades que só podemos esperar de um poder absoluto e irresponsável.

Sobre a força como agente motivador

Inclinada ela própria a todos os extremos, a massa só é excitada por estímulos desmedidos. Quem quiser agir sobre ela não precisa de nenhuma ponderação lógica de seus argumentos; tem de pintar as imagens mais fortes, exagerar e repetir sempre a mesma coisa. Visto que a massa não tem dúvidas quanto ao verdadeiro e ao falso, e ao mesmo tempo tem consciência de sua grande força, ela é tão intolerante quanto crédula na autoridade. Ela respeita a força e se deixa influenciar apenas mediocremente pela bondade, que para ela significa apenas uma forma de fraqueza. O que ela exige de seus heróis é força, inclusive violência. Ela quer ser dominada, oprimida e temer seus senhores.

Sobre a vida de gado

A massa é um rebanho obediente, que nunca pode viver sem senhor. Ela tem tal sede de obedecer que se subordina instintivamente a qualquer um que se nomeie seu senhor. Se a necessidade da massa vem assim ao encontro do líder, este, no entanto, tem de lhe corresponder por meio de qualidades pessoais. Ele próprio tem de estar fascinado por uma fé intensa (numa ideia) para despertar fé na massa, tem de possuir uma vontade forte, imponente, aceita pela massa desprovida de vontade. Depois Le Bon trata das diferentes espécies de líderes e dos meios pelos quais atuam sobre a massa. Para ele, em resumo, os líderes adquirem importância devido às ideias pelas quais eles próprios estão fanatizados.

Sobre a importância do sucesso para o líder

O prestígio pessoal adere a poucas pessoas, que graças a ele se tornam líderes, e faz com que tudo lhes obedeça como que sob o efeito de um encanto magnético. No entanto, todo prestígio também depende do sucesso, e se perde devido aos insucessos.

Sobre as massas altamente organizadas

E, em completa oposição à prática usual, nossa investigação não deverá escolher como ponto de partida uma formação de massa relativamente simples, e sim começar por massas altamente organizadas, duradouras e artificiais. Os exemplos mais interessantes de tais formações são a Igreja, a comunidade dos crentes, e as forças armadas, o Exército.

E, em completa oposição à prática usual, nossa investigação não deverá escolher como ponto de partida uma formação de massa relativamente simples, e sim começar por massas altamente organizadas, duradouras e artificiais. Os exemplos mais interessantes de tais formações são a Igreja, a comunidade dos crentes, e as forças armadas, o Exército.

Tanto na Igreja – podemos com vantagem tomar a Igreja Católica como modelo – quanto no Exército, por mais diferentes que ambos possam ser sob outros aspectos, vige a mesma miragem (ilusão) de que há um chefe – na Igreja Católica, Cristo, e no Exército, o general – que ama todos os indivíduos da massa com o mesmo amor. Tudo depende dessa ilusão; se ela fosse abolida, tanto a Igreja quanto o Exército, até o ponto em que a coação externa o permitisse, se desagregariam de imediato.

Não há dúvida de que a ligação de cada indivíduo com Cristo também é a causa de sua ligação entre si. Algo parecido vale para o Exército; o general é o pai que ama todos os seus soldados do mesmo modo, e por isso eles são camaradas entre si. O Exército se distingue estruturalmente da Igreja pelo fato de consistir em um escalonamento de tais massas. Cada capitão, por assim dizer, é o general e o pai de seu destacamento; cada sargento, o general e o pai de seu pelotão.

(...) Porém, mesmo durante o reino de Cristo se encontram fora dessa ligação os indivíduos que não pertencem à comunidade dos crentes, que não o amam e que ele não ama; por isso, uma religião, mesmo que se chame de religião do amor, tem de ser dura e sem amor em relação àqueles que não pertencem a ela. No fundo, toda religião é uma religião do amor para todos que ela abrange, e é natural para todas praticar a crueldade e a intolerância com quem não são seus membros.

PARTE VII

A PRIMAVERA BRASILEIRA

Aqui, se mostra como grandes partidos americanos, o Democrata e os Republicanos utilizaram o *know how* acumulado na campanha de Obama para influenciar a políticas em países periféricos. Os algoritmos permitiam movimentos de desestabilização de governos, no fenômeno das Primaveras.

O BRASIL E AS PRIMAVERAS

Como entender o que se passou no país, com multidões de zumbis, repetindo teorias conspiratórias das mais amalucadas, e acampando em frente aos quartéis?

Trata-se de um xadrez complexo, que envolve muitos personagens, um clima de mal-estar generalizado em relação às limitações do modelo Democrático Liberal, em cima dos quais atuam ideólogos e agentes provocadores, invocando vários instrumentos do fascismo histórico.

Um dos principais sociólogos contemporâneos, Manuel Castells faz uma boa síntese dos tempos atuais:

Peça 1 – como ocorrem os golpes civis

Nas duas últimas décadas multiplicaram-se os chamados golpes civis, sem o velho modelo de intervenção militar, mas com uso intensivo das redes sociais, insuflando a revolta popular, seguido de parceria com procuradores e imprensa. Foram batizados de "revoluções coloridas", ou "primaveras".

Não é um fenômeno simples e individual, como um golpe militar. Há a necessidade de uma insatisfação mais disseminada, que se espraia por vários grupos e organizações. É nesse caldeirão que atuam os demais personagens: os agentes ideológicos, os financiadores e a malta propriamente dita, alimentada por teorias conspiratórias.

O fato de existir um clima prévio de insatisfação impediu muitos analistas de enxergarem o todo. Passaram a enquadrar os movimentos pós-2013 na categoria de geração espontânea e qualquer tentativa de identificar influências externas foram tratadas como "teoria conspiratória".

Isso porque havia o movimento de uma rapaziada em torno da bandeira do passe-livre, provavelmente nascido espontaneamente do ativismo digital. Havia (e há) um caldeirão de insatisfações diversas, no qual se movem estruturas organizadas para dirigir o movimento de manada para os jogos políticos.

Em 2015, o livro *Guerras híbridas: das revoluções coloridas aos golpes*,[91] de Andrew Korybko, traduzido para o português pela Expressão Popular, sistematizou os pontos em comum entre as diversas "revoluções coloridas".

Um dos diagramas mostra o funcionamento desses movimentos.

No comando da organização, há os ideólogos fornecendo o cimento que juntará todos os tijolos. Abaixo deles, os financiadores e o social – os institutos e ONGs que passaram a organizar movimentos jovens por vários países.

Essas ONGs, das quais a mais notória é a Atlas Network, monta treinamentos para jovens atuarem politicamente nas redes

---

91 KORYBKO, Andrew. *Guerras híbridas*: das revoluções coloridas aos golpes. São Paulo: Expressão Popular, 2018.

sociais e na vida real. A partir daí geram um conjunto de informações, fatos e teorias conspiratórias que alimentam a mídia.

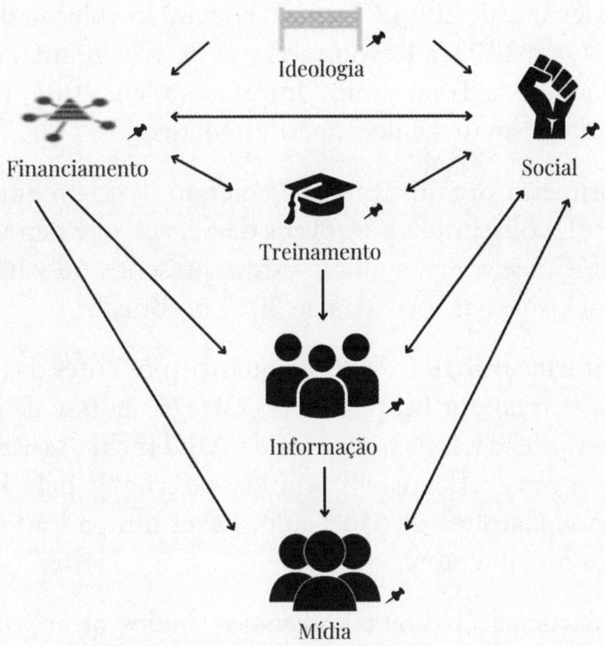

O símbolo de punho cerrado remete ao movimento original, que forneceu o *know how* e a inspiração para os demais: o Otpor!, sobre o qual se falará mais adiante.

Cada um desses núcleos possui um patrocinador. No caso brasileiro, em geral organizações norte-americanas. Depois, os chamados Tenentes/Assistentes – os movimentos tipo Vem Pra Rua, MBL, Passe Livre etc. Finalmente, os civis/simpatizante, na versão bolsonarista infestando as portas dos quartéis.

Se o Ministério Público Federal quiser sucesso em sua empreitada de investigar os sediciosos, tem que identificar os ideólogos (que articulam todas as peças do jogo) e os financiadores.

Peça 2 – a criação da tecnologia do golpe

A tecnologia das chamadas "revoluções coloridas" veio da Sérvia, no levante de 2000.[92] Depois, houve a Revolução das Rosas, na Geórgia, em 2003; a Revolução Laranja, na Ucrânia, em 2004, e a Revolução das Tulipas, no Quirguistão, em 2005, todas elas no rastro do desmanche do império soviético.

A primeira organização que emergiu dessas manifestações foi a Otpor!, constituída por jovens da Sérvia, que depois adotou o nome de Canvas. Seu símbolo esteve presente em vários movimentos, inclusive nas jornadas de 2013 no Brasil.

Conforme trabalho de 2009 (quatro anos antes das manifestações brasileiras) por Felipe Afonso Ortega, na tese de mestrado de relações internacionais "Cores da Mudança? As Revoluções Coloridas e seus reflexos em política externa"[93] pela Pontifícia Universidade Católica de São Paulo, havia um padrão comum a todos esses movimentos.

- Participação direta dos Estados Unidos, através do Departamento de Estado ou *think tanks*. Há uma divergência menor: se o apoio norte-americano (e europeu) foi essencial para o movimento, ou apenas ajudou a turbinar um descontentamento que já mobilizava a população.
- Adesão dos revoltosos aos Estados Unidos, Europa e OTAN.
- Ligações transnacionais entre todos esses movimentos.

---

92 GOLDSTONE, Jack A.; GRININ, Leonid, KOROTAYEV, Andrey. *Handbook of Revolutions in the 21st Century*. Cham: Springer, 2022.

93 ORTEGA, Felipe Afonso. *Cores da mudança?*: as revoluções coloridas e seus reflexos em política externa. São Paulo: Pontifícia Universidade Católica, 2009. (Dissertação de Mestrado).

- A utilização de eleições (nem sempre presidenciais) para contestar abertamente o governo e/ou o regime vigente.
- Uma grande participação popular, não apenas durante as eleições, mas também antes e, se necessário, após os processos de votação, para contestar possíveis fraudes.
- E uma mudança significativa de governo, às vezes acompanhada por mudança de regime.

O episódio brasileiro mais revelador foi a própria eleição de Bolsonaro. Nos primeiros meses de governo, além de um lambe-botas humilhante em relação aos Estados Unidos, vendeu a ideia da entrada do Brasil na OCDE (o grupo de países desenvolvidos), embora provavelmente não tivesse a menor ideia sobre o seu significado.

Mark Bessinger, professor de Princeton e um dos autores mais citados sobre o tema "primaveras", com o livro Structure and Example in Modular Political Phenomena: The Diffusion of Bulldozer/Rose/Orange/Tulip Revolutions Perspectives on Politics,[94] mencionou:

> O governo Americano gastou 65 milhões de dólares promovendo a democracia na Ucrânia nos anos imediatamente precedentes à Revolução Laranja. Em maio de 2005, Bush viajou para Tbilisi, onde caracterizou a Revolução das Rosas como um exemplo a ser seguido por todo o Cáucaso e pela Ásia Central. Sob a influência das comunidades da sociedade civil que elas servem e de seus financiadores governamentais (...), um grande número de ONGs americanas (Freedom House, National Endowment for Democracy, National Democratic Institute, International Republican Institute e a Fundação Soros) silenciosamente passaram a adotar modos mais confrontacionais de promover mudanças.

---

94 BEISSINGER, Mark R. "Structure and Example in Modular Political Phenomena: The Diffusion of Bulldozer/Rose/Orange/Tulip Revolutions". *Perspectives on Politics*, 2007.

Peça 3 – os *think tanks* no Brasil

Todas essas revoluções – incluindo as manifestações de 2013 no Brasil – tiveram apoio ostensivo de Institutos e ONGs norte-americanas.

Como foi dito, não significa necessariamente que o grupo original do Passe Livre tenha sido pau-mandado de ONGs externas. Mas, a partir de determinado momento, houve o apoio direto de agências de publicidade ligadas ao Partido Democrata e que se especializaram em aporte operacional a movimentos dessa ordem.

Antes mesmo de 2013, houve os primeiros ensaios, como o Movimento Cívico pelo Direito dos Brasileiros, conhecido como o "Cansei", organizado pelo então empresário João Dória Jr. Ou o Dia do Basta, em 2013.

A organização com maior penetração no país foi a Atlas Network, uma rede de *think tanks* americana canalizando recursos públicos do Departamento de Estado Norte-Americano e do National Endowment for Democracy (Fundação Nacional para a Democracia – NED) para estruturar, financiar e dar treinamento a uma série de afiliadas pelo mundo.

Os braços da Atlas Network no Brasil

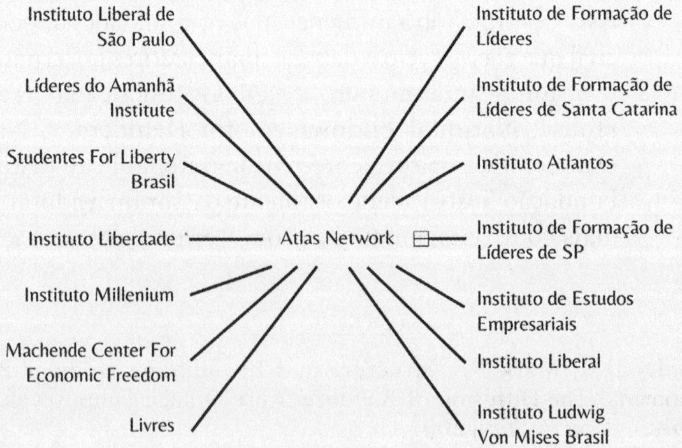

No Brasil, o principal ativista e o ponto de contato com esses *think tanks* é Winston Ling, herdeiro do grupo Olvebra, de uma família ligada a Chiang Kai-shek,[95] ex-Presidente chinês, um dos governos mais corruptos da história, derrubado por Mao Tse Tung. Com a queda, famílias como a Ling e a família Pih fugiram para o Brasil com parte do patrimônio acumulado.

Ling não se envolve diretamente nos negócios da família, é considerado um *bon vivant*. Seu feito empresarial mais conhecido foi ter adquirido os direitos do concurso Miss Brasil. Ele vive em Hong Kong, onde dirige a Ouray Iniciative, de defesa da autonomia da região.

---

95 Disponível em: https://qrcd.org/48M5.

XADREZ DA DISPUTA PELA OPINIÃO PÚBLICA

Peça 1 – o início do jogo político das redes sociais

As disputas pelo uso e controle das redes sociais começaram na campanha de Barack Obama para Presidente. O Partido Republicano recorreu a um movimento de *fake news* tendo como epicentro a Fox News, do australiano Rupert Murdoch.

Havia má vontade generalizada da imprensa corporativa em relação a Obama. Sua salvação foram grupos de voluntários que se organizaram nas redes, abrindo caminho para sua vitória.

Esses dois movimentos – o da ultradireita em torno dos *fake news* e o dos voluntários de Obama – geraram dois tipos de ativismo nas redes, que se espalharam por outros países:

1. O ativismo do chamado liberalismo-progressista, bancado por bilionários umbilicalmente ligados ao Partido Democrata, financiando grupos de mídia-ativistas em diversos países.

2. Na sequência, o ativismo dos algoritmos da Cambridge Analytica, que ajudou a eleger Donald Trump e se tornou a peça-chave na expansão da ultradireita mundial.

De certo modo, refletem a polarização entre o que passou a ser denominado de Neoliberalismo Progressista e Neoliberalismo Reacionário, ambos defendendo os princípios econômicos do ultraliberalismo, mas o primeiro procurando edulcorar-se com o politicamente correto.

Peça 2 – os bilionários do Partido Democrata

São curiosos os caminhos de aprendizado da comunicação nas redes sociais. Desde o fator Cambridge Analytica, o foco se concentrou na ultradireita, na máquina montada pelo Partido Republicado trumpista, através de Steve Bannon.

Mas o jogo dos bilionários é mais antigo. O *impeachment* foi possível com a mobilização estimulada por ONGs e associações diretamente financiadas pelos bilionários do Partido Democrata.

No início da década de 2010, os governos Lula-Dilma entraram na mira do Partido Democrata – cuja política externa era dominada por Hillary Clinton – devido à autonomia da diplomacia brasileira e à descoberta do pré-sal. Vários episódios ocorreram no período, como a espionagem de Dilma pela NSA, a denúncia de roubos de computadores da Petrobras, antes disso o papelão de Barack Obama pedindo a ajuda de Lula em um acordo com o Irã, e, depois, desmentindo.

A década de 1990 havia marcado o início da multiplicação de *blogs* por todos os países, fazendo o contraponto à mídia tradicional. Ao mesmo tempo, ficava cada vez mais nítido o poder gradativo de mobilização das bolhas de *internet.*

O primeiro movimento dos bilionários foi apoiar a construção de uma rede de sites e portais que pudessem não apenas denunciar *fake news* da ultradireita, como fazer o contraponto aos sites mais alinhados com a esquerda.

É nessa quadra que surgem os bilionários financiadores dessas iniciativas, entre os quais se destacaram George Soros, Pierre Omidyar (fundador do EBay, que banca o *The Intercept*), outros, através da Transparência Internacional. Eles financiam e influenciam um conjunto de novos personagens, focando nos jovens, mais suscetíveis à influência das redes sociais, e voltados para projetos de cunho social legítimos, a maioria bem-intencionada, mas ignorante em relação aos movimentos da geopolítica americana e aos interesses do grande capital.

São esses grupos que se tornam os principais estimuladores das campanhas de 2013 e das manifestações do *impeachment*. A ultradireita só entra em cena na fase final da Lava Jato e na campanha de Jair Bolsonaro.

Quando foram divulgados conteúdos da Operação Spoofing, há uma conversa entre o diretor da Transparência Internacional Brasil, Bruno Brandão, e Deltan Dallagnol:[96]

> "Tive boas notícias da Embaixada da Noruega e da Fundação Omidyar. Acho que vamos receber recursos 'não etiquetados' deles (não vinculados a projetos) e que poderíamos reverter uma parte para custear essa primeira etapa de preparação das 10 M+ (principalmente as viagens do comitê)", disse Bruno, em mensagens de 2 de março de 2017. Dallagnol, então, respondeu: "Manda ver Bruno".

Peça 3 – a rede de aliados

A estratégia dos chamados neoliberais progressistas foi relativamente simples. Há que se combater as *fake news* da direita mas, também, tirar da esquerda as grandes bandeiras humanistas e, principalmente, as críticas ao modelo econômico, criando uma

---

96 RIBEIRO, Jéssica. "Doações a ONG teriam sido usadas em campanha defendida por Dallagnol". *Metrópoles*, mai. 2024. Disponível em: https://tinyl.io/Asm1. Acessado em: 19.06.2024.

nova geração de "empreendedores sociais", capazes de mobilizar as sociedades emergentes contra as grandes injustiças, mas afastando da discussão qualquer tema de ordem econômica.

As injustiças passam a ser de responsabilidade objetiva de pessoas ou grupos, não do modelo econômico, da financeirização opressiva da economia e da concentração de riqueza.

Outra característica do modelo é o repertório de temas politicamente aceitos pela esquerda, embora nunca questionando o modelo econômico e, no meio, temas de interesse direto do Departamento de Estado e dos patrocinadores.

E o caso *The Intercept*, apoiando a guerra contra a Síria e tratando os *White Helmets*, ou Capacetes Brancos, como heróis.[97]

O ativismo político do *The Intercept* ficou nítido quando seu principal jornalista, Glenn Greenwald, pediu demissão depois de vetarem reportagem sua, mostrando as ligações da família Biden com o governo da Ucrânia.

Fenômeno semelhante ocorreu com a Pública. Ressalte-se que os temas tratados eram jornalísticos e traziam luz sobre desapropriações e maneiras de esconder a pobreza dos visitantes da Copa do Mundo.

Em 2013, a **Ag Pública** (*de jornalismo independente..*) recebeu USD 120 mil dólares do Luminate, que é um fundo de doação do globalista **Omidyar**, dono do **Intercept**. Aqui, uma seleção das matérias que ela produziu em 2013/14:

97 Disponível em: https://qrcd.org/47CS.

Peça 4 – a agência do Partido Democrata

A atuação dos bilionários tornou-se mais focada quando entrou em cena a Purpose, agência de *marketing* político, que se especializou em organizar, em países emergentes, movimentos em torno de bandeiras humanistas.

Seus proprietários, Jeremy Heimans e David Madden são também fundadores da Avaaz e GetUp. A Avaaz, site para produção de abaixo-assinados, foi bastante utilizado nas campanhas que antecederam o *impeachment* de Dilma.

A agência se apresenta como especializada em *marketing* político e tem relações estreitas com o Partido Democrata.

Diz em seu site:

> Usamos a mobilização pública e a narrativa para ajudar as principais organizações, ativistas, empresas e filantropias engajadas nessa luta, e criamos laboratórios de campanha e novas iniciativas que podem mudar políticas e narrativas públicas quando mais importa.

Em seu site há inúmeras iniciativas legítimas e, junto com elas, receitas para influenciar a política, como o projeto "Esmagar os intermediários", que supostamente ensinaria as pessoas a montar sua própria base de eleitores.

No site, ela se vangloria de ter sido retuitada por Hillary Clinton, a personalidade do Partido Democrata que mais se valia das redes sociais.

Peça 5 – as investidas do neoliberalismo-progressista

A partir de 2010, tornaram-se mais frequentes as investidas dos bilionários americanos ligados ao Partido Democrata. Surgiram movimentos como Meu Rio, Vem pra Rua, Anonymous e outros, bancados por personagens do mercado financeiro.

Foi a Purpose quem criou a ONG Meu Rio, elaborou a estratégia para as movimentações pelo Passe-livre, início das agitações que levaram, mais tarde, ao *impeachment* de Dilma. As principais estrelas do Meu Rio – como a Presidenta Alessandra Orofino, também funcionária da Purpose – foram recebidas pelos principais *think tanks* do *establishment* de Washington, incluindo o notório Atlantic Council e a Fundação Obama.

A primeira grande experiência de mobilização foram as marchas pelo passe-livre, planejadas pela Purpose.

A esses novos movimentos veio se somar a Transparência Internacional, trazida anos antes ao país pela ONG Amarribo – cujo fundador, Josimar Verillo, se valia da imagem anticorrupção para organizar lobbies em disputas comerciais.

Quando começaram as manifestações no Brasil, o Primeiro-Ministro da Turquia, Recep Tayyip Erdogan,[98] alertou para o jogo de desestabilização no Brasil, comparando aos protestos registrados na Turquia.

> "O mesmo jogo está sendo jogado sobre o Brasil. Os símbolos são os mesmos, os cartazes são os mesmos, Twitter, Facebook, são os mesmos, a mídia internacional é a mesma". Erdogan afirmou ainda que "eles estão fazendo o máximo possível para conseguir no Brasil o que não conseguiram aqui. É o mesmo jogo, a mesma armadilha, o mesmo objetivo".

É importante não expor todos os personagens generalizadamente a julgamentos morais, especialmente os jovens ativistas. As redes sociais inauguraram novas formas de linguagem e novas formas de participação política. Muitos jovens ativistas foram influenciados pelo discurso moralista, pelas bandeiras humanistas, pelos novos modelos de participação e, em alguns casos, pelas verbas gordas dos patronos. E, alguns, entregam trabalhos relevantes de denúncias.

---

98 OPERA MUNDI. "Erdogan: Brasil e Turquia são alvo de conspiração internacional". *Opera Mundi*, jun. 2013. Disponível em: https://qrcd.org/47CW. Acessado em: 07.05.2024.

PARTE VIII

A CONTRAVENÇÃO E O FINANCIAMENTO DA ULTRADIREITA

Há um ponto em comum entre a ultradireita, os setores que navegam nos limites da legalidade, as milícias e o mercado: nenhum gosta do Estado e das regulações impostas.

Ao coibir abusos, as regulações colidem com os negócios desse quarteto, motivo pelo qual, em muitas oportunidades, há pactos – como no governo Bolsonaro – entre eles.

Aqui, os principais financiadores internacionais da ultradireita, grupos que saíram na frente no domínio das novas ferramentas tecnológicas.

A INDÚSTRIA DE ARMAS

Peça 1 – a indústria de armas e a direita

O jogo da indústria de segurança com o esquema Bolsonaro ficou nítido no primeiro dia após as eleições, quando o Governador eleito do Rio de Janeiro, Wilson Witzel, e o segundo filho, Carlos Bolsonaro, anunciaram ida imediata a Israel para negociar a compra de drones assassinos.[99] A indústria de segurança de Israel tem uma longa tradição de corrupção com o Brasil, iniciada com a venda de equipamentos superfaturados para o governo Quercia.

Dois *tweets* dos inenarráveis irmãos Bolsonaro – Eduardo e Carlos – reforçavam esse tema, que tem sido pouco abordado nas análises políticas: a parceria da indústria de armas com a ultradireita mundial. E mostravam como os profissionais deitaram e rolaram em torno do suposto lobby dos Bolsonaro pela Taurus, empresa brasileira. O buraco era bem mais acima.

O primeiro *tweet*, de Eduardo, citando o irmão Carlos, a respeito das divisões da ultradireita com fabricantes de armas.

---

99 G1. "Witzel vai a Israel conhecer drones que atiram e tecnologia de reconhecimento facial". *G1*, dez. 2018. Disponível em: https://goo.gl/tK4XfK. Acessado em: 08.05.2024.

Com a naturalidade de quem discute futebol, Carlos denuncia os "fanfarrões" que fazem propaganda da Taurus, mas usam Glock. Quando denunciados, o que fazem os fanfarrões? "Dizem que estamos dividindo a direita!" O *tweet* é de 1º de novembro de 2017.

O segundo *tweet*, de 17 de janeiro de 2017, mostra o estreitamento de relações de Eduardo Bolsonaro, com a influente NRA, a Associação Nacional de Rifles dos Estados Unidos, quando se preparava para a campanha eleitoral.

De fato, no dia 11 de junho de 2018, Bolsonaro já mostrara que haviam frutificado suas relações com a NRA. Anunciou que, se eleito, acabaria com o monopólio da Taurus, alterando o artigo 190 do Decreto 3.665, de 2000, sobre produtos controlados. Dizia o decreto: "o produto controlado que estiver sendo fabricado no país, por indústria considerada de valor estratégico pelo Exército, terá a importação negada ou restringida".

No dia 10 de novembro de 2018, o site da America's 1st Freedom, da NRA, dizia:[100] "Tiremos o chapéu para Bolsonaro por ver a situação pelo que realmente é".

Um ano antes, em 2017, Jair e Eduardo Bolsonaro foram recebidos com todas as poompas pela NRA, conforme reportagem da Bloomberg:[101]

> Enquanto estavam lá, eles experimentaram uma AK-47 e outras armas de assalto. Depois, Eduardo, vestindo uma camiseta "F — ISIS", segurou cartuchos de grande calibre para a câmera e expressou consternação por eles poderem "ter um problema" se tentassem trazer a munição para o Brasil.

---

100 AMERICA'S 1FIST FREEDON. "Brazil Recognizes Fallacy of Gun Control". *America's 1fist Freedon*, nov. 2018. Disponível em: https://goo.gl/F7mkKV. Acessado em: 08.05.2024.

101 BLOOMBERG. "NRA Goes International in Its Mission to Defend Guns". *Bloomberg*, jan. 2019. Disponível em: https://goo.gl/KWcMhy. Acessado em: 08.05.2024.

Peça 2 – como funciona a NRA

Mas, afinal, o que vem a ser a NRA?

Foi fundada há 148 anos em, Nova York, por dois veteranos do Exército. Sua missão original seria "uma associação que representa apenas cidadãos individuais".

Nos últimos anos, seu perfil se alterou radicalmente. Passou a ser bancada por fabricantes de armas de outros países, que exportam para os Estados Unidos; e fabricantes norte-americanos, que buscam novos mercados. De 2010 a 2016, as exportações de revólveres, rifles e espingardas para uso civil aumentaram 60%. Tornou-se o grande negócio da indústria de armas dos EUA e de seu lobby, a NRA.

E aí, a NRA passou a entrar em conflito com interesses nacionais. Em 2014, criticou o Departamento de Tesouro por incluir a Kalashnikov Concern, fabricante da AK-47, nas retaliações à Rússia pela invasão da Ucrânia.

Quando apareceram suas investidas na Austrália, Rússia e Brasil, passou a ser questionada pela imprensa norte-americana, sobre quais interesses representaria.

Lembrou-se que em março de 2000, quando o governo Clinton anunciou um acordo histórico com a Smith & Wesson, para que incluísse dispositivos de segurança nas armas curtas – que não dispararia sem a impressão digital do proprietário – a NRA foi contra a estimulou a entrada, no país, da Beretta USA Corp, controlada pela italiana Beretta.[102]

Uma de suas ações mais ostensivas foi na divulgação da austríaca Glock – a preferida dos Bolsonaro. A empresa produziu

---

102 BLOOMBERG. "NRA Goes International in Its Mission to Defend Guns". *Bloomberg*, jan. 2019. Disponível em: https://goo.gl/KWcMhy. Acessado em: 08.05.2024.

um vídeo para celebrar sua entrada nos EUA. No final, há uma mensagem de Wayne LaPierre, o Presidente da NRA.

A reportagem da Bloomberg, sobre a internacionalização da NRA, lembrava que EUA e Brasil têm coisas em comum: ocupam o primeiro e o segundo lugar no número de cidadãos mortos a cada ano. E informava que Bolsonaro utilizava, na sua campanha, os mesmos argumentos da NRA.

Peça 3 – a crise do lobby

A vida da NRA começou a complicar após um dos massacres escolares nos EUA.

Em 2017, levantou US$ 312 milhões em contribuições dos fabricantes de armas, mas significou uma queda de 15% em relação a 2016. Mesmo assim, investiu US$ 55,6 milhões nas eleições, dos quais US$ 30 milhões em apoio a Donald Trump.

Quando explodiu o escândalo da interferência russa nas eleições norte-americanas, a agente russa Butina, em sua delação, informou que sua missão era encontrar americanos politicamente influentes infiltrando-se em uma "organização de defesa dos direitos das armas". Justamente, a NRA.

O pior estava por vir.[103]

A NRA foi alvo de uma campanha pesada do Governador democrata de Nova York, Andrew Cuomo. A revelação das ligações com os russos ajudou a cortar os laços da NRA com a mídia norte-americana. Sem a retaguarda da mídia, e com o aumento das ações judiciais, as seguradoras passaram a ter receio de *negociar* com a NRA. O lobby vendia um seguro de responsabilidade civil

---

103 RIOTTA, Chris. "NRA is in deep financial trouble and may soon 'be unable to exist'". *The Independent*, ago. 2018. Disponível em: https://qrcd.org/3ejA. Acessado em: 08.05.2024.

para os associados, para cobrir atos de transgressão intencional. Mas constatou-se que usava uma apólice de seguro ilegal, o que lhe custou uma multa de US$ 7 milhões e aumentou o seu descrédito. Reguladores financeiros de NY investiram contra a NRA, espalhando o boicote pelo setor financeiro.

A reação da NRA foi um vídeo ameaçando a mídia tradicional. Mostrava um homem destruindo uma televisão com uma marreta, em resposta às supostas notícias falsas. A apresentadora no canal da NRA usa uma camiseta com o slogan "Lágrimas Socialistas". O vídeo foi visto 200 mil vezes.

Dois dias depois, aconteceu a tragédia na Flórida, com 17 alunos de uma escola secundária assassinados por um colega armado.

Associações contra as armas publicaram um anúncio de duas páginas no New York Times, denunciando 276 políticos financiados pela NRA. Ao lado, foto das crianças que deixaram a escola Marjory Stoneman Douglas durante o tiroteio. E as palavras de David Hogg, sobrevivente de 17 anos: "Nós somos as crianças. Vocês são os adultos... façam alguma coisa".

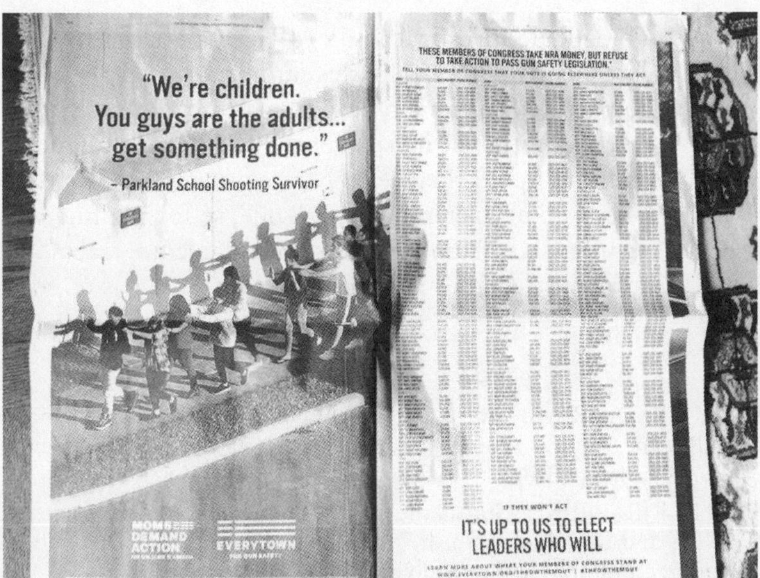

Peça 4 – vá atrás do dinheiro

A decisão de Jair Bolsonaro, de revogar o estatuto do desarmamento, e escancarar o mercado para importações de armamentos, atendeu a todas as demandas da NRA.

E, aqui como por lá, recorreu-se a toda sorte de notícias falsas, como na inacreditável entrevista de Onix Lorenzoni à Globonews, comparando acidentes com armas a liquidificadores, manipulando estatísticas, distorcendo conclusões. Ou na entrevista de Sérgio Moro, procurando legitimar as barbaridades do governo Bolsonaro. Um autêntico circo romano, sangrento e irresponsável.

O portal Pesquisadores Globais Contra o Fascismo fez um levantamento minucioso sobre as relações da NRA com o bolsonarismo.

Quem apresentou os Bolsonaro a Donald Trump, e aos sheiks dos Emirados Árabes foi o lutador Royce Gracie.[104] O trabalho mostra como a NRA aproximou políticos de direita da Australia e Brasil aos irmãos Kock, financiadores da ultradireita.[105]

> Unidade de Investigação da Al Jazeera documentou como os executivos da NRA se reuniram com representantes do partido australiano de extrema-direita One Nation em Fairfax, Virgínia, na sede da NRA. Os australianos procuravam apoio financeiro para as suas próximas eleições federais e prometeram à NRA que, se fossem financiados e ganhassem alguns assentos no Parlamento, trabalhariam arduamente para suavizar o controlo de armas no seu país

---

104 SEEING RED. "Royce Gracie, the Man Who Introduced the Bolsonaros to the NRA and Donald Trump, Jr.". *Seeing Red*, mar. 2022. Disponível em: https://tinyurl.com/3fbtj4v4. Acessado em: 08.05.2024.

105 SEEING RED. "Royce Gracie, the Man Who Introduced the Bolsonaros to the NRA and Donald Trump, Jr.". *Seeing Red*, mar. 2022. Disponível em: https://qrcd.org/48MA. Acessado em: 08.05.2024.

> e facilitar o acesso dos civis às armas. Além de oferecer alguma orientação na estratégia de comunicação, a NRA encaminhou os políticos para as Indústrias Koch. Eles foram recebidos pela Diretora de Assuntos Federais da empresa, Catherine Haggett, com quem discutiram abertamente o apoio financeiro e a necessidade de vencer as eleições para combater a influência socialista na Austrália. A Al Jazeera investigou a ligação entre a NRA e o grupo australiano de extrema direita de 2016 a 2018.

A reportagem avança no financiamento de campanha de Bolsonaro e nas relações com Steve Bannon:

> Gracie apresentou Eduardo Bolsonaro a Donald Trump Jr. durante o mandato presidencial de Trump, em Las Vegas, em janeiro de 2018, quando a família Bolsonaro visitou novamente o Shot Show. Presumivelmente, Donald Trump Jr. foi a pessoa que apresentou (ou recomendou) Steve Bannon a Eduardo Bolsonaro no final daquele mesmo ano e Steve Bannon também estão ligados à NRA: Steve Bannon administrou a campanha de Donald Trump em 2016, quando a NRA doou milhões de dólares. Eduardo Bolsonaro desenvolveu relações com Steve Bannon e Donald Trump Jr.

XADREZ DE COMO OS CASSINOS FINANCIARAM A ULTRADIREITA

Ao permitir o advento de Jair Bolsonaro, a Lava Jato jogou o país em um novo estágio da corrupção. Bolsonaro significava não apenas a ascensão das milícias e dos grupos internos de contravenção, mas um ponto central no avanço do crime organizado internacional.

Ainda é pouco analisada o papel dessas organizações no financiamento e na expansão da ultradireita internacional.

A declaração do Ministro da Economia, Paulo Guedes, de autorizar a abertura de cassinos no país foi um dos capítulos centrais dessa articulação internacional. Tratava-se de um negócio que está sendo articulado pela família Bolsonaro. A intervenção de Guedes visava apenas dar institucionalidade a uma jogada comercial.

Entenda o jogo.

Peça 1 – a máfia das loterias

Jogos e cassinos têm uma ligação histórica com a máfia e com a contravenção.

Nos Estados Unidos, Las Vegas foi construída pelos grupos da máfia. Na Europa, máfias italiana, francesa e espanhola disputavam o controle dos jogos e dos cassinos. No Brasil, desde o Império o crime organizado dominou o jogo do bicho e, depois, os bingos e máquinas caça-níqueis. E não apenas pela exploração da compulsão dos usuários por jogos de azar, mas porque se prestam perfeitamente à lavagem de dinheiro e ao fluxo de narcotráfico.

O primeiro grupo internacional a investir pesadamente no país foi a Gtech, ligada à máfia de Las Vegas. Entrou pela porta da Caixa Econômica Federal, na gestão Danilo de Castro, no governo Itamar Franco. Danilo afastou a estatal Datamec e contratou os serviços da Racimec,[106] empresa nacional, mas que já tinha, por trás, a Gtech.

O prestígio da Gtech podia ser medido pela influência do seus lobistas, dentre os quais Rick Davis, gerente da campanha de John McCain, candidato republicano à presidência dos Estados Unidos. Ela cuidava também da loteria estadual do Texas quando Bush Filho governava o Estado.[107]

O contrato da Racimec passou pelo governo Itamar e se consolidou no governo Fernando Henrique Cardoso, graças às benesses garantidas pelo Presidente da CEF Sérgio Cutollo, mesmo contra pareceres técnicos desaconselhando o novo contrato.

Com a entrada do PT, o bicheiro goiano Carlinhos Cachoeira se aproximou de Rogério Buratti, da República de Ribeirão Preto, liderada por Antônio Palocci, e ofereceu seus préstimos para a renovação do contrato da Gtech no valor de US$ 130 milhões.[108]

---

106 NASSIF, Luís. "A proposta indecorosa de legalizar o jogo". *Jornal GGN*, set. 2022. Disponível em: https://qrcd.org/48MB. Acessado em: 08.05.2024.

107 NASSIF, Luís. "As redes da GTech, maior empresa de loteria do mundo". *Jornal GGN*, abr. 2012. Disponível em: https://qrcd.org/48MC. Acessado em: 08.05.2024.

108 NASSIF, Luís. "Passos de Cachoeira... na Itália". *Jornal GGN*, mai. 2022. Disponível em: https://qrcd.org/48MD. Acessado em: 08.05.2024.

O plano de Cachoeira era uma parceria com a Gtech para dominar o mercado de apostas *on-line*. Ele já havia feito as primeiras incursões, estendendo suas atividades para Minas Gerais, Rio Grande do Sul, Paraná e Rio de Janeiro.

Desde o início, Cachoeira contou com a parceria da revista *Veja* – que o livrou de uma CPI da Assembleia Legislativa do Rio de Janeiro detonando o deputado que a propôs. E depois se tornaria sua parceira preferencial em um sem-número de escândalos visando afastar competidores de Cachoeira.

A manobra não deu certo, provavelmente bloqueada pelo então Presidente da CEF, Jorge Matoso – posteriormente sacrificado injustamente no episódio em que Palocci conseguiu quebrar o sigilo do caseiro da tal República de Ribeirão.

Cachoeira perdeu uma quantia calculada em R$ 50 milhões. Em represália, divulgou o vídeo com Valdomiro Diniz, primeira trinca grave na imagem do governo Lula.

Logo após o *impeachment*, aproveitando o quadro inicial de terra arrasada, Temer e seu grupo tentaram aprovar a legalização do jogo e a privatização dos jogos *on-line*, a Lotex. Não teve tempo de consumar a jogada.

MUITAS EMPRESAS INTERESSADAS

Confirmadas as datas e cidades para os "road shows" da LOTEX

Membros do BNDES e do Ministério da Fazenda devem informar aos representantes das empresas interessadas as vantagens e obrigações do negócio de loteria instantânea. Para isso, já estão definidas as datas e os lugares dos Road Shows: 28 e 29 deste mês serão em Londres, 2 e 3 de outubro, em Las Vegas e no dia 6, o encontro esta marcado para o Rio de Janeiro. Gigantes do mercado como IGT, Scientfic Games e Pollard participaríam.

T- T+ Enviar Impressão quinta-feira, 14 de setembro de 2017

Peça 2 – a frente fascista e o negócio dos cassinos

Por seu lado clandestino, de flertar com os limites da contravenção, o jogo sempre necessitou de blindagem política, razão para ter se tornado grande financiador de políticos em vários países.

Em São Paulo, década e meia atrás, o bingo bancava deputados, que retribuíam influenciando na indicação de delegados para delegacias chave do jogo. Antes disso, a carreira do então deputado constituinte Michel Temer foi pavimentada pelo jogo de bicho, aliança que ele montou quando Secretário de Segurança de Franco Montoro.[109] No Rio de Janeiro, os grandes bicheiros sempre mantiveram suas bancadas políticas. Nos Estados Unidos, sempre houve o financiamento de campanha do jogo.

Com o avanço da *internet*, os diversos braços do crime organizado perceberam um mercado político promissor na aliança com os grupos de ultradireita que ascendiam nas diversas partes do planeta.

Hoje em dia, o avanço da ultradireita mundial está fundado em uma rede de negócios articulada diretamente pelo então Presidente norte-americano Donald Trump. É o que explica a aproximação de Trump com a Arábia Saudita em detrimento do aliado histórico Canadá. Essa frente político-empresarial fomenta intolerância, golpes na democracia, com a intenção de consolidar alianças políticas que abram espaço para seus negócios. O alerta foi do candidato democrata Bernie Sanders, em artigo no The Guardian.[110]

---

109 NASSIF, Luís. "Relembre o Xadrez da política, do crime e da contravenção". *Jornal GGN*, fev. 2018. Disponível em: https://qrcd.org/48ME. Acessado em: 08.05.2024.

110 SANDERS, Bernie. "A new authoritarian axis demands an international progressive front". *The Guardian*, set. 2018. Disponível em: https://qrcd.org/48MF. Acessado em: 08.05.2024.

> Já deve estar claro que Donald Trump e o movimento de direita que o apoia não são um fenômeno exclusivo dos Estados Unidos. Em todo o mundo, na Europa, na Rússia, no Oriente Médio, na Ásia e em outros lugares, vemos movimentos liderados por demagogos que exploram os medos, preconceitos e queixas das pessoas para alcançar e manter o poder.
>
> (...) Além da hostilidade de Trump em relação às instituições democráticas, temos um presidente bilionário que, de uma maneira sem precedentes, incorporou descaradamente seus próprios interesses econômicos e de seus companheiros nas políticas do governo.
>
> (...) Devemos entender que esses autoritários fazem parte de uma frente comum. Eles estão em estreito contato, compartilham táticas e, como no caso dos movimentos de direita e europeus e americanos, compartilham até alguns dos mesmos financiadores. A família Mercer, por exemplo, apoiadores da infame Cambridge Analytic, foi a principal patrocinadora do Trump e do Breitbart News, que opera na Europa, Estados Unidos e Israel para promover a mesma agenda anti-imigrante e anti-muçulmana. O megadoador republicano Sheldon Adelson doa generosamente a causas de direita nos Estados Unidos e Israel, promovendo uma agenda compartilhada de intolerância e iliberalismo em ambos os países.

Um dos braços dessa ofensiva é a indústria de armas, que teve nos Bolsonaro sua porta de entrada no Brasil.[111] Outra, foi a indústria dos cassinos sediada em Las Vegas, campo explorado, aliás, pelo empresário Donald Trump.

---

111 NASSIF, Luís. "Xadrez da indústria de armas e o financiamento da direita, por Luís Nassif". *Jornal GGN*, jan. 2019. Disponível em: https://qrcd.org/48MG. Acessado em: 08.05.2024.

Peça 3 – o encontro de Bolsonaro com Trump

Em uma das primeiras visitas de Bolsonaro a Trump, na Casa Branca, um dos temas tratados foi o da legalização dos cassinos no Brasil. Poucos dias depois, o Ministro do Turismo anunciou que o governo iria propor no Congresso Nacional um debate sobre cassinos integrados a resorts – justamente o modelo de Sheldon Adelson, Presidente da Las Vegas Sand Corporation.

Em setembro de 2019, Sheldon foi visitado pelo Presidente da Embratur, Gilson Machado Neto.[112] Em janeiro, recebeu o empresário-chefe do esquema Bolsonaro, Flávio Bolsonaro, acompanhado do Presidente da Embratur.

Tratou-se de uma demanda negociada diretamente por um filho de Bolsonaro, o representante empresarial da família. A apresentação da proposta, por Paulo Guedes, foi apenas uma troca de favores, visando reduzir as suspeitas sobre as articulações, já que Sheldon era um dos principais articuladores do grande pacto de negócios que unia a ultradireita mundial.

Peça 4 – a rede mundial da contravenção

O governo Bolsonaro desarmou, uma a uma, as restrições regulatórias em todos os campos de atuação das milícias e das máfias internacionais. Todas suas intervenções econômicas visavam atender interesses de negócio de seu entorno. A legalização dos cassinos foi apenas o último passo nessa escalada de parcerias com o submundo empresarial.

---

112 MAZZI, Leandro. "Presidente da Embratur se reúne com Sheldon Adelson em Las Vegas". *Esplanada*, set. 2019. Disponível em: https://qrcd.org/48MH. Acessado em: 08.05.2024.

1 – No campo interno, flexibilizou s regras das vaquejadas.

2 – Tomou decisões e mostrou proximidade com a indústria do lixo, um dos campos preferenciais de atuação da máfia.

3 – A autorização para garimpo em terras indígenas, beneficiando não apenas garimpeiros, mas grupos americanos diretamente ligados a Trump.

4 – O desmonte do Inmetro, favorecendo a indústria de sonegação de combustíveis.

5 – A tentativa de interferir na fiscalização do porto de Itaguaí, porta de entrada do contrabando de armas.

6 – A facilitação da importação de *jet skis*.

Posteriormente, tentou-se transformar Angra dos Reis em uma nova Cancun. Os Bolsonaro tentaram obter investimentos de fundos soberanos da Ásia e houve uma invasão de Angra por milicianos adquirindo imóveis.

AS ONGS CONSERVADORAS E A INDÚSTRIA DA MINERAÇÃO

Um pequeno Xadrez para entender o papel das ONGs conservadores norte-americanas nas investidas anti-ambientalistas no Brasil.

Peça 1 – as ONGs libertarianas

No dia 24 de setembro de 2008 foi fundada a organização Studentes For Liberty, em um Congresso na Columbia University.

Os financiadores eram empresários do ramo de petróleo, como os irmãos Charles e David Koch, proprietários de refinarias, oleodutos. A ideia surgiu em fevereiro de 2008, em um encontro da fundação Koch que juntou cem bolsistas de 42 escolas em três países.

Os Koch foram os principais financiadores dos movimentos conservadores norte-americanos, criando um tal Partido Libertariano.

Desde os anos 1980, a plataforma do tal partido era a seguinte:

- revogação das leis federais de financiamento de campanhas políticas;
- privatização dos Correios;
- contra qualquer forma de tributação de pessoas e empresas;
- a favor de revogação de todas as leis de proteção ao trabalho, como a do salário mínimo;
- o fim das escolas públicas, porque "conduzem à doutrinação das crianças e interferem na escolha dos indivíduos";
- a privatização das ferrovias e das estradas públicas;
- fim de todos os subsídios, inclusive aqueles voltados para as crianças.

Finalmente, defendem o fim da Agência de Proteção Ambiental.

Em 2011, o grupo já controlava 425 grupos de estudantes em todo mundo.

Essas ONGs libertárias se juntaram em torno da Atlas Network,[113] uma organização de preparação de jovens lideranças atuando em mais de 90 países.

113 Disponível em: https://qrcd.org/48ML.

Em 2012, a Atlas Network organizou e financiou em Petrópolis um encontro que deu origem ao Estudantes Pela Liberdade no Brasil.

O site da Atlas apontava o MBL (Movimento Brasil Livre) como parceiro no Brasil, adiantando que muitos membros do MBL passaram pelo principal programas de treinamento da Atlas Network, o Atlas Leadership Academy, "e agora estão aplicando o que aprenderam no terreno em que vivem e trabalham". Um dos pontos de convergências dessas ONGs conservadores é a negação da teoria do aquecimento climático. Grupos como os Koch, os Mercer, o Cato Institute, a Heritage Foundation e a Federalist Society. Esse movimento recuou no governo Obama, mas voltou forte com Trump.

Quatro dias depois de assumir a presidência, Trump assinou decretos autorizando os oleodutos Keystone XL e Dakota Access Pipeline, que sofriam fortes críticas dos preservacionistas.

Em junho, Trump anunciou planos para retirar os Estados Unidos do Acordo Climático de Paris.[114] Em outubro, a EPA propôs a revogação do Plano de Energia Limpa,[115] a única política importante do governo federal para reduzir as emissões de gases do efeito estufa.

Como observou uma reportagem do Huffington Post,

> os movimentos marcam o primeiro passo sério do novo presidente para reverter os ganhos ambientais de seu antecessor em favor de sustentar uma indústria de petróleo

---

114 KAUFMAN, Alexander C. "Donald Trump Pulls U.S. Out Of Paris Accord In Crushing Blow To Climate Fight". *Huffpost*, jun. 2017. Disponível em: https://qrcd.org/47qn. Acessado em: 08.05.2024.

115 KAUFMAN, Alexander C. "Donald Trump Pulls U.S. Out Of Paris Accord In Crushing Blow To Climate Fight". *Huffpost*, jun. 2017. Disponível em: https://qrcd.org/47qp. Acessado em: 08.05.2024.

e gás perseguida pelos baixos preços, a concorrência da energia renovável e as regulamentações que visam reduzir as emissões de carbono. Os republicanos, que forçaram Obama a dar luz verde a ambos os oleodutos, saudaram as ordens como uma vitória.

Peça 2 – a Amazônia e o conceito de soberania nacional

Leia, primeiro, o artigo de William Nozaki sobre o papel estratégico da Amazônia na indústria petrolífera mundial.[116] Nele se verá que a indústria do petróleo identificou boa potencialidade na exploração do petróleo na região.

Depois, o artigo do Shephen Walt,[117] professor de relações internacionais da Universidade de Harvard, para o Foreign Policy. Conclui ele:

> Eis o que acho que sei, no entanto: num mundo de Estados soberanos, cada um fará o que deve para proteger seus interesses. Se as ações de alguns Estados estão pondo em perigo o futuro de todo o resto, a possibilidade de confrontos sérios e possivelmente de sérios conflitos vai aumentar. Isso não torna o uso da força inevitável, mas esforços mais sustentados, enérgicos e imaginativos serão necessários para evitá-lo.
>
> Não se trata propriamente de um risco imediato. Mas mostra as modificações que estão ocorrendo na jurisprudência internacional sobre o conceito de soberania nacional.

---

116 NOZAKI, William. "A nova geopolítica do petróleo no século XXI". *Le Monde Diplomatique Brasil*, dez. 2018. Disponível em: https://qrcd.org/47qg. Acessado em: 08.05.2024.

117 JORNAL GGN. "Com força ou sanções econômicas, potências poderiam intervir no Brasil por Amazônia, diz professor de Harvard". *Jornal GGN*, ago. 2019. Disponível em: https://qrcd.org/47qi. Acessado em: 08.05.2024.

Esses conceitos já haviam sido modificados pelas leis anticorrupção adotadas no âmbito da OCDE e do Congresso americano, especialmente a questão da jurisdição, pelos quais cada país seria responsável pela apuração dos crimes cometidos em seu território. Antes dele, apenas os crimes contra a humanidade ficavam sujeitos a tribunais internacionais.

Agora, começam a entrar os crimes ambientais. E há tempos, sendo considerada pulmão do mundo, há uma atenção especial ao que ocorre com a Amazônia.

Há meses pipocaram alertas sobre os riscos que o país corria caso perdesse o selo verde, de boas práticas ambientais.[118]

Em um primeiro momento, a questão da sustentabilidade influencia o comércio e os investimentos internacionais. Em um segundo momento, poderá dar margem a interferências mais agudas.

Não por outro motivo, naquele período de 2019, militares ligados ao governo começaram a divulgar estudos preparados pelos setores de inteligência das Forças Armadas, sobre a estrutura de missões americanas no entorno da Amazônia.

Os radares dos militares identificaram *cumulus nimbus* no horizonte. Porque não se parou o Bolsonaro.

Sua intenção não era minimizar os riscos futuros, reduzindo o desmatamento, mas entregar a Amazônia para madeireiros, pecuaristas, garimpeiros e crime organizado.

---

118 ARAUJO, André Motta. "O 'Selo Verde' e o futuro do Brasil, por André Motta Araujo". *Jornal GGN*, jun. 2019. Disponível em: https://qrcd.org/48MM. Acessado em: 08.05.2024.

Peça 3 – a lógica anti-ambiental de Bolsonaro

No "Xadrez de Moro, Dallagnol e Bolsonaro, e a busca do inimigo externo",[119] tentei explicar a lógica de Bolsonaro com a Amazônia: a intenção objetiva de atrapalhar o tratado Mercosul-União Europeia para atender aos interesses específicos de Donald Trump.

Ao definir privilégios comerciais para a União Europeia, o Tratado poderia prejudicar um futuro acordo de livre comércio com os Estados Unidos.

Como o tratado impunha restrições ambientais ao Brasil, o caminho encontrado por Bolsonaro consistiu em um conjunto de declarações anti-ambientais, culminando com o dia do incêndio na Amazônia. As últimas informações reforçam essa hipótese, com um agravante: a Amazônia está no preço da eleição.

A eleição de Bolsonaro foi lastreada em grupos conservadores americanos ligados a Donald Trump, tanto no apoio direto, como dos movimentos que surgiram no bojo das redes sociais, como o Movimento Brasil Livre e o Endireita Brasil.

Kim Kataguiri, do MBL, foi indicado por Rodrigo Maia, Presidente da Câmara, como relator da Lei Geral de Licenciamento Ambiental (PL 3.729/2004). Foi acusado por ONGs ambientais de ter apresentado um substitutivo de última hora que desmontava o sistema de licenciamentos no país.[120]

A ONG SOS Mata Atlântica escreveu:

---

119 NASSIF, Luís. "Xadrez de Moro, Dallagnol e Bolsonaro, e a busca do inimigo externo, por Luís Nassif". *Jornal GGN*, out. 2020. Disponível em: https://qrcd.org/47qj. Acessado em: 08.05.2024.

120 O GLOBO. "Ambientalistas criticam Kataguiri por PL que muda licenciamento ambiental". *O Globo*, ago. 2019. Disponível em: https://qrcd.org/48MO. Acessado em: 08.05.2024.

> A nova versão traz graves retrocessos, como a exclusão de impactos "indiretamente" causados por obras, dispensadas de licenciamento para atividades de "melhoria" e "modernização" de infraestrutura de transportes e a eliminação da avaliação de impactos sobre milhares de áreas protegidas.

Peça 4 – o lobby do Partido Republicano

The Intercept publicou reportagem[121] mostrando a montagem de lobbies, ligados ao Partido Republicano, visando cooptar empresas americanas para projetos na Amazonia, combinados com o governo Bolsonaro.

> Documentos revelam que esses interesses estão sendo incentivados nos EUA por lobistas republicanos favoráveis ao governo Trump, que iniciaram conversas com o governo brasileiro para promover o investimento empresarial na Amazônia.

Porta-vozes do governo Bolsonaro anunciaram[122] a criação de um grupo de trabalho com os Estados Unidos, visando desenvolver uma política ambiental conjunta. O Brasil foi salvo pela desorganização administrativa que marcou o governo Bolsonaro.

Peça 5 – os riscos à soberania nacional

Trump passa, os avanços ambientais permanecem. Entrando nesse jogo com a parte mais barra pesada do empresariado

---

121 FANG LEE. "Lobistas do partido republicano ajudam o brasil a recrutar empresas dos eua para explorar a amazônia". *Intercept Brasil*, ago. 2019. Disponível em: https://qrcd.org/47qq. Acessado em: 08.05.2024.

122 OLIVEIRA, Eliane. "Brasil quer construir uma nova proposta de política ambiental com os Estados Unidos". *O Globo*, ago. 2019. Disponível em: https://qrcd.org/47qs. Acessado em: 08.05.2024.

norte-americano, havia o risco concreto dessa armação se esboroar nas próximas eleições.

Tardiamente, os militares de Bolsonaro tentaram recriar o conceito de defesa nacional em torno da bandeira Amazônia. Foram incapazes de prevenir a venda da Embraer, o desmonte da Petrobras, as jogadas com Eletrobras, todas empresas centrais dentro do conceito de soberania nacional.

Provavelmente só entenderão o risco de uma Amazônia devastada quando a conta bater novamente à porta, e os Bolsonaro não passarem de um pesadelo distante.

Trata-se de um poder que não assimilou conceitos básicos de soberania e interesse nacional.

PARTE IX

O DOJ E AS TÉCNICAS DA ANTICORRUPÇÃO

O início da tecnologia de investigações utilizada pela Lava Jato – e por Ministérios Públicos de várias partes do mundo – foi desenvolvido na Seção de Integridade Pública do Departamento de Justiça dos Estados Unidos, para investigar crimes corporativos.

Os procuradores incorreram em uma série de abusos que liquidaram com empresas e direitos individuais..

Depois, exportaram para outros países, através de parcerias com Ministérios Públicos e sistemas judiciais.

A SEÇÃO DE INTEGRIDADE PÚBLICA DO DOJ: O OVO DA SERPENTE

Há um ponto em comum entre a Lava Jato, a prisão de diretores da Alstom na França, do Presidente da Samsung, na Coreia, e a diretoria da FIFA (Federação Internacional de Futebol) na Suiça. Foi a atuação do Departamento de Justiça dos Estados Unidos, quando descobriu que a bandeira da anticorrupção poderia ser uma poderosa arma geopolítica.

Peça 1 – o DoJ e a Seção de Integridade Pública

A origem dos abusos judiciais, que se tornaram recorrentes na Lava Jato, está na Seção de Integridade Pública do Departamento de Justiça dos Estados Unidos, especializada em investigar crimes de autoridades públicas.

A seção tem cerca de 36 procuradores, encarregados de supervisionar e aconselhar os processos de governadores, prefeitos e legisladores, com ampla autoridade dada pelo Departamento de Justiça, para garantir blindagem contra interferências políticas.

Os métodos empregados pelo DoJ foram integralmente copiados pela Lava Jato, mostrando a eficácia dos cursos bancados pelo Departamento de Justiça para juízes e procuradores brasileiros.

Dentre eles, o mais ostensivo é o procurador Andrew Weismann, que participou de todas as grandes investigações corporativas, incluindo a Petrobras.

Com licença para matar a Seção de Integridade Pública, com respaldo todo do DoJ, desenvolveu uma série de técnicas, amplamente incorporada pela Lava Jato.

Os princípios abaixo foram compilados de uma apresentação de Rush Limbaugh, o "Doutor Democracia", âncora bem conhecido nos Estados Unidos (seu programa The Rush Limbaugh Show, é transmitido por mais de 600 emissoras, com uma audiência de 27 milhões de pessoas por semana).

1. Harmonia entre Juiz e Procurador

Tem que haver uma perfeita harmonia entre juiz e procurador. Diz ele que nos Tribunais Federais, os procuradores têm controle total sobre o processo, desequilibrando totalmente as possibilidades da defesa.

2. Uso da imprensa

Tem que haver o uso eficiente da imprensa, usando a credibilidade natural da instituição e consolidando a narrativa dos procuradores, prevalecendo-se do fato de terem acesso total aos autos.

Para consolidar a narrativa, há o uso de operações de impacto, abusivas. Menciona a invasão, às 6 da manhã, da casa de uma testemunha do Russiangate, que estava cooperando normalmente com a Operação, com a força-tarefa acompanhada por equipes de televisão.

3. Ocultação de provas

Limbaugh menciona diversas passagens em que procuradores esconderam provas que poderiam beneficiar a defesa. Quando os promotores têm provas que podem mostrar inocência por parte do acusado, eles são obrigados a entregá-las. Mas tornou-se uma prática a ocultação de provas contrárias à acusação.

Alex Kozinski, juiz-chefe do Tribunal de Apelações do Nono Circuito, explica o método:

> Os agentes do governo geralmente têm acesso livre e sem restrições à cena do crime, para que possam facilmente remover e esconder provas que possam contradizer o caso da promotoria. A polícia geralmente fala primeiro com as testemunhas e pode pressioná-las a mudar sua história para confirmar a teoria do caso. Os promotores públicos podem, e freqüentemente fazem, ameaçar acusar as testemunhas como cúmplices ou co-conspiradores se eles testemunharem favoravelmente para a defesa. Como resultado, as potenciais testemunhas excludentes invocam a Quinta Emenda para evitar problemas.

4. As delações premiadas

Como explica Limbaugh,

> quando eles te dão imunidade e quando eles te dizem que você está livre de escândalos e que eles nunca virão atrás de você se você apenas disser o que eles querem que você diga, todo mundo fará isso porque ninguém quer o DOJ federal vindo atrás deles.

Há muitos relatos de testemunhas ou réus que foram mantidos presos em condições precárias e ameaçados até aderir ao conteúdo da delação proposta pelo procurador.

5. Parceria com escritórios de advocacia

Os abusos são levantados no decorrer do processo, mas nada ocorre com os procuradores. Muitos deles deixam o cargo para trabalhar nos maiores escritórios de advocacia. Ou seja, apavoram empresas e pessoas com seus métodos arbitrários, depois se tornam sócios de grandes escritórios de advocacia que trabalham na defesa de suas vítimas, assustadas com a possibilidade de serem alvos do DoJ.

E tome contratos de implementação de *compliance*, que se tornou um campo fértil para subornos e corrupção. Trata-se de um método simples de governança, que consiste em mapear os processos internos de uma empresa e definir instâncias de aprovação de contratos. Essa tecnologia, sem nenhuma sofisticação, passou a ser oferecida a empresas em contratos miliardários.

Peça 2 – O caso Ted Stevens

O senador republicano Ted Stevens, do Alaska, foi crucificado pelo DoJ em pleno governo do republicano George W. Bush, com uma manobra que lembra em muito os casos do triplex e do sítio de Atibaia.

Stevens estava reformando sua casa. Na declaração de bens, alegou que a reforma ficou em US$ 160 mil. Acontece que o trabalho realizado custou apenas US$ 80 mil. O empreiteiro da obra enganou Stevens, como ficou demonstrado no decorrer do processo. Mas os procuradores se aferraram à tese de que houve superfaturamento para lavagem de dinheiro, e esconderam as provas da inocência de Stevens.

E, aí, entra o fator deslumbramento, que acomete procuradores de lá e de cá, e os subprodutos posteriores: visibilidade e possibilidade de serem contratados por um grande escritório de advocacia.

Matthew Friedrich, ex-chefe da força-tarefa da Enron, comandava a divisão criminal do DoJ quando a Seção de Integridade Pública iniciou suas investigações. Percebeu ali uma bela oportunidade de publicidade e decidiu assumir as investigações. Afinal, Ted Stevens era popular, o mais antigo senador republicano, com mais de 40 anos no cargo.

Candidato à reeleição em 2008, apenas quatro semanas antes das primárias, Friedrich organizou uma coletiva de imprensa para acusá-lo. Stevens foi derrotado.

Quase dois meses depois, um jovem agente do FBI, Chad Joy, que havia atuado no caso, apresentou queixa ao Escritório de Responsabilidade Profissional do Departamento de Justiça. Denunciava um relacionamento inadequado entre Bill Allen (principal testemunha de acusação) e Mary Beth Kepner, a principal agente do FBI no caso. Ele também revelou que o promotor Nick Marsh enviou a testemunha-chave Rocky Williams de volta para o Alasca,[123] ostensivamente por motivos de saúde, sem avisar os advogados de defesa.

---

123 LEWIS, Neil A.; JOHNSTON, David. "Dismayed Lawyers Lay Out Reasons for Collapse of the Stevens Conviction". *The New York Times*, abr. 2009. Disponível em: https://qrcd.org/47s9. Acessado em: 08.05.2024.

Era um jogo tão pesado, que Joy pediu proteção oficial como denunciante e apresentou um documento de 10 páginas mostrando que os procuradores sabiam claramente que estavam ignorando suas obrigações profissionais de entregar à defesa informações levantadas.

O senador Stevens foi condenado em 27 de outubro de 2009 por sete crimes.

O caso foi parar nas mãos do juiz federal Emmet G. Sulivan, que indicou uma equipe de advogados para examinar os arquivos do caso.

Os procuradores tinham como prova central declarações de Bill Allen, o dono da empreiteira que fez o serviço, dizendo que os trabalhos não valiam US$ 80 mil – menos da metade do que Stevens havia pago.

Os promotores descobriram que efetivamente foram cobrados US$ 250 mil em reparos. Mas a informação foi sonegada. Ante a posição do juiz, o novo Procurador Geral, Eric Holder, tentou salvar a cara do Departamento, rejeitando o caso contra Stevens.

O juiz foi duro: "Em 25 anos de juiz, nunca vi má conduta como o que tenho visto". Foi um discurso de 14 minutos,[124] mostrando as manipulações dos procuradores, que liquidaram com a carreira política de Stevens e alertou para a "tendência preocupantes" que ele havia notado entre os procuradores, de atropelar as restrições éticas e esconder provas da defesa.

O juiz nomeou Henry F. Schuelke, advogado de Washington, para investigar seis promotores do Departamento de Justiça, incluindo o chefe e o vice-chefe da Seção de Integridade Pública. Logo depois, Friedrick abandonou a carreira e foi para um escritório de advocacia, escapando das punições.

---

124 LEWIS, Neil A. "Tables Turned on Prosecution in Stevens Case". *The New York Times*, abr. 2009. Disponível em: https://qrcd.org/47sA. Acessado em: 08.05.2024.

Não se travava de direita ou esquerda, mas da contaminação do Judiciário pelos novos métodos. Tanto que Stevens foi crucificado pelo DoJ no governo Bush, e inocentado no governo Obama.

Figuras-chave dessa jogada foram mantidos em postos elevados no DoJ ou passaram a trabalhar em grandes escritórios de advocacia.

O senador Stevens morreu em um acidente de avião em 2010, antes de saber que seria absolvido.

A senadora do Alasca Lisa Murkowski, tornou-se a principal patrocinadora do Fairness na Disclosure of Evidence Act um projeto de lei para estabelecer em lei a regra de Brady anunciada pelo Supremo Tribunal mais de meio século atrás, obrigando que os advogados do governo forneçam aos advogados da parte todas as informações do inquérito, antes de qualquer confissão.

Peça 3 – o caso Enroe

A má conduta se repetiu no caso Enron, que inaugurou a ascensão do perfil de procurador sem limites, dos quais o mais emblemático é Andrew Weismann. Recentemente ele foi transferido para o Russiangate, as investigações sobre a interferência russa nas eleições americanas.

Tornou-se o personagem principal do livro *Licensed to lie* (Autorizado a mentir)[125] (uma ex-procuradora Sidney Powell que se tornou consultora de apelação de centenas de casos. O livro é de 2014 e recheado de informações sobre o que ela chama de corrupção no DoJ. Polêmica, e seguidora do pior discurso de ultradireita, a favor das teorias anti-imigração da direita, Powell chegou a atribuir aos imigrantes a propagação de "um vírus misterioso chamado 'mielite flácida aguda' ou AFM está varrendo o

125 POWELL, Sidney. *Licensed to Lie*: Exposing Corruption in the Department of Justice Hardcover. Texas: Brown Books Publishing Group, 2014.

país (...) paralisa crianças e jovens adultos – muito parecido com o poliovírus quase erradicado".

Mesmo assim, o livro é bastante documentado.

Diz ela quem que milhares de páginas de transcrição de grande júri, relatórios do FBI, entrevistas com testemunhas do caso Enroe, foram reduzidos a um resumo de 19 páginas, entregues à defesa. Os procuradores alegaram que não tinham material excludente – isto é, que poderia abrandar a culpa dos acusados.

Foram denunciados mais de 100 "co-conspiradores não declarados", intimidando testemunhas e advogados de defesa.

O ex-tesoureiro da Enron, Bem Gilsan, declarou ter sido colocado em "uma gaiola infestada de insetos, com apenas uma fenda de luz". Foram três semanas de solitária, e cinco meses na prisão, até que Gilsan aceitasse se tornar a grande testemunha do processo.

Quatro executivos da Merril Lynch foram considerados culpados de conspiração e fraude eletrônica, e condenados por perjúrio e obstrução da Justiça. Só anos depois se tornaram públicas as evidências de que a força-tarefa havia escondido provas favoráveis aos réus.

Um deles, de nome James Brown, foi enviado à prisão. Tempos depois descobriu-se que a sentença estava incorreta. Na prisão, foi espancado por outros presidiários. No período em que ficou preso, seu filho quase morreu em um acidente de carro no Colorado. Transformado em inimigo público, a imprensa tratou o caso com desdém, reforçando seu assassinato moral.

Para convencer uma testemunha, a força-tarefa acusou a esposa de Andrew Fastow, o diretor financeiro, de evasão fiscal.[126] Fastow passou a cooperar com o governo.

---

126 EISINGER, Jesse. "What Robert Mueller learned from Enron". *CNBC*, jul. 2017. Disponível em: https://qrcd.org/47sD. Acessado em: 08.05.2024.

Peça 4 – o caso Andersen Consulting

A partir do caso Enron, a força-tarefa do DoJ entrou com uma acusação contra a Arthur Andersen, firma de auditoria, acusada de destruir “literalmente toneladas” de documentos relacionados à Enroe.

Acontece que a empresa não tinha o dever legal de manter rascunhos, materiais ou documentos duplicados ou irrelevantes.

A exemplo da Petrobras, em vez de acusar indivíduos envolvidos, acusaram a própria empresa.

A Arthur Andersen empregava 85 mil funcionários, atendendo a 2.300 empresas de capital aberto. Em 2011, quando a Suprema Corte, de forma unânime, anulou a condenação da empresa, ela já tinha sido expulsa do mercado.

Peça 5 – a criação do DHS

A segunda grande mudança interna foi a criação, no mesmo ano de 2002, do DHS, o Gabinete de Segurança Institucional, unificando em uma mesma estrutura todos os serviços de inteligência e espionagem do país.

O DHS juntou vinte e dois departamentos e agências governamentais, em um total de duzentos e quarenta mil funcionários. A DHS juntou todos os serviços de Contra Inteligência, Contraterrorismo, Ciber, Segurança Econômica e Crime Organizado Transnacional.

Um dos departamentos do DHS é a Divisão de Apoio a Investigações do Serviço Secreto dos Estados Unidos, que produz informações sobre indivíduos ou grupos envolvidos em atividades criminosas, dentro e fora dos Estados Unidos, que possam afetar instituições financeiras e países.

Seu trabalho é identificar alvos, ligações entre figuras, padrões e eventos sob suspeita. São especializados em pesquisas sobre roubo de cartão de crédito, de identidade, lavagem de dinheiro, falsificação e outros tipos de crimes financeiros.

A Seção de Integridade Pública e o DHS se tornaram as peças centrais de uma parceria que resultou na Lava Jato, na desestabilização do governo brasileiro e na destruição da engenharia nacional.

A fala de Kenneth Blanco no seminário do Atlantic Council mereceu uma página no site do Departamento de Justiça dos Estados Unidos,[127] no dia 19 de julho de 2017.

> A cooperação entre o Departamento e o Brasil levou a resultados extraordinários. Só no ano passado, por exemplo, a Seção de Fraude da Divisão Criminal e a força-tarefa brasileira da Lava Jato cooperaram e coordenaram resoluções em quatro casos da FCPA: Embraer, Rolls Royce, Braskem e Odebrecht. A Odebrecht se destaca especialmente pela sua amplitude e abrangência.
>
> No centro da tremenda cooperação entre os nossos dois países está uma forte relação baseada na confiança. Esta confiança permite que procuradores e agentes tenham comunicações diretas sobre as provas. Dada a estreita relação entre o Departamento e os promotores brasileiros, não precisamos depender apenas de processos formais, como tratados de assistência jurídica mútua, que muitas vezes exigem tempo e recursos significativos para serem redigidos, traduzidos, transmitidos formalmente e respondidos.
>
> No início de uma investigação, um procurador ou agente da unidade de inteligência financeira de um país pode ligar para o seu homólogo estrangeiro e solicitar informações financeiras que, por exemplo, possam identificar contas

127 OFFICE OF PUBLIC AFFAIRS. "Acting Assistant Attorney General Kenneth A. Blanco Speaks at the Atlantic Council Inter-American Dialogue Event on Lessons From Brazil: Crisis, Corruption and Global Cooperation". *Office of Public Affairs*, jul. 2017. Disponível em: https://qrcd.org/48Qa. Acessado em: 08.05.2024.

bancárias. Uma vez que a investigação tenha progredido até ao ponto em que os procuradores estejam prontos para proceder ao julgamento, as provas poderão ser solicitadas através do canal de assistência jurídica mútua para que possam ser admissíveis em julgamento. Esta cooperação entre procuradores e procuradores ou entre autoridades responsáveis pela aplicação da lei permitiu que ambos os países prosseguissem os seus casos de forma mais eficaz.

Os promotores e agentes da lei brasileiros estiveram na vanguarda da luta anticorrupção nos últimos anos e exemplificaram o que um promotor e um agente da lei deveriam ser. Na verdade, ainda na semana passada, os procuradores no Brasil obtiveram um veredicto de culpa contra o antigo Presidente Lula da Silva, que foi acusado de receber subornos da empresa de engenharia OAS em troca da sua ajuda na obtenção de contratos com a empresa petrolífera estatal Petrobrás. São casos como este que colocam o Brasil na vanguarda dos países que trabalham para combater a corrupção, tanto no país como no exterior.

COMO OS EUA INFLUENCIARAM SERGIO MORO E A OPERAÇÃO LAVA JATO

No dia 5 de julho de 2016, o *Jornal GGN* publicou reportagem de Cintia Alves revelando os primeiros passos da parceria entre o Departamento de Justiça americano e o sistema brasileiro.

O WikiLeaks revelou um documento do governo dos EUA que mostra como a Lava Jato e os trabalhos do juiz federal Sergio Moro sofreram influência de agentes treinados daquele país, que capacitam profissionais para o combate a "crimes financeiros e terrorismo". O informe diz que os agentes norte-americanos influenciariam brasileiros a criar uma força-tarefa para trabalhar em um caso factual, que receberia assessoria externa em "tempo real".[128]

Segundo o comunicado, após o sucesso de um seminário sobre "crimes financeiros ilícitos" promovido pelo "Projeto Pontes" (bancado com recursos dos EUA), cursos de formação em

128 Disponível em: https://tinyl.io/AtFT.

São Paulo e Curitiba foram solicitados por juízes, promotores e policiais brasileiros interessados em aprofundar o conhecimento sobre como, por exemplo, arrancar, de maneira prática, revelações de acusados de lavagem de dinheiro e outras testemunhas.

Sergio Moro participou do seminário na condição de palestrante, em outubro de 2009, expondo de acordo com o telegrama recebido pelo governo dos EUA, as "15 questões mais frequentes nos casos de lavagem de dinheiro nas cortes brasileiras".

Antes de Moro, o ex-Ministro do Superior Tribunal de Justiça, Gilson Dipp, também fez uma apresentação que "ofereceu um panorama da história legislativa e política da legislação brasileira para lavagem de dinheiro e atividade de finanças ilícitas".

Dipp foi contratado, posteriormente, pelo escritório que defende executivos da Galvão Engenheira na Lava Jato para contestar no Supremo Tribunal Federal a validade da delação premiada de Alberto Youssef, posto que o doleiro já havia firmado acordo de cooperação no âmbito da Operação Banestado, e descumprido as regras impostas praticando novos crimes.

O treinamento

Após citar a participação dos magistrados brasileiros no seminário, o documento descreve:

> Apresentadores norte-americanos discutiram vários aspectos relacionados à investigação e ao processo de casos de finança ilícita e lavagem de dinheiro, incluindo cooperação internacional formal ę informal, ocultação e desvio de patrimônio, métodos de prova, esquemas pirâmide, delação premiada, uso de interrogatório direto como ferramenta e sugestões de como lidar com ONGs que se suspeite que sejam usadas para financiamentos ilegais.

Um dos pontos altos do treinamento foi a "simulação de preparação de testemunha e interrogatório direto", que contou com participação majoritária de brasileiros que operam

> exclusivamente na vara federal especializada em crimes contra o Sistema Financeiro Nacional e de lavagem de dinheiro criada em 1998, em conjunção com uma lei sobre lavagem de dinheiro. Procuradores e investigadores especializados levam seus casos de lavagem de dinheiro àquelas varas, que têm sido mais efetivas que muitas e têm enfrentado alguns dos casos mais significativos envolvendo corrupção e indivíduos de alto nível.

Força-tarefa

O sucesso do seminário, segundo a visão dos estadunidenses, foi medido pela demanda dos profissionais brasileiros por novos treinamentos.

> Os participantes elogiaram a ajuda em treinamento e solicitaram mais treinamento para coleta de provas, interrogatório e entrevista, habilidades em situação de tribunal e o modelo de força-tarefa (...) vários comentaram que desejavam aprender mais sobre o modelo proativo de força-tarefa; desenvolver melhor cooperação entre procuradores e polícia e ganhar experiência direta no trabalho sobre casos financeiros complexos de longo prazo.

Para os agentes do EUA envolvidos no projeto,

> (...) há necessidade continuada de assegurar treinamento a juízes federais e estaduais no Brasil, e autoridades policiais para enfrentar o financiamento ilícito de conduta criminosa. (...) Idealmente, o treinamento deve ser de longo prazo e coincidir com a formação de forças-tarefa de treinamento.

> Dois grandes centros urbanos com suporte judicial comprovado para casos de financiamento ilícito, especialmente São Paulo, Campo Grande ou Curitiba, devem ser selecionados como locação para esse tipo de treinamento.

As anotações vazadas pelo WikiLeaks indicavam, ainda, que os agentes americanos pretendiam não só ensinar como se daria a formação de uma força-tarefa para um caso específico, mas incentivar que esse caso fosse transformado em "investigação real", com "acesso" aos treinadores.

> Assim sendo, as forças-tarefas podem ser formadas e uma investigação real poderá ser usada como base para o treinamento que sequencialmente evoluirá da investigação à apresentação em tribunal e à conclusão do caso. Com isso, os brasileiros terão experiência em campo do trabalho de uma força tarefa proativa num caso de finanças ilícitas e darão acesso a especialistas dos EUA para orientação e apoio em tempo real.

A delação premiada

Em matéria publicada pelo Consultor Jurídico, em maio 2009, antes do encontro do Projeto Pontes no Brasil, Sergio Moro compartilhou o que já aprendera, àquela altura, com juízes dos Estados Unidos sobre delação premiada:[129]

> A primeira dica é nunca confiar em um criminoso. Para o juiz, é preciso lembrar que o delator tem um interesse próprio. (...) É importante também, segundo Moro, que promotores e juízes tenham uma relação transparente e honesta com o delator. (...) O acordo tem de seguir a lógica: "Acordo com

129 ITO, Marina. "Juiz defende delação premiada para combater crime". *Conjur*, mai. 2009. Disponível em: https://tinyl.io/AtFp. Acessado em: 19.06.2024.

peixe pequeno é para pegar peixe grande; com peixe grande é para pegar outros peixes grandes", explica. Segundo Moro, nos Estados Unidos entende-se como acordo precioso aquele que tem efeito dominó.

(...) Sugestão de juiz dos Estados Unidos, citado por Moro, é pedir uma amostra ao delator com o compromisso de não utilizá-la, a não ser que haja acordo. (...) [Moro] afirmou que pode acontecer de o Ministério Público fazer uma "sondagem" com o Judiciário para saber se o acordo seria validado. O juiz acredita que isso é válido, pois dá mais segurança. (...) Outra experiência que o juiz contou é de que, nos Estados Unidos, foi levada à Suprema Corte um caso em que delator grava declarações do investigado. Alguns sustentaram que isso era vedado, por entender que era autoincriminação. Os EUA, diz Moro, entenderam que o devido processo legal não protege quem confia na pessoa errada e que a autoincriminação só ocorre quando é feita diante de autoridade pública.

PARTE X

A GEOPOLÍTICA DA ANTICORRUPÇÃO E O PAPEL DA LAVA JATO

Na Operação Mãos Limpas, na Itália, a geopolítica da anticorrupção – montada pelo Departamento de Estado e o Departamento de Justiça dos Estados Unidos – já estava delineada. Atribuía-se a corrupção à economia fechada e às ferramentas de políticas públicas para incrementar as empresas italianas. A saída, segundo a Mãos Limpas, seria abrir toda a economia, o mesmo modelo ideológico que estava por trás da Lava Jato.

Um acordo no âmbito da OCDE estendeu o poder dos Estados Unidos praticamente sobre todas as nações ocidentais.

A GEOPOLÍTICA DO CAPITAL

O atentado de 11 de setembro de 2001 mudou a história e a doutrina de segurança dos Estados Unidos.

Desde o fim da União Soviética, o governo norte-americano acreditava ter entrado em uma era de controle total sobre os concorrentes.

De repente, com o ataque às Torres Gêmeas e ao Pentágono, a sensação de invulnerabilidade começou a desmoronar.

O episódio representou uma ruptura no sistema de relações internacionais, forjando um realinhamento dos Estados Unidos em relação à ordem global.

O governo então passou a exercer uma marcação maior sobre transações financeiras e intensificou as ações políticas e a cooperação jurídica com outros países.

A toque de caixa, eles aprovaram um novo plano nacional de segurança.

O ex-embaixador do Brasil em Washington, Rubens Barbosa, afirmou:

> Eu dizia que os EUA estavam agindo como um império, pela força, pela independência, pela reação sem levar em consideração regras internas e regras internacionais. E realmente, naquele momento, acho que nunca houve na história da humanidade nenhum País que concentrasse tanto poder. Não tinha outra potência fazendo contraste. Eram os EUA que faziam tudo para assegurar sua segurança.

E acrescentou:

> Na doutrina de segurança norte-americana que foi passada logo em seguida tinha um parágrafo que dizia que os EUA farão qualquer coisa para impedir que uma outra nação se aproximasse do poderio americano.

O Departamento de Segurança Interna, o DHS, e a Agência de Segurança Nacional, a NSA, foram encarregados de preparar o país contra novas ameaças.

Juntos, eles formam o núcleo de proteção cibernética dos Estados Unidos.

Com orçamento estimado em 8 bilhões de dólares, a NSA surgiu na década de 1950, para fazer espionagem eletrônica dentro e fora dos Estados Unidos, em continuidade ao trabalho desenvolvido a partir da Segunda Guerra Mundial.

Já o DHS começou com um orçamento 5 vezes maior. Foi criado em 2002, justamente para coordenar o serviço de inteligência depois do fracasso em prevenir os atentados de 11 de setembro.

Com o tempo, ficou evidente que essa grande estrutura de combate à corrupção era capaz de operar como um instrumento geopolítico. Sobretudo porque o papel de polícia mundial incorporado pelos Estados Unidos começou a esbarrar na soberania de outras nações.

Historicamente, o governo norte-americano tem invadido países em guerras armadas. Essas guerras se tornaram cada vez mais caras e ineficazes. Mas nesse contexto existiam poucos recursos para que eles pudessem interferir nas grandes disputas comerciais, a não ser apoiando golpes de Estado em favor de aliados.

A soberania nacional impedia qualquer atuação mais decisiva em favor dos interesses das companhias norte-americanas. Pois cada país deveria julgar os crimes cometidos por suas empresas e cidadãos.

Uma primeira brecha para subverter esse processo interno foi aberta a partir da criação de uma corte internacional para julgar crimes contra a humanidade, uma pauta humanitária legítima.

Em cima dessa brecha, surgiu a Convenção Anti-Suborno da OCDE, na qual os Estados Unidos pressionaram para que os países membros se comprometessem com o combate aos crimes de colarinho branco.

O advogado Cristiano Zanin avaliou:

> Me parece que a ideia está correta, mas houve também uma deturpação. E hoje, tanto a FPCA como também essas leis que foram criadas supostamente para o combate à corrupção e ao suborno, estão sendo hoje utilizadas para a prática de lawfare, seja para fins geopolíticos, políticos e também comerciais.

Assim os Estados Unidos montaram a parte central da nova estratégia geopolítica:

Com a NSA e o Departamento de Segurança Interna, teceram a maior rede de inteligência e espionagem do planeta.

Com a profusão de leis anticorrupção impulsionada pela Convenção da OCDE, ganharam poder para punir empresas estrangeiras através de um conceito bastante elástico. Bastava alegar que o dinheiro investigado, em algum momento, transitou por um banco nos Estados Unidos ou prejudicou um cidadão norte-americano.

Para colocar o bloco anticorrupção nas ruas, o Departamento de Justiça, o DOJ, passou a assinar acordos de cooperação com o Ministério Público em diversos países, especialmente da América Latina

Rapidamente, ocorreu a cooptação de procuradores, juízes e delegados federais, instituindo uma parceria informal.

A forma de cooptação era simples: os procuradores ganhavam poder com as informações repassadas pelo DOJ sobre corrupção política em seus países. Depois, montavam denúncias contra grandes corporações nacionais que disputavam o mercado global.

Mais tarde, esses mesmos procuradores poderiam integrar grandes escritórios de advocacia e usufruir da indústria do *compliance*, sobre a qual falaremos nos próximos capítulos.

Nesse modelo, bastava ao DOJ direcionar as investigações para países ou empresas que, de alguma maneira, afrontam os interesses dos Estados Unidos. É só oferecer aos procuradores aliados o prato pronto, com os dados que alimentam as investigações.

Ex-procurador do DOJ, o advogado William Burck esteve no Brasil em maio de 2019 e admitiu que "não há a menor dúvida" de que os Estados Unidos usam o combate à corrupção como "um instrumento de política externa".

No caso da Lava Jato, ele declarou que os procuradores brasileiros "trouxeram a raposa para tomar conta do galinheiro".

Burck ainda citou na entrevista ao site *Consultor Jurídico* uma máxima cravada na história de seu país:[130]

---

130 CANÁRIO, Pedro. "Não existe a menor dúvida de que a FCPA seja uma arma de política externa dos EUA". *Conjur*, mai. 2019. Disponível em: https://tinyl.io/AslE. Acessado em: 19.06.2024.

> O negócio dos Estados Unidos é fazer negócio. O governo sempre vai querer garantir que as empresas americanas estejam bem onde quer que estejam. Eles querem sempre proteger seus negócios.

E encontraram na Lava Jato os melhores parceiros que poderiam conseguir, pois em nenhum momento os agentes brasileiros manifestaram publicamente a menor preocupação com os interesses nacionais. Como declarou André Araújo:[131]

> As empreiteiras brasileiras eram a grande arma, instrumento de projeção do Brasil na África e América Latina. Você queimou todo esse canal de influência para abrir espaço para chinesas e empreiteiras do mundo inteiro. Quem vai para a África são as indonésias, tailandesas, turcas, gregas. Eles vão dar comissão também na África. Sai "nós", entram outras. Que vantagem tem para o Brasil isso? Perdemos tudo isso porque a cruzada moralista liquidou com isso.

Qual foi o impacto da descoberta do pré-sal brasileiro para o Departamento de Estado?

Segundo o advogado e consultor André Motta Araújo,

> foi muito maior do que se imagina. Porque há uma lógica nos EUA, de que não podem ser vulneráveis a zonas de conflitos permanente, como é no Oriente Médio. Outra coisa que também estão tentando fazer é usar petróleo de lugares mais próximos dos Estados Unidos. Então o pré-sal, nesse sentido, serial o ideal.

---

131 ALVES, Cintia. "André Motta Araújo: 'Houve no caso Petrobas um abandono do governo'". *Jornal GGN*, jan. 2020. Disponível em: https://tinyl.io/Arai. Acessado em: 19.06.2024.

O pré-sal foi talvez o melhor campo para os Estados Unidos fazerem uso da chamada guerra híbrida, uma estratégia militar que une táticas de guerra convencional e ciberguerra, misturando ainda *fake news*, lawfare e interferências no plano político-eleitoral. A Petrobras foi alvo desse tipo de artilharia.

Em 2008, a Petrobrás foi vítima de um furto. Levaram quatro notebooks e dois HDs trancados no interior de um contêiner, com dados sigilosos sobre o pré-sal. As suspeitas eram de espionagem industrial, mas o episódio foi deixado de lado.

Nos anos seguintes, uma missão diplomática dos Estados Unidos no Brasil começou a enviar correspondências para Washington sobre a exploração do pré-sal.

Revelado pelo *Wikileaks*, o conteúdo das mensagens indicava que as petroleiras não gostaram nada do regime de partilha discutido ao final do governo Lula.

O fato de a Petrobras ser a operadora de todos os campos transformaria as estrangeiras em meras financiadoras da prospecção, diziam seus representantes.

Havia ainda uma preocupação com o avanço da concorrência chinesa a partir do novo modelo.

Em 2013, Joe Biden, então Vice-Presidente dos Estados Unidos, visitou o Brasil e alguns países vizinhos, de olho no petróleo. O governo norte-americano não escondia de ninguém que buscava aumentar sua influência na América Latina por causa do "papel estratégico" que a região representa para o futuro dos Estados Unidos na questão energética.

Biden, inclusive, disse à imprensa que os países do continente seriam os responsáveis por dois terços do crescimento do suprimento mundial de petróleo nas próximas décadas.

Segundo o economista e pesquisador Mark Weisbrot,

> A meta principal deles na América Latina, desde sempre, tem sido ter países alinhados completamente, ou mais importante, alinhados à política externa deles. É com isso que eles mais se preocupam agora.

O ex-chanceler Celso Amorim acrescentou:

> É impossível para os EUA "aceitar" outra potência no hemisfério. Aí acho que tem várias coisas, tem o pré-sal aqui, e tem uma política externa que tem várias consequências. Uma integração da América do Sul, né? Eu sempre cito, tem uma capa da Economist que diz assim: "não é mais o quintal de ninguém". Cê acha que... Isso para o pensamento estratégico americano é impossível.
>
> Então você tem aqui grandes reservas de petróleo. Além do interesse econômico, você ao mesmo tempo abre um canal de estratégias com os Brics, sobretudo com China e Rússia, que até hoje são os problemas centrais dos EUA, o resto é tudo secundário comparado com China e Rússia. Acho que isso mexeu com o estado profundo.
>
> E ao mesmo tempo você tem, eu acho, a partir de pelo menos 2008, 2009, uma visão de que o Brasil tinha crescido demais e era preciso cortar as asas. E aí, o que eles usam sempre, é a coisa da corrupção.

Em setembro de 2013, cerca de seis meses antes da primeira fase da Operação Lava Jato ser deflagrada, o mundo foi abalado pelo dossiê Snowden, que desnudou a espionagem dos Estados Unidos sobre lideranças políticas e empresas estratégicas.

A ex-Presidenta Dilma e a Petrobras foram vigiadas ilegalmente.

Snowden escreveu ao povo brasileiro para esclarecer a finalidade daquela violação. A carta dizia:

> A NSA e outras agências de espionagem nos dizem que, pelo bem de nossa própria "segurança" – em nome da "segurança" de Dilma, em nome da "segurança" da Petrobras –, revogaram nosso direito de privacidade e invadiram nossas vidas.
>
> (...) Dizem que isso é feito para manter as pessoas em segurança. Estão enganados.
>
> (...) Esses programas nunca foram motivados pela luta contra o terrorismo: são motivados por espionagem econômica, controle social e manipulação diplomática. Pela busca de poder.

A advogada Valeska Teixeira explicou:

> Há muito questionamento por conta de diversos países sobre a espionagem para fins comerciais, que não envolve interesse de segurança nacional, mas sim de interesse comercial. Então eles utilizam todo esse documento, esse arquivo de espionagem via FISA, que é uma corte que ninguém tem acesso, e utilizam nos autos para munição, para municiar as operações anticorrupção do FCPA, mas que na realidade visam, de alguma forma, privilegiar as empresas americanas.

A ESTRATÉGIA DA LAVA JATO

Assim como nas Mãos Limpas, a Lava Jato procurou definir a montagem de um novo centro de poder.

Em sua opinião, o inimigo a ser combatido era o sistema político tradicional, composto por partidos que estavam no poder, o esquema empresarial que os suportava e o sistema jurídico convencional, suscetível de pressões.

O novo poder seria decorrente da parceria entre jovens juízes, procuradores, delegados – ou seja, eles próprios – com o que Moro definia como "opinião pública esclarecida" – que vem a ser os grupos tradicionais de mídia.

Nesse jogo, assim como no xadrez, a figura a ser tombada era a do Rei adversário. Enquanto o Rei estiver de pé será difícil romper a coesão do seu grupo, os laços de lealdade, ampliando as delações premiadas.

Ficou claro, para o Grupo de Trabalho da Lava Jato, que o Bettino Craxi (o presidente italiano derrubado pela Mãos Limpas) a se mirar, o Rei a ser derrubado, era o ex-Presidente Lula. O vazamento sistemático de informações, com o objetivo de derrubar o "inimigo", foi peça central dessa estratégia.

Para a operação de guerra da Lava Jato funcionar, sem nenhum deslize legal – que pudesse servir de pretexto para sua anulação – havia a necessidade da adesão total do grupo de trabalho e dos aliados da mídia às teses de Moro.

A homogeneidade do GT só foi possível graças à atuação do Procurador Geral da República Rodrigo Janot, que selecionou um a um os procuradores da força-tarefa; e da liberdade conferida à Polícia Federal do Paraná para constituir seu grupo. O fato de procuradores paranaenses e delegados já orbitarem em torno do ex-senador Flávio Arns certamente favoreceu a homogeneização. Junto com Rosângela Moro, Arns controlava um sistema que passava pela Federação das APAEs (Associação de Pais e Amigos dos Excepcionais) e de cursos *online*, que tinha como professores os principais procuradores e delegados da Operação e pesou, obviamente, a anomia da gestão José Eduardo Cardozo no Ministério da Justiça.

Para ganhar a adesão dos grupos de mídia, o pacto tácito incluiu a blindagem dos políticos aliados. Explica-se por aí a decisão inicial de Janot de isentar Aécio Neves das denúncias do doleiro Alberto Youssef, sem que houvesse reclamações do Grupo de Trabalho.

COMO A LAVA JATO FOI PENSADA COMO UMA OPERAÇÃO DE GUERRA

O vazamento torrencial de depoimentos, a marcação cerrada sobre Lula, o pacto incondicional com os grupos de mídia, a prisão de suspeitos até que aceitassem a delação premiada, essas e demais práticas adotadas pela Operação Lava Jato estavam previstas em artigo de 2004 do juiz Sérgio Moro, analisando o sucesso da Operação Mãos Limpas (ou *mani pulite*) na Itália.

O paper "Considerações sobre a Operação Mani Pulite",[132] de autoria de Moro é o melhor preâmbulo até agora escrito para a Operação Lava Jato. E serviu de base para a estratégia montada.

Em sete páginas, Moro analisa a Operação Mãos Limpas na Itália e, a partir daí, escreve um verdadeiro manual de como

132 NASSIF, Luís. "Como a Lava Jato foi pensada como uma operação de guerra". *Jornal GGN*, out. 2015. Disponível em: https://qrcd.org/48NQ. Acessado em: 08.05.2024.

montar Operação similar no Brasil, valendo-se da experiência acumulada pelos juízes italianos.

Em 2009, um trabalho encomendado pela 5ª Câmara de Coordenação e Revisão do Ministério Público Federal já lançavam as bases das futuras atuações das forças-tarefa.

As metas da Lava Jato

Na abertura do trabalho, Sérgio Moro entusiasma-se com os números grandiosos da Mãos Limpas:

> Dois anos após, 2.993 mandados de prisão haviam sido expedidos; 6.059 pessoas estavam sob investigação, incluindo 872 empresários, 1.978 administradores locais e 438 parlamentares, dos quais quatro haviam sido primeiros-ministros.

Admite os efeitos colaterais, dez suicídios de suspeitos, vários assassinatos de reputação cometidos na pressa em divulgar as informações e, principalmente, a ascensão de Silvio Berlusconi ao poder.

Mas mostra as vantagens, no súbito barateamento das obras públicas italianas depois da Operação. Principalmente, chama sua atenção as possibilidades e limites da ação judiciária frente à corrupção nas democracias contemporâneas.

A lógica política da Mãos Limpas

A lição extraída por Moro é que existe um sistema de poder a ser combatido, que é a política tradicional, com todos seus vícios e influências sobre o sistema judicial, especialmente sobre os tribunais superiores.

O sistema impede a punição dos políticos e dos agentes públicos corruptos, devido aos obstáculos políticos e "à carga de prova exigida para alcançar a condenação em processo criminal".

O caminho então é o que ele chama de democracia – que ele entende como uma espécie de linha direta com a "opinião pública esclarecida", ou seja, a opinião difundida pelos grandes veículos de imprensa, dando um *by-pass* nos sistemas formais.

> É a opinião pública esclarecida que pode, pelos meios institucionais próprios, atacar as causas estruturais da corrupção. Ademais, a punição judicial de agentes públicos corruptos é sempre difícil (...). Nessa perspectiva, a opinião pública pode constituir um salutar substitutivo, tendo condições melhores de impor alguma espécie de punição a agentes públicos corruptos, condenando-os ao ostracismo.

O jogo consiste, então, em trazer a disputa judicial para o campo da mídia.

Análise de situação

Em sua opinião, os fatores que tornaram possível a Operação, alguns deles presentes no Brasil.

1. Uma conjuntura econômica difícil, aliada aos custos crescentes com a corrupção.

2. A abertura da economia italiana, com a integração europeia, que abriu o mercado a empresas estrangeiras.

3. A perda de legitimidade da classe política com o início das prisões e a divulgação dos casos de corrupção. Antes disso, a queda do "socialismo real", "que levou à deslegitimação de um sistema político corrupto, fundado na oposição entre regimes democráticos e comunistas".

4. A maior legitimação da magistratura graças a um tipo diferente de juiz que entrou nas décadas de 70 e 80, os "juízes de ataque", nascido dos ciclos de protesto.

O uso da mídia

Um dos pontos centrais da estratégia, segundo Moro, consiste em tirar a legitimidade e a autoridade dos chefes políticos – no caso da "Mãos Limpas", Arnaldo Forlani e Bettino Craxi, líderes do DC e do PSI – e dos centros de poder, "cortando sua capacidade de punir aqueles que quebravam o pacto do silêncio". Segundo Moro, o processo de deslegitimação foi essencial para a própria continuidade da Operação mani pulite.

A arma para tal é o uso da mídia, através da ampla publicidade das ações. Segundo Moro, na Itália teve

> o efeito salutar de alertar os investigados em potencial sobre o aumento da massa de informações nas mãos dos magistrados, favorecendo novas confissões e colaborações. Mais importante: garantiu o apoio da opinião pública às ações judiciais, impedindo que as figuras públicas investigadas obstruíssem o trabalho dos magistrados.

Moro admite que a divulgação indiscriminada de fatos traz o risco de "lesão indevida à honra do investigado ou acusado". Mas é apenas um dano colateral menor.

Recomenda cuidado na divulgação dos fatos, mas "não a proibição abstrata de divulgação, pois a publicidade tem objetivos legítimos e que não podem ser alcançados por outros meios".

Segundo Moro,

> para o desgosto dos líderes do PSI, que, por certo, nunca pararam de manipular a imprensa, a investigação da "Mani pulite" vazava como uma peneira. Tão logo alguém era preso, detalhes de sua confissão eram veiculados no "L'Expresso", no "La Republica" e outros jornais e revistas simpatizantes.

Para ele, apesar da Mãos Limpas não sugerir aos procuradores que deliberadamente alimentassem a imprensa,

> os vazamentos serviram a um propósito útil. O constante fluxo de revelações manteve o interesse do público elevado e os líderes partidários na defensiva. Craxi, especialmente, não estava acostumado a ficar na posição humilhante de ter constantemente de responder às acusações e de ter sua agenda política definida por outros.

A delação premiada

Segundo Moro, a estratégia consiste em manter o suspeito na prisão, espalhar a suspeita de que outros já confessaram e

> levantar a perspectiva de permanência na prisão pelo menos pelo período da custódia preventiva no caso da manutenção do silêncio ou, vice-versa, de soltura imediata no caso de uma confissão (uma situação análoga do arquétipo do famoso "dilema do prisioneiro").

Ou seja, a prisão – e a perspectiva de liberdade – é peça central para induzir os prisioneiros à delação. Mas há que se revestir a estratégia de todos os requisitos legais, para

> tentar-se obter do investigado ou do acusado uma confissão ou delação premiada, evidentemente sem a utilização de qualquer método interrogatório repudiado pelo Direito. O próprio isolamento do investigado faz-se apenas na medida em que permitido pela lei.

Moro deixa claro que o isolamento na prisão era necessário para prevenir que suspeitos soubessem da confissão de outros: dessa forma, acordos da espécie "eu não vou falar se você também não", não eram mais uma possibilidade.

A falta de cuidados com o desmonte da cadeia do petróleo também se explica pelas implicações geopolíticas da Operação. Na opinião de Moro e da Lava Jato a corrupção nas obras públicas decorre de uma economia fechada, preocupada em privilegiar as empresas nacionais. É o que esteve por trás das constantes tentativas de avançar sobre o BNDES (Banco Nacional do Desenvolvimento Econômico e Social) – o similar italiano do BNDES foi um dos alvos preferenciais da Mãos Limpas.

No fundo, o arcabouço institucional brasileiro foi redesenhado por um autêntico Tratado de Yalta, em torno do novo poder que se apresentava: juízes, procuradores da República e delegados federais associados aos grupos de mídia e subordinados às orientações do DoJ e do Departamento de Estado dos Estados Unidos.

O DOJ CONTRA O ACORDO NUCLEAR BRASIL-FRANÇA

O uso político da anticorrupção ficou claro na ação conjunta de procuradores suíços e brasileiros para impedir o acordo Brasil--França, para a construção de submarinos nucleares.

A maneira como Procuradores brasileiros, suíços e franceses atuaram contra os interesses do Brasil e da França deveria ser objeto de um estudo acadêmico. Principalmente para explicar a cegueira das Forças Armadas em relação aos interesses nacionais.

No seu terceiro livro de memórias, *O tempo de combates*, o ex-Presidente francês Nikolas Sarkozy relata a maneira como os Estados Unidos reagiram ao acordo entre Brasil e Estados Unidos para desenvolvimento do submarino nuclear.[133] "*Eu transgredi as regras habituais e ignorei a oposição dos Estados Unidos, aceitando ajudar os brasileiros a adquirir submarinos com propulsão nuclear*", conta ele.

133 MOREIRA, Assis. "Sarkozy relata oposição dos EUA a submarino nuclear para o Brasil". *Valor Econômico*, set. 2023. Disponível em: https://qrcd.org/48MQ. Acessado em: 08.05.2024.

Considerado de direita e pró-americano, em determinado trecho do livro ele diz: "Os americanos não aceitam bem a menor recusa de alinhamento sistemático, que é imediatamente percebida como uma traição", escreve. "Esse ex-Presidente de uma potência média como a França exemplifica que 'são os americanos'".

A prioridade de Sarkozy na relação que queria estabelecer com o Brasil na época de Lula visava a indústria de armamentos.

No artigo "Como o Departamento de Justiça dos EUA usou a Lava Jato contra a França",[134] contei parte desse caso, que teve como personagens centrais os procuradores da Lava Jato e o procurador suíço Stefan Lenz, a contraparte da Lava Jato na Suíça. Nos diálogos da Spoofing, aparece Deltan Dallagnol comentando sobre a vinda de Lenz. Em determinado momento, Lenz decidiu prestar serviços a clientes brasileiros. O então Procurador Geral Rodrigo Janot chegou até em pensar em contratar Lenz como consultor da PGR.

Detalhei no caso no artigo "Xadrez do submarino nuclear e do novo pré-sal brasileiro".[135]

O mercado global de energia e turbinas é dominado por quatro empresas: Siemens, Mitsubishi, General Eletric e Alstom. A Alstom surgiu em 1922, com a criação da CFTH (Compagnie Française Thomson-Houston). A empresa começou fabricando locomotivas, evoluiu para metralhadoras e chegou à eletricidade.

Depois, entrou na área eletroeletrônica, desenvolvendo turbinas para geração nuclear. Em 2006, chegou a um modelo

---

134 NASSIF, Luís. "Como o Departamento de Justiça dos EUA usou a Lava Jato contra a França". *Jornal GGN*, jul. 2023. Disponível em: https://qrcd.org/48MS. Acessado em: 08.05.2024.

135 NASSIF, Luís. "Xadrez do submarino nuclear e do novo pré-sal brasileiro, por Luís Nassif". *Jornal GGN*, jan 2023. Disponivel em: https://qrcd.org/48MU. Acessado em: 08.05.2024.

revolucionário, o Arabelle, o que lhe deu enorme vantagem sobre os concorrentes. As turbinas Arabelle foram consideradas as mais confiáveis do mundo, garantindo um ciclo de vida de 60 anos para usinas nucleares.

Em novembro de 2007, a UniStar, americano, selecionou a Alstom para fornecer as turbinas Arabelle para novas usinas nucleares dos EUA. É a 125ª da Fortune, com receita de US $19,3 bilhões em 2006, sendo a maior fornecedora competitiva de eletricidade do país para grandes clientes comerciais e industriais e a maior vendedora atacadista de energia do país.

Em 1º de setembro de 2006, foi anunciado que a Alstom construiria a maior turbina a vapor da história, em parceria com a estatal EDF.

A Operação contra a Alstom antecedeu e foi copiada em tudo pela Lava Jato, até na parceria do DoJ com procuradores suíços. Em 24 de março de 2010, vários escritórios da empresa, no Reino Unido, foram invadidos por policiais, executando mandados de busca e apreensão a pedido da Justiça Federal Suíça.

Relatórios do Ministério Público suíço, de maio de 2008, mostram evidências de que a Alstom teria pagado 20 milhões de euros, por meio de empresas de fachada, na Cingapura, Indonésia, Venezuela e Brasil. Os relatórios mencionam, pagamentos de 6,8 milhões de euros em contratos de 45 milhões de euros para o metrô de São Paulo e uma usina de energia brasileira.

As investigações começaram em 2008. Em novembro de 2011, o MPF Suíço encerrou as investigações, concluindo pela inocência da empresa.

Mas o assédio judicial não parou.

Em 2013, o executivo Frédéric Pierucci foi preso ao chegar no aeroporto JFK, de Nova York, por suposto caso de corrupção na Indonésia no início dos anos 2000. O promotor ofereceu um acordo a Pierucci: ele poderia ser libertado se concordasse em atuar como informante secreto do FBI dentro da Justiça. Pierucci se negou.

A segunda investida foi contra o Presidente da Alstom, Patrick Kron. Pressionado, Kron anunciou planos para vender o negócio de energia – 75% da empresa – para a GE em meados de 2014. Três dias depois, o acordo no caso de suborno tirou o alto escalão da Alstom do inquérito. A decisão foi apoiada pelo então Ministro da Economia Emmanuel Macron. Segundo Pierucci, vários executivos da Alstom – incluindo o Presidente – receberam bônus polpudos quando o acordo com a GE foi finalizado.

Com o apoio do então Ministro Emmanuel Macron, a França deixou de lado qualquer veleidade estratégica. Passou a depender da GE para atender quase metade das turbinas a vapor da sua frota e dos quatro submarinos de mísseis balísticos. A GE passou a deter o monopólio do fornecimento até para a marinha francesa.

Em entrevista à BBC News, Pierucci dizia ter sido peão em três grandes batalhas geopolíticas.

- A primeira, briga entre a Justiça americana e a Alstom, “que resultou na rendição total da empresa francesa”.
- A segunda batalha foi a compra da maior parte da Alstom pela GE.
- A terceira batalha teria sido a grande guerra da geopolítica mundial.

Pierre Laporte, um ex-advogado da GE que agora trabalha como sócio de Pierucci, observou que 70% das empresas visadas pela ação anticorrupção dos EUA eram estrangeiras – principalmente europeias. A FCPA e outras leis que se aplicam além das fronteiras dos EUA, diz Laporte, são “ferramentas de dominação econômica”. Tempos depois, Perucci lançou o livro *The American Trap*, com o jornalista Mathieu Aron, mostrando como a Justiça americana pressionou para inviabilizar o braço de energia da Alstom. No livro, Pierucci revela que quatro empresas foram adquiridas pela GE nas mesmas condições.[136]

A venda do ramo de energia da Alstom para a GE foi quase um escândalo. Havia propostas de maior valor da Siemens e da Mitsubishi. Mas o CEO da Alstom, Patrick Kron deixou de lado o processo de oferta pública, aproveitando o temor da Alstom com as denúncias de corrupção.

Descreve assim a Operação:[137]

> O memorando de entendimento aprovado por Emmanuel Macron em novembro e votado pela assembleia geral da Alstom em 19 de dezembro é realmente alucinante! pois dá lugar de destaque à General Electric e não corresponde ao que foi negociado e apresentado na primavera passada.

Assim como na Lava Jato, gradativamente a opinião pública francesa foi acordando para o jogo de interesses geopolíticos. O apoio inicial à venda da Alstom transformou-se em críticas até cair a ficha sobre as perdas estratégicas do país. E o grande defensor da volta foi o Presidente Macron, o mesmo que, na condição de Ministro da Economia de Sarkozy, autorizara a venda da Alstom.

Em novembro de 2022, a estatal francesa EDF (Éléctricé de France) assinou acordo para adquirir as atividades nucleares da GE Steam Power. O acordo também incluiu tecnologia de turbinas a vapor para futuras usinas nucleares, como os reatores pressurizados europeus (EPR2) e pequenos reatores modulares (SMR).

---

136 LE FIGARO. "Vente d'Alstom: un ex-dirigeant incarcéré accuse les États-Unis de chantage". *Le Figaro*, jan 2019. Disponível em: https://qrcd.org/48MV. Acessado em: 08.05.2024.

137 FIGARO VOX. "Vente d'Alstom: le dessous des cartes". *Figaro Vox*. Disponível em: https://qrcd.org/48MW. Acessado em: 08.05.2024.

A operação nuclear no Brasil

Nos primeiros dias de fevereiro de 2015, pouco depois da ofensiva contra a Alstom, o Procurador Geral da República Rodrigo Janot seguiu para os Estados Unidos acompanhando procuradores da Lava Jato.

A ida de Janot e da força-tarefa da Lava Jato causou estranheza, expressa por nosso articulista André Araújo, um profundo conhecedor do jogo político internacional e dos mecanismos internos da real politik norte-americana:[138]

> *O que vai fazer nos EUA a Procuradoria-Geral da República do Brasil? Vai ajudar os americanos na acusação contra a Petrobras? Mas a Petrobras é parte do Estado que lhes paga os salários, está sendo atacada no estrangeiro, eles vão lá ajudar os autores das ações?*
>
> *Quem deveria ir para os EUA é a Advocacia-Geral da União, órgão que funciona como defensora dos interesses do Estado brasileiro. A AGU poderia ir aos EUA para ser auxiliar da defesa dos advogados da Petrobras porque, salvo melhor juízo, um Estado não vai ao estrangeiro acusar a si mesmo ou ajudar outro Estado a lhe fazer acusações. Quem processa a Petrobras indiretamente está processando o Estado brasileiro.*
>
> *Fora do Brasil só há um ente que representa o Brasil, o Estado brasileiro, representado pelo Poder Executivo (art.84 da Constituição). Só o Poder Executivo representa o Brasil no exterior, a PGR não é um Estado separado do Brasil.*
>
> *Quem representa o Brasil em Washington é a Embaixada do Brasil, a quem cabe os contatos com o Governo americano e suas dependências, a Embaixada deveria estar atenta para proteger a Petrobras nos EUA.*

---

138 ARAUJO, André Motta. "O que vai fazer nos EUA a Procuradoria-Geral do Brasil? Acusar a Petrobras?" *Jornal GGN*, 2015. Disponível em: https://qrcd.org/48MX. Acessado em: 08.05.2024.

Em resposta, a Secretaria de Comunicação Social da PGR informou que "o PGR Rodrigo Janot tem agenda separada, não relacionada a esse processo, e manterá encontros no FBI, no Banco Mundial e na OEA".

Apesar da nota da Secom, uma das pessoas visitadas foi Leslie Caldwell, procuradora-adjunta encarregada da Divisão Criminal do Departamento de Justiça dos Estados Unidos.[139]

Leslie tem ampla experiência em apurações criminais, tendo participado dos trabalhos que terminaram na denúncia da Enron e da Arthur Andersen.[140] Debita-se a ela a destruição de 85 mil empregos por seu estilo implacável, de não saber punir pessoas preservando empresas.

Obama a indicou para o cargo no dia 15 de maio de 2014.

Ocorre que desde 2004 ela era sócia do escritório Morgan Lewis de Nova York, atuando na área de contenciosos.[141]

Uma das especialidades do escritório é justamente o setor de energia, especificamente nas relações entre setor privado e governo.[142] O sócio Brad Fagg é apresentado como advogado principal para a maioria das instalações comerciais norte-americanas. Sob a

139 NASSIF Luís. "Relembre o Xadrez da política, do crime e da contravenção". *Jornal GGN*, fev. 2018. Disponível em: https://qrcd.org/48Me. Acessado em: 08.05.2024.

140 SANDERS, Bernie. "A new authoritarian axis demands an international progressive front". *The Guardian*, set. 2018. Disponível em: https://qrcd.org/48Mf. Acessado em: 08.05.2024.

141 NASSIF, Luís. "Xadrez da indústria de armas e o financiamento da direita, por Luís Nassif". *Jornal GGN*, jan. 2019. Disponível em: https://qrcd.org/48Mg. Acessado em: 08.05.2024.

142 MAZZI, Leandro. "Presidente da Embratur se reúne com Sheldon Adelson em Las Vegas". *Esplanada*, set. 2019. Disponível em: https://qrcd.org/48MH. Acessado em: 08.05.2024.

liderança de Brad – diz o site do escritório – os clientes ganharam mais de US$ 2 bilhões em decisões na área pública.

O mercado nuclear experimentou um renascimento, a ponto de o escritório ter aberto uma filial em Londres para orientar os investidores interessados no setor, depois da desregulamentação do setor de energia no Reino Unido em 2004.

O escritório se apresentava como representante de um grande número de empresas que ocupam praticamente todos os segmentos de combustível nuclear, desde a mineração de urânio e enriquecimento para a fabricação de combustíveis.

Um mês após a volta dos Estados Unidos, a Lava Jato prendeu o Almirante Othon Luiz Pereira da Silva, figura central do programa nuclear brasileiro.

Ao longo de sua carreira, Othon acumulou um conhecimento único sobre um mercado que, no comércio mundial, equivale a US$ 100 bilhões/ano. Como consultor, teria condições de levantar valores dezenas de vezes superiores aos R$ 4,5 milhões – que teria recebido ao longo de seis anos, conforme despacho do juiz Sérgio Moro, acolhendo denúncia dos procuradores do Ministério Público Federal.

As supostas provas contra Othon foram fornecidas pela própria Leslie Caldwell. Na época, manifestei minha estranheza a um dos membros da comitiva, em troca de e-mails.

> Eu: Prezado (...)
>
> a prisão do Almirante Othon ainda irá render muitas teorias. E todas elas ligadas à viagem de Janot aos Estados Unidos e ao encontro com o FBI e Departamento de Justiça, sabendo-se da histórica oposição norte-americana ao projeto nuclear brasileiro.
>
> Pergunto:

> 1. De alguma maneira, o assunto foi tratado nas reuniões? As autoridades norte-americanas passaram algum elemento que pudesse chamar suspeitas sobre Othon? De alguma maneira o acordo de cooperação focou a Eletronuclear?
>
> 2. Othon detinha segredos em um mercado que vale centenas de bilhões de dólares. Deixou uma consultoria em um mercado bilionário para assumir a Eletronuclear. R$ 4,5 milhões em cinco anos é valor pequeno perto do valor potencial de uma consultoria de Othon. Existem elementos concretos mostrando relação direta entre os pagamentos e as licitações da Eletronuclear?

A resposta foi evasiva:

> Não posso comentar a investigação sobre o almirante. Contudo, a missão do PGR aos EUA não teve como foco o programa nuclear brasileiro.

Era uma resposta que não respondia à questão.

O RECONHECIMENTO PÚBLICO DA PARCERIA COM OS EUA

Em 2017, em evento no Atlantic Council, presente o PGR Rodrigo Janot, a parceria Lava Jato-EUA ficou explícita.

Peça 1 – Kenneth Blanco e o destino manifesto

A apresentação de Kenneth Blanco, Vice-Procurador adjunto do Departamento de Justiça, em evento ocorrido em julho de 2017, foi surpreendente. Especialmente pela intimidade com que tratou um dos membros do evento, então Procurador Geral da República Rodrigo Janot.

Blanco falou da missão do Departamento de Justiça dos EUA, de combater a corrupção "onde estiver" e aplicar a Lei Anticorrupção Norte-Americana.[143]

---

143 TV GGN. "A cooperação escancarada entre Departamento de Justiça dos EUA e Lava Jato". *Youtube*, mar. 2018. Disponível em: https://youtu.be/L6dVJJ5Rx-s?si=dLUaiGruKGNBmxAA. Acessado em: 08.05.2024.

Depois, deu uma aula completa sobre como se desenvolveu o relacionamento do Departamento de Justiça (DOJ) com o Ministério Público Federal brasileiro, que ele taxou de melhor relação da história. E confirmou o que o *Jornal GGN* já havia antecipado desde a visita de Rodrigo Janot ao DOJ em fevereiro de 2015. E sobre a maneira como Sérgio Moro e os procuradores de Curitiba tiveram acesso a informações tão relevantes que permitiram a eles, no interior do país, assumir o controle de uma investigação cujos crimes foram cometidos no Rio de Janeiro com personagens de Brasília.

Segundo Blanco, o Departamento de Justiça ajudou na coleta de provas e na preparação do caso. Criou-se uma relação de confiança que permitiu que procuradores tivessem comunicação direta, íntima, sem depender de procedimento oficiais, que geralmente levam tempo.

Criou-se uma metodologia passando ao largo dos procedimentos legais.

No início da investigação o procurador brasileiro podia ligar para seu parceiro estrangeiro e pedir informações. Quando a denúncia estivesse pronta, formalizava o pedido de envio de provas, aí através do Ministério da Justiça.

Segundo Blanco, a condenação de Lula colocou o Brasil como protagonista principal da luta contra a corrupção.[144]

Finalmente, ele expôs de maneira detalhada as relações com outros Ministérios Públicos latino-americanos. Segundo ele, não foi coincidência ele e "Rodrigo" estarem juntos no evento ou na cidade. Também "meus amigos" Raul Cervantes, Procurador Geral do México, os procuradores equatorianos em reunião com a Sessão de Fraudes, ou procuradores panamenhos "enviados pela minha

144 TV GGN. *A cooperação escancarada entre Departamento de Justiça dos EUA e Lava Jato*. Disponível em: https://qrcd.org/48Mj. Acessado em: 08.05.2024.

grande amiga, Procuradora Kenia Porcell, ou ainda encontros em Bogotá com o Procurador Geral colombiano".

Como afirmou Blanco: "Não apenas estamos falando. Estamos agindo".

Encerrou a fala com a cantilena repetida por aqui pelos procuradores brasileiros: a corrupção é a principal responsável pela falta de estradas, de escolas, de segurança, de desenvolvimento. Um discurso fácil, que joga para segundo plano relações econômicas, projetos nacionais, cartéis e oligopólios, industrialização, os negócios do grande capital.

E aí, entrou em cena o destino manifesto, que ao longo do século 20 inspirou as várias formas de interferência norte-americana na vida dos países:

> Há algo importante acontecendo no mundo e nós, do Departamento de Justiça continuaremos avançando contra a corrupção onde ela estiver. Não haverá refúgio ou descanso para os perversos.

A declaração de Blanco era a prova final de que os Estados Unidos conseguiram transformar os procuradores do continente em seus colaboradores, sem a necessidade de uma guerra declarada.

Esse coleguismo resulta em encontros curiosos, como o que ocorreu no final de 2019 entre Victor Laus – o desembargador que condenou Lula em segunda instância – e um "conselheiro" da embaixada dos Estados Unidos em Brasília.

O agente do governo norte-americano queria trocar figurinhas sobre como a Justiça brasileira está tratando grandes casos de corrupção, como a Lava Jato.

No final da reunião, Laus ainda afirmou que é muito importante que os Estados Unidos se aproximem dos nossos tribunais, pois isso possibilita maior "integração e articulação entre as instituições".

Recorde-se que, após o golpe de 2015 na Ucrania, que destituiu um Presidente pró-Rússia, houve ampla interferência externa na reformulação do Judiciário e na seleção de juízes. Participaram a Comissão Europeia para a Democracia através do Direito e organizações não-governamentais, como a Transparência Internacional.

Em entrevista exclusiva para a série "Lava Jato Mado B – A influência dos Estados Unidos e a indústria do compliance", da TV GGN,[145] o economista e pesquisador norte-americano Mark Weisbrot, constatou:[146]

> O Brasil tem sido o grande prêmio para eles. Eles perderam o Brasil depois de 2002 até 2016. Eles não tinham esse País no bolso. O Brasil é mais difícil do que, especialmente, estes outros países para os EUA conseguirem se aproximar, porque tem uma longa tradição, uma questão de tradição moderna de independência, mesmo na ditadura militar.
>
> Quando essa história for finalmente escrita, eu acho que o golpe contra Dilma, Lula e o PT, será visto como um dos mais importantes apoios dos Estados Unidos, em grande escala, a um golpe na América Latina.

Weisbrot é Presidente da **Just Foreign Policy**, uma organização não governamental que defende a reforma da política externa dos Estados Unidos.

---

145 TV GGN. "Como a anticorrupção virou bandeira política dos EUA". *Youtube*, jan. 2020. Disponível em: https://ytube.io/3uzy. Acessado em: 08.05.2024.

146 JORNAL GGN. "EUA usaram Lava Jato para derrubar o PT e intervir na América Latina, diz Mark Weisbrot ao GGN". *Jornal GGN*, mar. 2020. Disponível em: https://tinyl.io/Aspg. Acessado em: 19.06.2024.

Peça 2 – a declaração do Atlantic Council

O quadro ao fundo da fala de Blanco, com a menção ao organizador do encontro, American Council, passou relativamente despercebido.[147]

Mas o anfitrião tornou-se mais presente quando articulou uma declaração visando pressionar a VII Cúpula das Américas, que ocorreria em abril no Peru.

Entre outros signatários nosso bravo Rodrigo Janot, já em seu terno de ex-Procurador Geral da República do Brasil, e totalmente esquecido de sua missão de servidor do Estado brasileiro.

Em relação ao poder nacional, o grupo do Atlantic Council propôs inclusive participar dos critérios de seleção de juízes e procuradores:

– Melhorar a cooperação internacional do Ministério Público, incluindo a partilha de provas através da colaboração direta entre procuradores sem interferência do Poder Executivo e facilitação da negociação de argumentos em diversas jurisdições.

– Fortalecer a independência e a autonomia judicial de acordo com os padrões interamericanos e internacionais, inclusive através do suporte técnico para melhorar os processos de seleção para juízes e procuradores.

Em relação aos fóruns regionais de direitos humanos, como a Comissão Interamericana de Direitos Humanos (CIDH), as propostas eram impositivas:

Criar na Comissão Interamericana de Direitos Humanos (CIDH), uma nova proposta especial sobre direitos humanos e

---

147 NASSIF, Luís. "Xadrez de como os EUA e a Lava Jato desmontaram o Brasil, por Luís Nassif". *Jornal GGN*, mar. 2018. Disponível em: https://qrcd.org/48Mk. Acessado em: 08.05.2024.

corrupção e obrigar a CIDH a comissionar um relatório especial sobre o nexo entre corrupção e direitos humanos.

Finalmente, se chega ao ponto: quem é essa tal de American Council?

Peça 3 – o guru do Atlantic Council e o governo mundial

Antes de detalhar mais a atuação do American Council, vamos conhecer um pouco melhor o pensamento do seu principal guru, Harlan Ulmann,[148] autor do premiado livro *Anatomia do fracasso: porque a América perde todas as guerras que começa*, e consultor que influenciou o secretário da Defesa dos EUA, Donald Rumsfeld, na guerra do Iraque.

Seu enfoque não é mais no conflito entre nações, mas contra os agentes não estatais que ameacem a nova ordem mundial.

Procurando pelo *Google*, o único registro brasileiro foi no *GGN*, em 2014 no artigo "A revolução da informação e a nova ordem mundial", de 15 de agosto de 2013.

Consegui encontrar o artigo original, justamente no *blog* de Ullman no Atlantic Council. Sob o título "Guerra contra o terror não é a única ameaça",[149] diz ele:

> Em termos simples, a *Al-Qaida* é sintomática de mudanças muito maiores na estrutura do sistema internacional. O principal inimigo e adversário já não são estados inclinados

148 JORNAL GGN. "A revolução da informação e a nova ordem mundial". *Jornal GGN*, jan. 2014. Disponível em: https://qrcd.org/48Ml. Acessado em: 08.05.2024.

149 ARAUJO, André Motta. "O 'Selo Verde' e o futuro do Brasil, por André Motta Araujo". *Jornal GGN*, jun. 2019. Disponível em: https://qrcd.org/48Mm. Acessado em: 08.05.2024.

> a interromper ou dominar o sistema, apesar daqueles que veem a China como um futuro inimigo.
>
> Em vez disso, o perigo mais imediato reside no empoderamento dramático de indivíduos e grupos, para o bem e tristemente mal, muitas vezes agrupados como "atores não estatais".
>
> Edward Snowden, Bradley Manning, inúmeros "*hackers*" e pessoas anônimas que enviam cartas preenchidas com antraz, cujas ações realmente constituíram ameaças reais e interrupções sistêmicas.

Em suma, se o Tratado de Westphalia, em 1648, marcou o início da nova ordem internacional, centrada no Estado, o 11 de setembro marcou o início da nova era. A nova guerra consiste na "contenção, redução e eliminação dos perigos colocados por atores não estatais recém-habilitados".

No artigo republicado pelo *GGN*, o autor Paul Joseph Watson encontrou semelhança entre a retórica de Ullman e a de Zbigniew Brzezinski, que

> em 2010, durante uma reunião do Council on Foreign Relations, alertou que um "despertar político global", em combinação com a luta interna entre a elite, estava ameaçando descarrilar a transição para um governo mundial.

Peça 4 – o pensamento do Atlantic Council

Um levantamento dos artigos publicados em seu portal permite saber mais sobre o pensamento do Atlantic Council:

Sobre Direito Internacional

Um número crescente de políticos e analistas europeus vê a lei como uma forma de resolver problemas internacionais não apenas entre os Estados, mas também dentro deles, como o fracasso do

Estado de Direito em algumas sociedades. Mas os Estados Unidos – que certamente não rejeitaram o Direito Internacional – são cautelosos sobre como um Tribunal Internacional permanente pode afetar seus interesses como uma superpotência com responsabilidades e interesses globais.

Sobre *fake news*

À frente das eleições no Brasil, na Colômbia e no México, as falsas narrativas espalhadas nas notícias e nas mídias sociais agora são construídas para dois propósitos:

1) disseminar mentiras e

2) criar uma incerteza ou suspeita profunda.

Como foi observado na construção das eleições europeias, essas narrativas são projetadas por atores malignos para influenciar o resultado de uma eleição de maneira tal que costuma discordar e prejudica a fé na democracia.

Sobre as eleições no Brasil

No Brasil, o ex-Presidente Luiz Inácio Lula da Silva parece estar pronto para um retorno nas eleições de outubro. (...) Uma vitória de Lula ou Bolsonaro pode ser disruptiva, potencialmente descarrilando a frágil recuperação econômica do Brasil.

Sobre o Judiciário brasileiro

A decisão de hoje (condenação de Lula) (...) mostra a força e a resiliência do judiciário brasileiro após anos de investigações de corrupção. Mesmo um ex-Presidente popular não está acima do Estado de Direito.

As decisões dos três juízes para defender a convicção de Lula – e aumentar a sentença de nove anos e seis meses para doze anos e um mês – é histórica para os brasileiros que desejam justiça.

Sobre a política econômica

O NAFTA permitiu que a integração norte-americana alcance níveis que não poderíamos ter sonhado há vinte anos. Quer se trate de compartilhamento de informações com nossos homólogos mexicanos e canadenses, ou operações conjuntas que atendam aos propósitos de segurança dos Estados Unidos, ou trabalhando em conjunto em questões ambientais, existe uma ampla cooperação que se aprofundou entre os nossos parceiros norte-americanos por causa do NAFTA.

Peça 5 – os *think tanks* e os lobbies

Finalmente, entra-se na verdadeira natureza do Atlantic Council: ser um local de lobby entre grandes grupos econômicos, países e autoridades e parlamentares norte-americanos.

Ele surgiu em 1961, estimulado pelos ex-secretários de Estado Dean Acheson e Christian Herter, como forma de apoio à OTAN (Organização do Tratado do Atlântico Norte). Foram montados Atlantic Council em vários países.

Nos últimos anos, ao lado de outros *think tanks* como The Brookings Institution, o mais respeitado deles, tornou-se um foco de lobby escancarado. Sua receita saltou de US$ 2 milhões para US$ 20 milhões.

O *The New York Times* dedicou uma extensa reportagem denunciando a apropriação desses centros por lobbies econômicos e de países.[150]

São denunciados vários estudos viciados, com as conclusões induzidas pelos patrocinadores. Foi o caso da Lennar Corporation,

---

150 O GLOBO. "Ambientalistas criticam Kataguiri por PL que muda licenciamento ambiental". *O Globo*, ago. 2019. Disponível em: https://qrcd.org/48Mo. Acessado em: 08.05.2024.

uma das maiores construtoras dos Estados Unidos, que financiou um estudo da Brookings sobre a revitalização de uma faixa de São Francisco.

Segundo a reportagem,

> os think tanks, que se posicionam como "universidades sem estudantes", têm poder nos debates sobre políticas governamentais porque são vistos como pesquisadores independentes de interesses financeiros. Mas na busca de fundos, os think tanks estão empurrando agendas importantes para os doadores corporativos, às vezes desmascarando a linha entre pesquisadores e lobistas. E eles estão fazendo isso enquanto colhem os benefícios de seu status isento de impostos, às vezes sem divulgar suas conexões com interesses corporativos.

O Atlantic Council montou esquema semelhante com a Fedex – empresa de transporte de cargas leves – visando um acordo de livre comércio que beneficiaria a empresa.

Segundo o NYT, "seis meses antes do lançamento do relatório, a FedEx e o *think tank* trabalhavam em planos para usar o relatório como uma ferramenta de lobby".

O trabalho de lobby foi criticado por especialistas consultados pelo NYT, como Joseph Sandler, advogado especializado. "Um escritório de advocacia ou empresa de lobby, você espera que eles sejam advogados", acrescentou Sandler. "Já os *think tanks* possuem esta pátina de neutralidade acadêmica e objetividade, e isso está sendo comprometido".

A reportagem tratou mais dos acordos envolvendo essas instituições e governos estrangeiros. Segundo a senadora democrata Elizabeth Warren,

> são corporações gigantes que descobriram que gastando, algumas dezenas de milhões de dólares, se eles podem

influenciar os resultados aqui em Washington, eles podem fazer bilhões de dólares.

Peça 6 – atropelando o interesse nacional

Nosso colunista André Araújo, autor de vários artigos denunciando a extravagância do acordo firmado pela PGR com o Departamento de Justiça, resumiu a parceria:

> Não é de meu conhecimento nenhum outro País colaborar com o DofJ para investigar empresas e pessoas seus nacionais, lembrando que quando se pede ao DofJ para investigar uma empresa brasileira se está expondo essa empresa paraser processada por quem está investigando, o que ocorreu com a Petrobras e Embraer e mais um bom número de empreiteiras brasileiras.
>
> Em todo esse processo em nenhum momento se viu o Ministério da Justiça ou o Ministério das Relações Exteriores defender o Estado brasileiro nem no Brasil e nem em Washington, por não ter coragem de colocar o interesse do Estado acima do interesse da justiça interpretada pelo PGR a seu modo.
>
> O conceito de soberania foi inteiramente ignorado a favor de uma causa, a da justiça individual, o que algo raro na história dos países.
>
> O normal é sempre prevalecer o interesse do Estado acima da justiça individual, a qual está abaixo do interesse do Estado, mais amplo do que o da justiça. É a lei da lógica na geopolítica internacional.
>
> A Procuradoria Geral da República perdeu essa noção de soberania entre países, pensou pequeno por intenção ou ignorância do que seja geopolítica ou pior ainda, por vaidade de ser admirado por procuradores americanos como participantes de uma causa que não é neutra do ponto de vista de interesse de Estados.

Essa colaboração foi a gazua que permitiu, mais adiante:

- a completa abertura do pré-sal,
- o desmantelamento da Petrobras, com a venda de partes relevantes, como oleodutos, gasodutos, subsidiários no exterior;
- processos contra a Embraer por suas vendas de aviões para a África;
- a saída completa das empreiteiras brasileiras da África e da América Latina;
- a queima da MARCA Brasil no mundo, provocando desgaste diplomático e desprestigio do país, agora apontado como o mais corrupto entre os grandes países, o que é falso.

É inegável que todos os que se submeteram aos afagos do Atlantic Council, de Sérgio Moro e os procuradores da Lava Jato a Rodrigo Janot, definiram claramente suas lealdades: não mais com o Brasil, mas com a nova ordem global.

E custaram mais barato que as miçangas com que os colonizadores portugueses desarmaram as defesas indígenas: bastou o afago ao ego.

A FAKE NEWS QUE DOBROU O FACEBOOK

Um dos episódios menos conhecidos foi a maneira como a Atlantic Council planejou montar uma associação mundial de agências de checagem, visando monitorar as redes sociais.

Peça 1 – o caso dos *hackers* russos

No dia 24 de novembro de 2016, The Washington Post publicou uma reportagem de capa sobre a interferência russa na eleição de Donald Trump.[151] Essa reportagem deflagrou a campanha mundial contra a *fake news*, apontado a partir de então, com evidente exagero, como a maior ameaça à democracia. E, provavelmente, foi a maior *fake news* das últimas décadas.

---

151 TIMBERG, Craig. "Russian propaganda effort helped spread 'fake news' during election, experts say". *The Washington Post*, nov. 2016. Disponível em: https://qrcd.org/48Mr. Acessado em: 08.05.2024.

A reportagem se baseava em um site obscuro, o PropOrNot, cujos autores eram anônimos.[152] O grupo divulgou um relatório de 32 páginas detalhando a metodologia, e delatando cerca de duzentos meios de comunicação suspeitos de publicar propaganda russa para torpedear a campanha de Hillary Clinton. E justificava o anonimato pelo receio de ser atacado pelos *hackers* russos.

Ao melhor estilo "Guerra dos Mundos", o site apregoava:

> *Uma campanha de informação em grande escala está enganosamente injetando propaganda russa no discurso público americano on-line. Ele opera tanto à esquerda quanto à direita, gerando milhares de artigos de notícias, memes, tweets e vídeos falsos (...). É vital que esse esforço seja exposto pelo que é: uma tentativa coordenada de enganar os cidadãos dos EUA para que atuem no interesse da Rússia.*

152 PROPORNOT. "Russia is Manipulating US Public Opinion through Online Propaganda". *Propornot*, mar. 2017. Disponível em: https://bit.ly/3NJB7qU. Acessado em: 08.05.2024.

O espaço dado pelo *Washington Post* mereceu críticas generalizadas do jornalismo sério do país. Andrew Cockburn, editor da Harper's, classificou a reportagem como um "lixo lastimável". Colunistas do *The Intercept*, *Fortune* e *Rolling Stone* também despejaram, críticas sobre o jornal.

Adrian Chen, do respeitado *The New Yorker*, informou que havia sido contatado pela organização, mas não embarcou na história.[153]

> Um olhar mais atento no relatório mostrou que estava uma bagunça. "Para ser honesto, parece uma tentativa muito amadora", disse-me Eliot Higgins, um pesquisador respeitado que investigou notícias falsas da Rússia em seu site, Bellingcat, durante anos. "Eu acho que nunca deveria ter sido publicado em qualquer site de notícias de qualquer nota".

O *Washington Post* foi obrigado a se retratar. Na cabeça de reportagem *online* publicou numa Nota do Editor dizendo não garantir a validade das conclusões do PorpOrNot. Nem tinha condições de avaliar se a campanha russa havia sido decisiva para eleger Trump.

Criou-se o mistério: quem estaria por trás das notícias superdimensionadas sobre a invasão russa?

---

153 NASSIF, Luís. "Xadrez da organização que está por trás da estratégia do Facebook contra os fakenews". *Jornal GGN*, jul. 2020. Disponível em: https://jornalggn.com.br/noticia/xadrez-da-organizacao-que-esta-por-tras-da-estrategia-do-facebook-contra-os-fakenews/. Acessado em: 08.05.2024.

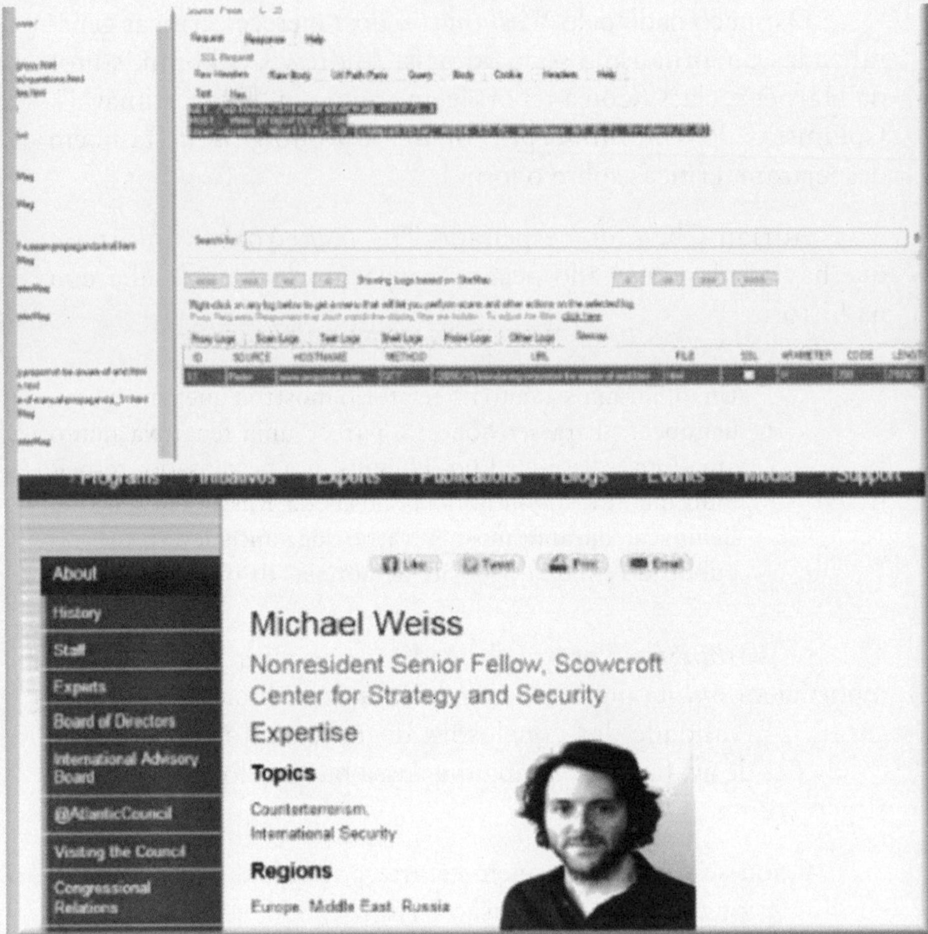

Dois pesquisadores independentes buscaram a resposta através de caminhos distintos. Um deles foi John Scott-Railton, pesquisador do Citizen Lab, um centro de pesquisa do Munk School of Global Affairs da Universidade de Toronto,[154] Canadá. O outro foi Bill Marczak, pesquisador do Citizen Lab.[155]

154 MUNKSCHOO. Disponível em: https://qrcd.org/48QB. Acessado em: 08.05.2024.

155 Disponível em: https://qrcd.org/48QD.

Um se valeu de análise linguística. Concluiu que o autor anônimo era Michael Weiss, editor sênior do The Daily Beast, colunista de Política Externa e colaborador frequente em segurança nacional da CNN. Ele também era editor-chefe do The Interpreter, membro sênior não-residente do Atlantic Council e Co-Presidente do Russia Studies Center da Henry Jackson Society.

O segundo se valeu de uma ferramenta de teste, que permite a varredura de vulnerabilidades em sites. Mostrou que o painel de administração pertencia a "www.interpretermag.com", site financiado pelo Atlantic Council.[156]

Segundo os pesquisadores, a Atlantic Council havia afirmado que o *Ghostwriter* havia atacado sites e redes sociais de órgãos governamentais e de oposição na Lituânia, Letônia e Estônia. No entanto, Scott-Railton e Marczak afirmaram que não havia evidências que sustentassem essas alegações.

A Atlantic Council respondeu ao relatório dos pesquisadores dizendo que eles haviam cometido erros factuais. No entanto, Scott-Railton e Marczak afirmaram que as alegações da Atlantic Council eram infundadas.

Além de Scott-Railton e Marczak, outros pesquisadores também criticaram a Atlantic Council pelo caso dos *hackers* russos. Em um artigo publicado no The New York Times, os pesquisadores afirmaram que a Atlantic Council havia "perdido a credibilidade".

Mesmo com todos os ingredientes de uma notícia falsa, plantada, a *fake news* ganhou vida e levou a uma campanha mundial contra os poderes do *Facebook*, que culminou com a convocação de Zukenberg pelo Congresso norte-americano.

---

156 FIGARO VOX. "Vente d'Alstom: le dessous des cartes". *Figaro Vox*. Disponível em: https://qrcd.org/48Mw. Acessado em: 08.05.2024.

A empresa já estava vulnerável. A *fake news* sobre a Rússia foi o empurrão final para deixá-la de joelhos. Mark Zuckerberger jogou a toalha e procurou o seu verdugo, o próprio Atlantic Council, contratando-o para um trabalho de assessoria.

Segundo a Fortune,[157]

> o Facebook não forneceu muitos detalhes sobre como o Atlantic Council ajudaria a identificar possíveis desinformações, apenas para que a equipe forense cibernética do think tank trabalhasse com a equipe do Facebook para fornecer "insights e atualizações em tempo real sobre as ameaças emergentes".

O Facebook queria uma trégua para poder respirar, tal o tiroteio que se viu envolvido. Permanece o gigante, mas a inexperiência política de Zuckerberger obrigou-o a um movimento de recuo, ante raposas experientes da política norte-americana.

E o Atlantic Council já tinha pronta, há tempos, sua receita.

Peça 2 – a receita para o controle da rede

No dia 26 de julho de 2017, o site do Atlantic Council publicou um artigo explicando como deveria ser o critério para *Google* e *Facebook* impedirem notícias falsas.[158]

> As leis de mídia existentes já estão sendo usadas por pessoas no poder para silenciar seus oponentes, e o termo

157 VANIAN, Jonathan. "Facebook Partners With the Atlantic Council to Fight Election Propaganda". *Fortune*, mai. 2018. Disponível em: https://qrcd.org/48My. Acessado em: 08.05.2024.

158 VOTAVOVÁ, Klára; JANDA, Jakub. "How to Hold Facebook and Google Responsible for Fake News". *Atlantic Council*, jul. 2017. Disponível em: https://qrcd.org/48N1. Acessado em: 08.05.2024.

> “notícias falsas” foi rapidamente adotado por políticos com o objetivo de desacreditar a mídia. É muito fácil imaginar um governo usando o discurso falso da notícia falsa/discurso do ódio para censurar pontos de vista inconvenientes.

E defendia que não poderia se dar a ambos o direito de censurar.

“Obrigações de remoção de conteúdos ilegais devem estar sujeitas a uma supervisão judicial adequada ou a de transparência e de comunicação”.

O caminho, segundo o Atlantic Council, seria estabelecer “parcerias com organizações de checagem de fatos, reprimindo propagandas de sites não confiáveis, modificando seus algoritmos”. Nas apenas isso, mas essas organizações “lançando seus próprios projetos de suporte de mídia”. Espalha-se, aí, o fenômeno das agências de checagem.

Mas quem seriam essas organizações aliadas?

Peça 3 – o clube dos bilionários

O destino manifesto sempre induziu bilionários norte-americanos a cruzadas de salvação moral contra os ímpios do hemisfério sul. Esse tipo continuou florescendo nos Estados Unidos, como demonstram os texanos irmãos Koch, prováveis financiadores de movimentos de ultradireita na América Latina.

Mas, ao mesmo tempo, surgiu outra geração de bilionários mais instruídos, muitos aparecendo com o *boom* da *internet*, procurando exercer o *soft power* do setor, como o próprio Bill Gates e sua fundação para combater a miséria na África.

É o caso de George Soros e seu Open Society.

Segundo artigo publicado em seu site no dia 1º de fevereiro de 2018:[159]

> Na última década, à medida que a confiança nas instituições diminuiu em todo o mundo, a política em muitos países aparentemente se transformou em uma disputa que colocou "elites" egoístas contra todo mundo. E como a convicção de que as "elites" não representam os interesses do "povo" tornou-se cada vez mais comum, dois caminhos alternativos à frente também se tornaram ascendentes. Um caminho está enraizado no populismo e representado pela construção de paredes, tanto literais quanto figurativas. O outro é inclusivo e baseado em colaboração e confiança.

159 Disponível em: https://qrcd.org/48N4.

Peça 4 – a associação das agências de checagem

Acertado o novo modelo de filtragem de informações pelo *Facebook*, imediatamente começaram a brotar agências de checagem de notícias que, mal saíam do berço, já eram convocadas para o trabalho de filtragem das informações da rede, indicadas pelo próprio Atlantic Council. A intenção do *think tank* era montar uma grande rede global de agências de checagem, sob sua coordenação.

Rapidamente tentou-se estruturar uma rede internacional de agências de checagem, em torno do The Trust Project,[160] uma iniciativa internacional de organizações de notícias que trabalham para promover a transparência, precisão e inclusão no jornalismo. A organização foi fundada em 2017 pela jornalista Sally Lehrman e atualmente conta com mais de 120 membros de todo o mundo.

Segundo o trabalho "As fake news e o Ministério da Verdade Corporativa", de Afonso Albuquerque, titular do Departamento de Estudos Cultura e Mídia da Universidade Federal Fluminense:[161]

> A primeira iniciativa do ramo foi o FactCheck.org, ligado à Annenberg School of Communication da University of Pennsylvania. O movimento de fact-che-cking ganhou alcance global com a criação da International Fact-Checking Network (IFCN), sediado no Poynter Institute (AMAZEEN, 2020; GRAVES, 2018). O IFCN atua como agente indutor da expansão do fact-checking, e a filiação à entidade serve como certificador de que a agência de fact-checkingem questão é "legítima".

No Brasil, tentou-se montar na Unesp o "Projeto Credibilidade", alinhado com o The Trust Project, de uma universidade localizada

---

160 Disponível em: https://qrcd.org/48NA.

161 ALBUQUERQUE, Afonso. "As fake news e o Ministério da Verdade Corporativa". *Revista Eptic*, Rio de Janeiro, vol. 23, nº 1, jan./abr. 2021.

no Vale do Silício, todos de olho na possibilidade de serem o Santo Ofício do *Facebook*. Só foram convidados veículos comerciais ou digitais alinhados com o sistema ou explicitamente de direita.

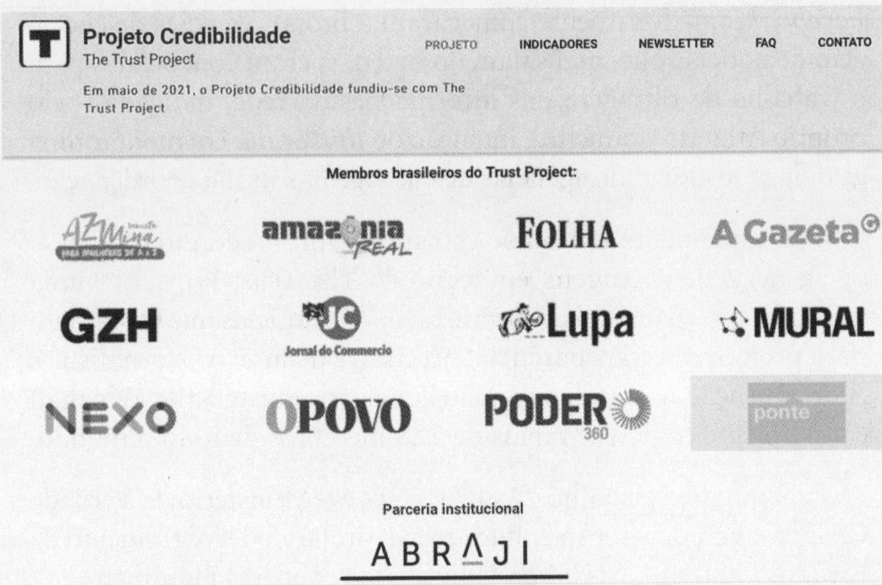

Só para testar, enviei um *e-mail* propondo a adesão do *Jornal GGN*. A resposta dos organizadores:

> Agradecemos o interesse do *Jornal GGN* de integrar o consórcio de mídia do Projeto Credibilidade. Em função de limitações operacionais, estamos impossibilitados de responder sua solicitação de forma imediata, pois estamos analisamos solicitações anteriores de outros veículos.

A tentativa de direcionar as redes sociais contra os chamados *blogs* progressistas morreu na primeira tentativa: uma agência de checagem que tratou como *fake news* a informação dos portais *Brasil 247*, *Forum e DCM* de que o Papa tinha presenteado Lula – detido na Polícia Federal – com um terço que recebeu sua bênção. O portal ficou dias fora do ar no Facebook.

A Agência do Vaticano desmentiu a informação. No máximo, o caso poderia ser tratado como uma "barriga", uma notícia incorreta, jamais como *fake news*. Dias depois, foi demitido o diretor da Agência do Vaticano, e o Papa confirmou a entrega do terço.

O episódio repercutiu bastante e, aparentemente, rompeu com a tentativa de montar, no Brasil, um sistema de controle manipulado pela Atlantic Council. Houve uma retificação da Agência Lupa.[162]

O segundo movimento foi quando a Agência Pública foi contratada pela *Revista Veja* para um trabalho sobre a radicalização nas redes sociais. O trabalho foi encomendado ao cientista político Pablo Ortelado, que se notabilizara como defebnsor dos Black Blocs nas jornadas de 2013. Nele, ele coloca sites de direita, claramente disseminadores de *fake news*, com o contraponto dos principais sites progressistas críticos da mídia. O trabalho foi apresentado em um seminário para o mercado publicitário e, a partir daí, fechou as portas das agências de publicidade para os portais progressistas.

Tentáculos pela América Latina

Em julho de 2017, durante um evento promovido por um centro de lobby de Washington, Kenneth Blanco, que na época era advogado-geral adjunto do Departamento de Justiça, fez uma das mais comprometedoras revelações a respeito dos bastidores da Lava Jato.

Ao lado de Rodrigo Janot, então procurador-geral da República, Blanco escancarou que os procuradores brasileiros se comunicavam com os norte-americanos sem o acompanhamento da autoridade central, que tem o papel legal de intermediar a troca de informações e cuidar dos interesses nacionais em xeque.

---

162 LUPA. "Esclarecimento da agência Lupa sobre a checagem do terço de Lula". *Agência Lupa*, jun. 2018. Disponível em: https://tinyl.io/AsmG. Acessado em: 19.06.2024.

Blanco não parou por aí. Ele celebrou a prisão de Lula como resultado do sucesso da cooperação internacional na Lava Jato. E de quebra, mostrou como os Estados Unidos espalharam seus tentáculos por outros países da América Latina.

O modelo das forças-tarefas

Peça 1 – da Sisbin às forças-tarefas

A criação da Sisbin, o Sistema Brasileiro de Inteligência, foi um marco importante na história da inteligência no Brasil. A lei que a instituiu, a Lei n. 9.883, de 7 de dezembro de 1999, estabeleceu um novo modelo de inteligência para o país, baseado na integração entre os órgãos de inteligência.

Acompanhei entusiasmado a criação do modelo. Aliás, fui convidado pelo então Ministro Márcio Thomaz Bastos para uma das palestras do evento de lançamento, em Pirenópolis. Presentes o Procurador Geral Cláudio Fontelles e o diretor da Polícia Federal, Paulo Lacerda, Bastos pediu que eu "descesse a ripa" no amadorismo de ambas as corporações para investigar crimes financeiros.

Antes disso, especialmente na CPI dos Precatórios, eu havia escrito uma série de artigos na *Folha* mostrando a falta de conhecimento das autoridades, da CPI e da mídia, sobre crimes financeiros.

A Sisbin unificava os serviços de inteligência, que passavam a trabalhar em conjunto, trocando informações.

Da Sisbin resultou o aparecimento das Forças-tarefas, criadas para enfrentar denúncias mais complexas de crimes. Mas o modelo Paulo Lacerda era rígido. Se a PF de algum Estado identificasse crime com ramificações em outros Estados, ia a Brasília, era montada uma força-tarefa, mas com supervisão da superintendência da PF e da inteligência central da Polícia – que providenciava os meios e segurava os arroubos, para impedir abusos.

Com mudanças de governo, tudo mudou. Foi criado um monstro quando o Ministério da Justiça e a Procuradoria Geral da República passaram a ser dirigidos pelas duas autoridades mais omissas em suas respectivas funções, desde a redemocratização: José Eduardo Cardozo e Rodrigo Janot.

Peça 2 – a era das forças-tarefas

A pior contribuição do Ministério Público Federal à desorganização institucional do país foi a constituição das chamadas forças-tarefas – grupos de procuradores que se organizavam para trabalhar em conjunto, e em tempo integral, para elucidar determinadas ocorrências. O modelo surgiu depois que um procurador foi assassinado quando investigava um crime.

A base teórica foi fornecida por pelo manual *Forças-tarefas: Direito Comparado e Legislação Aplicável*,[163] publicado em 2011 pela Escola Superior do Ministério Público da União (ESMPU). O livro foi coordenado por Januário Paludo, com a colaboração de Carlos Fernando dos Santos Lima e Vladimir Aras, os três integrantes de destaque da futura Operação Lava Jato. O trabalho foi solicitado 5ª Câmara de Coordenação e Revisão do Ministério Público Federal (MPF), com apoio da Escola Superior do Ministério Público da União (ESMPU).

Os "agradecimentos" são o melhor indício da matéria prima que gerou o bebê de Rosemary da Lava Jato. Agradece-se a um grupo de procuradores criminais que, já nos anos 90 haviam descoberto o caminho da mídia. Depois, um agradecimento especial ao juiz Sérgio Moro "pelas posições de vanguarda no cumprimento das normas penais e processuais penais ao longo do caso Banestado".

---

163 Disponível em: https://escola.mpu.mp.br/a-escola/comunicacao/noticias/novo-manual-de-atuacao-esmpu-traz-orientacoes-sobre-o.

Depois, os agradecimentos vão para "o inestimável auxílio e empenho do DPF Paulo Roberto Falcão Ribeiro, da DPF Érika Marena, do auditor-fiscal Roberto Leonel e dos diretores e servidores do DRCI, entre eles Antenor Madruga", todos participantes ativos das futuras ilegalidades da Lava Jato.

Finalmente,

> registramos nossa gratidão para com o promotor norte-americano Adam Kaufmann, a procuradora dos Estados Unidos Marion Percell e o agente especial do DHS Thomas Dombrowski, pelo sempre pronto apoio para o sucesso da cooperação penal internacional entre o Brasil e os Estados Unidos nos vários desdobramentos do caso Banestado.

Como me disse uma vez um dos autores do trabalho, "no MPF tem procuradores de direita e de esquerda, mas todos são patriotas". Não duvido. Mas já havia uma ignorância crassa – e não apenas do MPF, mas de todo o país – em torno da geopolítica da anticorrupção que começava a se espalhar pelo mundo.

Tanto, que, um dos parágrafos mostra a parceria fechada com as autoridades americanas, pela cooperação na Operação Banestado:

> A Promotoria de Nova Iorque (*New York County District Attorney's Office*) e a Procuradoria dos Estados Unidos em Nova Jérsei (*US Attorney's Office*) sempre atenderam prontamente às solicitações do MPF e da Polícia Federal. O Departamento de Segurança Interna (DHS) dos Estados Unidos mantinha contatos quase diários com a Força-Tarefa em Curitiba, facilitando o intercâmbio de provas.

Peça 3 – Sobre a origem militar das forças-tarefas

> Força-tarefa é conceito de origem militar. Segundo o *US Military Dictionary*, força-tarefa é um grupo temporário de unidades militares, sob comando único, formado com o propósito de executar uma operação ou missão específica. No Brasil, já em 1917 utilizava-se o conceito.

Ninguém se deu conta de que o objetivo militar é, sempre, o de destruição do inimigo, enquanto o papel do procurador é o de ser um promotor de justiça. A parcialidade das forças-tarefas estava clara no próprio conceito.

> Empregado largamente na doutrina das forças armadas ao redor do mundo, quase sempre para a consecução de operações militares conjuntas, envolvendo um ou mais países e uma ou mais forças militares, e tendo em mira complexos objetivos táticos e estratégicos, não faz muito o instituto das forças-tarefas ou grupos-tarefa passou a ser útil também em outros setores da atividade do Estado, inclusive na "guerra" contra o crime.
>
> Na sequência, uma abertura que permitiu o alargamento sem limites da atuação com uma competição entre forças-tarefas para ampliar sua atuação.
>
> Os membros da força-tarefa terão atribuição para investigar os fatos determinados que motivaram a sua formação. Mas poderão também proceder à persecução de todos os delitos que se tornarem conhecidos no decorrer das investigações e que sejam conexos.

Entra, também, um alerta fundamental do penalista Luiz Flávio Gomes, que não seria respeitado na maioria dos casos envolvendo forças-tarefa:

> Para Luiz Flávio Gomes, a união do Ministério Público, da Polícia e de outros órgãos do Executivo em forças-tarefas

de repressão ao crime é salutar. No entanto, o autor adverte que "(...) nelas não existe espaço algum para a participação ativa (e muito menos proativa) dos juízes. O julgador tem sempre que zelar pela sua imparcialidade. É um terceiro, dotado de garantias supremas, que deve cuidar da preservação de todos os direitos fundamentais (do indivíduo e da sociedade), procurando compatibilizá-los na medida do possível. A sociedade tem direito à segurança, mas esse direito não é nem mais nem menos importante que os direitos fundamentais do suspeito ou do acusado.

Peça 4 – sobre a competição entre as FTs

O sucesso da Lava Jato deflagrou um processo de disputa entre forças-tarefas que se constitui em um dos episódios mais vergonhosos e perdulários da história da Polícia Federal e do Ministério Público Federal.

Conduzida pelo delegado Maurício Moscardi Grillo, licenciado da Lava Jato, a Operação Carne Fraca, para investigar denúncias de corrupção na fiscalização de frigoríficos, envolveu 1100 policiais federais, além de agentes de outros órgãos.

Uma mera Operação para investigar casos específicos de corrupção da vigilância sanitária no Paraná foi transformada, pelo delegado Moscardi Grillo, em uma ameaça sanitária que afetava toda carne produzida no país, comprometendo a imagem da carne brasileira no mundo.[164]

Para a Operação Ouvidos Moucos – que levou ao suicídio do reitor Cancellier, da Universidade Federal de Santa Catarina – a delegada Erika Merena convocou mais de cem policiais de todo o país.

---

164 ALVES, Cintia. "Juiz diz que Carne Fraca nunca investigou problemas sanitários de empresas produtoras de carne". *Jornal GGN*, mar 2017. Disponível em: https://qrcd.org/48Qf. Acessado em: 09.05.2024.

Outros cem policiais participaram da também infame Operação Esperança Equilibrista, que repetiu na Universidade Federal de Minas Gerais os abusos cometidos contra a UFSC.

Os abusos fizeram com que a então subprocuradora Raquel Dodge levasse ao Conselho Superior do Ministério Público uma proposta da Procuradoria do Distrito Federal, de definir um percentual máximo de procuradores de cada região, convocados para forças-tarefas, a fim de não desfalcar a regional.

Malandramente, o então PGR Janot convocou a imprensa para a cobertura da reunião do Conselho Superior, na qual acusou Dodge de pretender impedir o combate à corrupção.

E, nesse país de mediocridade explícita, o mais medíocre dos PGRs conseguiu abrigo na mídia para seus blefes.

Peça 5 – Greenfield, a Operação que não terminou

Depois da Lava Jato, a mais megalomaníaca das operações foi a Greenfield, criada no segundo semestre de 2016 inicialmente para investigar acusações contra fundos de pensão. Dentro da mesma lógica de Curitiba, acabou açambarcando um sem-números de investigações paralelas.

Titular da Operação, o procurador Anselmo Cordeiro Lopes, em parceria com o juiz Vallisney de Souza Oliveira – uma espécie de Sérgio Moro do Distrito Federal – passou a se valer dos mesmos estratagemas da Lava Jato. Nas delações, qualquer menção a outros crimes servia de álibi para mais uma Força-Tarefa, embaixo do guarda-chuva da Greenfield.

Foi assim que incorporou a Operação Sépsis, que investigava denúncias de uso do FGTS, a Cui Bono, da Caixa Econômica Federal, a Circus Maximus, no BRB, a Tesouro Perdido, Patmos, Sala, operações que, a rigor, nada tinham a ver com o objetivo inicial da Greenfield.

Ao todo, passou a trabalhar com 189 metas, envolvendo 564 policiais federais, 7 procuradores da República, 8 auditores da Previc, 12 inspetores e 3 procuradores federais da Comissão de Valores Mobiliários.

"Até hoje, essa pode ser considerada uma das maiores operações da história do Ministério Público Federal", vangloriava-se o procurador Anselmo, em um dos relatórios enviados ao Conselho Nacional do Ministério Público.

Anselmo já havia dado sinais de protagonismo ululante quando, em parceria com o polêmico juiz Ricardo Leite, conseguiu o bloqueio das contas do Instituto Lula, o confisco do passaporte de Lula, tentou criminalizar Lula pela Licitação dos caças. Aliás, o juiz Ricardo Leite – que condenou o *hacker* de Araraquara a incrível 20 anos de prisão em pleno processo da Operação Vaza Jato – foi o mesmo que autorizou a condução coercitiva de 40 funcionários do BNDES, em um dos episódios mais infames desses tempos de trevas.

A Greenfield deflagrou 7 prisões temporárias, 40 conduções coercitivas, implicou 110 pessoas físicas e jurídicas, tudo com enorme estardalhaço na mídia. Houve bloqueio de bens, retenção de passaportes, de telefones celulares e notebooks, limitação de locomoção, prisões para forçar acordos de delação. Enfim, todo o combo inaugurado pela Lava Jato.

Imitou a Lava Jato até na tentativa de direcionar as verbas das multas e de trabalhar em parceria com a Transparência Internacional do Brasil.

O tamanho da Operação tornou-a claramente inadministrável, a não ser que se alocasse um batalhão permanente de Procuradores e Policiais Federais.

Quando Aras decretou o fim das forças-tarefas, em um claro gesto de boicote, procuradores que há cinco anos atuavam na Greenfield resolveram abandonar os trabalhos.

Abandono de obrigação funcional é considerada falta grave. Mas não houve nenhum movimento da corregedoria do MPF contra a atitude.

A PGR abriu inscrição, então, para que outro procurador assumisse a Operação. Apresentou-se apenas Celso Três, procurador que ganhou destaque no caso Banestado.

Celso ainda tentou convencer Anselmo a retornar os trabalhos. Propôs que ele, Celso, e outros Colegas ajudariam; tudo à distância, teletrabalho, acumulando carga própria das lotações; sem diárias.

Anselmo levou a proposta ao colegiado da Procuradoria da República do Distrito Federal, mas nada conseguiu. Havia animosidade contra ele, devido a seu excesso de estrelismo.

Celso Três assumiu, então, com o propósito de transferir para outras regionais investigações que nada tinham a ver com o objetivo central da Greenfield. No meio do caminho, cometeu uma ironia: "Não estou aqui para trabalhar muito".

Foi um óbvio chiste, mas que imediatamente foi aproveitado pela imprensa, a exemplo do que ocorreu com o juiz Eduardo Appio. O procurador foi alvo de uma campanha pesada, cujo ápice foi uma reportagem do *Jornal Nacional*, preparada por Vladimir Neto que, nas gravações da Operação Spoofing, aparece como consultor de comunicação informal da Lava Jato.

A corregedoria atuou rapidamente e afastou Celso Três da Operação. E a Greenfield virou um ectoplasma.

Hoje em dia, dezenas de acusados continuam com bens bloqueados. Há casos de denunciados que até hoje não foram ouvidos. Estão todos no limbo da justiça.

Um dos pontos centrais da garantia da segurança jurídica é a prescrição de crimes. É uma forma de garantir que o Estado não possa punir alguém indefinidamente, sob o risco de violar o princípio da segurança jurídica. A ideia é que, após um determinado período, o réu não deve mais ser punido pelo crime que cometeu, mesmo que seja culpado e mesmo que não tenha sido possível obter uma sentença condenatória.

Nada disso ocorreu com as pessoas incriminadas pela Greenfield. São mortos vivo civis, com bens bloqueados, sob suspeita permanente, com restrições de toda ordem.

Peça 6 – a criminalização generalizada

No Macarthismo deflagrado pela mídia, em torno da Lava Jato, houve a criminalização generalizada de qualquer ato. Com autorização do juiz Ricardo Leite, o MPF tentou criminalizar operações do BNDES de financiamento de exportações de serviço; a licitação dos aviões da FAB e outras. Curiosamente, o mesmo Ricardo Leite foi acusado pelo MPF de dificultar a obtenção de provas na Operação Zelotes – que envolvia grandes grupos econômicos.

Quando o governo Dilma decidiu derrubar sistematicamente a taxa Selic, levou a um movimento de realocação de recursos dos fundos de pensão. Eles têm como meta obter um retorno anual dos investimentos, as chamadas metas atuariais, já que trabalhar com recursos hoje, para garantir aposentadorias futuras.

Sem a comodidade da renda fixa, a saída foi a busca de novos investimentos, em novas áreas. Uma delas, foram os chamados investimentos "Greenfield" – em novas empresas ou novas atividades.

O valor de um investimento é calculado pelo fluxo futuro de resultados, trazidos a valor presente por determinada taxa de desconto.

No caso de empresas já existentes, o fluxo futuro toma como base o histórico passado de resultados. No caso das empresas Greenfield, há uma aposta que pode se realizar ou não.

Peça 7 – os investimentos criminalizados

Há vários questionamentos sobre os critérios utilizados pela Greenfield para formular acusações. Em um período em que se criminalizava até financiamentos de serviços do BNDES, bastaria um questionamento da taxa de desconto utilizada no cálculo de valor, para criminalizar a Operação.

Foi o que sucedeu em muitas das denúncias, especialmente quando outros órgãos de regulação, como a Previc (que fiscaliza fundos de pensão) entraram no esquema Lava Jato.

Cevix

Em 2010, a Funcef montou parceria com a Engevix em energia, constituindo a empresa Cevix, que juntava várias PCHs (Pequenas Centrais Hidrelétricas). O preço acertado estimava um retorno de IPCA mais 7,96% a 10,64% ao ano.

Oito anos depois, o Ministério Público entender que o valor foi superavaliado. Comparava a taxa de retorno com as taxas de títulos públicos, que não têm risco.

Um ano e oito meses depois da entrada da FUNCEF na empresa CEVIX, a ENGEVIX vendeu a parte dela para uma das maiores empresas de energia limpa do mundo, a estatal norueguesa STATKRAFT. Essa venda – dos mesmos ativos – foi feita por um valor 23% superior ao que foi pago pela Funcef.

O preço pago pela Funcef incluía posição de controle com várias exigências de governança corporativa (criação de conselho fiscal, abertura de capital em um prazo definido, o que aconteceu, comitês técnicos de apoio ao Conselho de Administração, inclusive de auditoria, direitos de venda ou compra futuras).

Na denúncia o MP afirmou que o valor da empresa seria dado pelo somatório do preço de suas ações e se utilizou deste argumento em um parecer de dois peritos da PF. Qualquer especialista em mercado sabe que as ações de controle têm um valor maior que as ações disponibilizadas para o público.

Hoje em dia, o valor do investimento supera as evoluções de meta atuarial, a evolução do CDI e dos índices de bolsa.

Invepar

A empresa foi fundada em 2000 por Previ e OAS e o principal ativo era a Linha Amarela no Rio. Em 2008, Petros e Funcef entraram na companhia aportando suas participações no Metrô/Rio, as quais haviam adquirido do Citi Bank, no bojo da solução do conflito com o Opportunity.

Nos anos seguintes, vários investimentos adicionais foram feitos pela empresa, com destaque para a concessão de Guarulhos e a de uma rodovia no Peru, tendo os quatro investidores como sócios.

A empresa era um sucesso até que veio a LJ. O valor da empresa despencou.

Florestal Brasil

Investimento feito pela Funcef e Petros em parceria com a JBS no ano de 2009 (fusão com a Eldorado em 2011).

Em 2018, em função das pressões do MP sobre a empresa, houve uma negociação com a Paper Excellence, da Indonésia. As duas fundações venderam suas participações pelo preço acordado.

É importante anotar que a pessoa que trouxe a Transparência Internacional para o Brasil foi o principal lobista contratado pela Paper Excelente em seus embates com a JBS.

As duas fundações têm o direito de receber o mesmo que o grupo controlador.

A venda foi coordenada pela JBS que também vendeu sua parte; porém, no decorrer do processo ela resistiu a entregar uma parte das suas ações. Recentemente, a arbitragem deu ganho de causa à Paper Excellence, mas a JBS recorreu e o litígio continua.

A venda das participações da Funcef e da Petros deram um resultado positivo, superior à meta atuarial e também a outras aplicações, como o CDI.

Empresa Sete Brasil

Investimentos feitos por Petros, Previ, Funcef e Valia em conjunto com vários investidores, especialmente os bancos BTG, Santander e Bradesco. O projeto visava formar uma grande empresa alocadora de sondas e embarcações para a Petrobras, com encomendas aos estaleiros nacionais.

Os bancos colocaram valores maiores que os recursos alocados pelos Fundos de Pensão.

A destruição da empresa levou a grandes prejuízos para todos os investidores. Para os Bancos não houve qualquer questionamento judicial; para os Fundos foram levantadas suspeitas e denúncias pesadas.

Depois, em 2021, houve um acordo da Petros, Previ e outros investidores com a Petrobras que pagou a todos com valores corrigidos. A Funcef não entrou na negociação e ficou com o prejuízo total. Isso porque ela era assistente de acusação junto ao MP contra os ex-gestores.

Fundo Global

Fundo imobiliário com investimentos em projetos residenciais e comerciais. Houve uma 1ª etapa sem problemas (2008-2011). Em 2012/2013 houve novos aportes (2ª etapa). Vários fundos de pensão participaram. As ações judiciais foram apenas para gestores da Previ, Petros e Funcef.

O investimento tem fortes indícios de desvios feitos pelo gestor no ano de 2013 em diante. Pela legislação, o gestor tem total autonomia para administrar os recursos. Apesar disso, o MPF priorizou o ataque aos dirigentes dos Fundos de Pensão, inclusive para aqueles que só participaram no início do negócio (2008-2010) quando não existia qualquer problema e nem foi apurado nenhum indício.

Belo Monte

Funcef e Petros participaram da disputa e junto com Eletronorte foram os vencedores. As duas entraram com 20% (10% cada). O investimento tinha total sustentação técnica, feita com rigor e com consultorias especializadas.

Depois, com a LJ, a Previc, totalmente envolvida com o lavajatismo, abriu processo administrativo e depois foram abertas pelo MP ações judiciais.

Peça 8 – os mortos-vivos civis

Todos os processos apresentados pelo MP eram aceitos, de imediato, pelo então juiz da 10ª Vara, Vallisney de Souza Oliveira.

Até hoje não houve nenhuma condenação. Há investigados que jamais foram ouvidos pelo MPF.

Até 2022 – 6 anos depois – havia cautelar impeditiva de diálogo entre os investigados/réus. Até hoje mantém-se o bloqueio de bens.

Até 2021 – 5 anos depois – os bens pessoais (celulares, *notebooks*, cadernos) ficaram retidos na PF. Até final de 2021 – mais de 5 anos depois – os passaportes estavam retidos também.

O MPF abriu dezenas de PICs (Procedimentos de Investigação) que foram remetidos à PF. Tais PICs tem sido alvo de relatório de delegados da PF, em períodos recentes e, em todos, há a posição para arquivamento por falta de sustentação para denúncia.

Há dezenas de HCs que estão para serem julgados.

O que confirma que o maior aliado da corrupção é a incompetência e a ilegalidade das investigações.

O COMBATE ÀS UNIVERSIDADES

Uma das piores características desses anos de sombra foi o ataque a qualquer forma de ciência. Reeditou-se o pior período do Estado Novo. As universidades tornaram-se o alvo preferido das forças da inquisição, amparadas por um Supremo que em cada ficava a dever aos ministros do Estado Novo.

Três episódios marcam esse período: a morte do reitor Cancellier, da Universidade Federal de Santa Catarina; a invasão do campus da Universidade Federal de Minas Gerais; e a invasão de vários campus universitários, nas vésperas das eleições de 2018, por PMs acionados por Presidentes de Tribunais Regionais Eleitorais.

XADREZ DA MARCHA PARA A DITADURA

Peça 1 – a era da infâmia

Há momentos na história em que toda uma sociedade ingressa na era da infâmia. É quando princípios civilizatórios são derrubados e abre-se espaço para a selvageria institucionalizada.

Foi assim com o nazismo, o Macarthismo, a ditadura do Estado Novo e o Golpe Militar de 1964.

Cria-se um clima que traz à tona o que de pior existe no sentimento coletivo.

Desperta o ódio indeterminado contra inimigos imaginários, estimula a delação, transforma cidadãos pacatos em justiceiros sanguinários, irmana o populacho na dança ritual do ódio, e permite a liberação do assassino que habita algumas mentes doentias, e que era contido pelos julgamentos morais e legais, dos tempos em que a sociedade ainda era saudável.

A tragédia do suicídio de Luiz Carlos Cancellier, ex-reitor da Universidade Federal de Santa Catarina (UFSC), vítima de um crime coletivo que envolveu o pior da Polícia Federal, do Judiciário, do Ministério Público Federal, cobriu o Brasil com a marca da infâmia, com os instintos primais liberados pelo discurso de ódio praticado pela mídia e endossado pelo Supremo.

No caso do reitor, o clima criado permitiu a um corregedor desequilibrado montar uma fantasia em tudo semelhante àquelas praticadas pelos chamados dedos-duros do regime militar. Sem filtros, sem checagens, PF, MPF criaram evidências do nada e montaram um *show* circense, com 120 policiais de todo o país, armados, com coletes à prova de bala, e submetendo professores a humilhações só aplicadas a grandes criminosos e em pretos de periferia.

Peça 2 – o Supremo e o caminho para o arbítrio

Sobre todos esses atos, paira a sombra de um ministro de modos afáveis, Luís Roberto Barroso, que sonhava ser um continuador dos grandes juristas liberais – Joaquim Nabuco, Ruy Barbosa e San Tiago Dantas – e passou a ser parte integrante da pior memória autoritária da Justiça brasileira, ao lado de Vicente Rao, Gama Filho, Francisco Campos, consumando seu ato mais ignominioso: a invasão da esfera do Executivo para suspender um ato de indulto natalino, já no governo Temer.

No fragor da Lava Jato, acadêmicos foram perseguidos, universidades ocupadas, censuradas, pesquisas sobre drogas foram criminalizadas, políticos foram presos e humilhados e o Supremo interferiu diretamente nas eleições presidenciais que levaram ao poder Jair Bolsonaro.

Em 2018, no jornal *Zero Hora*, Barroso disse o seguinte:

> *Há visões como a minha, que essa é uma oportunidade que não se pode desperdiçar para mudar o patamar ético do país, e há uma visão – que tem sido apelidada de garantista – que é mais tolerante, digamos assim, como esse quadro geral que nos trouxe até aqui.*

Em outra entrevista, declarou que “os garantistas se apaixonaram por provas ilícitas”.[165]

Ou, então, em O Globo, com a retórica da equivalência: se pobre não tem direitos, a maneira de igualar com os ricos é tirar o direito de ambos.[166]

> *Então, essa história de punitivismo é balela de quem está tendo que reaprender a trabalhar. Porque o sistema era feito para proteger essas pessoas — avaliou Barroso. — As pessoas estavam acostumadas com um sistema penal que não funcionava, sobretudo para o colarinho branco. Ninguém que ganhasse mais de cinco salários mínimos era condenado no Brasil por coisa alguma. Você tinha uma cultura nessa área em que ninguém jamais era punido.*

O discurso reiterado de Barroso alimentou a sanha dos policiais e procuradores que promoveram o linchamento de Cancelier. E espalhou por todos os poros do Judiciário a luta feroz contra direitos básicos. Em nome do Iluminismo, Barroso liderou o processo de desmanche das garantias fundamentais. O “*in dubio pro reo*” foi trocado pelo “*in dubio pro societá*”. E Barroso se tornou o líder inconteste da malta togada.

Peça 3 – as portas abertas para o autoritarismo

Nos anos 1930, os ventos totalitários chegaram ao Brasil, resultando no Estado Novo, com a adesão da então Corte Suprema dos Estados Unidos do Brasil. Aboliu o *habeas corpus*, aceitou as

---

165 DE SOUZA, Josias. “Barroso: ‘Garantistas se apaixonaram por prova ilícita’”. *Uol*, out. 2019. Disponível em: https://qrcd.org/4859. Acessado em: 09.05.2024.

166 O GLOBO. “E Agora, Brasil?: ‘Garantismo não pode ser garantia de não punição’, diz Barroso”. *O Globo*, jun. 2018. Disponível em: https://qrcd.org/485A. Acessado em: 09.05.2024.

prisões arbitrárias e, finalmente, autorizou a expulsão de Olga Benário, companheira do líder comunista Luiz Carlos Prestes, entregue à morte, com aval do Supremo e da mídia, no apogeu da violência policial comandada por Felinto Muller, o Sérgio Moro da época.

Manchete de *O Globo* saudou sua expulsão, tratando-a e outras prisioneiras políticas como "Evas indesejáveis".

EDIÇÃO DAS 14 HORAS

5ª O GLOBO 5ª

Evas indesejaveis...

Serão mesmo expulsas do Brasil as extremistas estrangeiras

Presa das chammas uma fabrica de cêra

Para deporem em inquerito policial-militar

QUEIMADAS TRES PESSOAS E FERIDOS QUATRO BOMBEIROS NO INCENDIO DA TRAVESSA DO PAÇO

Cerrado tiroteio entre numeroso grupo de colonos e a policia

A villa de Antonio Prado agitada por sangrentos acontecimentos

No trabalho "O caso Olga Benario Prestes: um estudo crítico sobre o *habeas corpus* nº 26.155/1936", Veyzon Campos Muniz analisa o caso à luz dos avanços no direito após a Constituição de Weimar.[167]

---

167 MUNIZ, Veyzon Campos. "O caso Olga Benario Prestes: um estudo crítico sobre o habeas corpus nº 26.155/19361". *Direito e Justiça*, vol. 37, nº 1, jan./jun. 2011.

> (...) Em uma simples análise cronológica, um século antes de a França revolucionária proclamar sua Declaração dos Direitos do Homem e do Cidadão, a Inglaterra, em 1689, pôs fim ao regime monárquico absolutista, com sua Bill of Rights. Dessa sorte, a Lei de Habeas Corpus, de dez anos antes, foi um precedente da necessidade social de libertação do indivíduo frente ao Estado, bem como foi a partir dela que o direito ao habeas corpus passou a ser utilizado não apenas nas situações de prisões eivadas de vícios, mas também a todas as ameaças de constrangimentos à liberdade individual de ir, vir e ficar.
>
> (...) Outrossim, como outro marco jurídico relevante, temos a Constituição de Weimar. Se, de um lado, o Habeas Corpus Act é, inequivocamente, um exemplo de diploma que consagra as liberdades públicas, de outro, a Carta alemã de 1919 demonstra a evolução das instituições políticas no sentido da concreção de um estado de democracia social.

No entanto, a própria Constituição de Weimar tinha um artigo que foi essencial para a ascensão do nazismo, mostrando como o autoritarismo pode se infiltrar nas brechas abertas pelas leis e pela jurisprudência firmada pelo Supremo.

> O dispositivo estabelecia que, caso a ordem pública estivesse em risco, o presidente do Reich poderia, sem necessidade de aval do Legislativo, tomar as medidas necessárias para restituir a lei e a ordem.
>
> Para isso, poderia suspender direitos civis como Habeas Corpus, inviolabilidade de domicílio, sigilo de correspondência, liberdade de expressão, direito de reunião e associação e autorizar expropriações.

O artigo 47 foi outro dispositivo relevante para a tomada do Estado alemão por Hitler. Segundo ele, o Presidente era o supremo-comandante das Forças Armadas, poderia nomear os seus oficiais e tinha competência para tomar as "medidas apropriadas"

– incluindo usar militares – para combater distúrbios na ordem ou segurança públicas".

Em cima do flanco aberto pelo Supremo, após o impeachment o estado de exceção ganhou força no Brasil. Temer passou a estender as Operações de Garantia da Lei e Ordem por todo o país, inspirado pelo Ministro da Justiça Alexandre Moraes. Uma das operações atropelou a Constituição, ao entregar a um militar – general Braga Neto – o controle da intervenção no Rio de Janeiro. Ao mesmo tempo, levou a linha dura para dentro do Palácio, nomeando um militar para chefiar a Agência Brasileira de Inteligência. Quebrou o pacto tácito da Constituinte e foi o primeiro Presidente a colocar um militar no comando do Ministério da Defesa. E passou-se a recorrer, cada vez mais, a ainda não extinta Lei de Segurança Nacional.

Em trabalho excepcional sobre o caso Olga Benário,[168] o procurador Vladimir Aras dissecou a posição do Supremo, a adesão ou omissão de ministros ante um clima explícito, liderado por um Ministro da Justiça, Vicente Rao, que entraria para a história como um exterminador de direitos.

E constata como a história, no Supremo, é repleta de versões:

> Foi há 77 anos. Hoje, no site do STF, consta que o ministro Edmundo Lins fora homem de "notável saber e grande cultura, honrou a magistratura e, nos cargos que exerceu, legou às futuras gerações os exemplos mais dignificantes de civismo, patriotismo e grandeza moral" (sic). Quanto ao relator Bento de Faria, que sucedeu a Lins na presidência da Corte, diz o site do Supremo: "As notáveis obras, repletas de ensinamentos, que publicou denotam sua alta cultura jurídica e são consideradas

168 ARAS, Vladimir. "O STF e a expulsão de Olga Benário". *Blog do Vlad*, jul. 2013. Disponível em: https://qrcd.org/485E. Acessado em: 09.05.2024.

> por todos os jurisconsultos fontes primorosas da ciência do Direito" (sic). Quão generoso é o biógrafo desses homens.

Ambos foram peças centrais na deportação de Olga Benário, grávida.

A DITADURA DO ESTADO NOVO NA NOVA REPÚBLICA

No Brasil do Estado Novo, a democracia foi estuprada por uma corte composta por Bruno de Farias, Carlos Maximiliano, Spindola e Edmundo Pereira Lins, sob inspiração de Vicente Rao, os personagens principais na deportação de Olga Benário.

No Brasil do início do século 21, a democracia foi violentada pela ação continuada de Joaquim Barbosa, Luiz Fux, Luís Roberto Barroso e Luiz Edson Fachin, instrumentalizando o Supremo para a disputa política, e atropelando qualquer forma de garantia aos direitos. Não se tenha dúvida que se as circunstâncias jogassem o destino de Olga Benário nas suas mãos, o resultado teria sido o mesmo.

Peça 1 – o caso Cancellier

Os estudiosos do nazi-fascismo, do Estado Novo e outras manifestações autoritárias, são unânimes em descrever dois processos paralelos que levam à perda dos direitos e ao fim das democracias.

O primeiro, a Suprema Corte abrindo espaço para o arbítrio. O segundo, sem os freios do Supremo, o fortalecimento das corporações públicas, especialmente aquelas ligadas a controles e à repressão, disseminando o arbítrio por todos os poros do Estado e do país.

Ambos os fenômenos estão intrinsecamente ligados.

O massacre de Cancellier se deveu à desmoralização do devido processo legal, do "garantismo" alvo de campanhas de Barroso. Condenaram antes de analisar os fatos, inventaram crimes, inventaram provas e levaram o caso inicialmente ao tribunal da mídia, que aceitou passivamente, sem ouvir os réus, para não ser acusada de "bandidolatria". Transformaram fatos corriqueiros em versões criminosas.

Primeiro, vamos apresentar os atores finais desta trama macabra, as autoridades diretamente envolvidas com a morte de Cancellier.

Corregedor Rodolfo Hickel – com histórico de violência e de desequilíbrio, foi indicado corregedor da UFSC por uma reitora que saía, visando atazanar o sucessor. Produziu um relatório repleto de inverdades que serviu de ponto de partida para a prisão de Cancellier.

Delegada Erika Merena – atuante na Lava Jato, apresentada como heroína em série da Netflix, chegou a Santa Catarina sem holofotes. Para voltar ao centro das atenções, criou o escândalo da UFSC para uma Operação com 120 policiais de todo o país.

Procurador André Bertuol – do Ministério Público Federal. Endossou todas as arbitrariedades e prosseguiu na perseguição a Cancellier mesmo depois de morto, processando o filho.

Juíza Janaina Cassol – juíza substituta que endossou todas as arbitrariedades da PF e do MPF.

Procurador Marcos Aydos – denunciou professores da UFSC pelo simples fato de, na cerimônia em homenagem a Cancellier, não terem impedido faixas de protesto contra a delegada Erika.

Peça 2 – as acusações contra Cancellier e o papel da mídia

Lançada, a Operação Ouvidos Moucos falava-se em desvio de R$ 80 milhões das verbas destinadas à educação à distância na UFSC. O valor correspondia a tudo o que foi gasto em anos e anos de cursos. Mas foi sacado pela PF para garantir mídia e justificar uma Operação que envolveu 120 policiais de todo o país.

Logo depois que os professores foram detidos, os valores de desvio foram reduzidos para R$ 500 mil. A maneira como se chegou a esses valores é um dos clássicos modernos da fabricação de provas.

O documentário do GGN[169] detalha as principais acusações contra Cancellier e demais funcionários:

1. Foi acusado de tentar atrapalhar as investigações.

As investigações foram conduzidas pelo corregedor da UFSC, indicado pela antiga reitora, notadamente parcial e desequilibrado. Ele manteve as investigações sob sigilo.

Na qualidade de reitor, Cancellier solicitou o acesso ao relatório, algo plenamente dentro de suas atribuições. Foi acusado de boicotar as investigações.

2. O curso foi acusado de distribuir bolsas para carteiros e motoristas.

---

169 TV GGN. *"LEVARAM O REITOR" Documentário sobre o caso Cancellier*. 13 de dezembro 2021. Disponível em: https://youtu.be/6GOgdEpKUp4?si=-zH06Vy88wo5vrX3k. Acessado em: 10.05.2024.

Os personagens em questão, eram o símbolo máximo do que a mídia celebra, de meritocracia. Trabalharam duro em empregos simples e de baixa remuneração e conseguiram completar o mestrado. Serviram de álibi para que Cancellier e professores fossem presos, submetidos a revistas íntimas e colocados em celas com criminosos, porque a PF não podia aceitar que um carteiro fizesse pós-graduação. Nem se deram ao trabalho de analisar que as bolsas eram pagas diretamente pela Capes (do governo federal) a cada bolsista.

Também incluíram como desvios pagamentos de outros serviços necessários para a Operação, como pagamento de gráficas.

3. Direcionamento de licitações.

A universidade tem várias empresas credenciadas para transporte de professores. Muitas delas são micro-empresas cujo dono é o motorista do único veículo. Cabe aos gestores escolher os motoristas e atender às demandas dos professores. Alguns não querem motoristas homens, outros não querem motoristas que correm demais. A escolha dos motoristas foi tratada como crime de corrupção.

Em outros casos, comparou-se uma viagem de ida e volta a determinada cidade com outra, de ida e volta e pernoite, e se considerou que a diferença de preços era sobrepreço criminoso.

Os Relatórios da Controladoria Geral da União (CGU) e do Tribunal de Contas da União (TCU) são a demonstração do clima persecutório irresponsável que perpassou todos os órgãos de controle.

Peça 3 – a ditadura das corporações

A academia já começou a estudar as características das corporações públicas brasileiras – especialmente do Ministério Público Federal e Polícia Federal. Algumas conclusões são nítidas:

1. A primazia dos interesses privados (das corporações) sobre os interesses públicos, através da politização.

2. O aparecimento da banda política, funcionários que se especializam na política interna das corporações e que passam a direcionar as atividades na ponta através da cenoura das indicações pessoais a cargos no poder.

No episódio Operação Ouvidos Moucos, os 120 policiais de todo o país, convocados por Erika Marena, engordaram o hollerith do final do mês com diárias, e se fortaleceram perante a corporação.

Depois da Ouvidos Moucos, uma enxurrada de delações e de abusos se espalhou por outros poros da Polícia Federal.

A Polícia Federal de Santa Catarina intimou o professor Mario de Souza Almeida, do departamento de administração da UFSC, para dar explicações sobre críticas que fez a uma investigação policial durante discurso em evento de formatura da turma do curso de ciência da administração, da qual foi paraninfo.

A Associação de Delegados da Polícia Federal pediu a abertura de investigação contra um vereador de Niterói (RJ) por causa de críticas feitas por ele à Operação da PF.

Barroso conseguiu concretizar o receio do Vice-Presidente Pedro Aleixo, quando previu que o AI-5 inaugurou a ditadura dos guardas de presídio.

Depois do silêncio inicial da mídia, a ficha começou a cair sobre os abusos cometidos. Houve algum movimento para uma investigação e punição dos abusos no âmbito de cada corporação.

Nada aconteceu.

Nunca mais se soube do inquérito contra o procurador Aydos.

O inquérito contra Erika Marena terminou em sua absolvição. Mais que isso, a corporação fez um movimento que levou a direção a promovê-la para um cargo de superintendente em Sergipe.

Nem a morte trágica da Cancellier impediu demonstrações de apoio total à delegada, comprovando a extraordinária distorção provocada pela Lava Jato nos aparelhos de controle.

Peça 4 – a dura luta contra o arbítrio

Os próximos anos serão essenciais para a reconquista da democracia.

No Supremo, a resistência é comandada por Gilmar Mendes e Ricardo Lewandowski. No MPF, mesmo com sua blindagem a Bolsonaro, Augusto Aras conseguiu desmontar o círculo de pequenas ditaduras espalhadas pela corporação. Já a Polícia Federal foi totalmente aparelhada pelo bolsonarismo. E a Justiça continua uma incógnita.

A ação enérgica do STF contra o governo Bolsonaro foi uma resposta às ameaças recebidas, não necessariamente a um zelo maior com a democracia.

Como a casa irá se comportar nas próximas eleições? Voltará o ativismo político de Barroso e Fux, fortalecidos pelos ministros indicados por Bolsonaro?

A grande luta pela democracia exigirá uma enorme frente democrática entre pessoas de pensamentos distintos, mas com um objetivo em comum: a defesa intransigente da volta do Estado de Direito.

Quando a democracia for restaurada, que seja levantada, em plena Praça dos 3 Poderes, um memorial em homenagem a Cancellier, cujo gesto desesperado foi o primeiro basta à escalada do terror.

A INVASÃO DA UFMG

A notícia de que a Polícia Federal invadiu a Universidade Federal de Minas Gerais (UFMG) levando em condução coercitiva o reitor e a vice-reitora, em uma Operação sintomaticamente denominado de "Esperança Equilibrista", comprova o avanço político do estado de exceção.

A Operação visa apurar desvios no Memorial da Anistia, construído pela UFMG.

Assim como no caso da UFSC (Universidade Federal de Santa Catarina) repete-se a combinação de PF, Controladoria Geral da União (CGU) e Tribunal de Contas da União (TCU).

Há anos o Memorial padece de problemas burocráticos.

Problemas administrativos, que demandam análises administrativas, são transformados em casos policiais, para que se infunda o terror nas universidades, último reduto da liberdade de pensamento no país, depois que a Lava Jato se incumbiu de desmontar o PT e a reforma trabalhista investiu contra as centrais sindicais.

A história do Memorial é bonita.

Todo o país que passou por ditaduras tem movimentos emblemáticos representando a luta contra a repressão. O Brasil teve mais de 50 mil pessoas anistiadas, reconhecidas como perseguidas pela ditadura e não tinha nenhum monumento.

A Comissão de Anistia, quase dez anos atrás, lançou o projeto de Memorial da Anistia, com verbas do Ministério da Justiça e parceria com UFMG. A ideia seria reformar o Coleginho e ali fazer uma exposição permanente. E, ao lado, um prédio para ser o acervo da Comissão de Anistia.

Os problemas ocorreram quando se analisaram as condições do Coleginho, cuja estrutura, antiga, não suportaria as reformas. Foi planejado, então, a construção de um prédio ao lado, que abrigaria o acervo e a própria Comissão de Anistia.

Os valores, de R$ 19 milhões, eram perfeitamente compatíveis com a nova estrutura proposta. Foram abertas três sindicâncias, no Ministério da Justiça, do Ministério Público Federal e na própria UFMG apenas para apurar se houve imperícia no projeto para o Coleginho, que não levou em conta suas condições.

Com o *impeachment*, não houve sequer nomeação do novo Presidente da Comissão de Anistia, e as obras foram paralisadas.

Foi realizada uma audiência pública em Belo Horizonte, na qual se solicitou à UFMG que terminasse o projeto. E foi recusado pela óbvia falta de verbas que assola as universidades federais.

A invasão da UFMG e a condução coercitiva de oito pessoas mostram três coisas.

A primeira, é que não há um fato apurado e um suspeito preso. Monta-se o velho circo de prender várias pessoas, infundir terror na comunidade, e obter confissões sabe-se lá por quais métodos. A segunda é que a morte do reitor da UFSC não mudou em nada os procedimentos.

Têm-se uma PF incapaz de solucionar o caso do helicóptero transportando 500 quilos de cocaína, soltando o piloto e liberando o veículo em prazo recorde e, agora, a investida política contra a segunda universidade. A terceira, é que o nome dado à Operação – "Esperança Equilibrista" – é claramente uma provocação aos setores de direitos humanos.

Esse monstro está sendo diretamente alimentado pelo Ministro Luís Roberto Barroso, do STF, que se transformou no principal inspirador da segunda onda repressiva dos filhotes da Lava Jato.

Vamos ver quem são as vozes que se levantarão para denunciar mais esse ataque.

A força policial invadiu a sala da vice-reitora. Quando outros professores chegaram lá, aboletada na cadeira da vice-reitora estava uma corregedora da CGU, como se fosse a nova dona do pedaço.

Faltou uma foto para documentar a extensão do arbítrio.

Invasão da UFMG foi retaliação a evento da morte do reitor da UFSC.

A cerimônia fúnebre e de protesto pela morte do reitor Luiz Carlos Cancelier, da Universidade Federal de Santa Catarina (UFSC) tinha uma foto emblemática com um cartaz afixado: "Uma dor assim pungente não há de ser inutilmente".

Hoje, a Operação de invasão da Universidade Federal de Minas Gerais (UFMG) teve o nome significativo de "A Esperança Equilibrista", que vem a ser a continuação da música símbolo da resistência à ditadura militar. E também do livro do professor Juarez Guimarães, da própria UFMG, sobre o governo Lula.

O Memorial da Anistia é uma obra complicada. Teve início em 2007, quando a Comissão de Anistia do Ministério da Justiça sugeriu um lugar para depositar os documentos da repressão, a exemplo do que foi feito em diversos países que saíram do período ditatorial.

Decidiu-se pelo Coleginho, em Belo Horizonte. Depois, se constatou que seu telhado não comportaria peso em cima. Decidiu-se, então, construir um prédio ao lado, que está praticamente pronto, faltando apenas o acabamento.

Após o *impeachment*, o novo Ministro da Justiça, Alexandre de Moraes, praticamente extinguiu a Comissão de Anistia. Substituiu 18 dos membros originais, indicou para presidi-la o ex-deputado Almino Afonso, que logo depois pediu demissão por não ter nenhum acolhimento do lado do Ministério.

Ficou um jogo de empurra, com a Justiça achando que a Comissão deveria se subordinar ao Ministério dos Direitos Humanos. Com isso, o Memorial foi ficando para segundo plano, sem verbas para terminar.

Ao mesmo tempo, na Comissão de Anistia instaurou-se uma caça às bruxas, com um pente fino em todos os atos do ex-Secretário de Direitos Humanos Paulo Abrahão. Veio da Comissão de Anistia as denúncias que foram bater na Polícia Federal.

Segundo a denúncia, os desvios seriam da ordem de R$ 4 milhões e teriam ocorrido no fundo universitário da UFMG.

O diretor geral da PF, Fernando Segóvia, me disse há pouco que foi informado da Operação pela superintendência da PF de Belo Horizonte. As explicações seriam dadas na coletiva do superintendente em Belo Horizonte.

Assim, ele não saberia dizer se as 8 conduções foram necessárias ou não, já que não cabe ao delegado geral intervir nas operações na ponta.

Mas garantiu que analisará a Operação e, constatados abusos, assim como ocorreu no caso UFSC, será aberta uma sindicância para apurar o ocorrido.

Com a Operação, além de retaliar a comunidade acadêmica, a PF e o Ministério da Justiça conseguirão comprometer uma obra importante, o Memorial da Anistia. Mas certamente escreverão um episódio relevante quando voltar a democracia e outros memoriais forem planejados, para se referir à ditadura disfarçada atual.

Juíza manobrou com a PF para decretar a condução coercitiva na invasão da UFMG.

A juíza Raquel Vasconcelos Alves Lima, da 9ª Vara Criminal Federal de Belo Horizonte, manobrou com a Polícia Federal no episódio da condução coercitiva da diretoria da Universidade Federal de Minas Gerais (UFMG).

O Ministério Público Federal era contrário à medida, por considerar a condução coercitiva desnecessária no caso concreto. E inútil, pois estavam sendo apurados crimes no âmbito da administração pública, que deixam vestígios e registros em papel e bancos de dados. Faria muito mais sentido arrecadar documentos e depois interrogar os investigados.

A medida da condução coercitiva foi concedida no dia 4 de dezembro. O MPF somente foi intimado no final da tarde do dia 5 de dezembro. Mas a polícia executou a medida na manhã do dia 6 de dezembro, justamente para não dar tempo suficiente para o MPF recorrer e adotar alguma medida capaz de impedir a condução coercitiva.

Mais ainda.

Tudo indica que a juíza informou antecipadamente a Polícia Federal que concederia a medida, mesmo contra a manifestação do MPF, para dar tempo suficiente para a PF montar uma equipe com mais de 80 agentes da política e 15 da Controladoria geral da União.

Para conferir o abuso, basta confrontar a data da manifestação do Ministério Público e o tempo que o processo ficou nas mãos da juíza até ela publicar a decisão no dia 4 de dezembro.

Por enquanto, quem tem acesso a estas informações são os investigados pois a tramitação está sob sigilo. Mas, se confirmadas as suspeitas, há que se tomar medidas severas contra os abusos da juíza e da PF.

O comando de caça aos comunistas

Não se ficou nisso. Segundo reportagem de 26 de outubro de 2018, do *The Intercept*,[170] a caça aos "esquerdistas" já tinha atingido 181 professores.

O início foi quando um membro do Movimento Brasil Livre, o MBL, Luís Felipe Nunes, da Paraíba, se indignou[171] com o evento "UFCG contra o fascismo e pela democracia", na Universidade Federal de Campina Grande e o denunciou ao Tribunal Regional Eleitoral de seu Estado.

O juiz eleitoral Horácio Ferreira de Mello Júnior, então, expediu um mandado de busca e apreensão para a polícia invadir o campus e apreender materiais a favor do candidato Hernando Haddad na Associação dos Docentes da Universidade Federal de Campina Grande.

Um levantamento do *The Intercept* mostrou que, desde 2011, pelo menos 181 professores universitários se tornaram alvo de ações como fiscalização de aulas, censura, investigações criminais, conduções coercitivas, ações judiciais, sindicâncias, demissões, perseguições, exposição na internet até a ameaças de morte. Foram 12 ocorrências em instituições particulares, 54 em estaduais e 115 em federais envolvendo 101 homens e 80 mulheres. Com as eleições, no entanto, a perseguição atingiu outro patamar.

---

170 SAYURI, Juliana. "O Comando que está Caçando 'Esquerdistas' nas Universidades já Perseguiu 181 Professores". *The Intercept*, out. 2018. Disponível em: https://qrcd.org/48RQ. Acessado em: 09.05.2024.

171 Disponível em: https://qrcd.org/48RR.

Na véspera das eleições de 2018, pelo menos mais 20 universidades foram invadidas pela PM, a mando dos Tribunais Regionais Eleitorais de seus respectivos Estados.

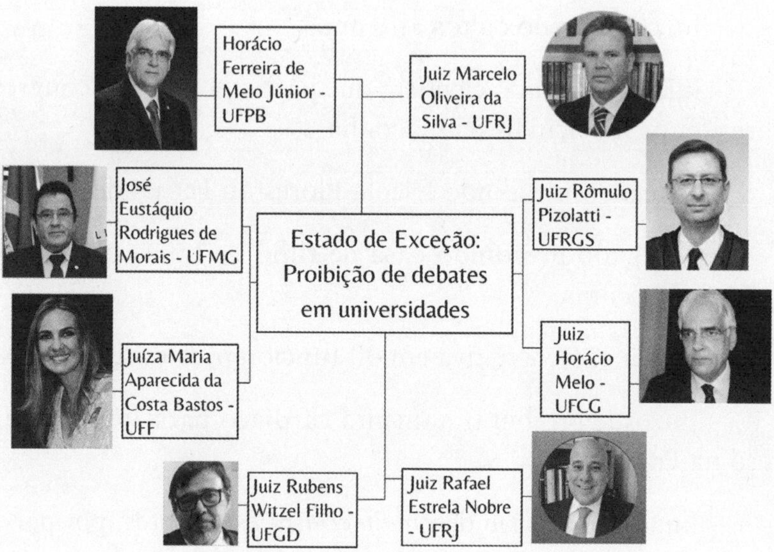

Na Universidade Federal Fluminense, fiscais do Tribunal Regional Eleitoral e policiais sem mandado retiraram a faixa "Direito UFF Antifascista" da fachada da faculdade, alegando se tratar de propaganda política. Também no Rio de Janeiro, uma viatura com dois PMs chegou à Universidade Estadual do Rio de Janeiro e ordenou a retirada das faixas em homenagem a vereadora Marielle Franco, assassinada em março, e a Luiz Paulo da Cruz Nunes, morto há 50 anos pela ditadura e símbolo da luta estudantil no Brasil. Segundo os estudantes, nesse caso também não havia mandado e o comandante do batalhão ao qual os policiais pertencem sequer sabia da ação dos PMs. As faixas permanecem no prédio.

O macarthismo à solta

Não se ficou nisso. Um levantamento efetuado pelo GGN mostrou abusos de toda sorte e em todos os níveis.

– Juiz proibindo cultos africanos.

– Juíza indiciando cientista que participou de um congresso sobre efeitos medicinais da maconha.

– Delegado invadindo Escola Florestan Fernandes.

– Delegado invadindo casa de filho de Lula com base em denúncia anônima.

– Condução coercitiva em 40 funcionários do BNDES.

– Juiz que proibiu tratamento cardíaco para José Genoíno, preso na Papuda.

– Juíza que aceitou denúncia contra estudantes, por participação em comício contra o *impeachment*.

– Condução de Sérgio Cabral Filho algemado nas mãos e nos pés.

– Condução coercitiva de Garotinho, arrancado de maca de um hospital.

– Fechamento do Instituto Lula.

– Juiz que multou passeatas.

Foi o pior período da democracia brasileira desde a redemocratização. Antecedeu e foi pior do que o período Bolsonaro, quando a ditadura se manifestou às claras, e um certo pudor conteve os agentes públicos.

E, pairando sobre tudo isso, a figura excêntrica de um Ministro da Suprema Corte sustentando que o "garantismo" era um truque para impedir a punição de poderosos.

O fim das forças-tarefas

Em 2021, em uma atitude corajosa, o Procurador Geral da República Augusto Aras decretou o fim das forças-tarefas.

Não tirou a medida da cartola. O debate começou em 2020, quando Aras, anunciou a intenção de extinguir as forças-tarefas substituindo-as pelo modelo de grupos de atuação especial de combate ao crime organizado (Gaecos), unidades permanentes do MPF.

Em 2021, o Conselho Superior do MPF aprovou a extinção das forças-tarefas, com exceção da força-tarefa da Lava Jato no Paraná, que foi extinta em 2023.

O fim das forças-tarefas foi um marco importante na história do MPF. Levaram-se em conta os seguintes argumentos:

- Instabilidade: O modelo de forças-tarefas é temporário, o que pode dificultar a continuidade das investigações.
- Fraqueza institucional: As forças-tarefas são unidades independentes, o que pode dificultar a coordenação com outros órgãos do MPF.
- Suspeitas: O modelo de forças-tarefas pode ser visto como uma forma de concentrar o poder em um grupo de procuradores.

PARTE XI

A INDÚSTRIA DA ANTICORRUPÇÃO

O impacto junto à mídia das guerras anticorrupção abriu espaço para uma verdadeira indústria para exploração do tema. Fazia parte, aliás, do processo de cooptação de procuradores de outros países pelo DoJ.

Primeiro, ganhavam poder através de informações fornecidas pelo DHS.

Depois, eram recompensados pela porta-giratória, a possibilidade de bons empregos em escritórios de advocacia, que passaram a explorar a florescente indústria do *compliance*.

A TRANSPARÊNCIA INTERNACIONAL

Peça 1 – a indústria da anticorrupção

Quando o GGN começou sua série pioneira de reportagens sobre a Lava Jato, uma característica tornou-se nítida no modo de cooptação de investigadores envolvidos com a Operação – de procuradores do Departamento de Justiça dos EUA, membros do FBI a procuradores suíços.

Primeiro, o interesse político, de conferir poder aos investigadores através de informações exclusivas repassadas pelo Departamento de Justiça dos EUA, com seus recursos de telemática de seus organismos – DHS, NSA, FBI. Informação é poder.

Depois, entrava o interesse financeiro, a montagem de uma rede internacional de contatos, envolvendo grandes escritórios de advocacia, empresas de auditoria, abrindo oportunidades futuras para os procuradores, depois de deixarem o cargo, se beneficiarem da indústria do *compliance*.

Nas primeiras investigações, passou despercebido o papel da Transparência Internacional. Colocamos foco nela somente a partir de dois episódios controvertidos.

O primeiro, seu envolvimento com a fundação da Lava Jato Curitiba. Os procuradores pretendiam que a TI Brasil se tornasse a grande gestora dos R$ 1,250 bilhão destinados a projetos contra a corrupção. Os outros R$ 1,250 bilhão foram reservados para pagamento de ações contra a Petrobras – cujo principal advogado era Modesto Carvalhosa, que tratei aqui como "sócio da Lava Jato", pelos acordos para que encaminhasse propostas de *impeachment* de ministros do Supremo contrários à Operação.

O segundo, a contratação de um dos principais parceiros da TI, Josmar Verillo, para fazer o lobby de um empresário da Indonésia, envolvido em vários episódios de corrupção, em demanda contra a JBS brasileira, alvo da Lava Jato.

Verillo controla a Amarribo, uma ONG com métodos controvertidos, cuja missão é denunciar a corrupção de pequenas prefeituras. De estilo truculento, a Amarribo montou uma estratégia de criminalização de meras irregularidades administrativas.

Na ocasião, recebi *e-mail* da TI avalizando a conduta de Verillo – uma atitude impensável para um órgão que se pretendia anticorrupção. Tempos depois, participei de um evento no qual a representante da TI era a própria sobrinha de Verillo, que se apresenta no *Twitter* como fundadora da TI Brasil. Depois, se soube que coube a Verillo trazer a TI para o Brasil.

Um dos comentários no *post* trouxe mais dados sobre a falta de transparência da TI Brasil.

> O branch brasileiro não tem uma única linha reportando as atividades que exerce ou sobre suas finanças. Apresenta algumas pesquisas e estudos feitos em parceria com instituições

> brasileiras e com a TI-S, bem como, divulga campanhas e programas feitos por terceiros.
>
> No caso da TI-S ao menos sabemos que as maiores doações vêm de entidades governamentais da Comunidade Europeia, do governo do Reino Unido e do governo Canadense. O maior doador privado é a BHP Foundation, pertencente à BHP, empresa de petróleo e minérios australiana. O relatório financeiro indica que o projeto Brasil, em 2018, recebeu EU$ 131 mil, dos quais EU$ 123 mil vieram da Foundation Open Society Institute, cujo patrocinador é George Soros. Mas, não há qualquer informação financeira publicada pelo TI-Brasil.
>
> A exemplo do que parece ocorrer com a "matriz", por aqui, também, parece que os fundos providos pela TI-S não seriam bastantes para financiar a operação. Há no site uma equipe de 11 pessoas, sendo 10 com curso superior e pós graduação e uma estagiária. Deve haver outras fontes, mas, quais?

Daí surgiu a dúvida: quem financia a TI Brasil?

Peça 2 – a história da Transparência Internacional

A Transparency International é uma ONG (organização não governamental) alemã fundada em 1993. Sua sede é em Berlim e apresenta-se como organização sem fins lucrativos. Significa que todos seus ganhos são distribuídos ou reinvestidos. Sua missão é combater a corrupção. Hoje em dia atua como organização guarda-chuva, com capítulos espalhados por mais de cem países.

Sua expansão se deveu a três personagens alemães, Peter Eigen, Hansjoerg Elshorst e Michael Wiehen. Entre os membros fundadores, havia ex-diretores do Banco Mundial, ex-ministro das Relações Exteriores de países africanos, industrial de açúcar, ex-sócios de auditorias internacionais etc.

Já em 2012, seu Relatório Anual mostrava que tinha como financiadores desde governos ocidentais, como o Reino Unido, a empresas petrolíferas, como Exxon Mobil e Shell, fundos de hedge KKR e Wermuth Asset Management, Deloitte e Ernst & Young.

Há anos havia indícios da formação da indústria da anticorrupção beneficiando empresas de advocacia e auditoria que passaram a explorar o ramo do *compliance* e ONGs com relações não muito claras com patrocinadores suspeitos.

A exemplo da Amarribo, em muitos capítulos da TI houve promiscuidades com empresas alvos de investigação ou com patrocinadores, mostrando a dificuldade de governança das afiliadas. Dentre diversos patrocinadores, muitas empresas expostas a atividades de risco, como petroleiras e mineradoras ou com interesse direto na indústria do *compliance*.

Na grande crise de 2008, o diário francês *Le Monde Diplomatique* denunciou a seletividade da TI. A manipulação da Libor pelos principais bancos britânicos e a quebra do Lehman Brothers não afetaram as classificações conferidas aos Estados Unidos e ao Reino Unido.

Em setembro de 2019 denunciou que a TI também recebia financiamento de empresas condenadas por delitos de corrupção. O título da reportagem era “Quem investiga os investigadores”. Na edição em espanhol, o título era mais forte: “Quem se beneficia como a luta contra a corrupção?”

Em 2017, o Secretariado da TI descredenciou o capítulo americano, depois que a TI-USA passou a ser vista no país como um grupo de fachada corporativa, financiado por empresas multinacionais, como a Bechtel Corporation, Deloitte, Google, Pfizer, Citigroup, ExxonMobil, Fluor, General Electric, Lockheed Martin, Marsh & McLennan, PepsiCo, PricewaterhouseCoopers, Raytheon, Realogy, Tyco e Freeport-McMoRan e Johnson & Johnson.

Em 2015, a TI-USA concedeu prêmio anual de liderança corporativa a um de seus grandes financiadores; em 2017, a outro.

Em agosto de 2015, ex-funcionários relataram pressões sofridas depois que denunciaram às suas chefias negociações financeiras questionáveis na Rede de Integridade de Água da TI.

Em janeiro de 2015, apareceu a denúncia mais rumorosa, de que a TI aceitou US$ 3 milhões da Siemens, alemã. A Siemens operava em vários países, mas passou a ser alvo do Departamento de Estado americano quando passou a negociar com o Irã. A TI havia sido a grande caixa de ressonância mundial, de instrumento de lawfare contra a Siemens.

Além do patrocínio à TI, a Siemens contratou uma ex-funcionária para montar o seu sistema de integridade.

Na época, a alegação do Diretor Executivo da Transparency International, Cobus de Swardt, foi a de que: "Não apresentamos um pedido à Siemens, nós nos inscrevemos à Siemens Integrity Initiative. Há uma diferença". Como o dinheiro vinha da Siemens, ninguém entendeu a diferença.

Documentos internos da TI proibiam esse tipo de promiscuidade:

> A TI não aceitaria uma doação de uma empresa que se descobriu estar envolvida em corrupção, a menos que a empresa pudesse demonstrar que isso era uma violação das políticas da empresa e que a violação dessas políticas estava sendo tratada de maneira apropriada.

Não ficou nisso. A TI-USA aceitou US$ 600.000 por três anos da Siemens; a TI Itália outros US$ 600.000 por três anos; a TI Bulgária recebendo US$ 450.000 por três anos e o TI México mais US$ 230.000 por três anos.

Em 2013, em sua reunião anual, a TI da Alemanha e da Irlanda propuseram resolução pedindo o fim do julgamento de Edward Snowden. Houve resistência da TI-USA e a resolução não saiu. Ali já estavam nítidas as relações com o Departamento de Estado americano.

No Balanço de 2018, o Departamento de Estado aparece com a contribuição de US$ 602.765 para a ONG; a Siemens com outros US$ 488.001, através da fundação, cuja ideia provavelmente foi encaminhada à Laja Jato pela TI: a criação de uma empresa à parte, no caso a Siemens Integrity Iniciative, que contratou a TI para levar a conformidade à empresa.

Peça 3 – o modelo de atuação da TI na indústria da anticorrupção

Para incrementar a indústria do *compliance*, o modelo de atuação da TI tornou-se padrão.

Primeiro, as TI's nacionais montam parcerias com procuradores envolvidos em grandes operações anticorrupção. Tornam-se as grandes caixas de ressonância, inclusive se valendo da influência da TI Internacional sobre organismos multilaterais.

> **Intercept_ Brasil**
>
> ideia de Ortega. Dois procuradores de Curitiba ofereceram suas casas, enquanto Deltan pediu ajuda à Transparência Internacional para que a ONG financiasse a estadia deles no Brasil.

Por exemplo, a Lava Jato de Curitiba recorreu à TI para reverberar na Venezuela denúncias envolvendo a Odebrecht, em pleno período eleitoral.

Esta é a fase da punição, segundo a terminologia da indústria do *compliance*.

Depois, segue-se a fase da "redenção" – na qual as empresas acusadas acertam acordos de leniência com procuradores.

É aí que entram os diversos capítulos da TI, atuando de duas maneiras.

De um lado, tornando-se gestoras de programas sociais e de *compliance* das empresas. De outro, sendo a porta de entrada para grandes empresas de auditoria e de advocacia oferecerem seus serviços de *compliance*.

Não é por outro motivo que o escritório americano Baker McKenzie conseguiu grandes contratos para implantação de *compliance* em empresas como Petrobras e Eletrobras, ambas sob pressão intensa da Lava Jato.

Em 12 de maio de 2019, o *GGN* publicou o "Xadrez do pacto que garantiu R$ 2,5 bilhões para a fundação da Lava Jato",[172] descrevendo os mecanismos para atuação da indústria da anticorrupção.

---

172 NASSIF, Luís. "Xadrez do pacto que garantiu R$ 2,5 bi para a fundação da Lava Jato". *Jornal GGN*, mai. 2019. Disponível em: https://qrcd.org/48Qj.

Maior beneficiada entre os grandes escritórios contratados por estatais alvejadas pela Lava Jato, a Baker McKenzie é um dos parceiros preferenciais da TI.[173] O modelo é conhecido: relatórios e eventos da TI apontando riscos potenciais de determinados setores – como a de defesa – em cima dos quais a Baker McKenzie entra oferecendo seus serviços.

Segundo a divulgação de um desses seminários,

> *Após os comentários introdutórios da Transparency International Defense & Security e Baker & McKenzie LLP, o painel discutirá o relatório antes de abrir a discussão para todos.*
>
> *Painel*
>
> *Leah Wawro (Transparência Internacional de Defesa e Segurança)*
>
> *Howard O. Weissman (Baker & McKenzie LLP)*
>
> *Timothy F. Schultz (IFBEC, Raytheon Company)*
>
> *O evento está sendo co-patrocinado pela Transparency International Defense and Security e Baker & McKenzie, como parte de sua Série de Almoço Aeroespacial e Defesa. Para se inscrever, envie um e-mail para Sal Gonzalez em sal.gonzalez@bakermckenzie.com.*

Peça 4 – a entrada da TI no Brasil e o papel de Janot

Em 9 de dezembro de 2014, início da Lava Jato, a TI central fechou um memorando de colaboração com a Procuradoria Geral da República, na época presidida pelo PGR Rodigo Janot.

Acessado em: 09.05.2024.

173 TRANSPARENCY INTERNATIONALUCK. *Us Launch*: Licence to Bribe? The Role of Middlemen in Defence Procurement. Disponível em: https://qrcd.org/47sM. Acessado em: 09.05.2024.

A TI aparece no momento em que a Lava Jato se constitui como entidade política. E o futuro Presidente da TI brasileira passa a acompanhar Dallagnol em seus eventos privados.

Surpreendentemente, incluiu no memorado a Amarribo, a ONG de Josmar Verillo que atua como consultor em disputas comerciais, a serviço de grupos denunciados por corrupção.

O memorando serviu de base para o modelo de fundação para administrar recursos de multas, apresentadas pela Lava Jato Curitiba e pela Operação Greenfield.

Em 30 de janeiro de 2017, em ofício dirigido ao subprocurador Marcelo Antônio Muscogliati, coordenador da 5ª Câmara de Coordenação e Revisão do Ministério Público Federal, a TI propôs explicitamente, como

> marco da cooperação entre as duas entidades (...) o estabelecimento de uma orientação geral para a designação de parte dos recursos oriundos de acordos de leniência firmados pela MPF – e outros órgãos estatais – a projetos de prevenção e controle social da corrupção.

No memorando, estava claramente tipificada a participação da TI no que viria a ser, pouco tempos depois, a matriz dos grandes escândalos que trincaram definitivamente a imagem da Lava Jato Curitiba – a tal fundação que administraria os R$ 1,250 bi da Petrobras com assessoria da TI.

Em 2017, com a Lava Jato em pleno andamento, percebendo que o mercado brasileiro de *compliance* iria se abrir, a TI resolveu montar o capítulo brasileiro. Conseguiu um CNPJ e colocou na presidência um diretor, ligado à TI alemã, que há tempos acompanhava Deltan Dallagnol em suas palestras e eventos.

Mal conseguiu o CNPJ, fechou parceria com as forças-tarefas das Operações Greenfield, Sépsis e Fui Bono e a Carne Fraca, para o acordo de leniência da J&F e da Odebrecht, antes mesmo de fechar com a Lava Jato Curitiba. Pela parceria, administraria não apenas os R$ 2,5 bilhões do acordo da Petrobras, como da Odebrecht e da J&F.

Em um memorando assinado em 5 de junho de 2017, foram definidos os valores da multa para a J&F: cerca de R$ 2,3 bilhões para a execução de projetos sociais, "em áreas temáticas relacionadas em apêndice deste Acordo". No Apêndice 2, uma relação de 49 temas a serem abrangidos pelos gastos sociais.

No dia 14 de setembro de 2017, foi firmado o Memorando de Entendimento com a TI, assinado pelo Procurador Geral Rodrigo Janot liberando geral as operações para as parcerias com a TI.

Em ofício dirigido a José Ugaz, Presidente da Transparência Internacional, Janot reitera o interesse do MPF na cooperação.

No final, Janot comunicava sua saída da PGR, em uma nota com observações pessoais extravagantes para um comunicado oficial, se oferecendo para parcerias futuras com a TI depois de deixar o cargo de PGR. No memorando, sugere que o "combate à corrupção continuará sendo uma das minhas prioridades", e propõe que "os laços estabelecidos (...) se estendam à esfera profissional da amizade".

No seu período de PGR, Janot tentou contratar como consultor da Lava Jato um procurador suíço Stefan Lenz, parceiro da Operação que passou a advogar e a oferecer para seus clientes, como trunfo, a rede de contatos com procuradores de vários países.

Lenz era um dos procuradores parceiros da TI Suíça em eventos contra a corrupção.

Janot também se tornou membro do Conselho do Atlantic Council, grupo de lobby influente no chamado "estado profundo", o grupo de tecnocratas que detém o poder na máquina de Estado americano.

Janot se valia do cargo para preparar o caminho para o escritório de advocacia que montou confiando na indústria do *compliance*.

O desastre do livro autobiográfico que lançou matou suas pretensões.

Peça 5 – o acordo com a J&F

Em dezembro de 2017, o memorando de entendimento assinado com o MPF definia que a TI se compromete a recomendar um sistema de governança com os melhores padrões de transparência e salvaguardas anticorrupção para os recursos destinados ao financiamento de organizações da sociedade civil", conforme relatório da TI. O memorando é a porta de entrada da TI em todas as operações.

Sua participação estava claramente definida: uma orientação geral para a designação de parte dos recursos oriundos dos acordos de leniência firmados pelo MPF.[174]

Em relatório da época, a TI informava que

> ofereceu sua contribuição pro bono, sem cobrança de honorários ou taxas de qualquer natureza. Além disso, para sanar quaisquer conflitos de interesses, a TI propôs e acordou-se que a organização estaria vedada a pleitear recursos do investimento social provenientes do Acordo de Leniência durante todo o período em que estiver apoiando a iniciativa das partes que o celebraram.

Não há informações se houve um contrato particular da TI com a J&F. Nem a razão da ONG Amarribo ter feito parte do acordo.

---

174 Disponível em: https://tinyl.io/Arra.

Menos de dois meses depois, em 30 de janeiro de 2018, a JBS divulgou em seu site que "JBS é reconhecida por práticas de transparência corporativa".

A ONG Transparência Internacional divulgou na manhã desta terça-feira (30) o estudo "Transparência em Relatórios Corporativos", com dados das 100 maiores empresas e dos 10 maiores bancos do Brasil.

É com satisfação que a JBS S.A. recebeu a notícia de que ficou entre as poucas companhias que obtiveram conceito "ótimo/bom" na avaliação de governança empresarial e programas de *compliance.*

> A JBS recebeu a nota 8,1, bem acima da média geral das principais empresas do país (5,7).
>
> Entre as 53 maiores empresas brasileiras com operação no exterior, a companhia, obteve a 9ª posição. No setor de alimentos, ficou em primeiro.

Ou seja, a TI premiou a JBS por um trabalho que ela mesmo desenvolveu, contratada pela própria JBS e que não tinha sequer dois meses de vida.

Peça 6 – o trombone da TI

No dia 14 de outubro, a TI divulgou dois relatórios sobre os retrocessos no combate à corrupção, em que enfatiza a demissão do Ministro Sérgio Moro e os retrocessos na Operação Greenfield – justamente a que lhe destinaria a gestão de R$ 2,5 bilhões do acordo de leniência da J&F.

Antes disso, no relatório de 2019, a TI se alinhava às críticas ao inquérito das *fake news*, às decisões do Supremo obrigando a Lava

Jato a abrir as bases de dados.[175] Defendia a Lava Jato, também, da acusação de ter envolvido Rodrigo Maia e David Alcolumbre nas suas investigações.

O relatório monta um amplo leque de denúncias contra ministros do STJ, do STF, o PGR. Mas não deu uma linha sequer sobre as relações do advogado Nethanyel Dias Ferreira com o juiz Marcelo Bretas, nem ao episódio nebuloso da blindagem oferecida ao doleiro Dario Messer.

E, aí, ficou claro a articulação internacional da indústria da anticorrupção. Entre as sugestões, o relatório propõe que o Grupo de Trabalho sobre Suborno da OCDE adote "medidas fortes para proteger a Conformidade do Brasil com a OCDE Convenção Antissuborno". E distribui sugestões para o Fundo Monetário Internacional considerar o relatório na preparação do Artigo IV do FMI.

Antes disso, no dia 11 de julho, a TI denunciou que a decisão de Dias Toffoli, obrigando a Lava Jato a compartilhar suas bases de dados, colocava a Operação em risco. E dava eco à decisão da demissão coletiva da força-tarefa da Greenfield.

No dia 14 de setembro, com base nos dados da *Vazajato*, o site *Publica* desbastou as conversas entre Deltan Dallagnol e Bruno Brandão, da TI.

Dizia a matéria:

> (...) Em junho de 2017, o então procurador-chefe da Lava Jato pediu a Brandão que o ajudasse a pensar em estratégias para a operação conseguir apoio internacional. "Fiquei pensando se não poderia haver uma declaração internacional de apoio", escreveu em chat privado no Telegram, no dia 2

175 GAZETA DO POVO. "Transparência Internacional denuncia retrocessos no combate à corrupção no Brasil à OCDE". *Gazeta do Povo*, out. 2020. Disponível em: https://qrcd.org/47sQ. Acessado em: 09.05.2024.

> de junho de 2017, às 14h17. "Falando que é importante que para o desenvolvimento econômico do país é preciso que a investigação prossiga, dentro da lei", acrescentou.
>
> Como solução, o diretor-executivo da TI chegou a propor a Dallagnol que a ONG, por meio de um estudo, desse o crédito da recuperação da economia do país à Lava Jato: "Acho que temos várias opções e que devemos começar a agir rapidamente. Podemos começar a ver isso na quinta-feira mesmo. Estamos pensando em começar uma pesquisa sobre a percepção dos maiores investidores institucionais estrangeiros no Brasil sobre o que eles pensam da Lava-Jato, se é bom pra economia ou não – e duvidaria que um investidor olhando o médio e longo prazo diria que não.

Peça 7 – a falta de transparência da TI

As dúvidas maiores sobre o papel da TI surgiram quando a defesa de Lula passou a analisar parte da base de dados da Lava Jato sobre a Odebrecht. Ali aparecia a participação da TI.

Os advogados indagaram, então, ao juiz Luiz Antônio Bonat, sucessor de Sérgio Moro na Lava Jato, se a TI estava sendo remunerada pelos trabalhos que fazia. A explicação de Bonat foi surpreendente: "É uma entidade renomada, e não precisa esclarecer nada".

Foi feita, então, uma reclamação ao STF, em relação às delações da Odebrecht, na qual se mostrava que o nome da TI aparecia em acordos de leniência da Odebrecht, mas era sonegada qualquer informação sobre sua participação.

O caso caiu com o Ministro Ricardo Lewandowski, que, na decisão sobre as correspondências com autoridades americanas, mandou a Lava Jato esclarecer sobre o papel da TI. Em agosto, a 2ª Turma do STF deu acesso aos dados. Mesmo com a decisão tomada, a Lava Jato recusou-se a fornecer as informações.

Nos dados levados ao STF, havia uma informação instigante, uma conta denominada de "Receitas com restrições", na qual eram mantidos em sigilo os nomes dos financiadores. Não se tratava de quantia pequena: foram de R$ 3,4 milhões em 2018.

Mesmo após a decisão da 2ª Turma, a Lava Jato recusou-se a entregar os dados ou entregou incompleto, com buracos, entre os quais a participação da Transparência Internacional. Os advogados voltaram a Lewandowski que deu nova decisão.

O caso foi parar na PGR.

No dia 4 de dezembro, o Procurador Geral da República Augusto Aras, enviou um memorando à subprocuradora Maria Iraneide Olinda Santoro Fachini, coordenador da 5ª Câmara de Coordenação e Revisão, para rever itens do Acordo de Leniência celebrado entre o Ministério Público Federal, Regional do Distrito Federal, e a J&F Investimentos S.A., controladora da JBS.

O objetivo foi analisar a execução da Cláusula 16, parágrafo VII, do Acordo de Leniência, que define o montante de R$ 2,3 bilhões para a execução de projetos sociais, "em áreas temáticas relacionadas em apêndice deste Acordo".

Menciona o registro do documento firmado pelos procuradores, determinando de ofício à J&F para que

> comece imediatamente a execução dos projetos sociais pactuados no acordo de leniência (...) respeitadas as melhores práticas indicadas pela Transparência Internacional, ou então que promova o pagamento da reparação social em favor do Fundo de Defesa dos Direitos Difusos.

Diz o ofício de Aras:

Destaco que o item "v", da citada Cláusula 2ª, sobre o aconselhamento da TI, na elaboração de relatório, prevê "(v) relação de conteúdos para o treinamento, em etapas, da equipe que comporá a entidade a ser criada, especialmente aqueles responsáveis pelo investimento, os conselheiros e administradores".

Evidente que uma organização privada irá administrar a aplicação dos recursos de R$2,3 bilhões nos investimentos sociais previstos no Acordo de Leniência, sem que se submeta aos órgãos de fiscalização e controle do Estado.

Um dos motivos do pedido foi a informação de que em outubro de 2017 a J&F pagara a primeira parcela do acordo, no montante de R$ 13.411.500,00. E a PGR nada sabia sobre a utilização dos recursos.

As dúvidas sobre a TI Brasil são específicas sobre a remuneração ou não de seus trabalhos pelas empresas alvos da Lava Jato e as formas de financiamento. Não há dúvidas sobre seu papel de elo central na grande indústria da anticorrupção, que colocou a economia produtiva nas mãos da economia improdutiva, do conluio entre ONGs, procuradores, juízes, empresas de auditoria, grandes escritórios de advocacia, e empresas patrocinadoras polêmicas.

Não foi outro o motivo, aliás, do ex-juiz Sérgio Moro sair em defesa da organização. Em seu novo trabalho – de dar pareceres em defesa de empresas efetivamente corruptas (não de empresas alvos de corrupção, como a Petrobras), a parceria com a TI é essencial.

O *COMPLIANCE* E OS PROCURADORES DOS EUA

Não se irá entender a articulação de procuradores e juízes punitivistas ao redor do mundo, unidos em torno da bandeira anticorrupção, se não incluir na analise a milionária indústria do *compliance* – a tecnologia dos modelos de governabilidade destinados a vacinar uma empresa contra a corrupção e que tem nos grandes escritórios de advocacia e empresas de auditoria os maiores beneficiados.

Em quase todos os países, o jogo é padrão. No início, uma campanha sem quartel dos procuradores contra empresas suspeitas, infundindo terror nos empresários direta ou indiretamente ameaçados pelas investigações. Depois, a campanha pela implementação de sistemas de *compliance* nas empresas por grandes escritórios de advocacia, abrindo um mercado de trabalho para os procuradores.

O jogo é esse. Em um primeiro momento, a cooperação internacional – com procuradores sendo alimentados preferencialmente pelo DHS e Departamento de Justiça dos Estados Unidos – confere enorme poder aos ministérios públicos nacionais para destruírem sistemas políticos e outras entidades contaminadas pelo financiamento de campanhas.

Depois, abre um expressivo mercado de trabalho na área de *compliance*.

É significativo o caso Marcelo Miller – o procurador da Lava Jato contratado pela Trench, Rossi, Watanabe, representando um grande escritório americano, depois de ter sido a parte brasileira nas negociações da Embraer nos EUA. E também da filha de Rodrigo Janot, jovem advogada iniciante contratada por um grande escritório de advocacia para atuar em defesa da OAS, em um julgamento por formação de cartel pelo CADE (Conselho Administrativo de Direito Econômico). E os honorários serão tão maiores quanto maior for o terror infundido pelas ações anticorrupção.

Os Estados Unidos forneceram o modelo. Não é por outro motivo que os maiores beneficiários têm sido grandes escritórios de advocacia e de auditoria norte-americanos. Mais à frente, quando o fator Lava Jato se tornar irrelevante, não haverá como o Congresso deixar de abrir uma CPI para analisar os contratos fechados Ellen Gracie com Petrobras e Eletrobras para implantação de sistemas de *compliance* – consumindo mais recursos do que as suspeitas de propina em cada estatal.

O caso Andre Weisman

Andrew Weismann era o procurador implacável do Departamento Anticorrupção do Departamento de Justiça, responsável pela apuração de propinas políticas. Deu início às grandes ações contra empresas brasileiras. Firmou fama de implacável, recorrendo a métodos abusivos que levaram um senador ao suicídio.

Sua atuação mereceu dois livros completos, narrando todos os abusos que cometia usando as prerrogativas de procurador.

Depois, se afastou para tocar o caso do Russiangate – as suspeitas de interferência russa na eleição de Donald Trump – e seu lugar foi ocupado por Sandra Moser. Sandra supervisionou os processos e acordos com a Petrobras, Odebrecht e Brasken. Em setembro de 2018, assinou, pelo DoJ, o escandaloso *class action* da Petrobras – pelo qual a empresa se comprometeu a pagar US$ 3 bilhões em indenizações para acionistas que entraram com ações contra a empresa.

Sobre esse tema, voltaremos mais vezes, especialmente para apontar os pontos centrais do maior saque ocorrido contra a Petrobras, maior que todas as propinas recebidas pelas empreiteiras, e praticado por quem deveria defendê-la.

Dois meses depois, Sandra deixou o Departamento de Justiça e foi trabalhar no escritório Quinn Emanuel, para cuidar justamente da conta da Odebrecht.

E aqui, o escritório de advocacia vendendo seus serviços.

> A prática da Sra. Moser se concentra na representação de empresas, conselhos de administração e altos executivos em investigações, assuntos delicados, crises corporativas, litígios e outras disputas envolvendo os governos federal e estadual dos Estados Unidos (incluindo o Departamento de Justiça, a Securities and Exchange Commission (SEC), a Commodity Futures Trading Commission (CFTC), Procuradorias Distritais, Procuradores-Gerais do Estado, outras agências de aplicação da lei e reguladoras, e o Congresso dos Estados Unidos), bem como agências de aplicação internacional. Especialista em questões transfronteiriças, Moser foi nomeada como uma das "100 mulheres em investigações" do mundo em 2018 pela Global Investigations Review.

A Lava Jato e a indústria do *compliance* no Brasil

Assim que cair a ficha da opinião pública, se constatará que o maior assalto cometido contra a Petrobras – em termos de valores – não foi o das empreiteiras, mas da Lava Jato em cumplicidade com a direção do órgão indicada por Michel Temer.

O jogo já está desvendado.

1. O Procurador Geral da República Rodrigo Janot vai aos Estados Unidos com a equipe da Lava Jato entregar provas contra a Petrobras ao Departamento de Justiça (DoJ) americano. Com essa manobra, tiraram a Petrobras da condição de vítima, para a de ré. Alertei, na época, que essa jogada ainda irá levar Janot a um tribunal civil, para que responda pelo crime de lesa-pátria.

2. Na nova condição, a Petrobras ficou exposta não apenas a multas bilionárias, como impedida de atuar em novos mercados, vetados pelos Estados Unidos.

3. O dinheiro da multa foi dividido com a Lava Jato, que efetivamente recebeu e depositou em uma agência da Caixa Econômica Federal aguardando a criação da tal fundação destinada a bancar campanhas, palestras e cursos sobre *compliance*.

4. Os principais integrantes da Lava Jato montaram empresas de evento ou se aposentaram para montar escritórios de advocacia especializados em *compliance*. Dentre eles, o ex-PGR Rodrigo Janot, a esposa do ex-juiz Sérgio Moro, os procuradores Carlos Fernando dos Santos Lima, Deltan Dallagnol e Roberto Pozzobon.

5. Ao mesmo tempo, a parceria com a nova diretoria da Petrobras abriu espaço para a contratação milionária de escritórios de advocacia americano para trabalhos de

compliance, não apenas na Petrobras como na Eletrobras, por centenas de milhões de dólares.

6. A principal beneficiária da indústria do *compliance* foi Ellen Gracie, ex-Ministra da Supremo Tribunal Federal (STF). Coube a ela ser a interface da Petrobras com a Lava Jato. Nessa condição, procurou pessoalmente a PGR Raquel Dodge, tentando incluir no acordo um edifício da Petrobras em Curitiba – o escritório da Liquigás – para abrigar a Lava Jato. Dodge negou peremptoriamente autorização para a jogada.

Provavelmente no dossiê *Intercept* haverá menções a autoridades na ativa que impulsionaram os escritórios dos quais se licenciaram na indústria do *compliance* ou das grandes causas.

Aliás, pelo bem da transparência pública, os Ministros Luiz Edson Fachin e Luís Roberto Barroso deveriam abrir informações sobre a carteira de clientes de seus escritórios que ficaram em nome de familiares.

Antes de ser nomeado para o STF e se tornado um juiz vingador, Fachin tinha um escritório acanhado que rapidamente cresceu a ponto de se tornar um dos maiores do Paraná. E especializado em *compliance*.

Barroso e Marcelo Bretas, juiz da Lava Jato do Rio, chegaram a ir aos Estados Unidos, em uma turnê sobre *compliance*, visitando grandes escritórios de advocacia interessados[176] em entrar no mercado brasileiro.

Um certo Instituto New Law deu o passo mais atrevido na consolidação do lobby da indústria do *compliance* no Brasil – uma

---

176 NASSIF, Luís. "Barroso e Bretas vão a NY reforçar o lobby do compliance". *Jornal GGN*, abr. 2019. Disponível em: https://qrcd.org/48Qq. Acessado em: 09.05.2024.

cadeia improdutiva que tem exposto estatais brasileiras a contratos gigantescos com escritórios de advocacia americanos, visando implementar processos contra corrupção.

De 23 a 26 de abril de 2019 houve a "Missão Nova York – Anticorrupção e Compliance", com a ida de 25 autoridades brasileiras para contatos com escritórios de advocacia, empresas de investigação sediadas em Manhatan e universidades.

Do grupo faziam parte o Ministro Luís Roberto Barroso, do STF (Supremo Tribunal Federal), o juiz Marcelo Bretas, da Lava Jato Rio de Janeiro, e Maurício Valeixo, diretor geral da Polícia Federal.

Dois dos diretores do Instituto eram juízes federais.

Aparentemente, o mercado aberto pela Lava Jato levou a uma perda generalizada de pudor atingindo todas as instâncias.

O escândalo do *compliance* na Eletrobras

O escritório de Ellen Gracie, ex-Ministra do Supremo Tribunal Federal (STF) foi contratado por R$ 4 milhões para supervisionar os escritórios estrangeiros contratados para o trabalho de *compliance* na Petrobras. Depois, por mais R$ 700 mil para supervisionar os escritórios de advocacia na Eletrobras.[177]

Coube a ela a contratação da Baker McKenzie para a Petrobras e a Hogan Lovells para a Eletrobras. Ellen ampliou o escopo inicial das investigações em cinco vezes em relação ao planejamento inicial. Foram contratados mais de cem profissionais.

---

177 RAMOS, Murilo. "Escritório de Ellen Gracie é contratado para fiscalizar trabalho na Eletrobras". *Época*, set. 2016. Disponível em: https://qrcd.org/3nWK. Acessado em: 09.05.2024.

Segundo levantamento da Broadcast,[178] as investigações foram ampliadas para mais nove empresas. No início, era para ser apenas nas usinas Angra 3, Jirau, Belo Monte e Santo Antônio. Ellen ampliou para as usinas Teles Pires, São Manoel, Mauá 3, Simplícia e Tumarin.

Em 26 de janeiro de 2018, o repórter Vinicius Sassine, da revista *Época*,[179] apurou diversos fatos estranhos nos contratos.

As informações sobre o contrato não foram passadas para o mercado – e a Eletrobras é uma companhia de capital aberto. Nada se falou sobre os honorários da Hogan Lovells, nem sobre os valores pagos a empresas de investigação – Kroll e Control Risks – e grandes escritórios brasileiros, subcontratados, como a Wfarias advogados.

Segundo a reportagem,

> *o valor inicial dos serviços – R$ 6,4 milhões – era inofensivo. Mas depois vieram os reajustes, bem ao estilo dos negócios do setor público. A Eletrobras assinou um novo contrato, 2.956% maior com a Hogan Lovells, fez ainda um aditivo a este contrato sem dar explicações ao mercado e escondeu quanto de fato gastou com a Kroll e outras subcontratadas.*
>
> *Assim, o acerto com o escritório saltou dos R$ 6,4 milhões iniciais para R$ 235,5 milhões. Não parou aí. Novos gastos vieram. Até setembro do ano passado, o gasto total com as investigações internas já chegava aos R$ 340 milhões – incluía também os honorários dos integrantes da Comissão Independente de Gestão da Investigação, estabelecida para supervisionar os trabalhos da Hogan Lovells e da qual faz*

---

178 ÉPOCA. "Investigação na Eletrobras se torna cinco vezes maior". *Época*, dez. 2015. Disponível em: https://qrcd.org/48Qu. Acessado em: 09.05.2024.

179 SASSINE, Vinicius. "Eletrobras Contratou investigadores americanos por 400 milhões para apurar corrupção". *Época*, jan. 2018. Disponível em: https://qrcd.org/3nwm. Acessado em: 09.05.2024.

> *parte até a ex-presidente do Supremo Tribunal Federal (STF) Ellen Gracie. No fim de dezembro de 2017, a Eletrobras informou a assinatura de um novo contrato com o escritório americano, de R$ 42,8 milhões. Os gastos com investigação interna vão, assim, se aproximar dos R$ 400 milhões.*

As investigações terminaram e foram mantidas em sigilo. Qual a razão?

Nova reportagem, do mesmo Vinicius Sassine e de Leandro Prazeres[180] mostrou que as investigações não levaram a nada: R$ 400 milhões que não identificaram nenhum tostão de desvio. Apenas com as delações da Lava Jato conseguiu-se chegar a um montante desviado, R$ 165 milhões, 2,5 vezes menos do que o total pago aos investigadores.

Veja, então, o tamanho do imbróglio.

Conferiu-se a uma pessoa – a ex-Ministra Ellen Gracie – o poder de indicar livremente um escritório de advocacia estrangeiros e, também, o de influenciar na indicação dos escritórios brasileiros subcontratados.

A remuneração da ex-Ministra saía dos honorários do escritório contratado.

Escondeu-se o valor do contrato do mercado e o valor das subcontratações da própria diretoria da empresa.

Manteve-se sob sigilo o resultado das investigações, que não levaram a nada, a ponto de os jornalistas precisarem recorrer ao Tribunal de Contas da União para conseguir os dados.

---

180 PRAZERES, Leandro; SASSINE, Vinícius. "Auditoria de R$ 400 milhões em obras da Eletrobras só andou após a Lava-Jato". *O Globo*, out. 2019. Disponível em: https://qrcd.org/3nWO. Acessado em: 09.05.2024.

Nenhuma das irregularidades identificadas foi fruto dos trabalhos do escritório.

O valor levantado, sobre as irregularidades, é 2,5 vezes menor que o valor pago ao escritório norte-americano.

Em país sério, esse episódio mereceria uma investigação ou uma CPI. Ou, no mínimo, uma denúncia de um procurador independente.

Nada aconteceu.

O mistério dos negócios da Lava Jato com os grandes bancos

Há muitos caminhos a serem mapeados pelo Conselho Nacional de Justiça para identificar os caminhos do dinheiro da Lava Jato.

Por exemplo, ao fechar o acordo de leniência com a Petrobras – e não com a União, como manda a lei –, a Lava Jato conseguiu o seguinte:

1. Envolver o Departamento de Justiça americano, que ficou com parte das multas, deixando a outra metade para a Fundação da Lava Jato.
2. Fazer com que a Petrobras contratasse, sem licitação, o escritório curitibano de Renée Ariel Dotti, apesar de ter um corpo jurídico robusto.
3. Apesar da grande reputação de seu titular, falecido recentemente, não se poderá escapar de uma análise das contas do escritório.

É um caso clássico de tentativa de peculato, que só parou quando o *GGN* denunciou a Fundação Lava Jato e o Ministro Alexandre de Moraes proibiu seu funcionamento. Uma tentativa de peculato prevê uma redução de 1/3 na pena, de um golpe de mais de R$ 2 bilhões.

Mas o caso mais cabeludo, até agora, é o que envolve os grandes bancos – que passaram incólumes pela Operação.

Confira no diálogo abaixo, extraído da Operação Spoofing:

> 25 Feb 19
>
> 00:54:31 Deltan Semana que vem vou participar de um painel nos EUA. O mediador me mandou um email agora. Fui checar quem ele é. Ele é só o dono de uma empresa que vale 1 bilhão de libras e fundador de várias caridades rsrsrs... que coisa surreal receber um email de alguém assim na caixa!!
>
> 01:27:10 Julio Noronha Massa! Qual o nome dele?!
>
> 02:59:23 Deltan Vou contar pra quem estiver 1.45 pontualmente na reunião nesta segunda 😀
>
> 02:59:47 Deltan Lembrando, vamos discutir os casos de foro. Laura, consegue colocar sua planilha no G-DRIVE pela manhã?
>
> 03:00:01 Deltan era bom termos tudo em uma planilha
>
> 07:04:37 Jerusa https://diariodopoder.com.br/stf-devera-impor-limites-ao-ministerio-publico/
>
> 07:30:02 Juliana Camara (pral) Kkkkkk
>
> 08:22:18 Julio Noronha https://www1.folha.uol.com.br/poder/2019/02/odebrecht-faz-ofensiva-juridica-para-nao-perder-controle-de-provas-de-delacao.shtml?utm_source=newsletter&utm_medium=email&utm_campaign=newsfolha
>
> 08:22:45 Julio Noronha Promotores paulistas "justificando" pq não chegaram no PP antes
>
> 09:31:59 Roberson MPF Castro afirma que seu inquérito foi aberto com base em reportagens jornalísticas – a respeito dos fatos citados na delação – e que, apesar de ter solicitado o material da Odebrecht, não depende dele para tocar as apurações. Diz que tem produzido outras provas de forma independente.
>
> 09:32:19 Roberson MPF 🙈
>
> 09:34:07 Jerusa 🙈🙈

> 11:36:09 Paulo https://www.oantagonista.com/brasil/wagner-engavetado/
>
> 11:45:52 Orlando SP Alguém para almoço na FT?
>
> 11:47:57 Isabel Grobba Estamos quase chegando nele!
>
> 11:51:02 Laura Tessler sim. Eu e Ju
>
> 11:53:23 Laura Tessler tá vindo?
>
> Aqui se começa a perceber o jogo
>
> 12:15:06 Roberson MPF Pessoal, ótima notícia. Russia deferiu nossa fase do Banco Paulista!!!
>
> 12:15:19 Roberson MPF Inclusive com prisões preventivas de 2 diretores do Banco na ativa!
>
> 12:15:21 Roberson MPF
>
> 12:15:34 Roberson MPF É nuuuuuuuuuui time!!! 💪💪👊👊👊
>
> 12:16:13 Jerusa Top! 👏👏👏
>
> 12:19:41 Julio Noronha Estratégia traçada e caminhando para entrarmos bem no setor bancário
>
> 12:19:46 Julio Noronha 💪💪💪👊👊👊👊
>
> 12:22:38 Paulo 👏👏👏👏👏👏👏
>
> 12:25:43 Roberson MPF Chutaremos a porta de um banco menor, com fraudes escancaradas, enquanto estamos com rodada de negociações em curso com bancos maiores. A mensagem será passada! 💪👊
>
> 12:35:05 Athayde 👏👏👏👏
>
> 13:11:59 Laura Tessler show!!! vai ter muita gente que vai começar a perder o sono, rs
>
> 13:21:23 Roberson MPF 😂😂

De fato, no dia 3 de maio de 2021, a Lava Jato denunciou 11 executivos do Banco Paulista, por manobras no mercado de câmbio.

> A denúncia foi apresentada pelo Núcleo da Lava Jato no Grupo de Atuação Especial de Combate ao Crime Organizado (Gaeco) na sexta-feira (30), com base nas provas

> colhidas na 74ª fase da Operação Lava Jato, deflagrada em novembro de 2020.
>
> Segundo o Ministério Público Federal (MPF), funcionários do banco cobravam sobrepreço nas operações cambiais e a diferença era desviada para executivos da estatal. O prejuízo é estimado em mais de R$ 95 milhões.

O mistério reside no fato de que nenhum grande banco foi envolvido na Lava Jato. Foram investigados o Banco Schahin, o Banco BSI, Prosper, e outros envolvidos com doleiros.

Em julho de 2018, o *Estadão* trouxe reportagem mostrando o envolvimento de grandes bancos com a lavagem de dinheiro da Labogen, controlada por Alberto Youssef:

> *O Bradesco hospedou 39 contas dessas empresas de fachada mantidas pelo grupo de Youssef. O Itaú Unibanco 18 e o Santander, 13. Além deles, o Banco do Brasil hospedou 11 contas, Caixa, 13 e o Citibank outras 15.*

No portal da Lava Jato é possível encontrar inquéritos sobre o banco Prosper, processo penal do banco BSI.

Mas nada existe contra o Citibank e demais bancões.

Houve, aí, um caso claro de prevaricação.

Aliás, seria importante que o CNJ investigasse os contratos de *compliance* de Carlos Fernando, o grande cabeça da Lava Jato, que se aposentou para montar um escritório.

Na época do diálogo, Deltan teve encontro, intermediado pela XP, com os seguintes bancos:

JP Morgan; Morgan Stanley; Barclays; Nomura; Goldman Sachs; Merrill Lynch; Credit Suisse; Deutsche Bank; Citibank; BNP Paribas; Natixis; Société Générale; Standard Chartered; State Street

Macquarie; Capital; UBS; Toronto Dominion Bank; Royal Bank of Scotland; Itaú; Bradesco; Verde e Santander, conforme o *Intercept*.[181]

Segundo o portal Conjur apurou:[182]

> Segundo o MPF, o encontro de Deltan com os bancos foi para tratar da campanha "Unidos contra a Corrupção", capitaneada pelo procurador. Ele também diz ter levado com ele um representante de Transparência Internacional, "ONG" internacional financiada por vários governos da Europa e por agências governamentais dos EUA que apoiou a "lava jato" e seus protagonistas.

181 FISHMAN, Andrew; DEMORI, Leandro. "'O RISCO TÁ BEM PAGO RS' Deltan foi estrela de encontro com bancos e investidores organizado pela XP 'com compromisso de confidencialidade'". *The Intercept*, jul. 2019. Disponível em: https://qrcd.org/48Rv. Acessado em: 09.05.2024.

182 CANÁRIO. Pedro. "Encontro 'secreto' de Deltan foi com bancos réus em ação da Petrobras nos EUA". *Consultor Jurídico*, out. 2019. Disponível em: https://qrcd.org/48Rx. Acessado em: 09.05.2024.

PARTE XII

OS CIDADÃOS ACIMA DE QUALQUER SUSPEITA

O excesso de poder, a cumplicidade da mídia, calando qualquer crítica, abriram espaço para toda sorte de abusos e de operações suspeitas. Lembrando John Adams: “O poder tende a corromper. O poder absoluto corrompe absolutamente. Grandes homens, geralmente, são homens maus ou se tornam maus depois de um tempo”.

A Lava Jato não escapou dessa sina.

A LAVA JATO E AS 7 SUSPEITAS

Em janeiro de 2019, os procuradores da Lava Jato já se articulavam para assegurar um substituto de confiança para o lugar de Sérgio Moro, indicado Ministro de Bolsonaro.

As articulações aparecem na Vaza Jato e foram noticiadas pelo *The Intercept*.

Para tanto, contavam com o apoio do desembargador João Pedro Gebran Neto, do Tribunal Regional Federal da 4ª Região, e principal articulador do lavajatismo no órgão.

Este ano havia dois candidatos ao posto. Um deles, o juiz Eduardo Appio – que teve participação brilhante nos programas da TV GGN Justiça e tinha direito por antiguidade. Competindo com ele, uma candidata ligada ao lavajatismo.

Appio foi escolhido e logo foi alvo de uma campanha nos velhos moldes da Lava Jato. Tentaram inabilitá-lo com base em três factoides.

O primeiro, sua participação na TV GGN, onde sempre se comportou como um legalista e garantista. O segundo, a acusação bizarra que teria contribuído para a candidatura de Lula, com a quantia de R $13,00. A única prova era o registro no Tribunal Superior Eleitoral. Appio demonstrou a falsificação do registro mostrando seu extrato bancário. O terceiro, acusações baixas contra o pai de Appio, um político conservador, de vida ilibada, que faleceu há alguns meses.

Coube à assessoria do TRF4 convocar seus jornalistas de sempre, Cláudio Humberto e o Antagonista. Bastou para que outros veículos caíssem na esparrela, com o amadorismo de sempre: as reportagens mostrando a ausência de provas e as manchetes endossando as insinuações.

As baixarias foram espalhadas pelo *Twitter* através de Deltan Dallagnol. O episódio é relevante para lembrar que a imprensa tem uma dívida para com o jornalismo: apurar as denúncias que ficaram no ar, em relação à Lava Jato.

Aqui, uma pequena relação, já levantada pelo *GGN*.

1. "Família Dallagnol recebeu indenização por gleba com sobrepreço estimado em R$ 147 milhões".[183] O INCRA entrou com uma ação para derrubar acordos feitos na Justiça Federal, e que garantiram o sobrepreço.

2. Enquanto o INCRA tentava recuperar o sobrepreço, de repente Dallagnol e família abriram várias empresas e conseguiram a representação de lojas em diversos shoppings. A história foi abordada em "A expansão repentina dos negócios da família Dallagnol".[184]

---

183 LODI, Gabriella. "Família Dallagnol recebeu indenização por gleba com sobrepreço estimado em R$ 147 milhões". *Jornal GGN*, 21 jun. 2022. Disponível em: https://encurtador.com.br/fy4dR Acessado em: 22.06.2024.

184 NASSIF, Luís. "A expansão repentina dos negócios da família Dallagnol". *Jornal GGN*, nov. 2021. Disponível em: https://tinyl.io/Asq8. Acessado em: 19.06.2024.

3. Não se ficou nisso. No mesmo período adquiriu um apartamento no prédio de alto padrão onde morava. O apartamento foi adquirido em um leilão judicial, mesmo sendo vedada a participação de pessoas ligadas ao Judiciário da região do leilão. A história foi contada em "A expansão repentina dos negócios da família Dallagnol".

4. Dallagnol foi contratado para uma palestra pela empresa Neoway, de *bigdata*. No mesmo evento gravou um comercial para a empresa e tentou utilizar seus sistemas para a base de dados da Lava Jato. A empresa foi citada por corrupção na Petrobras e autuada em Santa Catarina por suborno. "Xadrez de como Dallagnol se tornou lobista de empresa citada na Lava Jato".[185]

5. Uma delação de Paulo Roberto, diretor da Petrobras, implicou o lobista carioca Mariano Marcondes Ferraz, do *board* da Trafigura – uma das maiores comercializadoras de petróleo do mundo, e grande cliente da Petrobras. No meio do caminho, a Trafigura desaparece e Mariano é processado apenas por um bico feito para uma empresa italiana no porto de Suape. A história é contada em "Como a Lava Jato beneficiou a principal concorrente do Brasil na África".[186]

6. A Lava Jato do Rio de Janeiro apurou que Dario Messer, o principal doleiro do país, remetia mensalmente 15 mil dólares para supostamente conseguir o silêncio de procuradores de Curitiba. Nada aconteceu com a denúncia,

---

185 NASSIF, Luís. "Xadrez de como Dallagnol se tornou lobista de empresa citada na Lava Jato". *Jornal GGN*, set. 2019. Disponível em: https://tinyl.io/AsqE. Acessado em: 19.06.2024.

186 NASSIF, Luís. "Como a Lava Jato beneficiou a principal concorrente do Brasil na África". *Jornal GGN*, nov. 2017. Disponível em: https://tinyl.io/AsqH. Acessado em: 19.06.2024.

apesar de Messer jamais ter sido investigado pela Lava Jato e de um dos procuradores ter dado um depoimento em sua defesa. "Delação de Dario Messer amplia as suspeitas sobre Lava Jato de Curitiba".[187]

7. Na negociação para se apossar-se de 2,5 bilhões para a tal Fundação *Lava Jato*, reservou-se a metade para indenizar supostos acionistas brasileiros que entrariam com ações contra a Petrobras. Não havia nenhum aliado dos procuradores para conseguir o *impeachment* de Gilmar Mendes.

187 NASSIF, Luís. "Delação de Dario Messer amplia as suspeitas sobre Lava Jato de Curitiba". *Jornal GGN*, ago. 2020. Disponível em: https://tinyl.io/AsqL. Acessado em: 19.06.2024.

O CASO PATRÍCIA COELHO

No auge da Lava Jato, o procurador Deltan Dallagnol montou o Instituto MUDE[188] para angariar contribuições empresariais. Montou um grupo de WhatsApp, com os integrantes do Instituto, provenientes da sua igreja – entre os quais um pastor que o aproximou de Silas Malafaia.

Em uma das conversas captadas pela Vaza Jato, ele informava seus colegas ter recebido R$ 1 milhão de uma "investidora anjo". Esse termo é utilizado para investidores que apoiam o início de *startups* no mercado de tecnologia.

"Caramba. Essa viagem de ontem foi de Deus. Além dela, estava um deputado federal que se comprometeu a apoiar rs", escreveu em uma mensagem capturada pela Vaza Jato, sem revelar o nome do deputado.

No dia 29 de agosto de 2016, um dos fundadores do MUDE, Hadler Martins, alertou no Telegram:

188 MACIEL, Alice; DE LARA, Bruna *et al.* "Deltan captava recursos de empresários para Instituto Mude". *Publica*, set. 2019. Disponível em: https://qrcd.org/48Rz. Acessado em: 09.05.2024.

> *Talvez vocês já tenham feito isso mas sobre nossa investidora anjo, dei uma boa pesquisada sobre seu histórico e realmente ela parece ser uma grande empresária multimilionária e com grande trânsito com grandes empresários nacionais. Hoje ela é sócia de empresa de frotas de navios (Aasgard) e de mineração e portos (Mlog). Algumas coisas que me chamaram atenção: – sua empresa fornece navios para a Petrobras; – ela é ex-banco Opportunity (famoso Daniel Dantas) – ela foi ou é muito próxima do Eike Batista e também do André Esteves (BTG).*

Deltan se calou. No dia 8 de setembro, mesmo depois do alerta, ele e outros integrantes do MUDE – Fábio Oliveira, Patrícia Fehrmann, Hadler Martins e o pastor Marcos, foram ao Rio de Janeiro para consumar a negociação com Patrícia Coelho.

No dia 11 de setembro, Hadler voltou a alertar "Sobre nossa reunião com o Anjo, ainda estou com uma pulga atrás da orelha tentando entender a razão do apoio financeiro tão generoso (sendo cético no momento)", escreveu.

> Me pergunto se ela quer "ficar bem" com o MPF por alguma razão... Ela já foi conselheira do Eike e pelo que li dela, ela o representava em algumas negociações. Sugestão: fiquemos atentos. Desculpem o provérbio católico, mas quando a esmola é demais, o santo desconfia...

Na mensagem, enviou um *link* da revista Exame, mostrando que Eike tentou sacar US$ 100 milhões dos BTG, mas foi impedido por André Esteves. A reportagem dizia que Patrícia era apresentada como consultora de Eike.

Deltan consulta, então, seu colega Roberson Pozzobon, para que pesquisasse na base de dados da Lava Jato se haveria alguma menção à Patrícia Tendrich Pires Coelho.

Pozzobon encontrou referências a ela como representante de Eike Baptista, mas o acalmou. Seria muita "teoria da conspiração" achar que ela tivesse procurado Deltan para negociar qualquer coisa.

11 de setembro de 2016 - chat privado

Deltan Dallagnol - 19:45:26

Robito é essa Patricia Coelho que vai investir pesado no MUDE

Deltan Dallagnol - 19:45:26

http:/exame2.com.br/mobile/negocios/noticias/eike-tenta-sacar-us-100-milhoes-mas-andre-esteves-barra

Deltan Dallagnol - 19:45:42

Não batemos em nada dela, confirma?

Roberson Pozzobon - 20:11:31

Vixxe, fiquei preocupado agora

Roberson Pozzobon - 20:11:51

Não chegamos nela não Delta, mas se tratando de Eike não duvido de nada

Roberson Pozzobon - 20:12:17

A técnica preferida dele e a cooptação

Deltan Dallagnol - 20:20:16

Acho que seria prudente rodar uma pesquisa nela e nas empresas dela... pela empresa, ASGAARD, dá para achar o nome dela, Patrícia Coelho, e então as empresas dela e fazer a pesquisa...
Vc roda?

Deltan Dallagnol - 20:21:24

Ela está investindo 1MM no Mude. Não é algo de que se possa abrir mão se ela não estiver enrolada. Por outro lado, se estiver, não quermos chegar perto dela e o MUDE não vai querer, certamente, nenhum aporte vindo daí

Roberson Pozzobon - 20:29:48

Acho imprescindível tb

Roberson Pozzobon - 20:32:24

Lembre aquela conversa do colega do rio do Eike chegando por intermédio de terceiros. Não acho que é o caso, até pela circunstâncias aleatórias em que você a conheceu
(salvo uma teoria conspiratória gigante)

Roberson Pozzobon - 20:32:36

Um outro ponto que pode valer a pena e não fazer nada antes da operação do Eike. Se bem que pode ser pior, sei lá

Pozzobon foi o colega convidado por Deltan para montar uma empresa de cursos e faturar em cima da Lava Jato.

A resposta de Deltan ao grupo, no dia 25 de outubro de 2017:

> Caros, uma notícia ruim agora, mas que não quero que desanime Vcs. A Patricia Coelho apareceu numa petição nossa e me ligou. Ela disse que tinha sociedade com o grego Kotronakis (um grego que apareceu num esquema de afretamentos da Petrobras e que foi alvo de Operação nossa), mas ele tinha só 1% e ela alega que jamais teria transferido valores pra ele... (...). Ouvindo sobre o caso superficialmente, não posso afirmar que ela esteve envolvida ou que será alvo, mas há sinais ruins. É possível que ela não tenha feito nada de errado, mas talvez seja melhor evitar novas relações com ela ou a empresa dela, por cautela", escreveu, e concluiu biblicamente: "Eis que vos envio como ovelhas ao meio de lobos; portanto, sede prudentes como as serpentes e simples como as pombas.

O inquérito que poupou Patrícia

No dia 16 de julho de 2019, foi apresentada denúncia junto à Justiça Federal de Curitiba, um catatau de 294 páginas.[189] Era assinada por 15 procuradores, chefiados por Deltan Dallagnol, dentre os quais, Orlando Martello.

O nome de Patrícia aparecia 9 vezes, todas as vezes mencionadas nos *e-mails* confiscados da caixa postal de Ney Suassuna.

A denúncia informava que o então senador Ney Suassuna associou-se a Patrícia Tendrich Pires Coelho para investir no Grupo

---

189 JUSTIÇA FEDERAL. "EDITAL DE CITACÃO Nº 510005119127". *Justiça Federal Seção Rio de Janeiro*, 2021. Disponível: https://qrcd.org/48S4. Acessado em: 09.05.2024.

Superpesa, que atuava nas áreas de movimentação rodoviária e marítima de cargas superpesadas.

Ambos acertaram com o Grupo Superpesa aportar valores milionários.

Segundo o inquérito:

Patrícia assumiu a Vice-Presidência do Conselho de Administração e a Diretoria do grupo e a empresa Voga Empreendimentos e Participações Ltda, de Patrícia, foi contratada para prestar consultoria à Superpesa.

Em seguida, ambos contrataram os serviços de Jorge Luz e Bruno Luz, lobistas que atuavam junto ao alto escalão da Petrobras e lavavam dinheiro do suborno. Ambos conseguiram atrair o armador grego Tsakos Energy Navigation.

No momento seguinte, Ney torna-se sócio oculto de Patrícia na empresa Asgaard Navegação S.A.

Tal empresa possuía um braço em Londres, no Reino Unido, a Asgaard Navigation LLP, administrada por Georgios Kotronakis, que também era sócio minoritário da *offshore*.

Em 26 de setembro de 2012, a Asgaard Navegação S.A. obteve autorização da ANTAQ para operar como Empresa Brasileira de Navegação (EBN), condição necessária para obter determinadas linhas de financiamento com recursos do Fundo da Marinha Mercante (FMM).

A empresa foi, então, buscar no mercado sócios-investidores para aportarem recursos.

Com o auxílio de Georgios Kotronakis, buscou a parceria do armador Tsakos Energy Navigation.

Em 2 de maio de 2014, a Petrobras, na 6ª rodada do terceiro Programa de Renovação da Frota de Embarcações de Apoio

Marítimo (Prorefam), selecionou a Asgaard Navegação S.A. para celebrar contratos de afretamento por oito anos, prorrogáveis por igual período, de 6 embarcações de apoio marítimo do tipo Platform Supply Vessel (PSV – embarcações para transporte de cargas para as plataformas) que ainda seriam construídas por estaleiros nacionais.

Cada um dos seis contratos de afretamento possuía valor estimado em US$ 110.153.614,89, totalizando US$ 660.921.689,34196. Para a construção das seis embarcações, a Asgaard obteve financiamento no valor de US$ 381.387.646,77 do Fundo da Marinha Mercante (FMM).

A participação de Patrícia era nítida em todas as etapas do processo. No entanto, a conclusão do inquérito foi a seguinte:

> 16/07/2019
>
> Processo Penal
>
> 5036531-36.2019.404.7000. Chave eletrônica: 952841927219
>
> SÍNTESE
>
> A força-tarefa Lava Jato do MPF/PR apresentou denúncia contra o ex-senador Ney Suassuna e o ex-cônsul honorário da Grécia no Rio de Janeiro, Konstantinos Kotronakis por envolvimento no esquema de corrupção nos contratos de afretamento de navios celebrados pela Petrobras com armadores gregos.
>
> Além deles, também foram denunciados Dalmo Monteiro Silva (ex-gerente da Afretamentos da Petrobras), Georgios Kotronakis (filho de Konstantinos), Henry Hoyer (ex-assessor de Ney Suassuna), João Henrique Hoyer (filho de Henry Hoyer), Jorge Luz (colaborador), Bruno Luz (colaborador e filho de Jorge Luz), Fernando Bregolato (operador financeiro) e Paulo Arruda (operador financeiro).

A acusação, feita no mês de julho, foi tornada pública apenas em agosto em razão dos autos estarem sob sigilo até o cumprimento de medidas assecuratórias determinadas pela Justiça Federal.

Segundo a denúncia, foram praticados crimes de pertinência a organização criminosa, corrupção e lavagem de dinheiro no âmbito de contratos de afretamentos de navios da Petrobras vigentes entre 2006 e 2028, os quais geraram, pelo menos, US$ 17,6 milhões em propinas e comissões ilícitas.

Os valores foram pagos pelos armadores gregos Athenian Sea Carriers, Tsakos Energy Navigation, Dorian (Hellas) e Aegean Shipping Management. Em razão de acertos de corrupção, os armadores gregos se comprometeram a efetuar pagamentos de propina e comissões ilícitas na razão de 2% do valor dos contratos de afretamento para contas bancárias de empresas *offshores* vinculadas a Konstantinos Kotronakis mantidas na Grécia, Luxemburgo, Reino Unido e Suíça.

As *offshores* de Konstantinos Kotronakis foram constituídas para se assemelhar a empresas de corretagem de navios (*shipbroking*), de modo a dissimular as práticas criminosas.

Os envolvidos

Ney Suassuna, Konstantinos Kotronakis, Dalmo Monteiro Silva, Georgios Kotronakis, Henry Hoyer, João Henrique Hoyer, Jorge Luz, Bruno Luz, Fernando Bregolato e Paulo Arruda.

Patrícia foi poupada.

No dia 27 de maio de 2021, Patrícia foi citada pela 5ª Vara Federal do Rio de Janeiro em uma ação movida pela Caixa Econômica Federal, para pagamento de dívida de R$ 55.024,51. A citação diz que ela se encontra em "lugar incerto e não sabido".

Não há nenhuma informação sobre se Patrícia Tendrich Pires Coelho deu o patrocínio de R$ 1 milhão para o Instituto Mude.

Não há informação pública do balanço do Instituto Mude, dos doadores e dos beneficiários.

Não se tem nenhuma informação das razões que levaram ao não indiciamento de Patrícia.

XADREZ DE COMO DALLAGNOL SE TORNOU LOBISTA DE EMPRESA CITADA NA LAVA JATO[190]

Dallagnol agendou uma reunião entre a empresa e os procuradores. A intenção era a de que a Neoway fornecesse os sistemas para a Lava Jato sem custo.

Peça 1 – a palestra paga

No dia 26 de julho, a *Folha* e o *The Intercept* noticiaram palestra paga do procurador Deltan Dallagnol para a empresa Neoway.

---

190 NASSIF, Luís. "Xadrez de como Dallagnol se tornou lobista de empresa citada na Lava Jato". *Jornal GGN*, set. 2019. Disponível em: https://tinyl.io/AsqE. Acessado em: 19.06.2024.

A palestra foi em 9 março de 2018 e a Neoway pagou R$ 33 mil de cachê. Dois anos antes, a empresa já havia aparecido nos diálogos dos procuradores como implicada nas investigações da Petrobras.

Antes mesmo da palestra, Dallagnol se mostrou um fã entusiasmado da empresa, conforme se confere na Vaza Jato.[191]

> *Mesmo espírito nosso, veja: O desafio qualificado, aliás, é o que mantém a moçada na pilha – e o barco a todo vapor. "Aqui, ninguém pode reclamar de monotonia", diz, satisfeito. A psicologia reversa faz maravilhas na Neoway. "É só dizer: 'isso aqui ninguém vai conseguir fazer', que aparece sempre alguém para resolver. Pode ser que fique três finais de semana trancado numa sala, mas entrega pronto, todo feliz".*[192]

Dallagnol não ficou nisso. Gravou um vídeo para a Neoway elogiando suas ferramentas tecnológicas para investigações. A empresa trabalha com análise de *bigdatas*. Dois dias depois da palestra, Dallagnol agendou uma reunião entre a empresa e os procuradores. A intenção era a de que a Neoway fornecesse os sistemas para a Lava Jato, sem custo.

Só quatro meses depois da palestra, no dia 21 de julho de 2018, Dallagnol informou o grupo ter descoberto que a Neoway havia sido citada na delação premiada de Jorge Luz, operador do PMDB na Petrobras – o mesmo que atuou em defesa da empresária Patrícia Coelho, poupada pela Lava Jato após doar R$ 1 milhão para o Instituto Mude, de apoio às 10 Medidas.

---

191 FERREIRA, Flávio. "Deltan foi pago por palestra em empresa citada na Lava Jato". *Folha de São Paulo*, jul. 2019. Disponível em: https://qrcd.org/48S7. Acessado em: 09.05.2024.

192 Disponível em: https://endeavor.org.br/.

Peça 2 – quem é a Neoway

A Neoway é um dos poucos unicórnios brasileiros – nome que se dá a empresas que possuem avaliação de mercado de mais de um bilhão de dólares. É uma empresa especializada em trabalhar e analisar grandes massas de dados. Serve para grandes lojas de varejo definir em quais produtos darão desconto, quais os refrigerantes que você comprou no último mês no seu supermercado.

Seu criador foi Jaime de Paula, um engenheiro eletrônico, a partir da tese de doutorado que defendeu.

No começo, a empresa estava focada em *marketing* e vendas. Com o tempo, descobriu o promissor mercado do *compliance*. O sistema ajuda a definir o que é melhor em um processo, se o acordo ou o litígio; para ajudar bancos a estimar quanto precisarão provisionar contra devedores duvidosos. Depois, descobriu o mercado das Procuradorias da Fazenda estaduais.

Peça 3 – os clientes da Neoway

A empresa tem uma política de vendas bastante agressiva. Ela paga de 20 a 40% para os revendedores, percentuais altíssimos que permitem grandes margens de manobra nas vendas.

Ela passou a ser investigada pela Lava Jato justamente porque pagou comissões vultosas para um lobista fechar contrato com a Petrobras. O agente pagou a propina e declarou em uma delação premiada.

A Neoway fechou diversos contratos com procuradorias estaduais baseados em uma pretensa inexigibilidade (fornecedor único). Essa inexigibilidade foi sugerida pelo Deltan Dallagnol nos diálogos do Telegram revelados pela *Folha/Intercept*:

À noite, Dallagnol voltou ao *chat* para marcar a reunião com representantes da empresa.

"*Caros podem receber a Neoway de bigdata na segunda para apresentar os produtos???? Ou quarta?*" Ele diz que a companhia cogitava fornecer produtos gratuitamente. "*Como fiz um contato bom aqui valeria estar junto. Eles estão considerando fazer de graça. O MP-MG e está contratando com inexigibilidade*".

No contrato fechado com a Procuradoria Geral do Estado de São Paulo, o edital inclui um conjunto de itens direcionados.

Havia exigências que não são necessárias a uma Procuradoria como, por exemplo, mineração de dados de Escolas ou Lançamento de Prédios, mas que são produtos da Neoway, indicando que o Edital foi feito de forma direcionada para a empresa.

Por exemplo, um dos itens exigia cadastro do profissional dentista. Não havia explicações porque especificamente dentista.

Exigia ficha completa de responsáveis por obras em andamento. Pouco antes, a Neoway havia comprado uma empresa de nome Criactive que tinha esses dados. Com isso se tornou o único bureau de dados com essa informação. Considerando o escopo da licitação, não fazia sentido exigir esses dados.

Exigia dados censitários de alfabetização, alimentação fora do domicílio e outros existentes nos censos do IBGE. Dados censitários não são ferramentas para localizar devedores e o IBGE fornece esses dados gratuitamente.

Cadastro geral de escolas, com nome, mantenedora, telefone, fax, *e-mail*, etc.

O valor total do contrato era de pouco mais de R$ 6 milhões. Havia uma proposta de empresa concorrente de cerca de R$ 2 milhões, mas que foi desclassificada por não cumprir as exigências do edital.

Peça 4 – as consequências da Lava Jato

Um comunicado interno da Neoway informou sobre a renúncia de Jaime da Paula, que era a própria alma da empresa.

> *Comunicamos a renúncia de Jaime de Paula da presidência e do conselho de administração da Neoway. Carlos Eduardo José Monguilhott, o Kadu, assume, interinamente, a função de CEO com total responsabilidade pelos negócios, e Andrew Prozes assume a posição de Executive Chairman. Kadu irá se reportar a Prozes.*

As investigações da Lava Jato indicarão quem são os intermediários que receberam comissões sobre as vendas da empresa. Poderá levantar, também, quem foram os intermediários das vendas para as Procuradorias da Fazenda e Ministérios Públicos estaduais.

A NEOWAY E O COMÉRCIO NEBULOSO DE BANCOS DE DADOS

Peça 1 – as faces pouco conhecidas da lavagem de dinheiro

Não pense que o crime organizado atue apenas através de mercados tradicionais, como o tráfico de drogas e pessoas, mercado de armas. Em um mundo progressivamente financeirizado, os mercados preferenciais para lavagem de dinheiro são aqueles em que há maior dificuldade em precificar os ativos.

Exemplos clássicos são o mercado de arte, de jogadores de futebol, de joias e, principalmente, de tecnologia.

Na área de corrupção política, os ativos preferenciais são os contratos públicos com empresas de tecnologia, até mais do que com empresas de limpeza e terceirização de mão de obra. No caso da limpeza, há medidas, como número de funcionários por área coberta. No caso da tecnologia, não, especialmente quando se sabe que, depois do sistema desenvolvido, a ampliação dos serviços tem custo marginal. Justamente por isso, a corrupção preferencial do setor público mais sofisticado, nas últimas décadas, foi com empresas de tecnologia.

Peça 2 – o valor das bases de dados

Um dos mercados mais cobiçados – e obscuros – é o da venda de bases de dados públicas. São bases que valem muito dinheiro. Criou-se um mercado de negociação com empresas privadas, abrindo espaço para negócios pouco republicanos uma forma mais sofisticada de lavagem de dinheiro.

Experian-TSE – Em 2013, a então corregedora do Tribunal Superior Eleitoral (TSE) Nancy Aldrigh, aceitou entregar para a Serasa-Experian a base de dados de 143 milhões de eleitores. Alertada a tempo, a então Presidente do TSE, Cármen Lúcia, vetou a entrega,[193] mas só depois de alertada por matérias da imprensa. Não se descarte a possibilidade de completa ignorância da Ministra Aldrigh sobre o valor dessas bases.

Experian-José Serra – No final de sua gestão como governador, José Serra doou para a Serasa-Experian o CADIN (Cadastro dos Inadimplentes), sem nenhuma contrapartida para o Estado. Meses depois, a Experian adquiriu de Verônica Serra a empresa de telemarketing Verid. A empresa deveria valer no máximo R$ 15 milhões. Foi comprada por mais de R$ 100 milhões. Como a Experian tem ações na Bolsa de Londres, solicitamos informações sobre o valor pago. E a resposta foi de que era sigiloso. Com a porta aberta por São Paulo, a Serasa-Experian negociou com vários outros Estados. Empenhada em politizar a Lava Jato, e como, na época, havia uma blindagem ampla sobre o PSDB, nem Ministério Público Estadual, nem estadual, nem a imprensa se interessaram pela denúncia.

---

193 VEJA. "Cármen Lúcia defende suspensão de dados ao Serasa". *Veja*, ago. 2013. Disponível em: https://veja.abril.com.br/brasil/carmen-lucia-defende-suspensao-de-repasse-de-dados-ao-serasa. Acessado em: 19.06.2024.

A própria casa de Serra, na praça Panamericana, foi esquentada através de um contrato entre sua filha Verônica com a irmã de Daniel Dantas, em um site em Miami que nunca levantou voo. No início, o tal site conseguiu acesso a todos os extratos do Banco do Brasil.

Peça 3 – o acordo da Neoway com a prefeitura de São Paulo

Segundo informações do próprio Deltan Dallagnol, nas conversas de WhatsApp divulgadas pelo *The Intercept*, a Neoway conseguiu fechar contratos com ilegibilidade com várias Procuradorias da Fazenda e Ministérios Públicos Estaduais. No caso da Petrobras, foi denunciado pelo fato de o intermediário da venda ter pago propina.

Na gestão João Dória Jr. na Prefeitura de São Paulo, passado, a Neoway – empresa para a qual Deltan Dallagnol se tornou garoto propaganda – conseguiu acesso à base de dados de todos os funcionários da prefeitura de São Paulo, através de um expediente que é um primor de esperteza: um contrato definindo que, em vez de ser uma doação da Prefeitura da base de dados de seus funcionários, era uma doação da Neoway à Prefeitura, de serviços que poderiam ser feitos em cima da base de dados recebida.

Ela recebeu uma base de dados de valor inestimável. Mas o contrato estipula um valor de R$ 1.155.003,00, referente aos serviços da Neoway "doados" para a prefeitura.

> *O objeto do presente termo consiste na doação sem encargos, pela DOADORA, de estudo na área de recursos humanos, consistente na coleta de informações de servidores da PMSP e cruzamento através das soluções de inteligência e base de dados qualificadas da DOADORA com o objetivo de identificar indícios de fraudes e/ou irregularidades.*

A Neoway recebeu a base de dados com CPF e nome completo do servidor, informações cadastrais, informações de rendimento, inclusive gratificações, carga horária, pedidos e tipos de afastamento.

Peça 4 – o uso privado de informações reservadas do setor público

É evidente que é o tipo de informação que colocará qualquer servidor da Prefeitura a mercê de empresas clientes da Neoway. Bastará consultar a Neoway e levantar qualquer falta administrativa do funcionário.

O caso Dolly

Recentemente, os serviços da Neoway na Procuradoria Estadual da Fazenda de São Paulo foram fundamentais para um golpe de morte na polêmica fábrica de refrigerantes Dolly. Os cruzamentos de dados da Neoway permitiram entrar no labirinto societário da Dolly e fornecer elementos para o bloqueio de todas suas contas.

O proprietário da empresa acusou a Neoway de trabalhar para a Coca Cola.[194] É possível que tenha chutado. Mesmo assim, revela o risco de se ter uma empresa privada, especializada em *bigdata*, e com clientes privados, ter acesso às bases de dados do setor público.

Peça 5 – as ligações da empresa com a LIDE

No início da gestão Dória, sugerimos aqui que houvesse uma investigação para analisar as ligações de fornecedores da Prefeitura com eventos bancados pela LIDE.

---

194 CUNHA, Joana. "Com contas bloqueadas, Dolly fecha fábrica e demite funcionários". *Folha de São Paulo*, jun. 2018. Disponível em: https://qrcd.org/48SX. Acessado em: 09.05.2024.

A Neoway é uma cliente cativa da LIDE.

Seu CEO Jamie de Paula foi premiado pela LIDE de Santa Catarina em junho de 2017.[195]

Participou dos eventos da LIDE diretamente de Nova York.[196] Foi uma das apoiadoras do 5º Fórum Nacional do Varejo, Consumo e Shopping Centers, promovido pela LIDE em 2017. Antes disso, ajudou a LIDE a lançar LIDE Futuro Santa Catarina.[197]

Peça 6 – as denúncias que afastaram o fundador

Em agosto de 2022, o Ministério Público de Santa Catarina anunciou os resultados da Operação Hemorragia, que visava apurar ilícitos na Saúde estadual.

Segundo o release publicado:[198]

> A investigação revelou inúmeras irregularidades em diversas dessas contratações, ocorridas nas gestões do governo estadual, entre 2006 e 2018, firmadas por várias secretarias estaduais – em especial pela Secretaria de Estado da Saúde –, por empresas estatais (Casan e Celesc) e até mesmo pela Assembleia Legislativa do Estado.Conforme apurado, os procedimentos licitatórios eram fraudados

195 Disponível em: https://qrcd.org/48Sb.

196 Disponível em: https://qrcd.org/48Sd.

197 BLOG DO PRISCO. "LIDE SC e Neoway lançam LIDE futuro Santa Catarina". *Blog do Prisco*, out. 2015. Disponível em: https://qrcd.org/48Si. Acessado em: 09.05.2024.

198 MPF. *Operação Hemorragia*: três novos acordos de colaboração premiada envovem multa de R$ 7 milhoes. Disponível em: https://www.mpf.mp.br/sc/sala-de-imprensa/noticias-sc/operacao-hemorragia-tres-novos-acordos-de-colaboracao-premiada-envolvem-multa-de-r-7-milhoes. Acessado em: 19.06.2024.

> e direcionados para as empresas envolvidas no esquema criminoso, sendo as contratações com essas empresas prorrogadas indevidamente, também para beneficiar os integrantes da organização criminosa
>
> Os contratos envolvendo a empresa responsável pela gestão do SC Saúde resultaram em pagamentos, entre julho de 2011 e junho 2019, de mais de R$ 400 milhões, com desvio e pagamento de propina a agentes públicos de ao menos R$ 66,5 milhões.
>
> Somente uma empresa de TI manteve contratações com a Secretaria de Estado da Saúde com pagamentos de mais de R$ 76,4 milhões, entre 2009 e 2019, sendo que os desvios e pagamentos de propina nesse caso chegam a R$ 26 milhões.

A empresa em questão era a Neoway. O fundador foi afastado pelos sócios americanos e se mudou do país.

O CASO TRAFIGURA E A MAIOR CORRUPÇÃO DO PLANETA

O dia em que Mariano Marcondes Ferraz foi preso, um advogado paulista me alertou:

– "Agora chegaram ao centro da maior corrupção da Petrobras".

De fato, Marcondes Ferraz representava a Trafigura, uma das três comercializadoras – ao lado da Glencore e Vital – da produção da Petrobras. Os recursos envolvidos eram imensamente maiores do que os da construção civil.

As compras são negociadas em leilões públicos de mercado, daí a dificuldade em manipulações mais ostensivas. Mas um ou dois dólares de diferença significavam milhões. As propinas visavam conquistar o direito de participar dos leilões.

Peça 1 – os denunciados do caso Trafigura

Mariano Marcondes Ferraz. De família tradicional do Rio de Janeiro, *playboy* conhecido, que decidiu seguir a carreira de lobistas, escudando-se nas relações internacionais históricas de sua família.

Márcio Pinto de Magalhães, representante da Trafigura, ex-Petrobras e preso na 57ª fase da Lava Jato.

Carlos Henrique Nogueira Herz. Intermediário da Trafigura nas propinas.

Marcos Antônio Pacheco Alcoforado, ex-gerente da Área de Marketing e Comercialização da Petrobras e preso na 57ª fase da Lava Jato.

No dia 21 de agosto de 2019, Herz fez uma delação premiada. Nela, declarou:

> *QUE neste encontro realizado em Londres, MARIANO MARCONDES FERRAZ relatou que estava descontente com a situação que enfrentava no Brasil com a empresa TRAFIGURA, especialmente em relação à pessoa de MARCIO MAGALHÃES, que insistia em fazer os pagamentos de forma oficial, que seria "liquidações"; QUE considerando que os custos deste mecanismo sugerido por MARCIO MAGALHÃES diminuiria o valor da propina final, criou-se um impasse entre TRAFIGURA/MARCIO MAGALHÃES e PETROBRAS; QUE a consequência deste impasse criado por MARCIO MAGALHÃES foi a perda de seguidos negócios para a empresa VITOL, diminuindo, assim, a fatia de mercado da TRAFIGURA; QUE ainda nesta oportunidade, MARIANO MARCONDES FERRAZ noticiou que MARCIO MAGALHÃES, na qualidade de gerente do departamento de óleo combustível da TRAFIGURA no Brasil, tinha total conhecimento que estes tipos de negociações envolviam o pagamento de propina para funcionários da PETROBRAS;*
>
> *QUE, entretanto, MARCIO MAGALHÃES não queria fazer o papel de operador financeiro, para liquidar as propinas*

pela forma usual do mercado, ou seja: utilizando-se de doleiros via operações dólar-cabo;

QUE este foi o papel assumido pelo depoente e com a formatação de um contrato fictício de consultoria, no qual, resumidamente, recebiam-se os pagamentos da TRAFIGURA relativos aos pagamentos de propina acordados por MARIANO e que eram repassados para doleiros (WANDER, em particular), que faziam as alocações em offshores apontadas pelos beneficiários.

Peça 2 – Isabel dos Santos, a mulher mais rica da África

Os principais jornais do mundo publicaram, simultaneamente, um trabalho sindicalizado de jornalistas investigativos sobre um dos maiores casos de corrupção do planeta: a história de Isabel dos Santos, filha do ex-Presidente angolano José Eduardo dos Santos, que se tornou a mulher mais rica da África, com patrimônio estimado em US$ 2,2 bilhões de dólares, distribuídos em mais de 400 empresas e subsidiárias.

As pesquisas foram baseadas em um conjunto de documentos obtidos pela Plataforma para Proteção de Denunciantes Anônimos na África.

Nesse esquema de corrupção, a empresa central é a Sonangol, estatal de petróleo angolana. Isabel foi nomeada em 2016 para presidir a empresa, depois da crise provocada pela queda nos preços de petróleo. Mas os negócios da família Santos começaram bem antes.

Segundo o site Foreign Policy,[199]

---

199 WEISS, Michael. "The 750 Million Dollar Man". *Foreign Policy*, fev. 2014. Disponível em: https://tinyl.io/A6Xo. Acessado em: 09.05.2024.

> A maioria dos investimentos da Trafigura em Angola foi gerenciada através de uma empresa registrada em Cingapura chamada DTS Holdings,[200] também conhecida como DT Group. Os dois diretores dessa entidade são o general Dino e Claude Dauphin, bilionário francês que ajudou a fundar a Trafigura e hoje é seu diretor executivo. Como observou a Declaração de Berna: "Embora a DTS Holdings envolva infraestrutura, logística e imóveis, é o petróleo que gera a maior parte de suas receitas. O grupo é parte de um contrato de swap, que pode ser um dos maiores do mundo. Exportam quantidades desconhecidas de petróleo angolano e, em troca, desde 2009, abastecem Angola com todos os produtos derivados de petróleo necessários para atender à demanda doméstica. O monopólio da DTS Holdings em produtos derivados de petróleo provou ser extremamente lucrativo. Em 2011, a DTS Refining – a subsidiária responsável pelo controle do contrato da empresa com o estado angolano – foi avaliada em US $ 3,3 bilhões".

A reportagem limita-se a descrever, e denunciar, os contratos firmados com grandes empresas de consultoria internacionais, como a McKinsey e a Boston Consulting Group, grandes escritórios de advocacia. A Petrobras entra lateralmente na história, ao se revelar que se tornou sócia de uma das empresas controladas por Isabel, a Galp, numa *joint venture* para produzir biocombustível a partir do óleo de dendê.

Curiosamente, o trabalho não menciona o principal parceiro de Isabel na montagem do seu império de corrupção, a Trafigura, comercializadora de energia, que teve papel fundamental no esquema angolano.

A fortuna de Isabel foi obtida graças à Trafigura. O principal artífice da corrupção foi o brasileiro Mariano Marcondes Ferraz.

---

200 Disponível em: https://tinyl.io/A6Xr.

O trabalho foi tão bem-sucedido que Mariano foi alçado ao posto de membro do Conselho de Administração da Trafigura.

Sua prisão, no âmbito da Lava Jato, provocou manchetes em jornais econômicos de todo mundo, devido às vinculações com a Trafigura. No Brasil, advogados sustentavam que, agora, a Lava Jato tinha batido na maior fonte de corrupção da Petrobras, o afretamento de navios e a participação no mercado aberto de combustíveis, e a corrupção das grandes comercializadoras, Trafigura e Glencore.

Nas primeiras delações, Paulo Roberto Costa e Nestor Cerveró já haviam informado que, nessa área, os contratos e as possibilidades de manipulação eram muito maiores do que na área da construção civil.

Isabel se tornou uma das sócias do clube dos bilionários, a ponto de uma de suas empresas, a Unitel, adquirir uma das cotas do Fórum Econômico Mundial, em Davos, Suíça.

Em janeiro de 2019, uma das estrelas de Davos foi o já Ministro da Justiça de Jair Bolsonaro, Sérgio Moro,[201] que palestrou sobre como o tema "como a corrupção prejudica não apenas a confiança nos governos, mas também de todo mercado".

A Trafigura tinha dois grandes concorrentes em Angola. Na área de petróleo, a Petrobras; na infraestrutura, as empreiteiras brasileiras.

Nos momentos cruciais, manobrando o fator tempo, a Lava Jato destruía as posições da Petrobras e das empreiteiras brasileiras em Angola, justamente as maiores competidoras da Trafigura. Quando a Petrobras passou a desmobilizar investimentos na América Latina, o maior comprador foi justamente a Trafigura.

---

201 URIBE, Gustavo. "Em Davos, Moro defenderá que corrupção afeta credibilidade no mercado global". *Folha de São Paulo*, jan. 2019. Disponível em: https://tinyl.io/A6Xv. Acessado em: 09.05.2024.

O caso só foi adiante quando o silêncio da Lava Jato passou a repercutir junto a organizações interacionais de combate à corrupção e quando o juiz Sérgio Moro deixou a Operação, para se tornar Ministro de Jair Bolsonaro.

Peça 3 – o playboy milionário

O primeiro passo é saber um pouco mais de Mariano Marcondes Ferraz.

Uma consulta nos sites especializados indica que, até 2001, sua atividade empresarial não sugeria o super-lobista global dos anos posteriores. A única empresa da qual participava era a Blue Moon Produções Ltda., uma produtora de vídeos aberta em 16/10/1997.[202]

Era mais conhecido por suas festas, sua vida social e pelo fato de ser filho da mitológica Silvia Amélia de Waldner, nascida Silva Amélia Melo Franco Chagas, neta do cientista Carlos Chagas, casada em primeiras núpcias com Paulo Marcondes Ferraz e, no já longínquo 1973, com Gerard de Waldnere, um autêntico barão francês.[203]

Dos tempos de solteira, tornou-se musa de Roberto Carlos e Tarso de Castro e deixou a imagem de uma jovem alegre e cativante, estrela de um único filme, "Roleta Russa",[204] de 1972. Do casamento com Paulo Marcondes Ferraz, restou o rebento Mariano que, até 2001 era mais conhecido pelas festas de arromba e pelas colunas sociais.

Um artigo no JB, no início dos 90, descrevia o *playboy* e dizia que ele arrumou emprego em uma multinacional só para fazer número. O artigo mereceu uma carta queixosa do rapaz ao jornal.

---

202 Disponível em: https://tinyl.io/A6Xz.

203 CARDOSO, Tom. "Silvia Amélia Chagas". *Folha de São Paulo*, jun. 2010. Disponível em: https://tinyl.io/A6Y1. Acessado em: 09.05.2024.

204 ORMOND, Andrea. "Roleta Russa". *Estranho Encontro*, jun. 2006. Disponível em: https://tinyl.io/A6Y4. Acessado em: 09.05.2024.

Mariano fazia parte de um grupo de *playboys*, os meninos maus de famílias boas, frequentadores do Baixo Leblon, como Júlio Lopes e Antenor Mayrink Veiga, com quem disputava campeonatos de conquista. Durante todos os anos 90, das 39 menções ao seu nome, no Jornal do Brasil, apenas duas não se referiam a conquistas ou a eventos sociais.

Uma de 1995, quando furou o pneu de um carro na calçada do Country Club que atrapalhava a passagem do carrinho de sua filha recém-nascida. E outra, do início da década de 90, anunciando a criação de uma corretora, com mais um amigo e o apoio do Banco Icatu, que acabou desaparecendo com a crise da Bolsa do Rio.

O fim do Rio, como centro financeiro, mudou o destino de dezenas de filhos de famílias tradicionais, que historicamente mantinham contatos com o exterior, especialmente na fase áurea da internacionalização do Rio, do período da guerra até os anos 1970. Foram aproveitados nos novos bancos de investimentos, como quadros da Ambev, e em outros setores abertos pela internacionalização da economia e onde contam as redes de relacionamentos internacionais.

Internamente, Mariano se valeu das ligações da família Marcondes Ferraz e, no plano internacional, certamente das ligações da mãe, baronesa de Waldner, com o alto mundo europeu.

Suas aventuras petrolíferas começaram em 2001.

Em 12/09/2001 montou a *Up Offshore* Apoio Marítimo Ltda, com capital respeitável de R$ 50 milhões. Em 10/07/2002 a Firma Consultoria e Participações Ltda, para atividades não especificadas e com a qual se tornou sócio da Decal Brasil.

Quando as cotações do petróleo explodiram e a Petrobras se projetou no mundo, a rede de relações de Mariano, no Rio e na Europa, passaram a valer ouro negro.

Especialmente porque, no mundo do petróleo, surgia um candidato a gigante que via na explosão das *commodities*, com o advento da China, e nas riquezas minerais da África e da América Latina – e na sua capacidade de suborno –, o seu grande salto.

Peça 4 – a gigante Trafigura

E, aqui, faz-se uma pausa para conhecer melhor esse gigante, a multinacional Trafigura.

Nos grandes números, sabe-se que tem escritórios em 36 países. Hoje em dia é o segundo maior comercializador de metais e o terceiro maior comercializador independente de petróleo do mundo, comercializando mais de 4 milhões de barris de petróleo por dia.[205]

A Trafigura nasceu em 1993 com um pecado original. Foi fundada por ex-colaboradores do empresário norte-americano Marc Rich, condenado por evasão fiscal em grande escala e depois indultado pelo Presidente Bill Clinton.

O grande líder do grupo era Claude Dauphin, um dos mais atrevidos gestores dos últimos 50 anos, falecido em 2015. Irônico, sagaz, parecido com Mr. Bean, incutiu na equipe princípios que aprendeu no mercado de *commodities*, como controle compartilhado, participação nos lucros, foco total na rentabilidade, vida regrada em público, evitando ostentações com a riqueza, regra seguida por quase todos os grandes bilionários que surgiram nas últimas décadas.

Em uma época de grandes terremotos na geopolítica mundial, Dauphin apostou fortemente na corrupção como componente intrínseco da sua estratégia, porque focada na busca de reservas minerais – petróleo, ferro e outros – e em investimentos

---

205 Disponível em: https://tinyl.io/A6YC.

complementares em infraestrutura em países de baixo controle institucional e democracia não consolidada.

No obituário do fundador Dauphin, falecido em 2015, explica-se sua estratégia:

> A decisão de seguir adiante foi devidamente justificada após a virada do milênio, com o crescimento dos mercados emergentes e a decolagem na demanda de minerais industriais. A existência de duas divisões de negociação possibilitou um negócio mais estável e diversificado, e permanece um pilar da estratégia da Trafigura.
>
> (...) Investimentos dirigidos em infraestrutura poderiam ajudar a empresa a obter acesso a volumes de negociação, especialmente em um momento de mudanças estruturais significativas nos fluxos comerciais internacionais.

A nova geografia mundial foi exemplarmente aproveitada pela empresa:

O crescimento de economias emergentes desde a China até a África e a América Latina gerou novos desequilíbrios no mercado e novas oportunidades globais de negociação para aqueles com os sistemas e infraestrutura necessários.

Em segundo lugar, houve uma aceleração na demanda de energia e matérias-primas industriais conforme as economias emergentes embarcavam em uma nova rota de crescimento, lideradas pela China.

Em um setor tradicionalmente corrupto, conseguiu algumas proezas. Como ser acusado pelo Greenpeace de ter comprado os depoimentos de nove testemunhas da Costa do Marfim, para se safar de uma acusação de ter despejado lixo tóxico no mar. O que não impediu que Dauphin passasse seis meses na cadeia. Foi acusado também de ter desviado recursos de fundos humanitários da ONU, do programa de petróleo por comida montado na guerra do Iraque.

Nos últimos anos associou-se à fundos russos para investir pesadamente na Índia, em refinarias, tanques de armazenamento e infraestrutura de importação e exportação estrategicamente relevantes para Vladimir Putin.

O auge da corrupção foi a conquista da Angola. E aqui se juntam os destinos da Trafigura e do ex-*playboy* Mariano Marcondes Ferraz, que se tornou um dos meninos de ouro de Claude Dauphin.

Peça 5 – Mariano e a conquista de Angola

Mariano entrou na Trafigura em 2009. E foi alocado para comandar a Puma Energy, o mais promissor braço de negócios da empresa.

A Trafigura adquiriu a Puma em 2000, com a intenção de construir uma rede de intermediários na cadeia da comercialização de petróleo.

Em 2010, surgiu a Operação Angola, e a Puma ganhou uma posição estratégica. Criou uma subsidiária, a Pumangol, associação da DTS (a empresa que controlava a Puma) com a Cochan S.A., empresa criada em 06/04/2009, de propriedade dos principais políticos do país. A DTS ficou com 51% e a Cochan com 49%. E esse feito foi de responsabilidade de Jean-Pierre Valentini e Mariano.

Em 13/02/2014, o *Foreign Policy* publicou reportagem detalhada da jornalista Michael Weiss[206] sobre a corrupção angolana. Consultor chefe do Ministro de Estado e chefe do Gabinete de Segurança e testa-de-ferro do Presidente José Eduardo dos Santos, o General Leopoldina Fragoso de Nascimento tinha 15% da Puma Energy, em valor estimado de US$ 750 milhões, o que o fazia o segundo homem mais rico do país.

---

206 WEISS, Michael. "The 750 Million Dollar Man". *Foreign Policy*, fev. 2014. Disponível em: https://tinyl.io/A6YD. Acessado em: 09.05.2024.

De acordo com a reportagem, além do general Dino, participam do regabofe o Vice-Presidente da República Manuel Vicente, e o general Manuel Hélder Vieira Dias "Kopelipa".

Além da Trafigura, a Cochan tornou-se parceira da norte-americana Cobalt International, que opera os blocos 9 e 21 do pré-sal angolano. A Cobalt está sendo investigada nos EUA por suspeitas de violação das leis anticorrupção.

Os ganhos da Trafigura foram monumentais.

Em agosto de 2010, o Presidente José Eduardo dos Santos assinou cinco contratos de investimento com o grupo avaliados em US$ 931 milhões.

O contrato garantia à Trafigura monopólio virtual sobre as importações de derivados e venda da produção própria em Angola através de seus escritórios em Singapura.

Dessa sociedade nasceram a Angofret (de cargas e logística), a AEMR, explorando a indústria siderúrgica, ferro e manganês, a DT Agro, para projetos agropecuários, a DTS Commercial & DTS Refining, comercializando petróleo e derivados, e a DT Shipping, operando transporte marítimo, a DTS Serviços, de serviços financeiros, e a DTS Imobiliária.

Apenas as importações de produtos petrolíferos em Angola renderam 3,25 milhões de toneladas métricas de derivados de petróleo, contrato avaliado em US$ 3,3 bilhões.

Tratava-se de um megaescândalo internacional, motivado pelas descobertas do pré-sal angolano.

No site *Africa intelligence*,[207] edição de 16/11/2016, Mariano era apresentado como protegido de Claude Dauphin.

---

207 AFRICA INTELLIGENCE. "Africa Trafigura loses its old African hands". *Africa Intelligence*, nov. 2016. Disponível em: https://tinyl.io/A6YE. Acessado em: 09.05.2024.

O Maka Angola descrevia assim Mariano:[208]

> Entre os administradores do referido grupo encontram-se também Claude Dauphin, um dos fundadores da Trafigura, e o brasileiro Mariano Marcondes Ferraz, considerado como o ponta-de-lança da Trafigura em Angola. Foi este último quem assinou os acordos com o executivo angolano, no valor de quase um bilião de dólares.

Por todos esses sucessos, em setembro de 2014 Mariano foi elevado à condição de um dos nove membros do Conselho da Trafigura. Seria o mesmo que pertencer ao grupo de sócios controladores de uma Inbev.

Afinal, a estratégia da Puma Energy, agora, se voltara para a América Latina, preferencialmente atrás dos ativos da Petrobras na Colômbia e no Chile.

Uma mera consulta ao DHS, o departamento do governo dos Estados Unidos incumbido da cooperação internacional, bastaria para se saber da dimensão do fator Trafigura. Mas o MPF brasileiro não se interessou.

Peça 6 – a Lava Jato e a delação de Mariano

Desde 09/10/2014, a delação de Paulo Roberto Costa já vazara para a imprensa, através da revista Época,[209] alertando Mariano e a própria Trafigura sobre o que vinha pela frente.

---

208 DE MORAIS, Rafael Marques. "Trafigura e a Máfia Presidencial". *Maka Angola*, jan. 2023. Disponível em: https://tinyl.io/A6dj. Acessado em: 09.05.2024.

209 ESCOSTEGUY, Diego; ROCHA, Marcelo. "Na delação premiada, Paulo Roberto Costa revela que os contratos da Petrobras eram superfaturados entre 18% e 20%". *Época*, set. 2014. Disponível em: https://tinyl.io/A6YM. Acessado em: 09.05.2024.

Dizia a matéria que Paulo Roberto Costa entregou, também, multinacionais poderosas da indústria do petróleo, como Trafigura e Glencore, as grandes vendedoras de derivados de combustível no mercado internacional.

Quando a notícia vazou, advogados paulistas envolvidos com a Lava Jato perceberam que, ali, abria-se o leque para uma nova etapa, em que a corrupção se contava na casa dos bilhões. Batia-se no centro da mais deletéria das corrupções globais, a das empresas petrolíferas na África.

Após o vazamento, nenhuma medida preventiva foi tomada, visando resguardar provas, não se sabe de nenhuma investigação adicional. No fundo, o vazamento serviu para conceder dois anos de prazo para que Mariano e a Trafigura montassem suas estratégias de defesa.

Alertado pelo vazamento do MPF, nos meses seguintes Mariano tomou duas providências: em outubro de 2015 formalizou união com a atriz Luiza Valdetaro e a despachou para Londres com a filha, com a intenção óbvia de se mudar do Brasil; e tratou de montar seu álibi, junto com a Trafigura.

Quando se consumou sua prisão, não passou de jogo de cena, uma obrigação legal, já que seu nome foi mencionado em quatro delações.

No dia 26/10/2016, dois anos após o vazamento, a pedido do Ministério Público Federal o Juiz Sérgio Moro autorizou busca e a prisão preventiva de Marcondes Ferraz.

Como a prisão se baseara nas delações, na fase inicial não havia modos de tirar a Trafigura do noticiário.

Segundo o *Estadão*:[210]

> *Com a prisão preventiva do empresário Mariano Ferraz, detido no aeroporto de Guarulhos nesta quarta-feira, 26, quando estava prestes a embarcar para Londres, a força-tarefa da Lava Jato avança sobre uma área ainda não investigada na Petrobrás: o setor de compra e venda internacional de combustíveis e derivados.*

No pedido de busca e apreensão solicitado pelo Ministério Público Federal, e autorizado pelo juiz Sérgio Moro,[211] o nome da Trafigura aparecia claramente no mandado:

> *Envolve o pagamento de propinas pelo Grupo Trafigura ou pela DECAL do Brasil, por intermédio de Mariano Marcondes Ferraz, ao então Diretor de Abastecimento da Petrobrás, Paulo Roberto Costa, em decorrência de contratos com a estatal brasileira. Mariano Marcondes Ferraz, de nacionalidade brasileira, é um dos diretores executivos do Grupo Trafigura.*

Mais. Mencionam delação de Paulo Roberto Costa atribuindo as propinas à Trafigura, representada por Mariano:

> *Paulo Roberto Costa, ex-Diretor de Abastecimento da Petrobrás, revelou, após ter celebrado acordo de colaboração premiada, que a empresa Trafigura, representada por Mariano Marcondes Ferraz, ofereceu e pagou vantagem indevida em contratos da Petrobrás (termo de colaboração nº 38, evento 1, anexo 3).*

---

210 MACEDO, Fausto. "Lava Jato acha 'rabiscos' na agenda marrom de executivo preso em Cumbica". *Estadão*. Disponível em: https://tinyl.io/A6YL. Acessado em: 09.05.2024.

211 Disponível em: https://tinyl.io/A6YN.

No despacho em que autorizou a prisão preventiva de Mariano, eram elencados diversos motivos: o fato de ter dupla cidadania, de possuir recursos vultosos no exterior, de ter residência em Londres.

Foi uma prisão tão antecipada que, de posse de Mariano foi encontrado uma agenda totalmente rasurada que, segundo a Polícia Federal, não permitiu levantar uma informação sequer.[212]

Apenas oito dias após sua prisão, Mariano Marcondes Ferraz foi liberado pelo juiz Sérgio Moro mediante a módica fiança de R$ 3 milhões, aceitando as explicações dos advogados do réu.

Os advogados explicaram que Mariano passou a morar em Londres devido à gravidez de sua esposa, com receio da epidemia de Zika, por isso veio pouco ao Brasil; que todas as vezes que veio ao Brasil, foi publicamente, sem se esconder; e que a esposa pretende voltar ao Brasil etc.

Foi o que bastou, para conseguir a liberdade imediata, ampla total e quase irrestrita. A única proibição mantida foi a de viajar para fora do país.

Peça 7 – a Trafigura desaparece da Lava Jato

Quando o escândalo explodiu, com a prisão de Mariano em 26/10/2016, a Trafigura já tinha pronta uma nota oficial, atribuindo as propinas a Paulo Roberto Costa exclusivamente às operações de Mariano com a Decal.

Essa versão foi imediatamente divulgada através de nota oficial e aceita pelo Financial Times e pela Reuters. Afinal, do lado das autoridades investigadoras, não havia nenhuma informação em contrário.

Nos meses seguintes Mariano contratou o advogado Figueiredo Bastos, o mais antigo e mais influente dos advogados

212 Disponível em: https://tinyl.io/A6YT.

das delações premiadas da Lava Jato. E a Trafigura magicamente sumiu do noticiário.

Quando saiu a denúncia da Lava Jato contra Mariano, a Trafigura não mais constava nela.

No portal da Lava Jato, a denúncia contra Mariano era sintetizada assim:

> Síntese: Em 2006, a Petrobras contratou a Decal do Brasil para a prestação de serviços de armazenagem e acostagem de navios no Porto de Suape (PE), com prazo de duração de cinco anos. Ao final do contrato, havia resistência da estatal em realizar nova contratação da empresa, que insistia em renovar o contrato com preços majorados. Para resolver a situação a favor da Decal do Brasil, Mariano Marcondes Ferraz ajustou o pagamento de propina com Paulo Roberto Costa, então diretor de Abastecimento da estatal petrolífera.

Na íntegra da denúncia apresentada, datada de 11/01/2017, o MPF encampa totalmente a versão de que Mariano operara apenas para a Decal. A Trafigura aparece em uma nota de rodapé, em uma citação do depoimento de Paulo Roberto Costa, com um sic – termo que serve para apontar inconsistências do autor original dos trechos citados. Isso, apesar da informação colhida pela Lava Jato de que Mariano estivera em 13 oportunidades na sede da Petrobras, todas em nome da Trafigura.

Em despacho no dia 02/03/2017, o juiz Sérgio Moro aceitou a denúncia. É uma sentença curta de 6 páginas. As duas primeiras são as referências de praxe ao esquema de corrupção na Petrobras.

Depois, sintetiza a denúncia contra Mariano, mencionando que a corrupção se destinava a beneficiar o grupo Trafigura e/ou Decal.

> Igualmente, instruída com o teor do depoimento do colaborador Fernando Antônio Falcão Soares, no qual ele afirma

> haver participado de um jantar na residência de Paulo Roberto Costa, no qual estava também presente Mariano Marcondes Ferraz, e no qual teria sido discutida a renovação de contrato de aluguel de tanques que a empresa Trafigura mantida com a Petrobrás na Refinaria do Nordeste Abreu e Lima RNEST, embora não tenha sido tratado especificamente do pagamento de propinas (anexo 15).

No despacho em que ordenou a prisão de Mariano, Moro deixava claro as dúvidas sobre as propinas, se provenientes da Trafigura ou da Decal.

Na página 6:

Não está totalmente claro se agiu, na ocasião, representando os interesses da Trafigura ou da Decal.

O despacho do juiz Sérgio Moro assegurava uma inédita tranquilidade a Mariano.

Tendo à sua frente um dos grandes lobistas internacionais, homem capaz de desvendar os segredos da corrupção da Trafigura no mundo, e tendo à sua mão a arma da delação premiada, Sérgio Moro e os procuradores nada fizeram.

No dia 17/10/2017, Mariano foi ouvido pelo próprio Moro e por procuradores.

Foi um interrogatório amável, de apenas 30 minutos, sem pegadinhas, sem agressividade. E sem nenhuma pergunta sobre a Trafigura.

No final, Moro indaga se alguém tem mais questão. Manifesta-se o procurador que considera o depoimento "bem completo" e se limita a indagar se houve algum contrato celebrado para disfarçar as propinas, entre outras perguntas igualmente irrelevantes. Quando saiu do Brasil? Passou a residir na Suíça? Todas as contas têm sua identificação? Quando saiu do Brasil deixou de pagar Imposto de Renda aqui?

Aos 27:52 minutos a audiência termina com uma formidável levantada de bola do procurador:

– Esse contrato da Decal com a Petrobras o senhor tem ideia de quanto representa de economia para a Petrobras em relação ao modelo anterior?

Modestamente, Mariano estimou em um ganho de R$ 30 milhões anuais para a Petrobras.

Seguiu-se uma breve sessão arrependimento de Mariano e a terminou com todos se dando por satisfeitos.

Peça 8 – as razões inexplicadas

Como entender essa blindagem da Trafigura por parte da Lava Jato? Deslumbramento com um lobista internacional, frequentador do alto mundo, da mesma maneira que se deslumbraram com madames cariocas? Desinteresse pelo fato de não ter nada a declarar contra Lula? Displicência? Confirmação de que o único objetivo da Lava Jato era destruir as empresas brasileiras mais competitivas internacionalmente, especialmente as que atuavam na África? Suborno, através da indústria da delação premiada?

Hoje em dia, o portal da Lava Jato esmera-se em apresentar estatísticas sobre a maior Operação anticorrupção do planeta. Não há explicações para o fato de ter estendido a rede, nela caído o principal tubarão da corrupção planetária, e a Lava Jato ter facilitado a sua fuga.

Não há explicações para a dupla vitória da Trafigura com a Lava Jato. De um lado, destruindo a influência brasileira em Angola, as principais concorrentes tanto no setor petrolífero quanto da infraestrutura, criminalizando financiamentos e até ação diplomática. De outro, por tê-la deixado escapar sem uma mancha sequer.

Quanto a Mariano Marcondes Ferraz, saiu inteiro. Pagou uma multa e voltou às suas atividades de lobista. Perdeu o cargo no *board* da Trafigura, mas manteve-se sócio da empresa. Recentemente, adquiriu uma mansão de R$ 14 milhões.

Agora, a empresa está acertando um acordo com o Departamento de Justiça, em um processo cuja base é a delação da Marcondes Ferraz. No Brasil, as acusações de suborno continuam paradas no ar. O processo está pendente. Os principais acusados não foram interrogados e há uma discussão se o caso é da justiça federal ou eleitoral.

AS SUSPEITAS SOBRE OS FILHOS DE JANUÁRIO

O poder tende a corromper, e o poder absoluto corrompe absolutamente. Dario Messer, considerado o doleiro dos doleiros, passou incólume pela Lava Jato. Uma Operação do Ministério Público Federal do Rio de Janeiro apurou a acusação de que um consórcio de doleiros pagava mensalmente US$ 50 mil para serem distribuídos a procuradores da Lava Jato. A denúncia não foi comprovada, mas havia o fato de que Messer jamais foi incomodado pelo Paraná.

A blindagem ao doleiro dos doleiros.

Capítulo 1: a denúncia

A denúncia de pagamento de propinas a um procurador da Lava Jato de Curitiba surgiu da Operação Patron, última etapa da Lava Jato no Rio de Janeiro. Portanto, não foi levantada por adversários da Operação.[213]

213 GALHARDO, Ricardo. "Advogado de delatores é acusado de cobrar propina". *Estadão*, mai. 2018. Disponível em: https://qrcd.org/49DI. Acessado em: 09.05.2024.

Duas evidências consolidaram as suspeitas:

- Depoimentos dos doleiros Claudio Fernando Barbosa de Souza, o Tony, e Vinicius Claret Vieira Barreto, o Juca Bala, à Lava Jato Rio, dizendo que pagavam US$ 50 mil a advogado Antônio Figueiredo Bastos para proteção de Messer[214] na Polícia federal e no Ministério Público Federal de Curitiba.

- Mensagem de Messer à namorada Myra Athayde, em agosto de 2018: "Sendo que esse Paludo é destinatário de pelo menos parte da propina paga pelos meninos todo mês".

Desde janeiro de 2018, a Lava Jato Rio investigava as suspeitas de corrupção[215] levantadas nos depoimentos dos doleiros. A mensagem de Messer foi capturada apenas após sua detenção, em 30 de julho de 2019.

No seu depoimento, Juca Bala informou que os pagamentos foram feitos de 2005/2006 até 2013 a dois advogados do doleiro Clark Setton, um dos quais era Figueiredo Bastos, até então um advogado obscuro que se tornou estrela das delações premiadas em Curitiba, ao lado do colega Adriano Bretas.

Na coletiva sobre a Operação, em 2018, a Polícia Federal se recusou a participar, alegando ordens de Brasília.

No período em que as supostas propinas eram pagas, ainda não existia a Lava Jato, mas o grupo de Curitiba, procuradores e

214 GALHARDO, Ricardo. "Advogado de delatores é acusado de cobrar propina". *Estadão*, mai. 2018. Disponível em: https://qrcd.org/49DI. Acessado em: 09.05.2024.

215 CASTRO, Juliana. "'O potencial realmente é explosivo', diz MPF após operação contra doleiros". *O Globo*, mai. 2018. Disponível em: https://qrcd.org/49DK. Acessado em: 09.05.2024.

delegados, já estavam fortemente consolidados em torno da primeira das operações, o caso Banestado.

As delações de Tony e Juca resultaram em dezenas de anexos analisados pelos procuradores Eduardo Ribeiro El Hage e Rodrigo Timóteo Costa e Silva, do MPF do Rio de Janeiro. As informações sobre Paludo foram consolidadas em um relatório e remetidas à Procuradoria Geral da República dias atrás.

Na coletiva de 2018, em que anunciaram a Operação, os procuradores sabiam que estavam diante de uma Operação explosiva. Trataram-na como "a maior Operação de lavagem de dinheiro desde a Operação Banestado".

Segundo o procurador Eduardo El Hage, coordenador da força-tarefa da Lava Jato no Rio:

> *Se pensarmos que a Operação Lava-Jato em 2014 começou com a colaboração de um doleiro, podemos prever o que será dessas prisões dos doleiros que estão sendo feitas hoje. O potencial realmente é explosivo. Temos provas substanciais contra todos eles. A peça está bem robusta. Esperamos que, no futuro, tenhamos outros desdobramentos da operação de hoje.*

Segundo os delatores, a contrapartida das propinas seria as autoridades fecharem os olhos para as atividades das famílias de Marcos Matalon e Dario Messer, em torno das quais operavam outros 15 doleiros.

Os fatos corroboravam as suspeitas. Apesar de ser conhecido como o "doleiro dos doleiros", Messer passou praticamente incólume por todas as operações, incluindo a do Banestado, a mais abrangente sobre o mercado de doleiros. E, até alguns meses atrás, era figura carimbada nas praias do Leblon, no Rio de Janeiro.

Capítulo 2: a prisão de Messer

No dia 3 de maio de 2018, foi deflagrada a Operação Câmbio, Desligo, desdobramento da Operação Calicute, da Lava Jato Rio. Foram cumpridos 44 mandados de prisão preventiva e 4 de prisão temporária.

Messer e seus doleiros operavam a partir do Uruguai, com enormes dificuldades para extradição. Os ventos começaram a mudar no início de 2018. O Uruguai conseguira sair do enquadramento de paraíso fiscal. Para evitar que fosse reenquadrado, aceitou cooperar com as autoridades brasileiras. Através dessa cooperação, foram presos dois doleiros ligados a Messer, Barbosa e Claret.

Messer foi incluído na Difusão Vermelha da Interpol. Mas não foi encontrado nem na mansão paraguaia nem na cobertura do Leblon. Nem sua ex-esposa Rosane foi encontrada. A Polícia Federal encontrou apenas quilos de papel triturado, indicando que ele fora alertado pouco antes da deflagração da Operação Câmbio, Desligo.

Presos, Barbosa e Claret aceitaram a delação premiada. Contaram que Messer era o cabeça dos negócios, tendo direito a 60% dos lucros com a lavagem. Até 2013, tinha um banco em Antiqua e Barbado, o EVG, para atender a clientela.

No inquérito da Operação, o nome Messer foi mencionado 677 vezes, incluindo o de Rosane Messer. Diego Candolo era o doleiro responsável por pagamentos a Paulo Roberto Costa, Nestor Cerveró. E Diego trabalhava diretamente com Dario Messer. Era incompreensível não ter sido incomodado pela Lava Jato de Curitiba.

Foi pedida sua prisão pela Lava Jato Rio, mas ela só ocorreu no dia 31 de julho de 2019, em São Paulo. Messer foi detido no bairro Jardins, na zona oeste de São Paulo, de acordo com a Polícia Federal.

Com a Operação, a família de Messer fechou acordo de delação premiada.[216] Foi aplicada multa de R$ 270 milhões de reais a Dan Wolf Messer, filho de Dario. As multas totais chegaram a R$ 370 milhões.

Na entrevista que deu sobre a prisão de Messer, o procurador regional da República José Augusto Vagos foi indagado porque outras operações não tinham conseguido capturar Messer. A resposta foi objetiva: "Devido ao seu poder econômico e sua influência no submundo do crime".

As operações anteriores foram a Banestado e a Lava Jato de Curitiba. Como o poder econômico e a influência de Messer garantiram que passasse incólume por elas?

E, aí, se entra em um campo nebuloso, o do poder absoluto conferido à Lava Jato de Curitiba, pelo qual todos os pecados podiam ser perdoados.

Capítulo 3: a poderosa República de Curitiba

A Lava Jato começou em 2014, mas sua equipe – incluindo o procurador Januário Paludo, atuou no caso Banestado. Naquela Operação, os alvos principais foram os doleiros do período.

O maior deles, Dario Messer, saiu incólume. O doleiro detido foi Alberto Youssef, peixe pequeno perto de Messer. Sua delação mirou um concorrente de Messer, Antônio de Oliveira Claramunt, o Toninho Barcelona.

Youssef saiu do acordo com um patrimônio entre US$ 20 milhões e US$ 25 milhões. Logo voltou ao mercado. Intrigado com o renascimento rápido do doleiro, o delegado federal

---

216 DE CAMPOS, João Pedroso; SIQUEIRA, André. "PF prende Dario Messer, o 'doleiro dos doleiros'". *Veja*, jul. 2019. Disponível em: https://qrcd.org/49Df. Acessado em: 09.05.2024.

Gerson Machado decidiu investigar e indagou dele a razão de ter preservado o patrimônio. Sua resposta foi a de que nenhuma autoridade havia lhe perguntado. Gerson Machado alertou pessoalmente o juiz Sérgio Moro e o procurador Deltan Dallagnol. Nada fizeram. Youssef continuou na ativa até 2014. Messer permaneceu intocado.

Os anos de cooperação na Banestado, mais a blindagem da mídia, forjaram um grupo de delegados e procuradores com poderes absolutos, que não mais respondiam aos comandos de Brasília. Sem nenhuma espécie de controle externo, sem nenhuma prática de *compliance*, ser honesto ou não passou a depender da convicção pessoal de cada um, não de modelos de controle e regulação.

Dentro da PF, quem ousasse questionar os métodos do grupo era imediatamente esmagado pela reação da própria PF, dos procuradores e do juiz Sérgio Moro. Foi o que aconteceu com o delegado Gerson Machado, pressionado de tal maneira que soçobrou vítima de uma depressão profunda e de uma tentativa de suicídio.

O mesmo ocorreu no episódio dos dois grampos clandestinos colocados no fumódromo e na cela do doleiro Alberto Youssef.

Os grampos foram localizados no dia 30 de março de 2014. Houve uma sindicância presidida pelo delegado Maurício Moscardi Grillo que concluiu que o aparelho era antigo e não funcionava. O resultado da sindicância foi aceito pelo juiz Sérgio Moro.

Os grampos foram colocados na cela por ordem do delegado Igor Romário de Paula, chefe da Delegacia Regional ao Crime Organizado e de sua esposa Daniele Gossenheimer Rodrigues, chefe do Núcleo de Inteligência Policial. Quem colocou foi o agente Dalmey Fernando Werlang, 32 anos na PF, especialista em monitoramento.

Quando a história se tornou pública, Dalmey constatou que não havia autorização judicial para a colocação do grampo. Convocado pela CPI da Petrobras, reiterou esse questionamento.

A reação do MPF se deu através do procurador da República do Paraná, Daniel Holzmann Coimbra, um dos responsáveis pelo controle externo da PF. Em vez de investigar as denúncias, Holzmann acusou o delegado Mário Fanton e o agente Dalmey de serem "dissidentes" e de caluniarem colegas de trabalho. A representação foi vazada para o jornal Estado de São Paulo antes mesmo de ser protocolada na 1ª Vara Federal. A denúncia foi rejeitada pelo juiz Danilo Pereira Junior, da 14ª Vara Federal de Curitiba.

A ação da PF contra os delegados profissionais, taxados de "dissidentes" foi extensamente coberta por um trabalho excepcional do repórter Marcelo Auler.[217]

Os Policiais Federais envolvidos nos dois casos compuseram o comando maior da Polícia Federal de Sérgio Moro.

Capítulo 4: a blindagem da mídia

O segundo ponto de blindagem foi o apoio integral dado pela mídia, que se transformou em mera repassadora de *releases* da Lava Jato.

A denúncia da suspeita de suborno do procurador Januário Paludo, apesar de divulgada pela UOL, por exemplo, foi vetada pelo Globo, Estadão e Folha, porque a Lava Jato se tornou um instrumento de política estreita.

É nesse quadro, de poder absoluto, sem estar submetida a nenhuma forma de controle, até que o Supremo Tribunal Federal se levantasse, que a Lava Jato passou a recorrer abundantemente ao instituto da delação premiada, podendo definir livremente perdão e punição e valor das multas aos réus.

---

217 Disponível em: https://qrcd.org/49DA.

A opinião pessoal dos procuradores poderia fazer uma multa de US$ 15 milhões cair para um terço ou vice-versa. Ou poderia incluir ou excluir suspeitos de um inquérito.

Esse modelo permitiu criar o mais rentável campo da advocacia do período, o dos advogados especializados em delação premiada, cujo único atributo era ter a confiança dos procuradores da Lava Jato. A maior ou menor simpatia por um advogado, o tornaria cobiçado pelos réus, dispostos a pagar honorários milionários para amenizar sua situação.

É nesse clima de absoluta promiscuidade, de falta ampla de transparência, que começaram a vicejar as suspeitas de uso abusivo do poder.

Capítulo 5: Messer x Meinl Bank

Segundo o advogado Tacla Duran, Dario Messer tinha acesso direto aos sistemas da Odebrecht, usando o codinome Flexão. Marco Bilinski, Vinícius Borin e Luiz França também eram operadores, através do Meinl Bank. Eles teriam movimentado US$ 2,6 bilhões até 2014, exclusivamente para a Odebrecht. Já Dario Messer teria movimentado US$ 1,6 bilhão para vários clientes.[218]

Bilinski, Brin e França recebiam 4% sobre as operações da Odebrecht feitas através do banco.[219]

Com a movimentação de 1,6 bilhão de dólares, a comissão do grupo foi de cerca de 64 milhões de dólares. O banco recebia mais 2% pela movimentação oficial do dinheiro, o que representaria

218 GUIMARÃES, Arthur; MARTINS, Marco Antônio. "Doleiro Dario Messer é preso pela Polícia Federal do Rio". *G1*, jul. 2019. Disponível em: https://qrcd.org/49Ds. Acessado em: 09.05.2024.

219 NASSIF. Lourdes. "Exclusivo: Banqueiros da Odebrecht omitiram informações em delação da Lava Jato e tiveram multa irrisória". *Jornal GGN*, nov. 2017. Disponível em: https://qrcd.org/49Dw. Acessado em: 09.05.2024.

mais 32 milhões. No total, portanto, estima-se que os três, mais Olívio Rodrigues, o quarto sócio – além dos dois sócios ocultos – receberam 96 milhões de dólares de comissão, o que corresponde a 326 milhões de reais.

A Lava Jato de Curitiba multou os proprietários do Meinl Bank em R$ 1 milhão por cabeça, ou R$ 3 milhões no total. E a 8 anos de reclusão da seguinte maneira: 1 ano em regime aberto diferenciado, devendo se recolher em casa das 20h às 6h da manhã; 6 meses em regime aberto, com recolhimento integral apenas nos finais de semana e feriados, mas sem a necessidade de uso da tornozeleira eletrônica; de 3 a 6 anos com prestação de serviços à comunidade à razão de 6 horas por semana. Já a Lava Jato do Rio multou a família Messer em mais de R$ 350 milhões.

A desproporção era evidente.

Caso João Santana

João Santana e Mônica Moura foram condenados por Sérgio Moro a 7 anos de prisão. Ficaram cinco meses presos e passaram para regime domiciliar onde ficarão um ano e meio.

A partir de abril de 2019, poderão circular, tendo apenas a obrigação de se recolher à noite, aos finais de semana e feriados, além de prestar 22 horas semanais de serviços à comunidade, por mais de um ano e meio. Na terceira fase, permanecerão nessas condições por mais um ano, mas já sem a tornozeleira.

Segundo declarações da Tacla Duran, Mônica deixou de declarar duas contas *offshore* e uma conta laranja.[220] E os procuradores fizeram vista grossa.

---

220 NASSIF, Lourdes. "Exclusivo: Banqueiros da Odebrecht omitiram informações em delação da Lava Jato e tiveram multa irrisória". *Jornal GGN*, nov. 2017. Disponível em: https://qrcd.org/49Dw. Acessado em: 09.05.2024.

As transferências internacionais são realizadas pelo sistema Swift, que exige informações obrigatórias, como os dados bancários dos beneficiários de transferência (banco, agência e conta) e o Código Swift do banco destinatário da remessa – o Standard Chartered Bank Limited. Para confirmar a informação, bastaria a Lava Jato ter solicitado dados do banco correspondente americano, que registrou a Operação e expediu o Swift. Nada foi feito.

Seu advogado era Rodrigo Castor de Mattos, irmão do procurador Diogo Castor de Mattos, integrante da força-tarefa da Lava Jato.

O maior feito de Rodrigo Castor de Mattos foi no dia 17 de agosto de 2017, quando conseguiu do juiz Sérgio Moro a liberação de R$ 10 milhões para o casal Santana, de uma conta na Suíça.

No despacho, dizia Moro:[221]

> *A Defesa juntou elementos aptos a demonstrar de que concordou com a repatriação e o perdimento dos valores bloqueados na Suíça, de USD 21.657.454,03, e que assinaram todos os documentos necessários à efetivação dessas medidas. O MPF confirmou que os acusados tomaram as providências necessárias para a repatriação e perdimento dos valores mantidos na Suíça.*
>
> *(...) Não é justo, a ver do Juízo, penalizar os colaboradores, que fizeram a sua parte no que se refere ao acordo, retendo em bloqueio judicial valores que não foram perdidos no acordo de colaboração.*
>
> *(...) Resolvo, considerando os dois argumentos opostos, liberar parcialmente o valor bloqueado, especificamente dez milhões de reais, a serem transferidos da conta 650.005.86400410-4 para conta a ser indicada pelos acusados e seus defensores.*

221 Disponível em: https://qrcd.org/49E1.

> *Obviamente tal soma não se destinava ao sustento do casal. Em prisão domiciliar, poderiam receber R$ 100 mil por vez. Era evidente que os R$ 10 milhões se destinavam ao pagamento de honorários dos advogados, justamente Rodrigo, irmão do procurador Diogo, da Lava Jato.*

A Procuradoria da Lava Jato nada falou contra a decisão. O veto veio da Procuradoria da Fazenda[222] que considerou "descabida" a decisão de Moro. Após a manifestação da Fazenda, Moro voltou atrás.[223]

Em circunstâncias similares, Moro negou a liberação de R$ 1,8 milhão ao ex-Ministro Antônio.

O caso Zucolotto

O episódio mais grave, e documentado, foi o de Carlos Zucolotto com o advogado Tacla Duran. Zucolotto enviou uma mensagem a Tacla propondo redução de sua multa de US$ 15 milhões para US$ 5 milhões. US$ 5 milhões seriam pagos por fora, a título de honorários.

Dez dias depois da conversa, Tacla recebeu *e-mail* dos procuradores Carlos Fernando Lima e Roberson Pozzobon, com a proposta de delação.

Segundo Tacla, o esquema seria simples. Na sentença, seria mencionada a multa de US$ 15 milhões e indicada uma conta sem reservas. No acordo estaria definido que, não encontrando fundos na conta, a multa seria reduzida para US$ 5 milhões.

---

222 AFFONSO, Julia. "Procuradoria da Fazenda vai a Moro contra liberação de R$ 10 mi a João Santana e Monica". *Folha de São Paulo*, ago. 2018. Disponível em: https://qrcd.org/49E3. Acessado em: 09.05.2024.

223 Disponível em: https://qrcd.org/49E5.

Moro e a esposa Rosangela – que já havia trabalhado no mesmo escritório de advocacia de Zucolotto – saíram publicamente em defesa do amigo.

É nesse quadro de ausência absoluta de *compliance* que surge o caso Dario Messer, e as suspeitas de suborno a policiais e procuradores, visando fechar os olhos para sua atividade.

Capítulo 6: a autorregulação das corporações

Como fica agora? Com todo esse histórico de falta de transparência, de critérios mal explicados para os acordos de delação, de falta de resposta às suspeitas mais graves, como as formuladas por Tacla Duran, como se comportará o Ministério Público Federal, à luz dessas novas suspeitas?

Terá condições de se impor uma autorregulação, que paire acima da solidariedade corporativa? Sem sonegar a Paludo a presunção da inocência e o direito à plena defesa, conseguirá submeter o caso a uma investigação isenta? Ou se entregará ao corporativismo mais abjeto, como foi o caso dos delegados da Polícia Federal de Curitiba?

Em jogo está não o futuro da Lava Jato, mas o da própria respeitabilidade do MPF. A República de Curitiba se apropriou de um poder maior que o do próprio MPF e da PGR. É hora do rio voltar ao seu leito normal, mesmo que expondo os detritos desses tempos de libação.

PARTE XIII

A ASCENSÃO DAS MILÍCIAS AO PODER

A morte de Marielle foi episódio central no pacto de poder selado entre o comandante do Exército, General Villas Boas, e o então candidato a Presidente da República Jair Bolsonaro. A partir daí, abre-se espaço para a ascensão do general Braga Neto em posto-chave do futuro governo Bolsonaro. E tem início um jogo de despistes que, até agora, impediu a identificação dos mandantes do crime.

XADREZ DO CASO MARIELLE E DO PACTO COM BOLSONARO

No dia 2 de janeiro de 2019, durante cerimônia de posse do novo Ministro da Defesa, general Fernando Azevedo e Silva, em seu primeiro dia como Presidente, Jair Bolsonaro soltou uma frase enigmática para o general Villas Bôas, cujo mandato se encerrava ali: "General Villas Bôas, o que já conversamos ficará entre nós. O senhor é um dos responsáveis por eu estar aqui".

Qual o teor da conversa? Provavelmente passou pelo caso Marielle Franco. E pode explicar por que, até hoje, não foi desvendado o crime contra Marielle Franco?

Foi um crime de repercussão internacional, em que o provável assassino foi detido quase um ano depois, já encerradas as eleições e Jair Bolsonaro empossado Presidente, mantido isolado de qualquer contato com o mundo, criando o mais relevante segredo político dos tempos modernos: quem foi o mandante? Como se prende o assassino e não se identifica o mandante?

O próprio Ministro da Justiça do governo Temer, Raul Jungmann, declarou, certa vez, ter certeza da existência de "poderosos" por trás da morte de Marielle.

Uma cronologia ajudará, se não a elucidar, pelo menos a entender melhor a conspiração que levou Bolsonaro ao poder.

No dia **5 de janeiro de 2018,**[224] Bolsonaro lançou-se candidato à Presidência.

Doze dias depois, no dia 17 de janeiro de 2018,[225] o comandante do Exército, general Villas Boas, dava o *nihil obstat* da força a Bolsonaro, garantindo que não haveria mais restrições a ele.

Em pouco tempo, Bolsonaro deixou de ser uma sombra e se tornou possibilidade concreta de vencer as eleições. No dia 31 de janeiro,[226] DataFolha já sustentava que o único candidato capaz de vencê-lo seria Lula.

No dia **16 de fevereiro de 2018,**[227] o governo Michel Temer promulga o decreto de intervenção militar no Rio de Janeiro e nomeia como interventor o general Braga Netto. Bolsonaro critica a forma branda da intervenção,[228] mas vota a favor.

---

224 VEJA. "Bolsonaro será candidato a presidente pelo PSL". *Veja*, jan. 2018. Disponível em: https://qrcd.org/49KW. Acessado em: 09.05.2024.

225 VEJA. "Candidatura de Bolsonaro tem menor resistência nas Forças Armadas". *Veja*, jan. 2018. Disponível em: https://qrcd.org/49KX. Acessado em: 09.05.2024.

226 REDE BRASIL ATUAL. "Datafolha: Lula lidera e bate todos os candidatos no 2º turno". *Rede Brasil Atual*, jan. 2018. Disponível em: https://qrcd.org/49KZ. Acessado em: 09.05.2024.

227 Disponível em: https://www.gov.br/defesa/pt-br/centrais-de-conteudo/noticias/ultimas-noticias/governo-federal-assina-decreto-de-intervencao-na-seguranca-publica-do-rio.

228 PRAGMATISMO POLÍTICO. "Bolsonaro critica 'intervenção militar branda' no Rio de Janeiro". *Pragmatismo Político*, fev. 2018. Disponível em: https://qrcd.org/49Kd. Acessado em: 10.05.2024.

No dia **13 de março de 2018,**[229] Braga Netto muda o comando da Polícia, tornando-se o responsável direto pela segurança no Estado.

No dia **14 de março de 2018** ocorre o assassinato de Marielle. As investigações ficam sob responsabilidade de Braga Netto, o interventor, que coloca para dirigir a segurança do estado o delegado Rivaldo Barbosa, anos depois apontado como um dos implicados no assassinato de Marielle.

Nos dias seguintes, Braga Netto repudia os assassinatos[230] e promete punir os assassinos.[231]

No dia **7 de junho de 2018,**[232] Bolsonaro visita o general Villas Boas, no primeiro encontro formal entre ambos.

No dia **14 de junho de 2018,**[233] Braga Netto informa ao Ministro Jungman possuir indícios claros sobre o assassino e os mandantes.

No dia **31 de agosto de 2018,**[234] Braga Netto garante que o crime será solucionado antes do final da intervenção.

---

229 KAWAGUTI, Luis. "1 mês de intervenção: assassinato de Marielle, 'choque nas polícias' e queda de braço com o tráfico". *Uol*, mar. 2018. Disponível em: https://qrcd.org/49Kg. Acessado em: 10.05.2024.

230 AGÊNCIA BRASIL. "Interventor federal repudia assassinato de vereadora do PSOL no Rio de Janeiro". *Agência Brasil*, mar. 2018. Disponível em: https://qrcd.org/49Kj. Acessado em: 10.05.2024.

231 O ANTAGONISTA. "General Braga Netto promete prender assassinos de Marielle". *O Antagonista*, mar. 2018. Disponível em: https://qrcd.org/49Kl. Acessado em: 10.05.2024.

232 BULLA, Beatriz. "Empresa diz que Dominghetti foi incluído 'a pedido' em comunicações com governo sobre vacina". *Estadão*, jun. 2021. Disponível em: https://qrcd.org/49Km. Acessado em: 16.04.2024.

233 FAERMANN, Patricia. "Entenda a Medida Provisória do governo que beneficiou vendedores de vacinas". *Jornal GGN*, jun. 2021. Disponível em: https://qrcd.org/49Kn. Acessado em: 16.04.2024.

234 O GLOBO. "General Braga Netto diz que caso Marielle deverá ser solucionado até o fim da intervenção". *O Globo*, ago. 2018. Disponível em: https://qrcd.org/49Kq. Acessado em: 10.05.2024.

No dia **28 de outubro de 2018,** Bolsonaro é eleito Presidente no 2º turno.

No dia **23 de novembro de 2018,**[235] Jungman fala da certeza de “poderosos” por trás da morte de Marielle.

No dia **31 de dezembro de 2018,** termina a intervenção no Rio de Janeiro.

No dia **11 de janeiro de 2019,**[236] ainda cumprindo funções burocráticas finais do período da intervenção, Braga Netto diz saber quem matou Marielle, em uma declaração inacreditável.

> *Lógico que eu gostaria de ter entregado o caso, mas o próprio novo chefe de Homicídios (delegado do Departamento de Homicídios e Proteção à Pessoa) deu uma entrevista dizendo que já tomou conhecimento e viu que está muito adiantado (o trabalho de investigação). Nós fizemos todo um trabalho. Nós não procuramos protagonismo. Eu poderia ter anunciado quem a gente acha que foi,dito ao Richard (Nunes, ex-secretário de Segurança) para anunciar. Mas a gente quis fazer um trabalho profissional. Tenho confiança que se mantiver as equipes que estavam na investigação vão chegar* a um resultado em breve, disse o general de Exército.

No mesmo dia, disse que a intervenção evitou “achismos”[237] sobre a morte de Marielle.

---

235 PLATONOW, Vladimir. “Jungmann: envolvimento de poderosos na morte de Marielle é certeza”. *Agência Brasil*, nov. 2018. Disponível em: https://qrcd.org/49Ks. Acessado em: 10.05.2024.

236 FRAZÃO, Felipe. “Interventor diz que não anunciou suspeitos de morte de Marielle por não buscar protagonismo”. *Estadão*, jan. 2019. Disponível em: https://qrcd.org/49Kt. Acessado em: 10.05.2024.

237 DE ANDRADE, Hanrrikson; MAIA, Gustavo. “Para Braga Netto, intervenção no Rio evitou ‘achismo’ no caso Marielle”. *Uol*, fev. 2019. Disponível em: https://qrcd.org/49Ku. Acessado em: 10.05.2024.

Na cerimônia de troca do Comando do Exército, em 11 de janeiro de 2019,[238] o general Villas Boas saúda Bolsonaro, diz que sua eleição trouxe "renovação e liberação das amarras ideológicas".

E diz que Bolsonaro, Sérgio Moro e Braga Netto "fizeram história".

Não agradece ao Ministro Luís Roberto Barroso que, tirando Lula da disputa, pavimentou a vitória de Bolsonaro. Provavelmente, por considerá-lo apenas um inocente útil.

Moro assumiu o cargo de Ministro da Justiça e, menos de um mês depois,[239] Bolsonaro nomeou Braga para o mais importante cargo do governo, o de Ministro-Chefe da Casa Civil, responsável por toda a interlocução do Presidente com demais Ministérios, com o Congresso. Era um general recém-saído da ativa, sem nenhuma experiência política, que não fazia parte do círculo de amizades ou alianças de Bolsonaro. Mas era integrante do trio de salvação nacional, os afilhados do general Villas Boas, os novos condestáveis de uma república chamada de Brasil.

Além disso, desde meados de 2018 havia uma disputa surda entre olavistas e militares, por cargos no governo Bolsonaro. A escolha de Braga Netto para a Casa Civil faz o pêndulo virar definitivamente para a ala militar.

No dia 13 de março de 2019,[240] é preso Ronnie Lessa, como provável assassino de Marielle. Fica-se sabendo que morava no

---

238 GAMBA, Karla; BRESCIANI, Eduardo. "Na despedida, Villas Boas diz que Bolsonaro trouxe 'renovação e liberação das amarras ideológicas'". *O Globo*, jan. 2019. Disponível em: https://qrcd.org/49Kv. Acessado em: 10.05.2024.

239 REDAÇÃO RBA. "Datafolha: Lula lidera e bate todos os candidatos no 2º turno". *Redação RBA*, jan. 2018. Disponível em: https://qrcd.org/49Kz. Acessado em: 10.05.2024.

240 OTÁVIO, Chico; ARAÚJO, Vera; LEAL, Arthur. "PM e ex-PM são presos pelo assassinato de Marielle Franco". *O Globo*, nov. 2021. Disponível em: https://qrcd.org/49Ky. Acessado em: 10.05.2024.

mesmo condomínio de Bolsonaro, a poucos metros de sua casa, era contrabandista de armas. Ao mesmo tempo, descobrem-se as ligações do vereador Carlos Bolsonaro com o Escritório do Crime, empregando parentes de Adriano da Nóbrega, o chefe do Escritório.

Aceitou-se como normal que Bolsonaro, ligado ao submundo do Exército e das milícias, com ligações diretas com os principais responsáveis pelo Escritório do Crime, morando a algumas dezenas de metros da casa de Ronnie Lessa, sustentasse não ter relações maiores de conhecimento com ele.

Nos meses seguintes, houve um jogo de varrer a sujeira para debaixo do tapete, do qual participaram o Ministro da Justiça Sérgio Moro.

O jogo culminou com a informação de que, horas antes do assassinato de Marielle, houve uma reunião na casa de Ronnie Lessa, no próprio condomínio de Bolsonaro, do qual saiu o carro conduzindo o assassino.

Seguiu-se um jogo de apagar-pistas, com Carlos Bolsonaro confiscando o sistema de telefonia do condomínio, Sérgio Moro, colocando a Polícia Federal no encalço do porteiro – que sustentava que o motorista pediu, primeiro, para ir à casa de Bolsonaro, as procuradoras do MPE simulando uma perícia no sistema. E a mídia inteira engolindo o álibi de Bolsonaro de que, na hora, da ligação, estava em Brasília.

Nem a informação de que o PABX do condomínio estava ligado nos telefones fixos e celulares dos moradores comoveu a imprensa.

Junto com Marielle, o jornalismo corporativo também havia sido assassinado.

XADREZ DA BLINDAGEM DE BOLSONARO

O Xadrez visa mostrar dois pontos relevantes:

Ponto 1 – o envolvimento óbvio da família Bolsonaro com as milícias que mataram Marielle.

Ponto 2 – o jogo de acomodamento da mídia. Vai até determinado ponto, para mostrar alguma independência. Mas recua imediatamente, quando percebe que bateu em matéria sólida, capaz de afundar o barco Bolsonaro.

É o caso, agora, da surpresa com a morte do ex-capitão Adriano Nóbrega, chefe do escritório do crime, depois de ter ignorado solenemente indícios veementes da ligação dos Bolsonaro com o crime e de ter se calado com a blindagem de Queiroz, o elo explícito dos Bolsonaro com as milícias.

Peça 1 – o *coitus interruptus* da Globo

No dia 29 de outubro de 2019, o Jornal Nacional divulga a informação bombástica sobre a entrada, no condomínio de Bolsonaro, de Élcio Queiroz, o motorista que guiou o carro que conduziu Ronnie Lessa, o assassino de Marielle.

A reportagem dizia que o porteiro admitiu duas vezes que a autorização foi dada pela casa 58, de Bolsonaro. Depois de entrar, o carro rumou para a casa 66, de Ronnie Lessa.

A reportagem dava a dica para o álibi de Bolsonaro: naquele dia ele estava em Brasília e, portanto, não poderia ter recebido a ligação. Nem se preocupou em analisar as características do sistema de telefonia do condomínio, para saber se permitia ou não transferência para celulares.

Naquela madrugada, Bolsonaro fez um live com ataques pesados e ameaças à Globo.

Logo depois, seu filho Carlos Bolsonaro divulgou um vídeo mostrando o sistema de telefonia do condomínio e uma gravação no horário de entrada do carro de Élcio, na qual o porteiro supostamente liga para a casa de Ronnie, não para a casa 58.

A Globo recua, solta uma nota se explicando e não volta mais ao tema, ignorando todas as informações que surgiram posteriormente, reforçando sua tese.

Passo 2 – as ligações dos Bolsonaro com as milícias

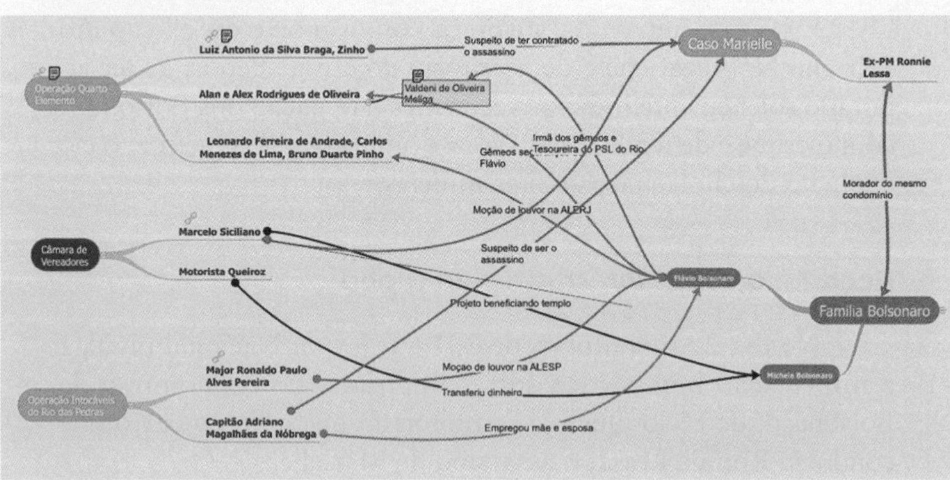

As ligações da família Bolsonaro com as milícias do Rio não se resumem apenas a votos de louvor na Assembleia Legislativa. É uma ligação umbilical, que passa pelas rachadinhas, e pela ampla defesa política das milícias pelo então deputado federal Jair Bolsonaro.[241]

Em entrevista à BBC internacional, declarou:

> Elas oferecem segurança e, desta forma, conseguem manter a ordem e a disciplina nas comunidades. É o que se chama de milícia. O governo deveria apoiá-las, já que não consegue combater os traficantes de drogas. E, talvez, no futuro, deveria legalizá-las.

Peça 3 – hipóteses iniciais sobre os Bolsonaro e Marielle

Havia as seguintes coincidências, que apontei no artigo "Juntando as peças do dia 14/03/2018 na vida de Bolsonaro".[242]

Primeiro, vamos aos fatos objetivos:

Um *tweet* de uma jornalista respeitável, Thais Bilenky, no dia 14 de março, informando que Bolsonaro seguiria para o Rio por estar com problemas de intoxicação.

O depoimento do porteiro do Condomínio Vivendas da Barra, dizendo ligou para Bolsonaro para obter autorização para

---

241 GRILLO, Marco; PRADO, Thiago. "Após defender legalização de paramilitares no passado, Bolsonaro agora se diz desinteressado no assunto". *O Globo*, jun. 2018. Disponível em: https://qrcd.org/49L1. Acessado em: 10.05.2024.

242 NASSIF, Luís. "Juntando as peças do dia 14/03/2018 na vida de Bolsonaro, por Luís Nassif". *Jornal GGN*, nov. 2019. Disponível em: https://qrcd.org/49L4. Acessado em: 10.05.2024.

a entrada de Élcio Queiroz no condomínio. E a anotação no papel indicando a casa de Bolsonaro como destino.

A sessão da Câmara mostrando que, naquele dia, Bolsonaro estava lá, participando das sessões.

O sistema de telefonia do condomínio, que permite transferir ligações para celulares.

Posteriormente, vazamentos aos Bolsonaro de trechos da investigação de interesse deles, mais a identificação de dois promotores como bolsonaristas ativos, mostrando acesso da família às investigações.

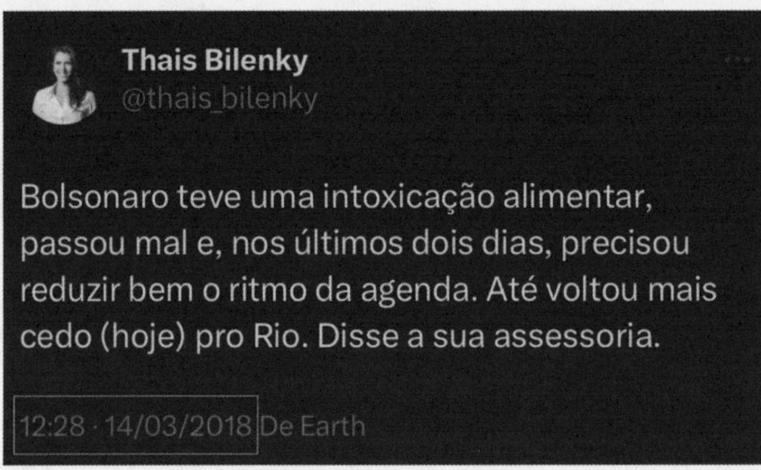

Teoria do fato

Em cima desses dados, formulei uma hipótese (de investigação) – repito, hipótese (de investigação) – sobre o que teria ocorrido naquele dia.

1. Bolsonaro articulou uma reunião com Ronnie Lessa (do Escritório de Crime) e Elcio Queiroz para o dia 14, no Condomínio Vivendas da Barra.

2. Preparou um álibi para faltar à sessão daquele dia na Câmara Federal. A jornalista Thais Belinski foi informada de que ele iria voltar para o Rio de Janeiro por um problema de intoxicação alimentar. Era um álibi curioso: viajar intoxicado, podendo descansar e ser tratado em Brasília.

3. Naquele dia, trocando ideias com assessores, Bolsonaro se deu conta de que a ida para o Rio de Janeiro poderia expô-lo. Assim, decidiu ficar na sessão da Câmara, onde apareceu sem nenhum sinal de quem estava intoxicado. A reunião no Condomínio foi mantida com os demais participantes.

4. Ao chegar ao condomínio, Élcio deu o número da casa de Bolsonaro. O porteiro ligou para o celular anexado ao número, Bolsonaro atendeu em Brasília e autorizou a entrada. E Élcio rumou para a casa de Ronnie Lessa, que fica na mesma rua da casa de Bolsonaro, cerca de duas ou três casas depois.

5. Quando a reunião foi identificada, após perícia no celular de Ronnie Lessa, os Bolsonaros foram informados por aliados infiltrados nas investigações, que atrasaram a perícia a fim de permitir que as provas fossem alteradas.

Peça 4 – as evidências que surgiram

Nos dias seguintes, outros indícios começaram a aparecer, fortalecendo as hipóteses apresentadas, implicando fortemente os Bolsonaro, e sendo solenemente ignorados pelas investigações e pela própria mídia.

As postagens apagadas de Bolsonaro

No dia da morte de Marielle, Bolsonaro pai almoçou na residência do deputado Carlos Manato, correligionário do Espírito Santo. Comentários no *post* do almoço comprovam que, naquele dia, foram apagadas todas as postagens de Jair Bolsonaro no *Facebook*.

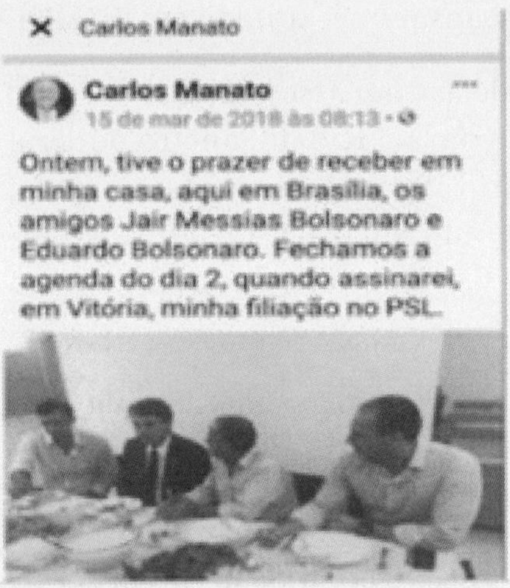

A presença de Carlos no condomínio

Mais que isso, quando foi divulgado o depoimento do porteiro, sobre a entrada no condomínio do motorista que conduziu Ronnie Lessa para o assassinato de Marielle, a primeira reação de Carlos Bolsonaro foi dizer que não estava no condomínio naquela hora. Apresentou, inclusive, publicação do Diário Oficial do Município, para comprovar que estava em sessão.

Pouco depois, no entanto, admitiu, por descuido, que estava no condomínio na hora em que os assassinos de Marielle estavam reunidos.[243] A confissão involuntária ocorreu quando mostrava o vídeo com as chamadas recebidas pelos porteiros do condomínio. Uma das chamadas era para sua casa, às 17h. Para mostrar que a chamada era inócua, Carlos clicou o arquivo e apareceu a voz do porteiro informando que havia chegado um Uber para levá-lo. Estava ali a comprovação, que foi amplamente ignorada pela imprensa.

Nos dias seguintes, Carlos foi obrigado a apagar todas as suas postagens e aceitou-se passivamente a explicação de que a razão foi a irritação do pai com um comentário dele sobre a administração.

O sistema de telefonia que ligava para celular

O principal álibi de Bolsonaro, para rebater a versão do porteiro, de que o motorista tinha pedido autorização na casa de Bolsonaro, é que estava em Brasília naquele momento. Logo em seguida, mostramos aqui (com base no depoimento de um visitante do condomínio) que o sistema interno não tinha interfone. As chamadas eram remetidas para os telefones fixo ou celular dos moradores.

Logo depois, um *blog* do Rio de Janeiro comprovou[244] que o sistema de telefonia do condomínio permitia essas transferências de ligação.

---

243 NASSIF, Luís. "Atualizado: Xadrez de como Carlos Bolsonaro entra no foco central do caso Marielle, por Luís Nassif". *Jornal GGN*, nov. 2019. Disponível em: https://qrcd.org/49L8. Acessado em: 10.05.2024.

244 NASSIF, Luís. "Comprovado: sistema telefônico tinha condições de transferir ligações para celular de Bolsonaro". *Jornal GGN*, nov. 2019. Disponível em: https://qrcd.org/49L9. Acessado em: 10.05.2024.

As informações foram completamente ignoradas pela imprensa. As investigações sequer procuraram levantar as chamadas para celular e os registros do sistema.

Peça 5 – as interferências nas investigações

1. Em nenhum momento o MPE do Rio de Janeiro solicitou uma perícia real no equipamento de telefonia do condomínio. Logo após a matéria da Globo com o depoimento do porteiro, o Ministério Público Estadual convoca uma coletiva e informa sobre uma falsa perícia, feita em tempo recorde, que teria desmentido o porteiro. Não houve perícia alguma no equipamento, mas apenas a constatação de que o áudio divulgado por Carlos Bolsonaro (com o porteiro ligando para a casa de Ronnie Lessa, e não a de Bolsonaro), era verdadeiro. Não foi periciado se foi incluído no sistema depois. Posteriormente, descobriu-se que a promotora chefe das investigações era bolsonarista ativa.

2. A Polícia Federal empreendeu uma ofensiva inédita de intimidação do porteiro, para que mudasse seu depoimento, mostrando a face mais ostensiva do Estado policial.

3. O Ministro da Justiça Sérgio Moro não incluiu o chefe do Escritório do Crime, Adriano Nóbrega, na lista de criminosos procurados, alegando que seu caso não demandava cooperação com outros Estados. No mesmo momento, uma cooperação da Polícia Civil do Rio com a da Bahia cercava e calava Adriano para sempre.

4. Depois de ter consagrado a condução coercitiva, e ter levado coercitivamente até 32 funcionários sérios de um banco público, nem o Ministério Público, nem a Polícia, conseguiram, até agora, um depoimento de Queiroz, o elo maior de ligação dos Bolsonaro com as milícias.

Foi assassinado Adriano Nóbrega que, antes de morrer, afirmava que seria alvo de "queima de arquivos".

Peça 6 – as explicações para o descaso

Não é pouca coisa. Era um Presidente da República – e seu grupo – suspeito de participação no assassinato de uma vereadora. Mais que isso, com um conjunto de medidas visando facilitar o comércio de armas, o enfraquecimento das alfândegas, a cooptação da Polícia Federal e do Ministério Público Federal, a compra da mídia.

O recuo dos grupos de mídia do 1º time se deve ou à intimidação ou à lógica de permitir o fortalecimento de Bolsonaro, para que ele entregasse as tais reformas.

Em qualquer caso, uma clara marcha para a insensatez.

XADREZ DO ELO PERDIDO QUE LIGA FLÁVIO BOLSONARO A MARIELLE[245]

Peça 1 – o suspeito-chave

No "Xadrez do fim do governo Bolsonaro"[246] montei um mapa mostrando uma série de correlações entre Flávio Bolsonaro, as milícias e a morte de Marielle Franco.

Em janeiro de 2019 foi deflagrada a Operação Intocáveis do Rio das Pedras,[247] que visa uma das maiores milícias do Estado, entocada no Rio das Pedras. Segundo as primeiras informações,

---

245 Artigo publicado no dia 22 de janeiro de 2019.

246 NASSIF, Luís. "Xadrez do fim do governo Bolsonaro, por Luís Nassif". *Jornal GGN*, jan. 2020. Disponível em: https://tinyl.io/A3YG. Acessado em: 10.05.2024.

247 OTAVIO, Chico; ARAÚJO, Vera; LEAL, Arthur. "Operação prende suspeitos de envolvimento no assassinato de Marielle Franco". *O Globo*, jan. 2019. Disponível em: https://tinyl.io/A3YH. Acessado em: 10.05.2024.

se teria chegado ao Escritório do Crime, braço armado da organização especializado em assassinatos sob encomenda.

Foi detido o Major Ronald Paulo Alves Pereira, um dos grandes assassinos mantidos na Polícia Militar do Rio. Ele foi o responsável pela Chacina da Vila Show,[248] sequestro e assassinato de quatro jovens que saíam de uma festa.

Ronald passou em um concurso para a PM, foi considerado inapto no exame psicológico, por "demonstrar irritabilidade e onipotência", segundo o laudo, o que indicaria um perfil incompatível com a função. Conseguiu entrar graças a uma liminar obtida em 1995. Um mês após a chacina, recebeu uma moção de louvor do então deputado Flávio Bolsonaro.

Mas o personagem-chave na saga das milícias é o Capitão Adriano Magalhães da Nóbrega, apontado como o chefe do Escritório da Morte, grupo especializado em execuções sob encomenda, e preso na Operação.

Era mais grave que isso.

Havia pelo menos seis meses a equipe que investigava a morte de Marielle Franco tinha convicção de que fora ele o autor dos disparos que mataram a vereadora. Demorou-se mais tempo que o normal nas investigações depois que a equipe se deparou com as ligações do capitão com o gabinete de Flávio Bolsonaro, filho de Jair. As menções a figuras políticas influentes que impediriam as investigações não se referiam a meros vereadores, deputados ou políticos do PMDB. Era a uma força maior. Daí o nome da Operação: Os Intocáveis.

---

248 SOUZA, Priscilla. "Famílias de jovens mortos na Chacina da Via Show esperam há oito anos por julgamento de oficial da PM". *Extra*, set. 2015. Disponível em: https://tinyl.io/A3YJ. Acessado em: 10.05.2024.

Na Operação foi detido também o contador da milícia e apreendido o cofre forte que guardava toda a documentação das operações – incluindo pagamentos de subornos.

E aí se entra no maior imbróglio político das últimas décadas.

Peça 2 – o mapa das correlações

Vamos a uma pequena atualização do mapa anterior, à luz de novos fatos.

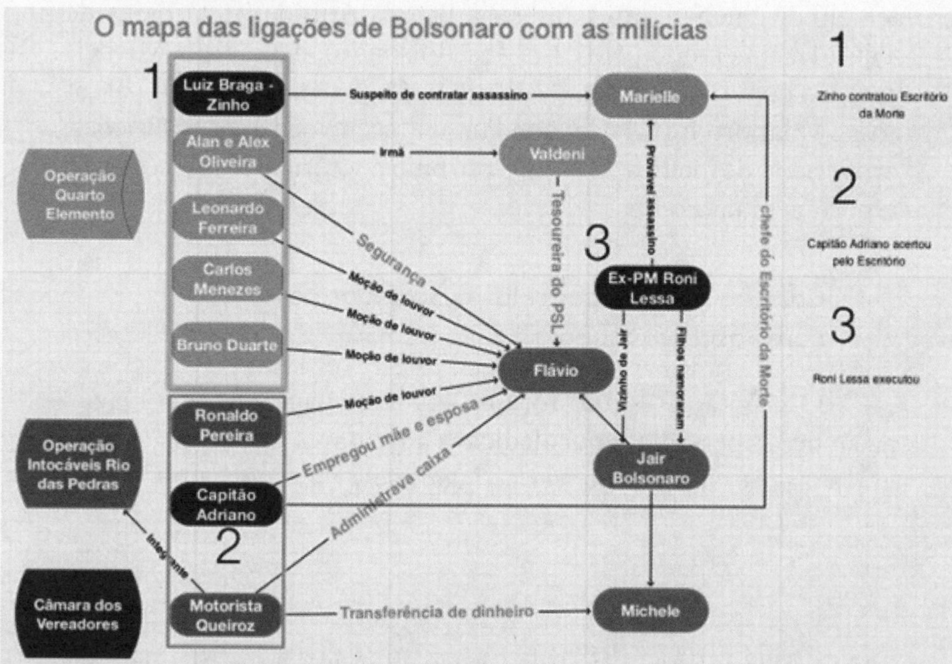

No episódio do assassinato de Marielle Franco, aparecem três personagens centrais:

- Vereador Marcelo Siciliano, apontado, no início, como suspeito pela morte de Marielle.

- Zinho, chefe de milícia, detido na Operação Quarto Elemento, e apontado como a pessoa que acertou com o assassino.

- Capitão Adriano Magalhães da Nóbrega, principal suspeito de ter sido a pessoa que contratou o assassino.

Até agora, há as seguintes correlações com os Bolsonaro.

Marcelo Siciliano com Michele Bolsonaro

O vereador foi autor de lei autorizando a construção de um templo de cinco andares da Igreja Batista Atitude,[249] na Barra da Tijuca, frequentado pelo casal Jair Bolsonaro, depois que Michele rompeu com o pastor Silas Malafaia. O guru do casal é o pastor Josué Valandro Jr.[250] Foi lá que Jair apareceu, logo após as eleições, orou, ficou de joelhos, chorou e atribuiu a vitória a Deus, segundo reportagem da *Folha*.

Capitão Adriano com Flávio Bolsonaro e com Fabrício Queiroz

O Capitão Adriano foi um dos homenageados por Flávio, nas moções periódicas que dedicava a militares violentos.[251] Mais grave: a mãe, Raimunda Vera Magalhães, e a esposa do Capitão

249 NOGUEIRA, Kiko. "Vereador acusado de mandar matar Marielle é um dos autores de lei autorizando que igreja de Michelle Bolsonaro tenha 5 andares". *DCM*, jan. 2019. Disponível em: https://tinyl.io/A3YP. Acessado em: 10.05.2024.

250 BALLOUSSIER, Anna Virginia. "'Não há homem perfeito', diz pastor da família Bolsonaro". *Folha de São Paulo*, nov. 2018. Disponível em: https://tinyl.io/A3YQ. Acessado em: 10.05.2024.

251 ABBUD, Bruno; MELLO, Igor; ARAÚJO, Vera. "Flávio Bolsonaro empregou mãe e mulher de chefe do Escritório do Crime em seu gabinete". *O Globo*, jan. 2019. Disponível em: https://tinyl.io/A3YR. Acessado em: 10.05.2024.

Adriano, Danielle Mendonça da Costa Nóbrega, conforme revelado pela Operação, eram funcionárias do gabinete de Flávio.[252]

Há mais coincidências incômodas. Segundo reportagem de *O Globo*, Raimunda é sócia de um restaurante localizado na rua Aristides Lobo, no Rio Comprido. Ele fica em frente à agência 5664 do Banco Itaú, na qual foram realizados 17 depósitos em dinheiro vivo na conta do motorista Fabrício Queiroz.

Uma nota na coluna de Lauro Jardim, de *O Globo*, diz que, no período em que se escondeu da imprensa e do Ministério Público Estadual, Queiroz se abrigou no Rio das Pedras, totalmente dominada pela milícia que comanda a região, alvo da Operação Os Intocáveis.[253]

Segundo reportagem de 26/10/2018, de *O Globo*,[254] os milicianos dominam completamente o Rio das Pedras. Cobram pela água, pelo estacionamento, cobram taxas de segurança. Antes, a taxa era cobrada apenas do comércio. Agora, é de toda a população.

Fabrício Queiroz com Michele Bolsonaro

E aqui se chega no Fiat Elba de Bolsonaro – aliás, episódio muito mais grave que o álibi encontrado pelo Congresso para o *impeachment* de Collor: os R$ 40 mil depositados na conta de Michele Bolsonaro pelo motorista Fabrício Queiroz. O cheque

---

252 ABBUD, Bruno; MELLO, Igor; ARAÚJO, Vera. "Flávio Bolsonaro empregou mãe e mulher de chefe do Escritório do Crime em seu gabinete". *O Globo*, jan. 2019. Disponível em: https://tinyl.io/A3YS.

253 OTAVIO, Chico; ARAÚJO, Vera; LEAL, Arthur. "Operação Os Intocáveis: conheça os alvos e veja como age a milícia que comanda Rio das Pedras". *O Globo*, jan. 2019. Disponível: https://tinyl.io/A3YT. Acessado em: 10.05.2024.

254 BOTTARI, Elenilce. "Rio das Pedras avança, e milícia mais antiga da cidade já cobra estacionamento e 'taxa de bica'". *Evernot*, jan. 2019. Disponível em: https://tinyl.io/A3YU. Acessado em: 10.05.2024.

coloca o Presidente no meio da fogueira. Não é verossímil sua explicação de que foi pagamento de dívida. Ainda mais depois de reveladas as movimentações na conta de Queiroz.

Flávio Bolsonaro aparece enredado em várias teias. Dois dos PMs detidos, membros da milícia, trabalhavam em suas seguranças. A irmã deles é tesoureira do PSL. Vários dos milicianos foram alvo de homenagens e moções de aplauso. Mãe e esposa do principal suspeito pela morte de Marielle trabalhavam em seu gabinete. E ainda há o aumento patrimonial e as transferências de dinheiro mal explicadas.

É até possível que a Operação Marielle tenha acontecido sem conhecimento prévio de Flávio Bolsonaro. É significativo o fato de ter publicado um *tweet* se solidarizando com Marielle e, em seguida, tê-lo apagado. Fará diferença em uma investigação criminal, não em um julgamento político.

Algum tempo depois, foi realizado um levantamento de repórteres especializados, e sustentaram que tanto Adriano da Nóbrega quanto Ekko, o chefe das milícias na Rocinha, foram surpreendidos pela morte de Marielle. Do ponto de vista do crime organizado, não haveria razão, pois jogariam os olhos do país sobre sua atividade. O que reforça a ideia de crime político.

A REDE DE LAVAGEM DE DINHEIRO DE FLÁVIO BOLSONARO

Vamos entender o sistema de lavagem de dinheiro de Flávio Bolsonaro, a partir das informações divulgadas pelo Ministério Público Estadual do Rio de Janeiro, tendo como fio condutor uma reportagem de maio da Agência Sportlight de Jornalismo Investigativo.

Peça 1 – os imóveis de Flávio Bolsonaro

No dia 15 de abril, o Ministério Público Estadual do Rio de Janeiro pediu a quebra do sigilo bancário e fiscal de 95 empresas, de alguma forma relacionadas com as instigações sobre o senador Flávio Bolsonaro.

A suspeita maior era de uso dos imóveis para lavagem de dinheiro. Pelos cálculos dos promotores, entre 2010 e 2017, Flávio Bolsonaro teria lucrado R$ 3,089 milhões em operações "suspeitas de subfaturamento nas compras e superfaturamento nas vendas".

Teria investido R$ 9,425 milhões na compra de 19 imóveis. O caso que mais chamou a atenção foi o da venda, em outubro de

2010, de 10 imóveis para a MCA Exportação e Participações, que tem como sócia uma empresa de nome Listel S.A. Flávio adquiriu 10 imóveis, por R$ 2,6 milhões, e pouco depois revendeu para a MCA por R$ 3,2 milhões.

Peça 2 – métodos de lavagem de dinheiro

Uma das modalidades de lavagem de dinheiro muito usada no Brasil se vale de doleiros, na modalidade dólar cabo.

O cliente dá o dinheiro para o doleiro. Ele transforma em dólar e um doleiro associado no exterior disponibiliza um dinheiro lá fora. Arrumam um laranja que integraliza o valor como capital social na *offshore* (empresa aberta no exterior) que é apenas papel. A *offshore* compra imóveis no país de origem de onde saiu o dinheiro (no caso o Brasil) ou compra quotas de capital de uma empresa que existe de fato. Dessa forma, o dinheiro que era ilícito, volta limpo na forma de um bem material.

Como os Bolsonaro lidam com dinheiro vivo, provenientes das "rachadinhas", é provável que usem esse mecanismo.

Muitas vezes, o doleiro atua em paraísos fiscais através de duas empresas, modalidade que é chamada pelos especialistas em investigação de "dupla camada", destinado a dificultar o rastreamento do dinheiro. Na maior parte das vezes, a segunda empresa, a segunda camada, se conecta a algum banco.

Peça 3 – a Listel S.A. e a MCA Exportação e Participações

No caso Flávio Bolsonaro, a empresa central da Operação é a Listel S.A. É uma empresa criada em 20 de março de 1979 pelo tradicional Escritório Icaza, González-Ruiz & Alemán, o maior especialista em abertura de empresas em paraísos fiscais, o preferido dos políticos e potentados, que já abriu mais de 1500 empresas pelo mundo, inclusive de clientes brasileiros revelados pelo Panama Papers.[255]

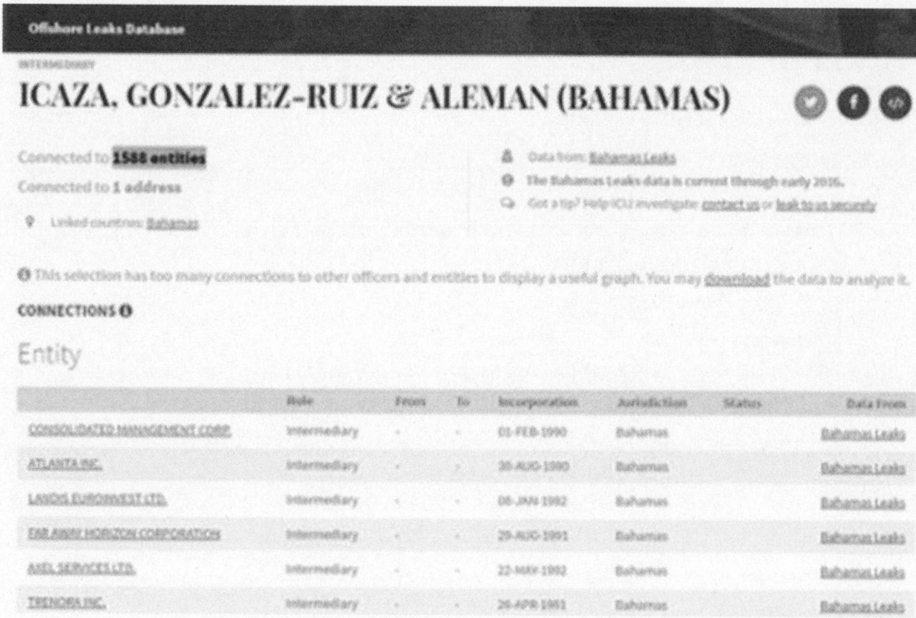

A ficha da Listel S.A. mostra vários diretores. Os mais ostensivos são Carlo Cattaneo Adorno[256] e Marcelo Cattaneo Adorno e Delio Thompson de Carvalho Fiho,[257] que assumiram em 2014 depois da renúncia de Carlos Bryden, Itzkra de Trute e da Jedburgh. No Brasil, aparecem como controladores Marcello

---

255 FERMANN, Patricia. "Big Data: O império do Grupo Globo em paraísos fiscais". *Jornal GGN*, set. 2016. Disponível em: https://tinyl.io/A3Ye. Acessado em: 10.05.2024.

256 Disponível em: https://tinyl.io/A3Yf.

257 Disponível em: https://agenciasportlight.com.br/index.php/2019/05/22/empresa-que-comprou-imoveis-de-flavio-bolsonaro-tem-historico-de-conexoes-com-offshores-envolvidas-em-lavagem-de-dinheiro/.

Cattaneo Adorno,[258] Delio Thompson de Carvalho Filho.[259] Além da MCA, Marcello é proprietário da Orion Consultoria.

LISTEL SA

Número da empresa	36936
Número da empresa nativa	36936S
Status	Vigente
Data de incorporação	20 de março de 1979 (quase 41 anos atrás)
Tipo de companhia	SOCIEDAD ANONIMA
Jurisdição	Panamá
Endereço registrado	PROVINCIA PANAMÁ Panamá
Nome do agente	ICAZA, GONZALEZRUIZ & ALEMAN
Diretores / Oficiais	CARLO CATTANEO ADORNO , tesorero CARLO CATTANEO ADORNO , diretor CARLOS G. CORDERO G , subscritor DELIO THOMPSON DE CARVALHO FILHO , secretario DELIO THOMPSON DE CARVALHO FILHO , diretor FRANCISCO GONZALEZRUIZ A , subscritor ICAZA, GONZALEZRUIZ & ALEMAN , agente MARCELLO CATTANEO ADORNO , diretor MARCELLO CATTANEO ADORNO , vicepresidente QUE LA SRA. SANDRA CATTANEO ADORNO, DIRETOR PRESIDENTE, FIRMA … persona con derecho a firma VER TUDO

Peça 4 – a Impala Limited

A segunda camada da Listel S.A. é a *offshore* Impala Limited. Aí o jogo vai ficando mais denso. A Impala esteve diretamente

258 Disponível em: https://tinyl.io/A3Yi.

259 SOUZA, Priscilla. "Famílias de jovens mortos na Chacina da Via Show esperam há oito anos por julgamento de oficial da PM". *Extra*, set. 2015. Disponível em: https://tinyl.io/A3Yj. Acessado em: 10.05.2024.

envolvida nos escândalos do senador espanhol Luís Bárcenas,[260] em inquérito conduzido pelo juiz Baltazár Garzon. O notório escritório de advocacia panamenho Icaza, González-Ruiz & Alemán criou duas empresas e uma fundação fantasma para lavar o dinheiro de Bárcenas. Portanto, Flávio não tratava com pequenos contraventores.

A Impala atuava especialmente com o Arner Bank, diretamente envolvido nos escândalos de Berlusconi,[261] na Itália, e com depósitos da Odebrecht para Verônica, a filha de José Serra.[262]

A Impala tinha dois sócios notórios.

Um deles, Carlos Briden. O outro, Itzkra de Trute, proprietário da Holding Inc.[263]

Pode ser que na prática os imóveis continuem de fato com o Flávio, ou com algum comparsa das milícias que eles controlam.

---

260 VOZ POPULI. "Bárcenas se valió de 9 empresas 'fantasma', 25 testaferros y un bufete para ocultar su fortuna". *Voz Populi*, fev. 2012. Disponível em: https://tinyl.io/A3Yl. Acessado em: 10.05.2024.

261 IL FATTO QUOTIDIANO. "Dieci indagati per il caso Arner Bank. C'è anche la società finanziata da Berlusconi". *Il Fatto Quotidiano*, fev. 2012. Disponível em: https://tinyl.io/A3Ym. Acessado em: 10.05.2024.

262 CARVALHO, Cleide. "Documentos mostram depósitos em conta na Suíça gerida por filha de Serra". *O Globo*, ago. 2018. Disponível em: https://tinyl.io/A3Yn. Acessado em: 10.05.2024.

263 NOGUEIRA, Kiko. "Vereador acusado de mandar matar Marielle é um dos autores de lei autorizando que igreja de Michelle Bolsonaro tenha 5 andares". *DCM*, jan. 2019. Disponível em: https://tinyl.io/A3Yp. Acessado em: 10.05.2024.

XADREZ DOS NEGÓCIOS DOS BOLSONAROS COM OS ÁRABES

Movimento 1 – o país da ignorância institucionalizada

Como se monta um bom negócio no Brasil, confiando nos seus bons contatos no governo? Aqui vai uma receita simples, em dois movimentos.

O primeiro, é como se valer da enorme ignorância institucional que campeia no país. O segundo, como montar um grupo de amigos para levar o negócio.

Passo 1 – a ignorância institucional

Há uma enorme dificuldade em identificar as grandes jogadas públicas no país, devido à ignorância institucional que campeia por todos os poderes. É uma ignorância sólida, inamovível como um bloco de concreto, que paralisa todos os setores institucionais: Supremo, Congresso e mídia.

Cria-se uma onda – no caso, o neoliberalismo radical – e, a partir daí, os votos do Supremo e reportagens da mídia seguem a onda, sem discutir nuances, detalhes, circunstâncias, mecanicamente tal qual uma votação da Lava Jato. A superficialidade suprema é tanta que tratam até a *homeschooling* – uma aberração proposta pela ultradireita – como pedagogia libertária.

Três ministros deram um *by-pass* na Constituição, ao deliberar que estatais não podiam ser vendidas sem aprovação do Congresso, mas suas subsidiárias sim: Luís Roberto Barroso, Cármen Lúcia e Alexandre de Moraes.

Ora, uma empresa é a soma das subsidiárias que a compõem. No caso do petróleo, a prospecção, o refino e a distribuição. Pela interpretação do STF, poderiam ser vendidos individualmente a prospecção, o refino e a distribuição, desde que mantivessem uma salinha com uma placa, indicando que era o que restou da Petrobras.

Não apenas isso. Poderiam ser vendidas, também, sem licitação, uma porta aberta para a corrupção mais explícita.

No STF, Cármen Lúcia endossou a interpretação canhestra de que subsidiárias poderiam ser vendidas sem passar pela Câmara. E passou ao largo do modelo de venda. Os dois outros Ministros que sancionaram a venda – Luís Roberto Barroso e Alexandre de Moraes – sustentaram que bastaria um referencial de preços do Tribunal de Contas da União.

A refinaria foi vendida por US $1,6 bilhão.

A história a seguir mostra a quantidade de gols que o Supremo toma, devido à ampla desinformação sobre aspectos básicos da economia e dos negócios.

Peça 2 – o preço da refinaria

Antes da venda, a Petrobras chegou a avaliar a refinaria em US$ 3 bilhões, mesmo valor a que chegou o INEEP (Instituto de Estudos Estratégicos de Petróleo, Gás Natural e Combustíveis). Em fevereiro, a XP estimou o valor em US $3,5 bilhões e o BTG avaliou em US $2,5 bilhões.

Multiplicaram-se os alertas sobre as consequências da venda.

Pesquisador do INEEP, Eduardo Costa Pinto alertou que, com a venda, o monopólio estatal poderia se transformar em monopólio privado regional e poderia ocorrer apagão de combustíveis, já que a Petrobras deixaria de responder pela coordenação do abastecimento.

Coordenador da Federação Única dos Petroleiros (FUP), Deyvid Bacelar previu aumento imediato dos combustíveis. Como terá o controle de um monopólio regional, tratará de aumentar seus preços para melhorar o retorno.

Peça 3 – consequência imediata

Desde o primeiro dia da privatização, a refinaria interrompeu a venda de óleo bunker, destinado ao abastecimento de navios de largo porte,[264] para navegação de cabotagem. Segundo levantamento do portal Poder360, cerca de 60 navios acessam o terminal mensalmente.

O Sindinave (Sindicato das Agências de Navegação do Estado da Bahia) foi atrás da Petrobras, que não soube o que responder. Enviou ofício à ANP (Agência Nacional de Petróleo, Gás Natural e Biocombustíveis) e não obteve resposta.

---

264 WALTENBERG, Guilherme; BARROS, Rafaella. "Refinaria privatizada pela Petrobras suspende abastecimento de navios". *Poder 360*, dez. 2021. Disponível em: http://tinyurl.com/4mx6h7fm. Acessado em: 10.05.2024.

O jornal procurou todos os órgãos responsáveis pelo setor:

A Antaq (Agência Nacional de Transportes Aquaviários) disse que a responsabilidade do caso é da ANP.

ANP – "está avaliando todas as informações e continua a monitorar o assunto de perto".

CADE – não respondeu.

Nos dias seguintes, a Acelen (novo nome da refinaria) declarou que não iria seguir a política de preços da Petrobras – que anunciou redução de 3,1% nos preços dos combustíveis.

Enviou um comunicado seco às distribuidoras informando o seguinte:

> A redução anunciada pela Petrobras só será praticada nas refinarias que ainda estão sob sua gestão. Como a refinaria baiana foi privatizada, não mais pertencendo à estatal federal, a política de preço da Refinaria Mataripe será independente, uma das consequências da privatização da RLAM, disse o sindicato, em nota.

Ou seja, todas as previsões pessimistas foram confirmadas no primeiro dia de privatização. Antes, levava alguns meses ou anos para que promessas vãs fossem desmentidas pelos fatos. No caso da refinaria, foi em um dia.

Peça 4 – as instituições entre a ignorância e a malícia

Millôr Fernandes tinha um dito definitivo sobre situações assim: "Entre um burro e um canalha, não passa o fio de uma navalha".

Tiremos o burro e o canalha, que são adjetivos fortes, para analisar a privatização da refinaria Landulpho Alves, na Bahia, e fiquemos com a ignorância, a irresponsabilidade e a malícia.

Para o Supremo Tribunal Federal (STF) cabem os dois primeiros adjetivos: ignorância e irresponsabilidade.

Esses senhores são os responsáveis pela venda e, agora, pelos problemas enfrentados pela navegação de cabotagem no Brasil.

Os Ministros do Supremo pelo misto de ignorância com onipotência. Fossem minimamente responsáveis teriam promovido audiências com diversos setores para ter uma ideia das consequências da venda das refinarias.

E não adianta dizer que não cabe ao Supremo analisar consequências, mas simplesmente implementar a Constituição. Eles revogaram a Constituição para permitir a privatização, sem analisar as consequências.

A malícia fica por conta do CADE (Conselho Administrativo de Direito Econômico) e de seu Presidente Alexandre Cordeiro, autor da mais extravagante medida de todo esse processo confuso.

Cordeiro fez a Petrobras assinar um Termo de Ajustamente de Conduta[265] (TAC), obrigando-se a vender suas refinarias. E os representantes da Petrobras – indicados pelo governo Bolsonaro – aceitaram a imposição. Nem mídia, nem Supremo, comentaram essa maluquice, de um burocrata público atropelar a Constituição e obrigar a maior empresa nacional a se desfazer de seus ativos. Quando a privatização atrasou um pouco, Cordeiro ameaçou a empresa com retaliações, sob silêncio total do Ministério Público, Supremo e imprensa. Cúmplices? Não, apenas a ignorância velha de guerra, marca principal de um país subdesenvolvido.

Pouco depois, Flávio Bolsonaro, o representante comercial da família deixou suas impressões digitais, lançando a candidatura

---

265 VENTURA, Manuel. "Cade deve reabrir investigação contra Petrobras se venda de refinarias for paralisada". *O Globo*, fev. 2021. Disponível em: http://tinyurl.com/ysr3vsmc. Acessado em: 10.05.2024.

de Alexandre ao Supremo,[266] como alternativa ao candidato terrivelmente evangélico. O que comprova que no Brasil tudo se vende, até a indicação para o Supremo.

Movimento 2 – amigos para aproveitar os grandes negócios

Aprofundando um pouco a história sobre os compradores, ficará mais fácil entender esse enredo e a parceria de Flávio Bolsonaro com Alexandre Cordeiro.

Personagem 1 – o empresário especializado em *fake news*

No artigo "Xadrez de como Braga Netto tentou Operação Davati quando interventor no Rio"[267] mostramos o envolvimento de Bolsonaro e grupos militares com ONGs ligadas a pastores, em geral residentes no estado da Flórida.

Nosso personagem central, e menos conhecido, é o empresário Alcir Mendonça, madeireiro de Santa Catarina, dono de um banco especializado em reflorestamento com cerca de 85 mil hectares em eucaliptos.

Tem uma empresa na Flórida, a Synaption LLC, pessoa jurídica de direito privado, registrada no Estado da Flórida, Estados Unidos da América, sob o número L 17000169331, com endereço a 905 Brickell Bay Drive, Suite 2-CL-23, Miami, FL. US 33131. No registro, aparece como proprietário Claudio Roberto Meinhart, brasileiro, divorciado,

266 MEGALE, Bela. "Nome de presidente do Cade para Supremo foi apresentado por Flávio Bolsonaro". *O Globo*, out. 2021. Disponível em: http://tinyurl.com/ym8wt9bs. Acessado em: 10.05.2024.

267 NASSIF, Luís. "Xadrez de como Braga Netto tentou Operação Davati quando interventor no Rio". *Jornal GGN*, ago. 2021. Disponível em: http://tinyurl.com/ym79s2n3. Acessado em: 10.05.2024.

empresário, portador do RG nº 3673363-6 SSP-SC, cadastrado no CPF/MF sob o nº 206.721.280-04, morador de Florianópolis.

Em 2016, a empresa anunciou um sistema de buscas considerado inovador pelo Yahoo Finance.[268] Segundo circulou na época, seria a única empresa ocidental a prover um serviço de buscas para o público chines e para o *Pokemon Go*. Especulou-se, na época, que seria adquirido pelo Google, o que pode ter sido uma jogada de *marketing* do grupo.

Ainda há um site da empresa,[269] aparentemente desativado, com menção às diversas reportagens publicadas, quando o sistema foi anunciado e a diversos serviços de busca – um dos quais, sobre direitos humanos, vasculhando os sites das principais organizações globais de defesa dos direitos humanos.

Com o tempo, parece ter encontrado outra serventia para seu buscador. Em vez do superbuscador, a empresa se tornou uma das grandes impulsionadoras de *fake news* nas redes sociais, inclusive com sistemas capazes de avaliar o impacto de cada notícia distribuída.

Por sua vez, a empresa trabalha com um escritório de advocacia que faz parte da Câmara Americana de Comércio, a Law Offices of Kravitz & Guerra PA, estreitamente ligada aos Bolsonaro.

Personagem 2 – o jiu-jitsu

Alcir Mendonça conhecia Bolsonaro. E apresentou-o ao lutador Renzo Gracie, da histórica família Gracie. Foram a corda e a caçamba.

Imediatamente tornaram-se irmãos de fé. Renzo tornou-se um *bolsominion* de carteirinha. Ameaçou bater no Presidente francês,

268 TERRA. "Tecnologia brasileira causa impacto no 2º maior mercado de ações do mundo". *Terra*, ago. 2016. Disponível em: http://tinyurl.com/5n7ft2wy. Acessado em: 10.05.2024.

269 Disponível em: http://tinyurl.com/54k5bhmb.

Emmanuel Macron, e o chamou de "palhaço",[270] com "pescoço de franga", e chamou a esposa do Presidente de "dragão". E, pelos serviços prestados, tornou-se embaixador do turismo brasileiro, a convite do Ministro do Turismo Gilson Machado, o sanfoneiro triste que participa das *lives* de Bolsonaro.

Personagem 3 – o sheik árabe

No início dos anos 90, um dos lutadores da academia Gracie, Nelson Monteiro,[271] dono da primeira academia de jiu-jitsu na costa oeste americana, deu aulas para Mohamed bin Zayed, um dos 16 herdeiros do xeque fundador de Abu Dahbi.

O príncipe obteve a faixa azul, mas queria ser faixa preta. Então convidou Nelson a se mudar para os Emirados. Graças ao *jiu-jisti* o príncipe, que se considerava fraco e vulnerável, ganhou confiança. Gostou tanto da história que tornou o *jiu-jitsi* obrigatório em Abu Dahbi, e Monteiro se tornou dono de uma rede de academias no país.

A partir daí estava montada a ponte bolsonarista nos Emirados: o embaixador do turismo brasileiro e o príncipe.

É interessante entender a natureza dos fundos de Abu Dhabi. Há dois tipos de fundo: o *public* e o *private*. O *private* é de propriedade pessoal do príncipe Zayed. Toda negociação é feita diretamente com ele. Foi esse fundo, de nome Mubala Capital, que adquiriu a refinaria.

---

270 NASCIMENTO, Camila. "Quem é o polêmico lutador que acompanhou Bolsonaro pelas ruas de NY". *Veja*, set. 2021. Disponível em: http://tinyurl.com/ycy44mwv. Acessado em: 10.05.2024.

271 DE SOUSA PINTO, Ana Estela. "Jiu-jítsu brasileiro conquistou príncipe e virou febre em Abu Dhabi". *Folha de São Paulo*, out. 2019. Disponível em: http://tinyurl.com/mc3wthf8. Acessado em: 10.05.2024.

Logo depois da venda, Bolsonaro levou uma comitiva a Dubai e se encontrou pessoalmente com o príncipe, presenteando-o com uma camisa do Flamengo.

Foi uma sintonia de negócio tão perfeita, que o próprio Eduardo Bolsonaro se sentiu um sheik árabe.

Peça 5 – os negócios árabes

A refinaria é apenas o pontapé inicial da montagem de uma ampla rede de negócios, consolidando a economia bolsonarista no país.

O empresário Alcir Mendonça especializou-se em papéis do agronegócio, através da Lei n. 13.978, de dezembro de 2019, e 14.140 deste ano que, através do Fiagro (Fundo Imobiliário do Agronegócio) pode transformar fazendas em fundos.

Com a parceria com o sheik, os Emirados poderão se tornar a maior potência do agronegócio brasileiro.

Além disso, Mendonça é um dos grandes patrocinadores do Flamengo. Montou o Banco da Nação Flamenguista, associado ao BRB, de Brasília, que já tem mais de 2 milhões de clientes.[272] Tentou um IPO de R $1,5 bilhão, mas adiado em função da piora nas condições do mercado.

Aliás, por aí é possível entender a postura bolsonarista do Presidente do Flamengo, Rodolfo Landim, um ex-funcionário da Petrobras que deixou a empresa para trabalhar com Eike Baptista, com a suspeita de que levou segredos do pré-sal com ele. Aparentemente, era boato, já que Eike furou os poços errados e quebrou e Landim saiu antes do barco afundar.

---

272 NAÇÃO BRB. "Nação BRB Fla chega à marca de 2 milhões de clientes". *Flamengo*, set. 2019. Disponível em: http://tinyurl.com/576wbamh. Acessado em: 10.05.2024.

Como já dizia Noel Rosa, em "Quem dá mais":

Quanto é que vai ganhar o leiloeiro
Que é também brasileiro
E em três lotes vendeu o Brasil inteiro?
Quem dá mais?

XADREZ DO ESCÂNDALO PARAGUAIO

Peça 1 – para entender o caso

Lado Paraguaio

Presidente Mário Abdo Benitz

Ex-Presidente da ANDE, Pedro Ferreira

Vice-Presidente Hugo Velázquez

Advogado José Rodrigues González

Embaixador paraguaio no Brasil Hugo Saguier Caballero

José Maria Sanchez Tilleria, diretor técnico da Itaipu

Lado Brasileiro

Ernesto Araujo, Ministro das Relações Exteriores

Suplente de Senador Alexandre Giordano

Pedro Miguel da Costa e Silva (Brasil). Secretário de Negociações Bilaterais e Regionais nas Américas.

Na renovação do acordo de Itaipu, o ponto 6 determinava que a energia excedente de 300 MW, do lado paraguaio, seria comercializada pela ANDE, a Eletrobras paraguaia, em bloco mínimo inicial de 20 MW.

No próprio gabinete do Presidente Mario Abdo Benítz, o Vice-Presidente Hugo Velásquez informou Pedro Ferreira, então Presidente da ANDE, que o advogado José Rodrigues Gonzáles entraria em contato com ele em seu nome,[273] para acompanhar as negociações.

No dia 23 de maio passado, González mandou uma mensagem confusa aos executivos da ANDE informando que o ponto 6 não deveria ser incluído. Ao mesmo tempo acertou-se que o excedente seria comercializado pela Léros Energia e Participações S.A, empresa brasileira com capital social de R$ 5,7 milhões, vinculada ao Léros Group, de propriedade do suplente de senador pelo PSL, Alexandre Giordano. Nas reuniões com autoridades paraguaias, Giordano dizia representar a família Bolsonaro.

O escândalo explodiu depois que o Presidente da ANDE, Pedro Ferreira, se recusou a sancionar a jogada, pediu demissão e divulgou as conversas mantidas com autoridades paraguaias – incluído o próprio Presidente Benítz – pelo WhatsApp.

Com o escândalo explodindo, o advogado González admitiu à jornalista Mabel Rehnfeldt,[274] do jornal paraguaio ABC Color, ter participado em maio de uma reunião na Ciudad del Leste representando o Vice-Presidente Hugo Velázquez. Da reunião participaram o suplente de senador Giordano, um representante

---

273 REHNFELDT, Mabel. "El vice gestiono acuerdo a favor de presunto negocio de Bolsonaro". *ABC*, jul. 2019. Disponível em: http://tinyurl.com/5f7de42d. Acessado em: 10.05.2024.

274 REHNFELDT, Mabel. "El vice gestiono acuerdo a favor de presunto negocio de Bolsonaro". *ABC*, jul. 2019. Disponível em: http://tinyurl.com/5f7de42d. Acessado em: 10.05.2024.

do Grupo Lerós, ambos se apresentando como representantes do governo brasileiro. "Não somente a mim, mas a todos que estavam na reunião", afirmou.

A confirmação de que a manobra havia sido sancionada pelo governo brasileiro veio de Brasília, com o memorando de entendimento assinado pelo embaixador paraguaio e pelo Itamaraty, extirpando o ponto 6. Os negociadores do acordo foram o embaixador Hugo Saguier Caballero e o ex-diretor técnico da Itaipu, José Sánchez Tillería. Do lado brasileiro, o embaixador Pedro Miguel da Costa e Silva, nomeado em janeiro de 2019 Secretário de Negociações Bilaterais e Regionais nas Américas.

Peça 2 – o início do jogo

O jogo começou a ser montado no início do ano.

Reportagem minuciosa do jornal ABC[275] mostrou mensagens do próprio Presidente Benítz informando que estaria sendo pressionando pelo Brasil para honrar o acordo.

Segundo Benítz, a Eletrobras estaria retendo pagamentos ao Paraguai para pressionar pela manutenção do contrato secreto.

No dia 16 de fevereiro, o ABC Color publicou matéria sobre a resistência da Eletrobras em pagar atrasados. Benítz enviou uma mensagem para Ferreira:

> *Isso me preocupa. Isso afeta nosso governo. E muito. Aqui ninguém vai ganhar se o governo enfraquecer. E se chegarmos a um ponto em que a negociação está sob aparente pressão. Devemos resolver o mais rapidamente possível.*

---

275 REHNFELDT, Mabel. "Abdo benitez assumia em mensajes que Brasil presionaba al Paraguay". *ABC*, ago. 2019. Disponível em: http://tinyurl.com/452rtx2z. Acessado em: 10.05.2024.

> *Aqui temos que negociar. E quando negociar sacrifica posições até às vezes princípios, mas é a responsabilidade que temos hoje. Não acredite que eu faço tudo o que quero. Todos os dias tenho que digerir bebidas amargas, mas hoje o país está nas nossas mãos e acho que está nas melhores mãos. Força!*

Em 5 de março, a Eletrobras continuava sem colocar os pagamentos em dia. Nova pressão de Benítz,

> *PEDRO, apressa solução da ANDE* Eletrobras. *Está tudo parado. Temos que movimentar a economia, a Itaipu é uma ferramenta. Você não pode ganhar nada em uma negociação.*

Ferreira relutava, porque todas as soluções da Eletrobras implicariam em aumento das tarifas para os clientes da ANDE.

Peça 3 – a pressão combinada

Aí, Bolsonaro começa a se mover. Convida Benítz a visitar o Brasil. No dia 12 de março de 2019, foi divulgada uma declaração presidencial conjunta, por ocasião da visita. Segundo nota os dois chefes de Estado mantiveram encontros privados. Depois, uma reunião ampliada com as respectivas delegações, nas quais foram definidas as prioridades dos dois governos.

O item 3 rezava:

> (...) 3) Os Presidentes destacaram a administração conjunta da Usina Hidrelétrica Binacional de Itaipu, que continua a ser a maior unidade de produção de eletricidade no mundo e um paradigma de integração energética bilateral bem-sucedida. Concordaram que as futuras negociações com vistas à revisão do Anexo C do Tratado de Itaipu devem orientar-se pelo mesmo espírito de entendimento construtivo que tem caracterizado esse importante projeto binacional.

O memorando serviu como pressão adicional sobre a ANDA.

A aproximação teve todos os componentes familiares, com direito a uma *tweet* de Eduardo Bolsonaro e Félix Ugarte, filho do Presidente do Paraguai, fazendo mão em forma de arma. Eduardo Bolsonaro informava que "a cooperação na fronteira certamente será um norte nessa relação internacional".

O *tweet* foi apagado logo depois, mas não impediu que fosse copiado por observadores paraguaios do jogo.

Peça 4 – fechando a jogada

No dia 23 de maio, os técnicos da ANDE se deram conta que o acordo bilateral havia sido definido sem eles. Naquele mesmo dia, o advogado Rodríguez enviou a mensagem para retirar o ponto 6 do memorando.

No dia 24 de maio, o gerente técnico Fabián Cáceres viajou para Brasília. Na sala de reunião estavam Sánchez Tillería (ex-diretor técnico da Itaipu), Alcides Jiménez (como assessor de energia, chefe da ANDE) e o próprio Hugo Saguier Caballero, ex-embaixador paraguaio no Brasil e representante do Ministério das Relações Exteriores.

O acordo foi mantido em segredo. Para ser implementado, havia a necessidade de um contrato assinado por Pedro Ferreira. Em junho começaram as discussões entre os técnicos paraguaios com os brasileiros da Eletrobras, querendo regulamentar rapidamente o contrato.

No dia 20 de junho, o embaixador Caballero mandou uma mensagem ao chefe da Itaipu no Paraguai, José Alberto Alderete, dizendo ter sido convocado pelo Itamaraty e recebido pressão da cúpula do governo brasileiro. "Não do Ministério das Relações Exteriores, mas do governo".

> Subsequentemente, envio um trabalho preparado pela Itaipu Brasil intitulado "Reflexões da falta de regulamentação do Ato Bilateral que quantifica os danos". Isso é muito sério. Como é minha obrigação, relatei isso imediatamente ao chanceler de meu chefe imediato e a gravidade da situação me preocupa profundamente.

No dia 4 de julho, o Presidente Benítz insistiu com Ferreira que o Brasil havia congelado as relações com o Paraguai, prejudicando o país. Ferreira manteve-se firme. No dia 24 de julho, o embaixador Frederico Gonzáles fez outra arremetida e Ferreira recusou e renunciou.

Ali começava o escândalo.

Peça 5 – a reação de Bolsonaro

Vendo o escândalo estourar, imediatamente Bolsonaro recuou. No dia 30 de julho, o porta-voz da Presidência, Otávio do Rêgo Barros, informou os setores do Palácio:[276]

> — O Presidente Bolsonaro me comentou há pouco a sua intenção de estar aberto a essa discussão, inclusive uma eventual denúncia do acordo, de se colocar em posição de dialogar profundamente para que ambos os países, mais especialmente no sentido do Brasil do que no do Paraguai, nós tenhamos a possibilidade de ajudar aquele país amigo sem, contudo, prejudicarmos a nossa sociedade, porque é tão importante essa energia, particularmente na região Sudeste — declarou Rêgo Barros.

Mais cedo, o próprio Bolsonaro hipotecara apoio ao amigo, tratando-o por um apelido íntimo:

---

276 MAIA, Gustavo. "Diante de ameaça de *impeachment* no Paraguai, Bolsonaro admite cancelar novo acordo sobre Itaipu". *O Globo*, jul. 2019. Disponível em: http://tinyurl.com/5n8zwbr8. Acessado em: 10.05.2024.

— Você sabe como é que funciona, lá (no Paraguai) é muito rápido o *impeachment*. Ontem, eu conversei com o Silva e Luna, o presidente da parte brasileira de Itaipu. Estamos resolvendo esse assunto. Pode deixar que com toda a certeza o Marito vai ser reconhecido pelo bom trabalho que está fazendo no Paraguai.

Muitas vezes, o Paraguai foi apresentado como símbolo máximo da corrupção e da falta de instituições.

No escândalo atual, Paraguai se moveu. Espera-se que o Brasil não se torne o grande Paraguai que já não há.

OS RESPONSÁVEIS PELA DESTRUIÇÃO INSTITUCIONAL E ECONÔMICA

Moro, Dallagnol, setoristas da Lava Jato, colunistas de ódio, Eduardo Cunha e seu grupo político foram apenas coadjuvantes, os germes oportunistas em um organismo enfraquecido pela atuação dos responsáveis maiores.

O duro recomeço passará por alguns desafios complexos.

Peça 1 – o caráter nacional

A crise atual serviu para expor uma das piores heranças culturais do país: o chamado racismo estrutural.

Mas há um outro componente pouco estudado, talvez primo--irmão, o caráter das elites brasileiras e dos setores que ambicionam um lugar na chamada Casa Grande.

A maneira como mídia, Supremo, políticos, corporações públicas ingressaram no golpismo mais explícito, sem a menor preocupação com a imagem ou, melhor, regozijando-se com sua imagem refletida no esgoto, é um fenômeno típico de sociedades sem caráter.

Tenho a impressão de que a necessidade de se identificar com as classes altas seja um resquício da República Velha, na qual as classes de baixo, para se defenderem dos abusos da Justiça e do poder, tinham que se abrigar sob as asas de algum coronel local.

Essa submissão, por sua vez, gerava um sentimento de onipotência quando, por alguma razão, o cidadão normal, através de estudos passava a cumprir o papel de jagunço letrado, tornando-se defensor das demandas da classe superior junto às instituições de Estado – em uma função de jornalista, juiz ou ministro do Supremo. Aí havia o deslumbramento total, dos que supunham ter conseguido a inclusão por cima.

Some-se o fato de uma sociedade historicamente permissiva, que permitia a convivência com traficantes de escravos, bicheiros, doleiros, desde que bem-sucedidos financeiramente. Grandes doleiros, contrabandistas, são aceitos com naturalidade nas sociedades do Rio de Janeiro ou de Brasília, e confraternizam-se com autoridades no paraíso tropical de Miami.

Esse talvez seja o motivo por que, na guerra jurídico-midiática-política mais suja da história, não tenha ocorrido sequer as chamadas objeções de consciência como impeditivo. Por tal, entenda-se a atitude do motorista de um trator, que recebeu a ordem de destruir as casas de famílias sem-terra. Ele se negou a cometer a crueldade. Recorreu à chamada objeção de consciência.

Nada disso se viu no período em que o ódio foi plantado, cevado e colhido. Não houve objeção de consciência por parte dos principais agentes da conspiração e sequer um mínimo de pudor, aquela pequena vergonha que acomete até as mentes mais insensíveis, quando flagradas em grandes malfeitos.

Em países com caráter, quem aderisse ao golpismo seria malvisto ao menos por sua categoria. Uma mídia com caráter denunciaria desvios de condutas, exporia os oportunistas, os excessivamente ambiciosos, os crimes cometidos pelos guardiões da lei.

Nada ocorreu. Pelo contrário, os bárbaros foram celebrados, houve pruridos da mídia até em divulgar o suicídio do reitor da UFSC.

Este foi o Brasil da década de 2010.

Por outro lado, começa a surgir uma onda de liberalização relativa, impulsionada pelos ventos externos. Alguns dos principais responsáveis pelo envenenamento político anterior ressurgem como baluartes da democracia – e nada lhes é cobrado, nem um mínimo de autocrítica.

Por tudo isso, nada espere desse *aggiornamento* liberal dos porta-vozes dos homens de bens, nem mesmo com as novas ondas que se propagam pelo mundo civilizado, como reação à barbárie da era Trump.

O país sem caráter só se submete a contingências de ordem política, de interesse pessoal e é reativo a movimentos de opinião pública. Jamais assumirá o protagonismo da defesa da civilização.

Portanto, movimentos virtuosos que vierem a surgir, serão externos a esses personagens centrais do golpe.

Peça 2 – a mídia

A guerra cultural inicial em 2005 criou uma geração de jornalistas assustados, enquadrados. Não os culpe. Passou a ser pré-condição para seguir carreira.

Agora, começa a haver uma pequena reação de algumas cabeças mais independentes, no pequeno espaço aberto por alguns veículos que perceberam que jornalistas com caráter próprio são peças centrais na credibilidade do veículo como um todo. Mas esse tipo de jornalista com luz própria ainda é minoria e pisa em ovos.

Além disso, o liberalismo midiático vai até o limite Lula. Persistem todas as peculiaridades do período anterior, substituindo os assassinatos de reputação pela invisibilização. E tudo isso em um momento em que o mercado de opinião foi pulverizado por bolhas de todas as cores, tirando definitivamente da mídia o papel de mediadora central das discussões nacionais.

A grande contribuição da mídia será não repetir o jornalismo de esgoto do período anterior e deixar de aspirar a ser partido político.

Peça 3 – o sistema de Justiça

Hoje em dia, o sistema de Justiça lembra os exércitos confederados depois da guerra da Secessão, grupos andando pelas estradas e fuzilando quem passasse pela frente, adversários, transeuntes, pouco importando. Bastava não vestir uniformes cor de cinza.

Primeiro foi a Lava Jato impulsionando o protagonismo político do Judiciário. Depois, o liberou geral de alguns tribunais, estimulando o lawfare judicial contra supostos adversários políticos.

Há em curso, também, uma guerra mundial interna no Judiciário.

A Procuradoria Geral da República monta uma ofensiva contra o juiz Marcelo Bretas e a Lava Jato Rio. Para se defender, ambos acertam uma Operação que mira filhos de ministros do Superior Tribunal de Justiça (STJ). Antes disso, a Lava Jato de Curitiba se valeu de suas ligações internacionais ilegais para tentar provas contra ministros do Supremo.

Nessa frente, o fim da Lava Jato é um refresco, mesmo deixando indevassáveis vários porões dos tribunais superiores.

Além disso, o fim da onda punitivista faz com que ministros que seguem ondas passem a cavalgar outras ondas, desinteressando-se da guerra nada santa contra os garantistas do Supremo.

Não espere nenhuma contribuição do Supremo – e da Justiça – a um pacto civilizatório de envergadura. Mas, também, não será mais um protagonista político, limitando-se a convalidar as políticas econômicas de desmonte das redes de proteção social votadas pelo Congresso. O que não é pouco.

Peça 4 – as Forças Armadas

Hoje em dia as Forças Armadas estão irreversivelmente ligadas à imagem do governo Bolsonaro. Os erros dos generais de Bolsonaro na questão de energia, especialmente na Saúde, na articulação política, a apatia ante a liberação de armas, a aceitação pacífica da oferta abundante de empregos na área civil, fizeram com que as Forças Armadas brasileiras tivessem seu momento Malvinas ou Centrão.

Não se verá mais atitudes como a do general Villas Boas que, com um mero *tweet*, ajudou a consolidar o golpe jurídico-parlamentar. Mas será um enorme desafio desalojar os militares do enorme mercado de trabalho criado na área civil e nas escolas militares.

De qualquer modo, apesar da excelência dos institutos militares de tecnologia, não espere das Forças Armadas nenhuma contribuição à ideia de pacto ou projeto nacional. Seu papel no desenvolvimento industrial, desde as políticas industriais dos anos 30 ao desenvolvimento da indústria aeronáutica e do enriquecimento de urânio, são apenas retratos na parede. Hoje, o que viceja é o padrão Pazuello.

Peça 5 – os partidos políticos

O sistema partidário foi triturado. Hoje em dia, o jogo político se dá em torno de dois movimentos:

Liberalismo selvagem – movimento que junta o MMS – Mídia, Mercado e Supremo. Seu objetivo único é sancionar o desmonte final do Estado e convalidar os negócios da privatização.

Progressistas – há uma corrente progressista presente nos movimentos sociais e em várias categorias profissionais. Hoje em dia, há os economistas pela democracia, os juízes, os procuradores e os policiais antifascistas. Mas não há um ponto de organização para essas demandas.

Espinha dorsal do petismo, o sindicalismo foi fuzilado a partir do interinato de Temer. Mesmo antes, jamais conseguiu sair das bolhas corporativas. E o PT não conseguiu se arejar para repetir o papel dos anos 80, do grande ônibus abrigando movimentos sociais de toda espécie.

Lula mantém-se como a grande liderança, mas sem as condições de articulação de antes. Caso semelhante ocorreu com Getúlio Vargas quando retornou do exílio interno e se tornou novamente Presidente. As circunstâncias eram outras, os atores eram outros e ele não conseguiu se mover com a mesma desenvoltura política de antes.

Por outro lado, movimentos auspiciosos que estavam se formando – como a frente dos governadores do Nordeste – recuaram devido às fragilidades fiscais provocadas pela pandemia. E o ativismo político da Justiça liquidou com o grande articulador da frente, Ricardo Coutinho, ex-governador da Paraíba.

Peça 6 – sem conclusões

Vive-se um momento totalmente inconclusivo. A década de 2010 legou um país destroçado, com as instituições desmoralizadas, sem lideranças expressivas. Não existe vácuo na política, mas também não existe, à vista, nenhuma instituição em condições de empalmar o poder – o que é bom, pois poderia significar a consolidação da ditadura em mãos de um poder.

Mas, como não existe vácuo na política, resta aguardar movimentos mais concretos para um xadrez mais assertivo.

REFERÊNCIAS BIBLIOGRÁFICAS

ABBUD, Bruno; MELLO, Igor; ARAÚJO, Vera. "Flávio Bolsonaro empregou mãe e mulher de chefe do Escritório do Crime em seu gabinete". *O Globo*, jan. 2019. Disponível em: https://tinyl.io/A3YR. Acessado em: 10.05.2024.

AFFONSO, Julia. "Procuradoria da Fazenda vai a Moro contra liberação de R$ 10 mi a João Santana e Monica". *Folha de São Paulo*, ago. 2018. Disponível em: https://qrcd.org/49E3. Acessado em: 09.05.2024.

AGACCI, Mathaus. "O uso distorcido da teoria do domínio do fato em decisões típicas de lawfare". *Consultor Jurídico*, mai. 2019. Disponível em: https://qrcd.org/48Kh. Acessado em: 11.04.2024.

AGÊNCIA BRASIL. "Interventor federal repudia assassinato de vereadora do PSOL no Rio de Janeiro". *Agência Brasil*, mar. 2018. Disponível em: https://qrcd.org/49Kj. Acessado em: 10.05.2024.

ALBUQUERQUE, Afonso. "As fake news e o Ministério da Verdade Corporativa". *Revista Eptic*, Rio de Janeiro, vol. 23, nº 1, jan./abr. 2021.

ALVES, Cintia. "Juiz diz que Carne Fraca nunca investigou problemas sanitários de empresas produtoras de carne". *Jornal GGN*, mar. 2017. Disponível em: https://qrcd.org/48Qf. Acessado em: 09.05.2024.

______. "O homem por trás dos ataques virtuais ao ministro Barroso". *Jornal GGN*, ago. 2016. Disponível em: https://qrcd.org/47CJ. Acessado em: 11.04.2024.

AMERICA'S 1FIST FREEDON. "Brazil Recognizes Fallacy of Gun Control". *America's 1fist Freedon*, nov. 2018. Disponível em: https://goo.gl/F7mkKV. Acessado em: 08.05.2024.

ARAS, Vladimir. "O STF e a expulsão de Olga Benário". *Blog do Vlad*, jul. 2013. Disponível em: https://qrcd.org/485E. Acessado em: 09.05.2024.

ARAUJO, André Motta. "O 'Selo Verde' e o futuro do Brasil, por André Motta Araujo". *Jornal GGN*, jun. 2019. Disponível em: https://qrcd.org/48MM. Acessado em: 08.05.2024.

______. "O que vai fazer nos EUA a Procuradoria-Geral do Brasil? Acusar a Petrobras?" *Jornal GGN*, 2015. Disponível em: https://qrcd.org/48MX. Acessado em: 08.05.2024.

BALLOUSSIER, Anna Virginia. "'Não há homem perfeito', diz pastor da família Bolsonaro". *Folha de São Paulo*, nov. 2018. Disponível em: https://tinyl.io/A3YQ. Acessado em: 10.05.2024.

BECCIOLINI NETWORK. *Nuove Rivelazioni sui Mandanti dell'Assassinio del Presidente Habitiano*. 18 jul. 2022. Disponível em: https://qrcd.org/47Dp. Acessado em: 07.05.2024.

BEISSINGER, Mark R. "Structure and Example in Modular Political Phenomena: The Diffusion of Bulldozer/Rose/Orange/Tulip Revolutions". *Perspectives on Politics*, 2007.

BITENCOURT, Cezar Roberto. "Em dia de terror, Supremo rasga a Constituição no julgamento de um HC". *Jusbrasil*, 2016. Disponível em: https://tinyl.io/AGUj. Acessado em: 06.05.2024.

BLOG DO PRISCO. "LIDE SC e Neoway lançam LIDE futuro Santa Catarina". *Blog do Prisco*, out. 2015. Disponível em: https://qrcd.org/48Si. Acessado em: 09.05.2024.

BLOOMBERG. "NRA Goes International in Its Mission to Defend Guns". *Bloomberg*, jan. 2019. Disponível em: https://goo.gl/KWcMhy. Acessado em: 08.05.2024.

BOTTARI, Elenilce. "Rio das Pedras avança, e milícia mais antiga da cidade já cobra estacionamento e 'taxa de bica'". *Evernot*, jan. 2019. Disponível em: https://tinyl.io/A3YU. Acessado em: 10.05.2024.

BRÍGIDO, Carolina. "Cármen Lúcia sobre prisão: 'o escárnio venceu o cinismo'". *O Globo*, 25 nov. 2015. Disponível em: https://qrcd.org/47FL. Acessado em: 06.05.2024.

BULLA, Beatriz. "Empresa diz que Dominghetti foi incluído 'a pedido' em comunicações com governo sobre vacina". *Estadão*, jun. 2021. Disponível em: https://qrcd.org/49KM. Acessado em: 16.04.2024.

______. "PT desiste de recurso no STF após Gilmar se tornar relator". *Estadão*, dez. 2015. Disponível em: https://tinyl.io/AGQl. Acessado em: 15.04.2024.

CADWALLADR, Carole. "The great British Brexit robbery: how our democracy was hijacked". *The Guardian*, mai. 2017. Disponível em: https://qrcd.org/47CP. Acessado em: 07.05.2024.

CANÁRIO, Pedro. "Encontro 'secreto' de Deltan foi com bancos réus em ação da Petrobras nos EUA". *Consultor Jurídico*, out. 2019. Disponível em: https://qrcd.org/48Rx. Acessado em: 09.05.2024.

______. "Mais ministros desqualificam processo aberto por Falcão contra desafetos". *Consultor Jurídico*, abr. 2015. Disponível em: https://tinyl.io/AGQs. Acessado em: 15.04.2024.

CARDOSO, Tom. "Silvia Amélia Chagas". *Folha de São Paulo*, jun. 2010. Disponível em: https://tinyl.io/A6Y1. Acessado em: 09.05.2024.

CARVALHO, Cleide. "Documentos mostram depósitos em conta na Suíça gerida por filha de Serra". *O Globo*, ago. 2018. Disponível em: https://tinyl.io/A3Yn. Acessado em: 10.05.2024.

CASTRO, Gabriel. "Mendes detecta 'fortes indícios' de irregularidades em doações para Dilma". *Veja*, dez. 2014. Disponível em: https://tinyl.io/AGf8. Acessado em: 12.04.2024.

CASTRO, Juliana. "'O potencial realmente é explosivo', diz MPF após operação contra doleiros". *O Globo*, mai. 2018. Disponível em: https://qrcd.org/49DK. Acessado em: 09.05.2024.

CHADE, Jamil. "Gabinete do ódio busca comprar nova ferramenta espiã intitulada DarkMatter". *Uol*, jan. 2022. Disponível em: https://tinyl.io/A3gW. Acessado em: 16.04.2024.

CHARLES, Jacqueline; HALL, Kevin G.; DELGADO, Antonio Maria *et al*. "Colombians held in Haitian president's assassination claim ties to Miami-area security firm". *Miamiherald*, jan. 2022. Disponível em: https://qrcd.org/47Dv. Acessado em: 26.04.2024.

CHARLES, Jacqueline; WEAVER, Jay. "Haitian doctor with Florida connections arrested as a leader in Moïse assassination plot".

Miamiherald, jun. 2023. Disponível em: https://qrcd.org/49Do. Acessado em: 07.05.2024.

CIDADE VERDE. "Gilmar Mendes será relator de segundo pedido de inquérito contra Aécio Neves". *Cidade Verde*, mai. 2016. Disponível em: https://tinyl.io/AGQo. Acessado em: 15.04.2024.

CNEWS. Disponível em: https://tinyl.io/A3dx. Acessado em: 10.05.2024.

CONSULTOR JURÍDICO. "Gilmar Mendes impede recuo do PT e mantém processo de *impeachment*". *Consultor Jurídico*, dez. 2015. Disponível em: https://tinyl.io/AGQm. Acessado em: 15.04.2024.

_____. "STF vai interligar todo o Judiciário brasileiro em rede". *Consultor Jurídico*, dez. 2000. Disponível em: https://tinyl.io/AGVB. Acessado em: 15.04.2024.

COUTINHO, Filipe. "Investigação aponta fraude em contrato de R$ 30 mi no STJ e sugere demissão de contrato". *Época*, jan. 2017. Disponível em: https://tinyl.io/AGVG. Acessado em: 15.04.2024.

CUNHA, Joana. "Com contas bloqueadas, Dolly fecha fábrica e demite funcionários". *Folha de São Paulo*, jun. 2018. Disponível em: https://qrcd.org/48SX. Acessado em: 09.05.0224.

CYBER STATECRAFT INITIATIVE. "The 2016 European Cyber 9/12 Student Challenge". *Atlantic Council*, abr. 2016. Disponível em: https://tinyl.io/A3gJ. Acessado em: 15.04.2024.

DANIEL, Isaura. "Arab Chamber signs agreement with Abimde". *Agência de Notícias Brasil-Árabe*, dez. 2022. Disponível em: https://tinyl.io/A3gX. Acessado em: 16.04.2024.

DE ANDRADE, Hanrrikson; MAIA, Gustavo. "Para Braga Netto, intervenção no Rio evitou 'achismo' no caso Marielle". *Uol*, fev. 2019. Disponível em: https://qrcd.org/49Ku. Acessado em: 10.05.2024.

DE CAMPOS, João Pedroso; SIQUEIRA, André. "PF prende Dario Messer, o 'doleiro dos doleiros'". *Veja*, jul. 2019. Disponível em: https://qrcd.org/49Df. Acessado em: 09.05.2024.

DE CASTRO, Lúcio. "Desvios, fraudes e licitações arranjadas: o esquema comandado por generais que desviou milhões em verba pública". *Sportlight*, set. 2021. Disponível em: https://tinyl.io/A3gi. Acessado em: 16.04.2024.

DE MORAIS, Rafael Marques. "Trafigura e a Máfia Presidencial". *Maka Angola*, jan. 2023. Disponível em: https://tinyl.io/A6dj. Acessado em: 09.05.2024.

DE SOUSA PINTO, Ana Estela. "Jiu-jítsu brasileiro conquistou príncipe e virou febre em Abu Dhabi". *Folha de São Paulo*, out. 2019. Disponível em: http://tinyurl.com/mc3wthf8. Acessado em: 10.05.2024.

DE SOUZA, Josias. "Barroso: 'Garantistas se apaixonaram por prova ilícita'". *Uol*, out. 2019. Disponível em: https://qrcd.org/4859. Acessado em: 09.05.2024.

DIÁRIO OFICIAL DA UNIÃO. *Edital de chamamento público*, de 26 de janeiro de 2022. Disponível em: https://tinyl.io/A3fB. Acessado em: 16.04.2024.

______. *Edital de convocação*, de 25 de março de 2022. Disponível em: https://tinyl.io/A3fD. Acessado em: 16.04.2024.

EISINGER, Jesse. "What Robert Mueller learned from Enron". *CNBC*, jul. 2017. Disponível em: https://qrcd.org/47sD. Acessado em: 08.05.2024.

ÉPOCA. "Investigação na Eletrobras se torna cinco vezes maior". *Época*, dez. 2015. Disponível em: https://qrcd.org/48Qu. Acessado em: 09.05.2024.

ESCOSTEGUY, Diego; ROCHA, Marcelo. "Na delação premiada, Paulo Roberto Costa revela que os contratos da Petrobras eram superfaturados entre 18% e 20%". *Época*, set. 2014. Disponível em: https://tinyl.io/A6YM. Acessado em: 09.05.2024.

FABRINI, Fábio. "Convênios para acelerar o PAC servem para contratar secretária e recepcionista". *Senado*, fev. 2012. Disponível em: https://tinyl.io/A3go. Acessado em: 16.04.2024.

FAERMANN, Patricia. "Cármen Lúcia, em prêmio de O Globo, diz que não há golpe". *Jornal GGN*, mar. 2016. Disponível em: https://qrcd.org/3s3e. Acessado em: 12.04.2024.

______. "Como a Cibersegurança do Exército serviu para ataque de Bolsonaro às urnas". *Jornal GGN*. Disponível em: https://tinyl.io/A3eY. Acessado em: 15.04.2024.

______. "Entenda a Medida Provisória do governo que beneficiou vendedores de vacinas". *Jornal GGN*, jun. 2021. Disponível em: https://qrcd.org/49KN. Acessado em: 16.04.2024.

_____. “Lava Jato não quis saber sobre acusação de lobista contra Aécio e Furnas”. *Jornal GGN*, mar. 2017. Disponível em: https://tinyl.io/AGVY. Acessado em: 15.04.2024.

_____. “Militares criaram um ‘Projeto de Nação’ para 2035 nos moldes da ditadura”. *Jornal GGN*, mai. 2022. Disponível em: https://tinyl.io/A3gR. Acessado em: 16.04.2024.

_____. “O histórico de favorecimento e irregularidades nas licitações das urnas eletrônicas”. *Jornal GGN*, out. 2014. Disponível em: https://tinyl.io/AGQr. Acessado em: 15.04.2024.

_____. “TSE aprova contas de Dilma e Gilmar ataca o Blog”. *Jornal GGN*, dez. 2014. Disponível em: https://tinyl.io/AGf9. Acessado em: 12.04.2024.

FANG LEE. “Lobistas do partido republicano ajudam o Brasil a recrutar empresas dos EUA para explorar a Amazônia”. *Intercept Brasil*, ago. 2019. Disponível em: https://qrcd.org/47qq. Acessado em: 08.05.2024.

FÃS DE CINEMA. *Segredos Oficiais*. 6 mai. 2024. Disponível em: https://youtu.be/Z4pv4fVz2VE?si=tawW3rpCKM8GpCOL. Acessado em: 06.05.2024.

FERMANN, Patricia. “Big Data: o império do Grupo Globo em paraísos fiscais”. *Jornal GGN*, set. 2016. Disponível em: https://tinyl.io/A3Ye. Acessado em: 10.05.2024.

FERNANDES, Rubem César. *Estação de Seca na Igreja*. Rio de Janeiro: Comunicações do ISER, 1990. Disponível em: https://qrcd.org/47TY. Acessado em: 07.05.2024.

FERREIRA, Flávio. “Deltan foi pago por palestra em empresa citada na Lava Jato”. *Folha de São Paulo*, jul. 2019. Disponível em: https://qrcd.org/48S7. Acessado em: 09.05.2024.

FICHA SOCIAL 10. *Reinaldo Azevedo humilha ministro Barroso, do STF, ao abordar impeachment*: “Tenho nojo!” 6 mai. 2024. Disponível em: https://qrcd.org/3o60. Acessado em: 06.05.2024.

FIGARO VOX. “Vente d’Alstom: le dessous des cartes”. *Figaro Vox*. Disponível em: https://qrcd.org/48MW. Acessado em: 08.05.2024.

FISHMAN, Andrew; DEMORI, Leandro. “‘O RISCO TÁ BEM PAGO RS’ Deltan foi estrela de encontro com bancos e investidores organizado pela XP ‘com compromisso de confidencialidade’”. *The Intercept*, jul. 2019. Disponível em: https://qrcd.org/48Rv. Acessado em: 09.05.2024.

FOLHA DE SÃO PAULO. "Lei do Direito de Resposta é hostil à liberdade de imprensa, diz ex-ministro". *Folha de S.Paulo*. Disponível em: https://qrcd.org/47CL. Acessado em: 12.04.2024.

______. "Ministério Público Eleitoral questiona relatoria de Gilmar de contas de Dilma". *Folha de S.Paulo*. Disponível em: https://tinyl.io/AGOd. Acessado em: 12.04.2024.

FRAZÃO, Felipe. "Interventor diz que não anunciou suspeitos de morte de Marielle por não buscar protagonismo". *Estadão*, jan. 2019. Disponível em: https://qrcd.org/49Kt. Acessado em: 10.05.2024.

G1. "Bolsonaro diz que 'acabou' com Operação Lava Jato porque governo 'não tem mais corrupção'". *G1*, out. 2020. Disponível em: https://g1.globo.com/politica/noticia/2020/10/07/bolsonaro-diz-que-acabou-com-a-operacao-lava-jato-porque-governo-nao-tem-mais-corrupcao.ghtml. Acessado em: 10.04.2024

______. "Witzel vai a Israel conhecer drones que atiram e tecnologia de reconhecimento facial". *G1*, dez 2018. Disponível em: https://goo.gl/tK4XfK. Acessado em: 08.05.2024.

GALHARDO, Ricardo. "Advogado de delatores é acusado de cobrar propina". *Estadão*, mai. 2018. Disponível em: https://qrcd.org/49DI. Acessado em: 09.05.2024.

GAMBA, Karla; BRESCIANI, Eduardo. "Na despedida, Villas Boas diz que Bolsonaro trouxe 'renovação e liberação das amarras ideológicas'". *O Globo*, jan. 2019. Disponível em: https://qrcd.org/49Kv. Acessado em: 10.05.2024.

GAZETA DO POVO. "Transparência Internacional denuncia retrocessos no combate à corrupção no Brasil à OCDE". *Gazeta do Povo*, out. 2020. Disponível em: https://qrcd.org/47sQ. Acessado em: 09.05.2024.

GOLDSTONE, Jack A.; GRININ, Leonid, KOROTAYEV, Andrey. *Handbook of Revolutions in the 21st Century*. Cham: Springer, 2022.

GOVERNO FEDERAL. "Artigos e palestras do 15º Congresso Acadêmico sobre Defesa Nacional". *Ministério da Defesa*, jun. 2020. Disponível em: https://tinyl.io/A3dn. Acessado em: 07.05.2024.

GRILLO, Marco; PRADO, Thiago. "Após defender legalização de paramilitares no passado, Bolsonaro agora se diz desinteressado no assunto". *O Globo*, jun. 2018. Disponível em: https://qrcd.org/49L1. Acessado em: 10.05.2024.

GUIMARÃES, Arthur; MARTINS, Marco Antônio. "Doleiro Dario Messer é preso pela Polícia Federal do Rio". *G1*, jul. 2019. Disponível em: https://qrcd.org/49Ds. Acessado em: 09.05.2024.

GULLINO, Daniel. "Gilmar Mendes é sorteado relator de inquérito contra Aécio". *O Globo*, jun. 2017. Disponível em: https://tinyl.io/AGQp. Acessado em: 15.04.2024.

HASENCLEVER, Lia; LOPES, Rodrigo; COSTA CHAVES, Gabriela *et al.* "O Instituto de Patentes Pipeline e o Acesso Amedicamentos: Aspectos Econômicos e Jurídicos Deletérios à Economia da Saúde". *Revista de Direito Sanitário*, São Paulo, vol. 11, nº 2, jul./out. 2010.

IL FATTO QUOTIDIANO. "Dieci indagati per il caso Arner Bank. C'è anche la società finanziata da Berlusconi". *Il Fatto Quotidiano*, fev. 2012. Disponível em: https://tinyl.io/A3Ym. Acessado em: 10.05.2024.

JORNAL GGN. "Com força ou sanções econômicas, potências poderiam intervir no Brasil por Amazônia, diz professor de Harvard". *Jornal GGN*, ago. 2019. Disponível em: https://qrcd.org/47qi. Acessado em: 08.05.2024.

______. "A revolução da informação e a nova ordem mundial". *Jornal GGN*, jan. 2014. Disponível em: https://qrcd.org/48Ml. Acessado em: 08.05.2024.

JOTA. "A presidente Cármen Lúcia em dez pontos". *Jota*, ago. 2016. Disponível em: https://qrcd.org/3s3g. Acessado em: 12.04.2024.

JUNQUEIRA, Caio. "Bolsonaro discute segurança cibernética nas eleições com Forças Armadas, dizem aliados". *CNN Brasil*, mai. 2022. Disponível em: https://tinyl.io/A3eR. Acessado em: 15.04.2024.

JUSTIÇA FEDERAL. "Edital de citacão nº 510005119127". *Justiça Federal Seção Rio de Janeiro*, 2021. Disponível em: https://qrcd.org/48S4. Acessado em: 09.05.2024.

KAUFMAN, Alexander C. "Donald Trump Pulls U.S. Out Of Paris Accord In Crushing Blow To Climate Fight". *Huffpost*, jun. 2017. Disponível em: https://qrcd.org/47qn. Acessado em: 08.05.2024.

KAWAGUTI, Luis. "1 mês de intervenção: assassinato de Marielle, 'choque nas polícias' e queda de braço com o tráfico". *Uol*, mar. 2018. Disponível em: https://qrcd.org/49Kg. Acessado em: 10.05.2024.

KORYBKO, Andrew. *Guerras híbridas*: das revoluções coloridas aos golpes. São Paulo: Expressão Popular, 2018.

LE FIGARO. "Vente d'Alstom: un ex-dirigeant incarcéré accuse les États-Unis de chantage". *Le Figaro*, jan. 2019. Disponível em: https://qrcd.org/48MV. Acessado em: 08.05.2024.

LEITÃO, Matheus; SELIGMAN, Felipe; ODILLA, Fernanda. "Roriz negociou contratar genro de ministro". *Folha de S. Paulo*, out. 2010. Disponível em: https://tinyl.io/Aske. Acessado em: 19.06.2024.

LEWIS, Neil A. "Tables Turned on Prosecution in Stevens Case". *The New York Times*, abr. 2009. Disponível em: https://qrcd.org/47sA. Acessado em: 08.05.2024.

LEWIS, Neil A.; JOHNSTON, David. "Dismayed Lawyers Lay Out Reasons for Collapse of the Stevens Conviction". *The New York Times*, abr. 2009. Disponível em: https://qrcd.org/47s9. Acessado em: 08.05.2024.

LIMA, Bruno. "Cármen Lúcia desempata votação e diz que não cabe votação secreta em rito de *impeachment*". *R7 Notícias*, dez. 2015. Disponível em: https://qrcd.org/3s3d. Acessado em: 12.04.2024.

LODI, Gabriella. "Família Dallagnol recebeu indenização por gleba com sobrepreço estimado em R$ 147 milhões". *Jornal GGN*, 21 jun. 2022. Disponível em: https://jornalggn.com.br/politica/familia-dallagnol-recebeu-gleba-acusada-de-sobrepreco-66-vezes-maior-que-valor-do-triplex/. Acessado em: 22.06.2024.

LUNARDI, Soraya; DIMOULIS, Dimitri. "O custo social da inércia do STF: Réquiem da ADI 4.234". *Jota*, jul. 2017. Disponível em: https://qrcd.org/47CC. Acessado em: 11.04.2024.

MACEDO, Fausto. "Contratos assinados por Tarcísio no Dnit durante gestão Dilma entram na mira da PF". *Estadão*, set. 2020. Disponível: https://tinyl.io/A3gq. Acessado em: 16.04.2024.

MACIEL, Alice; DE LARA, Bruna *et al.* "Deltan captava recursos de empresários para Instituto Mude". *Publica*, set. 2019. Disponível em: https://qrcd.org/48Rz. Acessado em: 09.05.2024.

MACIEL, Alice; FONSECA, Bruno. "Grupo evangélico fez oferta paralela de vacinas ao Ministério da Saúde e prefeituras". *Pública*, jul. 2021. Disponível em: https://tinyl.io/AtDB. Acessado em: 19.06.2024.

MAIA, Gustavo. "Diante de ameaça de *impeachment* no Paraguai, Bolsonaro admite cancelar novo acordo sobre Itaipu". *O Globo*, jul. 2019. Disponível em: http://tinyurl.com/5n8zwbr8. Acessado em: 10.05.2024.

MALAGUTTI OSLLER, Marcelo Antonio. *Ciberespaço*: Instrumento Geopolítico com Implicações para o Brasil? Belo Horizonte: Instituto Meira Mattos (IMM), 2017. (Tese de Doutorado).

MARTINS, Marco Antônio. "Comandante do Exército vira alvo de investigação". *Defesanet*, jul. 2011. Disponível em: https://tinyl.io/A3gf. Acessado em: 16.04.2024.

MARTINS, Marco Antônio. "TCU diz que comandante do Exército favoreceu empresas". *Folha de S. Paulo*, ago. 2011. Disponível em: https://www1.folha.uol.com.br/fsp/poder/po0908201102.htm. Acessado em: 19.06.2024.

MÁXIMO, Wellton. "Lava Jato destruiu 4,44 milhões de empregos, aponta estudo". *Agência Brasil*, mar. 2024. Disponível em: https://agenciabrasil.ebc.com.br/economia/noticia/2024-03/lava-jato-destruiu-444-milhoes-de-empregos-aponta-estudo. Acessado em: 10.04.2024.

MAYER, Emma. "Florida Security Firm Probed in Assassination Link to Haiti President After Photo Emerges". *Newsweek*, jul. 2021. Disponível em: https://qrcd.org/47Dt. Acessado em: 07.05.2024.

MAZZI, Leandro. "Presidente da Embratur se reúne com Sheldon Adelson em Las Vegas". *Esplanada*, set. 2019. Disponível em: https://qrcd.org/48MH. Acessado em: 08.05.2024.

MEGALE, Bela. "Nome de presidente do Cade para Supremo foi apresentado por Flávio Bolsonaro". *O Globo*, out. 2021. Disponível em: http://tinyurl.com/ym8wt9bs. Acessado em: 10.05.2024.

MINISTÉRIO DA DEFESA. "Artigos e palestras do 15º Congresso Acadêmico sobre Defesa Nacional". *Governo Brasileiro*, jun. 2020. Disponível em: https://tinyl.io/A3dk. Acessado em: 15.04.2024.

______. "Ministro participa de cerimônia de transmissão de cargo do Comando de Defesa Cibernética". *Governo do Brasil*, fev. 2021. Disponível em: https://tinyl.io/A3dv. Acessado em: 15.04.2024.

MOREIRA, Assis. "Sarkozy relata oposição dos EUA a submarino nuclear para o Brasil". *Valor Econômico*, set. 2023. Disponível em: https://qrcd.org/48MQ. Acessado em: 08.05.2024.

MOTORYN, Paulo. "General que questiona eleições contratou empresa israelense de ex-chefe de TI de Bolsonaro". *Brasil de Fato*, mai. 2022. Disponível em: https://tinyl.io/A3ec. Acessado em: 15.04.2024.

MPF. *Operação Hemorragia*: três novos acordos de colaboração premiada envolvem multa de R$ 7 milhões. Disponível em: https://www.mpf.mp.br/sc/sala-de-imprensa/noticias-sc/operacao-hemorragia-tres-novos-acordos-de-colaboracao-premiada-envolvem-multa-de-r-7-milhoes. Acessado em: 19.06.2024.

MUNIZ, Veyzon Campos. "O caso Olga Benario Prestes: um estudo crítico sobre o habeas corpus nº 26.155/19361". *Direito e Justiça*, vol. 37, nº 1, jan./jun. 2011.

NAÇÃO BRB. "Nação BRB Fla chega à marca de 2 milhões de clientes". *Flamengo*, set. 2019. Disponível em: http://tinyurl.com/576wbamh. Acessado em: 10.05.2024.

NASCIMENTO, Camila. "Quem é o polêmico lutador que acompanhou Bolsonaro pelas ruas de NY". *Veja*, set. 2021. Disponível em: http://tinyurl.com/ycy44mwv. Acessado em: 10.05.2024.

NASSIF, Lourdes. "Exclusivo: Banqueiros da Odebrecht omitiram informações em delação da Lava Jato e tiveram multa irrisória". *Jornal GGN*, nov. 2017. Disponível em: https://qrcd.org/49Dw. Acessado em: 09.05.2024.

______. "Michel Temer e Aécio Neves na delação da JBS". *Jornal GGN*, mai. 2017. Disponível em: https://tinyl.io/AGVZ. Acessado em: 15.04.2024.

NASSIF, Luís. "Atualizado: Xadrez de como Carlos Bolsonaro entra no foco central do caso Marielle, por Luís Nassif". *Jornal GGN*, nov. 2019. Disponível em: https://qrcd.org/49L8. Acessado em: 10.05.2024.

______. "Xadrez da organização que está por trás da estratégia do Facebook contra os fakenews". *Jornal GGN*, jul. 2020. Disponível em: https://jornalggn.com.br/noticia/xadrez-da-organizacao-que-esta-por-tras-da-estrategia-do-facebook-contra-os-fakenews/. Acessado em: 08.05.2024.

______. "Xadrez das delações da Odebrecht". *Jornal GGN*, ago. 2016. Disponível em: https://tinyl.io/AGVd. Acessado em: 15.04.2024.

______. "Xadrez do pacto que garantiu R$ 2,5 bi para a fundação da Lava Jato". *Jornal GGN*, mai. 2019. Disponível em: https://qrcd.org/48Qj. Acessado em: 09.05.2024.

______. "Xadrez do submarino nuclear e do novo pré-sal brasileiro, por Luís Nassif". *Jornal GGN*, jan. 2023. Disponível em: https://qrcd.org/48Mu. Acessado em: 08.05.2024.

______. "Como funcionava a parceria Veja-Cachoeira". *Jornal GGN*, mar. 2012. Disponível em: https://qrcd.org/3cn1. Acessado em: 06.05.2024.

______. "Relembre o Xadrez da política, do crime e da contravenção". *Jornal GGN*, fev. 2018. Disponível em: https://qrcd.org/48Me. Acessado em: 08.05.2024.

______. "Xadrez de Moro, Dallagnol e Bolsonaro, e a busca do inimigo externo, por Luís Nassif". *Jornal GGN*, out. 2020. Disponível em: https://qrcd.org/47qj. Acessado em: 08.05.2024.

______. "A brincadeira do *impeachment* e os desvios de Aécio". *Jornal GGN*, nov. 2014. Disponível em: https://tinyl.io/AGf4. Acessado em: 11.04.2024.

______. "A proposta indecorosa de legalizar o jogo". *Jornal GGN*, set. 2022. Disponível em: https://qrcd.org/48MB. Acessado em: 08.05.2024.

______. "As redes da GTech, maior empresa de loteria do mundo". *Jornal GGN*, abr. 2012. Disponível em: https://qrcd.org/48MC. Acessado em: 08.05.2024.

______. "Barroso e Bretas vão a NY reforçar o lobby do compliance". *Jornal GGN*, abr. 2019. Disponível em: https://qrcd.org/48Qq. Acessado em: 09.05.2024.

______. "Cármen Lúcia e o jogo para beneficiar grandes laboratórios, por Luís Nassif". *Jornal GGN*, set. 2018. Disponível em: https://qrcd.org/3s3c. Acessado em: 12.04.2024.

______. "Carta aberta ao Ministro Ayres Brito". *Jornal GGN*, mai. 2012. Disponível em: https://qrcd.org/47CM. Acessado em: 12.04.2024.

______. "Como a Lava Jato foi pensada como uma operação de guerra". *Jornal GGN*, out. 2015. Disponível em: https://qrcd.org/48NQ. Acessado em: 08.05.2024.

______. "Como o Departamento de Justiça dos EUA usou a Lava Jato contra a França". *Jornal GGN*, jul. 2023. Disponível em: https://qrcd.org/48MS. Acessado em: 08.05.2024.

______. "Comprovado: sistema telefônico tinha condições de transferir ligações para celular de Bolsonaro". *Jornal GGN*, nov. 2019. Disponível em: https://qrcd.org/49L9. Acessado em: 10.05.2024.

______. "CPI de Cachoeira deverá convocar Roberto Civita". *Jornal GGN*, abr. 2012. Disponível em: https://qrcd.org/3rij. Acessado em: 11.04.2024.

______. "CPI do Mensalão – Depoimentos". *Site Luís Nassif*. Disponível em: https://tinyl.io/A3wF. Acessado em: 11.04.2024.

______. "Instituto Sagres, da Operação Satiagraha ao Projeto de Nação". *Jornal GGN*, mai. 2022. Disponível em: https://tinyl.io/A3gS. Acessado em: 16.04.2024.

______. "Juntando as peças do dia 14/03/2018 na vida de Bolsonaro, por Luís Nassif". *Jornal GGN*, nov. 2019. Disponível em: https://qrcd.org/49L4. Acessado em: 10.05.2024.

______. "Mensalão: como Joaquim Barbosa antecipou todos os abusos da Lava Jato, por Luís Nassif". *Jornal GGN*. Disponível em: https://qrcd.org/3fPr. Acessado em: 06.05.2024.

______. "Para entender a estratégia Gilmar-Toffoli no TSE". *Jornal GGN*, dez. 2014. Disponível em: https://tinyl.io/AGQh. Acessado em: 12.04.2024.

______. "Passos de Cachoeira... na Itália". *Jornal GGN*, mai. 2022. Disponível em: https://qrcd.org/48MD. Acessado em: 08.05.2024.

______. "Relembre o Xadrez da política, do crime e da contravenção". *Jornal GGN*, fev. 2018. Disponível em: https://qrcd.org/48ME. Acessado em: 08.05.2024.

______. "Xadrez da indústria de armas e o financiamento da direita, por Luís Nassif". *Jornal GGN*, jan. 2019. Disponível em: https://qrcd.org/48MG. Acessado em: 08.05.2024.

______. "Xadrez de como Braga Netto tentou Operação Davati quando interventor no Rio". *Jornal GGN*, ago. 2021. Disponível em: http://tinyurl.com/ym79s2n3. Acessado em: 10.05.2024.

______. "Xadrez de como os EUA e a Lava Jato desmontaram o Brasil, por Luís Nassif". *Jornal GGN*, mar. 2018. Disponível em: https://qrcd.org/48Mk. Acessado em: 08.05.2024.

______. "Xadrez de como será o golpe da urna eletrônica, por Luís Nassif". *Jornal GGN*, mai. 2022. Disponível em: https://tinyl.io/A3ee. Acessado em: 15.04.2024.

______. "Xadrez do fim do governo Bolsonaro, por Luís Nassif". *Jornal GGN*, jan. 2020. Disponível em: https://tinyl.io/A3YG. Acessado em: 10.05.2024.

______. "Xadrez do submarino nuclear e do novo pré-sal brasileiro, por Luís Nassif". *Jornal GGN*, jan. 2023. Disponível em: https://qrcd.org/48MU. Acessado em: 08.05.2024.

______. "Armado por Toffoli e Gilmar, já está em curso o golpe sem *impeachment*". *Jornal GGN*, nov. 2014. Disponível em: https://tinyl.io/AGQk. Acessado em: 15.04.2024.

NOGUEIRA, Kiko. "Vereador acusado de mandar matar Marielle é um dos autores de lei autorizando que igreja de Michelle Bolsonaro tenha 5 andares". *DCM*, jan. 2019. Disponível em: https://tinyl.io/A3YP. Acessado em: 10.05.2024.

NOZAKI, William. "A nova geopolítica do petróleo no século XXI". *Le Monde Diplomatique Brasil*, dez. 2018. Disponível em: https://qrcd.org/47qg. Acessado em: 08.05.2024.

O ANTAGONISTA. "General Braga Netto promete prender assassinos de Marielle". *O Antagonista*, mar. 2018. Disponível em: https://qrcd.org/49Kl. Acessado em: 10.05.2024.

O GLOBO. "Ambientalistas criticam Kataguiri por PL que muda licenciamento ambiental". *O Globo*, ago. 2019. Disponível em: https://qrcd.org/48MO. Acessado em: 08.05.2024.

______. "E Agora, Brasil?: 'Garantismo não pode ser garantia de não punição', diz Barroso". *O Globo*, jun. 2018. Disponível em: https://qrcd.org/485A. Acessado em: 09.05.2024.

______. "General Braga Netto diz que caso Marielle deverá ser solucionado até o fim da intervenção". *O Globo*, ago. 2018. Disponível em: https://qrcd.org/49Kq. Acessado em: 10.05.2024.

______. "Lava-Jato no Rio abre 'caixinha preta' da Fetranspor". *O Globo*, jun. 2017. Disponível em: https://tinyl.io/AGQv. Acessado em: 15.04.2024.

OFFICE OF PUBLIC AFFAIRS. "Acting Assistant Attorney General Kenneth A. Blanco Speaks at the Atlantic Council Inter-American Dialogue Event on Lessons From Brazil: Crisis, Corruption and Global Cooperation". *Office of Public Affairs*, jul. 2017. Disponível em: https://qrcd.org/48Qa. Acessado em: 08.05.2024.

OLIVEIRA, Eliane. "Brasil quer construir uma nova proposta de política ambiental com os Estados Unidos". *O Globo*, ago. 2019. Disponível em: https://qrcd.org/47qs. Acessado em: 08.05.2024.

OLIVEIRA, Mariana. "Gilmar Mendes suspende nomeação de Lula como ministro da Casa Civil". *G1*, mar. 2016. Disponível em: https://tinyl.io/AGQn. Acessado em: 15.04.2024.

OPERA MUNDI. "Erdogan: Brasil e Turquia são alvo de conspiração internacional". *Opera Mundi*, jun. 2013. Disponível em: https://qrcd.org/47CW. Acessado em: 07.05.2024.

ORMOND, Andrea. "Roleta Russa". *Estranho Encontro*, jun. 2006. Disponível em: https://tinyl.io/A6Y4. Acessado em: 09.05.2024.

ORTEGA, Felipe Afonso. *Cores da mudança?*: as revoluções coloridas e seus reflexos em política externa. São Paulo: Pontifícia Universidade Católica, 2009. (Dissertação de Mestrado). Disponível em: https://qrcd.org/48M4.

OTAVIO, Chico; ARAÚJO, Vera; LEAL, Arthur. "Operação Os Intocáveis: conheça os alvos e veja como age a milícia que comanda Rio das Pedras". *O Globo*, jan. 2019. Disponível: https://tinyl.io/A3YT. Acessado em: 10.05.2024.

______. "PM e ex-PM são presos pelo assassinato de Marielle Franco". *O Globo*, nov. 2021. Disponível em: https://qrcd.org/49Ky. Acessado em: 10.05.2024.

PASTERNACK, Alex; WITT, Jesse. "Before Trump, Cambridge Analytica quietly built 'psyops' for militaries". *FastCompany*, set. 2019. Disponível em: https://qrcd.org/47CQ. Acessado em: 07.05.2024.

PEREIRA RABELO, Thiago; MITERHOF, Marcelo. "Interpretação do Ministério da Infraestrutura desvirtua debêntures do setor". *Jota*, dez. 2021. Disponível em: https://tinyl.io/A3gz. Acessado em: 16.04.2024.

PINTO, Eduardo Costa. *Bolsonaro e os Quartéis*: a loucura com método. Rio de Janeiro: Instituto de Economia UFRJ, 2019.

PLATONOW, Vladimir. "Jungmann: envolvimento de poderosos na morte de Marielle é certeza". *Agência Brasil*, nov. 2018. Disponível em: https://qrcd.org/49Ks. Acessado em: 10.05.2024.

PODER 360. "Lava Jato terminou como organização criminosa, diz Gilmar Mendes". *Poder 360*, mar. 2024. Disponível em: https://www.poder360.com.br/justica/lava-jato-terminou-como-organizacao-criminosa-diz-gilmar-mendes/. Acessado em: 10.04.2024.

POWELL, Sidney. *Licensed to Lie*: Exposing Corruption in the Department of Justice Hardcover. Texas: Brown Books Publishing Group, 2014.

PRAGMATISMO POLÍTICO. "Bolsonaro critica 'intervenção militar branda' no Rio de Janeiro". *Pragmatismo Político*, fev. 2018. Disponível em: https://qrcd.org/49Kd. Acessado em: 10.05.2024.

PRAZERES, Leandro; SASSINE, Vinícius. "Auditoria de R$ 400 milhões em obras da Eletrobras só andou após a Lava-Jato". *O Globo*, out. 2019. Disponível em: https://qrcd.org/3nWO. Acessado em: 09.05.2024.

PRINCETON UNIVERSITY LIBRARY. "Documento de Santa Fé II. A estratégia americana. A política do governo Bush para a América Latina". *Princeton University Library*. Disponível em: https://qrcd.org/47Tb. Acessado em: 07.05.2024.

PRIVACIDADE, hackeada. Direção: Karim Amer e Jehane Noujaim. 2019. 1h54min.

PROPORNOT. "Russia is Manipulating US Public Opinion through Online Propaganda". *Propornot*, mar. 2017. Disponível em: https://bit.ly/3NJB7qU. Acessado em: 08.05.2024.

RAGAZZI, Lucas. "Inventamos uma cidade e negociamos com golpistas para tentar comprar vacinas Covid". *98 Live*, mai. 2021. Disponível em: http://tinyurl.com/38pnhbxe. Acessado em: 16.04.2024.

RAMOS, Murilo. "Escritório de Ellen Gracie é contratado para fiscalizar trabalho na Eletrobras". *Época*, set. 2016. Disponível em: https://qrcd.org/3nWK. Acessado em: 09.05.2024.

REDAÇÃO RBA. "Datafolha: Lula lidera e bate todos os candidatos no 2º turno". *Redação RBA*, jan. 2018. Disponível em: https://qrcd.org/49Kz. Acessado em: 10.05.2024.

REDE BRASIL ATUAL. "Datafolha: Lula lidera e bate todos os candidatos no 2º turno". *Rede Brasil Atual*, jan. 2018. Disponível em: https://qrcd.org/49KZ. Acessado em: 09.05.2024.

REHNFELDT, Mabel. "Abdo benitez assumia em mensajes que Brasil presionaba al Paraguay". *ABC*, ago. 2019. Disponível em: http://tinyurl.com/452rtx2z. Acessado em: 10.05.2024.

______. "El vice gestiono acuerdo a favor de presunto negocio de Bolsonaro". *ABC*, jul. 2019. Disponível em: http://tinyurl.com/5f7de42d. Acessado em: 10.05.2024.

RIBEIRO, Jéssica. "Doações a ONG teriam sido usadas em campanha defendida por Dallagnol". *Metrópoles*, mai. 2024. Disponível em: https://tinyl.io/Asm1. Acessado em: 19.06.2024.

RIOTTA, Chris. "NRA is in deep financial trouble and may soon 'be unable to exist'". *The Independent*, ago. 2018. Disponível em: https://qrcd.org/3ejA. Acessado em: 08.05.2024.

SANDERS, Bernie. "A new authoritarian axis demands an international progressive front". *The Guardian*, set. 2018. Disponível em: https://qrcd.org/48MF. Acessado em: 08.05.2024.

SASSINE, Vinicius. "Eletrobras Contratou investigadores americanos por 400 milhões para apurar corrupção". *Época*, jan. 2018. Disponível em: https://qrcd.org/3nwm. Acessado em: 09.05.2024.

SEEING RED. "Royce Gracie, the Man Who Introduced the Bolsonaros to the NRA and Donald Trump, Jr.". *Seeing Red*, mar. 2022. Disponível em: https://tinyurl.com/3fbtj4v4. Acessado em: 08.05.2024.

SIL. *25% of the world's people are left out because of language-related barriers*. Disponível em: https://qrcd.org/48Ll. Acessado em: 07.05.2024.

SINDICATO NACIONAL DAS INDÚSTRIAS DE MATERIAIS DE DEFESA. "RUSTCON faz simulação virtual do Guardião Cibernético". *Sindicato Nacional das Indústrias de Materiais de Defesa*, nov. 2021. Disponível em: https://tinyl.io/A3fG. Acessado em: 15.04.2024.

SOUZA, Priscilla. "Famílias de jovens mortos na Chacina da Via Show esperam há oito anos por julgamento de oficial da PM". *Extra*, set. 2015. Disponível em: https://tinyl.io/A3YJ. Acessado em: 10.05.2024.

SPIGLIATTI, Solange. "MPF pede corte de repasses a terceirizados da BR-429". *Estadão*, ago. 2011. Disponível em: https://tinyl.io/A3gn. Acessado em: 16.04.2024.

STRECK, Lenio Luiz. "8/1/2023: o dia da infâmia para não ser esquecido! 'Nunca más'!" *Consultor Jurídico*, jan. 2023. Disponível em: https://www.conjur.com.br/2023-jan-10/lenio-streck-812023-dia-infamia-nao-esquecido/. Acessado em: 10.04.2024.

TERRA. "Tecnologia brasileira causa impacto no 2º maior mercado de ações do mundo". *Terra*, ago. 2016. Disponível em: http://tinyurl.com/5n7ft2wy. Acessado em: 10.05.2024.

TIMBERG, Craig. "Russian propaganda effort helped spread 'fake news' during election, experts say". *The Washington Post*, nov. 2016. Disponível em: https://qrcd.org/48Mr. Acessado em: 08.05.2024.

TRANSPARENCY INTERNATIONALUCK. *Us Launch*: Licence to Bribe? The Role of Middlemen in Defence Procurement. Disponível em: https://qrcd.org/47sM. Acessado em: 09.05.2024.

TV GGN. *"LEVARAM O REITOR" Documentário sobre o caso Cancellier*. 13 de dezembro 2021. Disponível em: https://youtu.be/6GOgdEpKUp4?si=zH06Vy88wo5vrX3k. Acessado em: 10.05.2024.

______. *A cooperação escancarada entre Departamento de Justiça dos EUA e Lava Jato*. Disponível em: https://qrcd.org/48Mj. Acessado em: 08.05.2024.

UIP, David; SANTOS, Renata. "WhatsApp, Justiça e saúde". *Folha de S. Paulo*, 05 set. 2016. Disponível em: https://tinyl.io/AqzJ. Acessado em: 19.06.2024.

URIBE, Gustavo. "Em Davos, Moro defenderá que corrupção afeta credibilidade no mercado global". *Folha de São Paulo*, jan. 2019. Disponível em: https://tinyl.io/A6Xv. Acessado em: 09.05.2024.

VALENTE, Rubens. "Ação sigilosa do governo mira professores e policiais antifascistas". *Uol*, 24 jul. 2020. Disponível em: https://tinyl.io/AtCf. Acessado em: 19.06.2024.

VANIAN, Jonathan. "Facebook Partners With the Atlantic Council to Fight Election Propaganda". *Fortune*, mai. 2018. Disponível em: https://qrcd.org/48My. Acessado em: 08.05.2024.

VASCONCELOS, Frederico. "TSE paga R$ 98 mi por operação de urnas". *Folha de São Paulo*, set. 2006. Disponível em: https://tinyl.io/AGQq. Acessado em: 15.04.2024.

VEJA. "Bolsonaro será candidato a Presidente pelo PSL". *Veja*, jan. 2018. Disponível em: https://qrcd.org/49KW. Acessado em: 09.05.2024.

______. "Candidatura de Bolsonaro tem menor resistência nas Forças Armadas". *Veja*, jan. 2018. Disponível em: https://qrcd.org/49KX. Acessado em: 09.05.2024.

______. "Dilma nomeia militares para a cúpula do Dnit". *Veja*, ago. 2011. Disponível em: https://qrcd.org/49In. Acessado em: 16.04.2024.

______. "Técnicos do TSE pedem rejeição de contas de campanha de Dilma". *Veja*, dez. 2014. Disponível em: https://tinyl.io/AGQg. Acessado em: 12.04.2024.

VENTURA, Manuel. "Cade deve reabrir investigação contra Petrobras se venda de refinarias for paralisada". *O Globo*, fev. 2021. Disponível em: http://tinyurl.com/ysr3vsmc. Acessado em: 10.05.2024.

VESCERA, Zak. "Sask. government says First Nation vaccine deal doesn't look legitimate". *Saskatoon StarPhoenix*, mar. 2021. Disponível em: https://qrcd.org/49KH. Acessado em: 16.04.2024.

VOTAVOVÁ, Klára; JANDA, Jakub. "How to Hold Facebook and Google Responsible for Fake News". *Atlantic Council*, jul. 2017. Disponível em: https://qrcd.org/48N1. Acessado em: 08.05.2024.

VOZ POPULI. "Bárcenas se valió de 9 empresas 'fantasma', 25 testaferros y un bufete para ocultar su fortuna". *Voz Populi*, fev. 2012. Disponível em: https://tinyl.io/A3Yl. Acessado em: 10.05.2024.

WALTENBERG, Guilherme; BARROS, Rafaella. "Refinaria privatizada pela Petrobras suspende abastecimento de navios". *Poder 360*, dez. 2021. Disponível em: http://tinyurl.com/4mx6h7fm. Acessado em: 10.05.2024.

WEISS, Michael. "The 750 Million Dollar Man". *Foreign Policy*, fev. 2014. Disponível em: https://tinyl.io/A6Xo. Acessado em: 09.05.2024.

WILTGEN, Guilherme. "ABIMDE acompanha missão presidencial aos Emirados Árabes Unidos e à Arábia Saudita e mostra a importância da indústria de defesa brasileira". *Defesa Área & Naval*, out. 2019. Disponível em: https://tinyl.io/A3gU. Acessado em: 16.04.2024.

A Editora Contracorrente se preocupa com todos os detalhes de suas obras! Aos curiosos, informamos que este livro foi impresso no mês de novembro de 2024, em papel Pólen Natural 70 g/m².